李守孔著

中國近百餘年大事述評

——中國近代現代史論文集

（二冊）

臺灣學生書局印行

一五　唐才常思想之兩極端

一、引言

光緒庚子，唐才常領導之自立軍，謀起兵於長江流域，論者謂其勤王排滿之號召自相矛盾，不爲時人所諒解，亦爲招致失敗之主因。而唐氏以環境所限，自有其不得已之苦衷。茲檢討其事，以見唐氏之政治主張，及其失敗之癥結。

二、排滿維新之間

甲午之役，國人憤戰敗之恥，改革風氣彌漫全國。光緒丁酉、戊戌間，列強劃分在華勢力範圍，有志之士尤有救亡圖存之感。是時陳寶箴方開府湘中，其子陳三立助之，慨然以開化湖南爲己任，而按察使黃遵憲、學政江標（繼任徐仁鑄）均爲維新份子；乃謀在境內推行新政，以爲各省之倡。於是設時務學堂於長沙❶，聘梁啓超爲總教習，才常、譚嗣同，及吳縣李格維（繹琴）、石棣楊自超（葵園）、番禺韓文舉（樹生）、歸善歐榘甲（雪樵）、東莞葉覺邁（仲遠）等任分教❷。依照康有爲廣州萬木草堂書院所揭櫫之精神，制定「湖南時務學堂學約」，學習期限暫定五年，學生僅四十人。一時英俊如林圭、李炳寰、蔡鍾浩、田邦璿、秦力山、蔡鍔、范源濂等，皆校内之高材生。才常感於國是之危急，而滿清之不可救藥，每以民族大義相鼓吹。嘗謂：「屠城屠邑皆後世賊民之所爲，讀楊州十日記，尤令人髮指眦裂。」並稱：「興民權者斷無可亡之理。」❸梁啓超於其所著「清代學術概論」中，回憶當時與才常等在時務學堂講學之情形曰：

所言皆當時一派之民權論，又多言清代故實，臚舉失政，盛昌革命。其論學術則自荀卿以下，漢、唐、宋、明、清學者，掊擊無完膚。……又竊印明夷待訪錄、楊州十日記等書，加以案語，祕密分布，傳播革命思想，信奉者日衆❹。

❶ 學堂基地購定城北侯家壠高岸田數畝，前臨大河，後依岡阜，頗踞湖山之勝。惟建造需時，暫借民房先期開辦。（「湖南開辦時務學堂章程大概」，又「時務學堂創設的緣起」。見皇朝經世文新編卷六，及光緒二十三年九月初一日澳門「知新報」第三十二册。）
❷ 皮名振「皮錫瑞年譜」。
❸ 蘇輿「翼教叢編」第五卷頁八。
❹ 梁啓超「清代學術概論」頁一〇四。

另在時務學堂劄記殘卷序中記曰：「時吾儕方醉心民權革命論，日夕以此相鼓吹，劄記及批語中蓋屢宣言其微義。湘中一二老宿覩而大譁，群起擠之，新舊之鬨起於湘而波動於京師。」❺ 而才常等不顧也。

光緒二十三年（一八九七）冬，熊希齡創設「湘報」（日刊）於長沙，才常協助之功居多。明年二月，「湘報」正式發行。出版之日，才常爲撰敍文，說明「湘報」之精神曰：

> 義求平實，力戒游談，以輔「時務」、「知新」、「湘學」諸報所不逮❻。亦以使圓顱方趾，能辨之無之人，皆易通曉，其願力之宏，轉移之速，更有不脛而走，不翼而飛者。……焚如之災，迫於旦夕，而士夫泄沓，猥曰若而人者，用意良厚，其如敝算不能捄

---

❺ 飲冰室文集卷七十頁七。

❻ 光緒二十二年（一八九六）七月，黃遵憲就上海強學分會基礎，創設「時務報」（旬刊）。以汪康年駐館辦事，梁啓超任主筆，館址設英租界四馬路。次年十月，梁氏任湖南時務學堂總教習，黃公度亦官湖南按察使，由汪康年繼續主辦。「知新報」初名「廣時務報」，光緒二十二年（一八九六）八月康有爲與僑商何廷光等創設於澳門。至光緒二十三年（一八九七）二月，改稱「知新報」。梁啓超遙領之，而康廣仁、徐勤等實任其事。仿照英人傅蘭雅主辦「格致彙編」之例，專譯西洋農礦、工藝、格致等報，而以言政治之報輔之，間亦載重要時事。最初爲五日刊，後改爲旬刊。（參照丁文江編「梁任公先生年譜長編初稿」上册頁三十八）

光緒二十三年（一八九七）三月，湖南學政江標創設「湘學報」於長沙。每旬日一刊，其宗旨在欲「使新人聞新理，紀新事，而作爲新書。」欲以助人「日新」也。由譚嗣同、唐才常、熊希齡、蔣德鈞等負責撰稿，主要在宣傳維新之理論。（參照譚嗣同（湘報後敍」上，引自湘報類纂。）

鹽池之鹹，杯水無以止車薪之火矣。夫誠可以已焉！熊（希齡）君寧不自逸也。明知其萬不能已，明知其不已，即有補聰强文明之運，則摩頂放踵奚辭矣❼。

「湘報」遂爲維新黨人之口舌。才常及譚嗣同、梁啓超等乃藉以抨擊國政，影響當時人心甚鉅。湖廣總督張之洞深爲驚駭，曾電湘撫陳寶箴，按察使黃遵憲曰：「湘學報中可議之處已時有之，至近日所出湘報，其偏尤甚。」又曰：「此等文字，遠近煽播，必致匪人邪士倡爲亂階。」❽命寶箴設法阻止，而寶箴弗顧也。

光緒二十四年（一八九八）夏，德宗重用康有爲，銳意革新，譚嗣同、梁啓超皆參予機要，才常以中國富强可期，一反過去排滿態度，改以贊同變法相鼓吹。其所上密籌大計摺，認爲救亡之圖惟以變法爲急務。其言曰：

願我皇上力振頹習，一意堅持，革舊鼎新，與天下更始。大選全球之政法，盡網仁俠之奇才，其奮勉求新者，則引贊機宜；其因循守舊者，則放歸田里。亟撫士民以同權之至意，特假督撫以變法全權。由是張師統以孔子紀年，易官制以泰西爲準，開國會以日本作則，改律例與公法相通。上規漢室和親之典，以融其隔閡。下宏瀛海大同之

---

❼ 湘報類纂首頁。
❽ 張文襄公全集卷一五五頁二〇。

教，以釋其忿爭。則耳目可新，國力可群，人心可固❾。

此摺由陳寶箴代奏，惟是否上達朝廷，則屬疑問。同年秋，特旨徵才常❿。才常未發，而政變作，陳寶箴因以獲罪，湖南新政盡被推翻。

三、革命與保皇

戊戌政變後，才常深受刺激，思想再變，對於革命事業復表同情。於是慟哭辭家，初擬赴北京收葬亡友譚嗣同；抵上海，聞嗣同忠骸已南下，乃東渡日本，訪康、梁以謀報復⓫。

才常素敬重中山先生之爲人，其至交畢永年與長江流域會黨關係頗深，亦爲革命黨之重要份子。至是由永年介紹，得識中山先生於東京旅次。對湘、粵及長江流域各省起兵計劃均有所商榷。中山先生嘗告之曰：「倘康有爲能皈依革命真理，廢棄保皇成見，不獨兩黨可以聯合，余更可以使各同志奉之爲領袖。」才常聞之大悅，特約梁啓超共同向康氏進言⓬。雖以

---

❾ 湘報類纂戊集公牘卷上。

❿ 碑傳集補卷五十七「唐才常傳」。

⓫ 陳乃乾「譚嗣同年譜」。

⓬ 馮自由「革命逸史」初集頁七四。

康氏自視甚高，不收實效，而才常革命之志，並未少懈也⑬。

光緒二十五年（一八九九）冬，保皇黨積極準備勤王，才常在康、梁勸說下，頗欲利用保皇會款以達成其目的，故其思想遂動搖於革命保皇之間⑭。後由畢永年、及日人平山周等從中斡旋，始與中山先生議定殊途同歸之約⑮。是時留日學生總數不過七八十人。東京大同學校湘籍學生林圭、秦力山、田邦璿、李炳寰、蔡鍾浩等，因與梁啓超及才常有師生之誼，惟梁、唐之命是從。校外留學生若傅良弼（鄂籍）、吳祿貞（鄂籍）、蔡丞煜（直籍）、黎科（粵籍）、戢元丞（鄂籍）、鄭葆晟（閩籍）、沈雲翔（浙籍）等，因早蓄革命主張，對才常之起兵計劃亦表歡迎；遂相約返國，共謀大舉⑯。並決議在長江流域各省起兵，以運動會黨及防軍爲主，先襲取武漢爲根據地。

時興中會粵中起兵準備亦漸成熟，欲收彼此呼應之效，中山先生命革命黨人盡量給予唐

---

⑬ 梁啓超「清代學術概論」載稱：「啓超既亡居日本，其弟子李、林、蔡等，棄家從之者十有一人，（唐）才常亦數往來共圖革命。」

⑭ 張難先「湖北革命知之錄」頁一九，謂畢永年曾告中山先生曰：「唐才常已得康有爲款二萬元，由華僑邱菽園輸將，都數爲三十萬，當可源源而來，余爲之反覆陳說，才常大爲感動，決脫離保皇黨而同吾輩革命，（傳）慈祥等愈喜。」

⑮ 馮自由「中華民國開國前革命史」第一冊頁六六。

⑯ 革命逸史初集頁七三。是時留日學生有勵志會之組織，內分激烈穩健二派，沈雲翔、戢元丞等屬前一派；章宗祥、曹汝霖等屬後一派。凡遇清廷派人到日考察，章等輒爲繙譯引導，因是漸與官場接近。激烈派鄙其行爲，詆爲官場走狗，兩派積不相能，遂成水火。（革命逸史初集頁一〇二）

才常以協助。傅良弼、吳祿貞、戢元丞等謁中山先生請示方略時，中山先生告以已派史堅如赴長江布置，可協力共同進行，勿存畛域之見⑰。

才常等既抵上海，初以日本兵庫縣民田野橘次名義發起東文學會以爲掩護，會址設英租界梅福里。光緒二十五年（一八九九）十二月初一日，「中外日報」專件欄刊登東文學會招收學員章程如下：

㈠本學會設英界梅福里東文譯社。㈡本學會擇於西正月開會。㈢本學會專授東文東語，及繙譯東書。㈣本學會授學分爲二部，一授初學，一授既學。㈤本學會授學每部授一鐘久，每日以二鐘久。每日以十二鐘始，至二鐘散。㈥本學會每月收學俸二元。㈦本學會年在二十歲以上者稱學友，以下稱學生。㈧本學會學友學生來學必由同志推薦。㈨本學會學友學生學業長進，會中當設東文演說以計優劣。㈩本學會學友學生譯有東文之書，即由東文譯社刊印發售。

才常以權術應付各方，對保皇黨人則曰勤王，對歸國留學生則曰保國保種⑱。乃發行「同文滬報」以廣宣傳，並組織「正氣會」以連結會黨及各地維新人士。才常手訂「正氣會」

---

⑰ 湖北革命知之錄，頁一九。

⑱ 革命逸史第二集，頁七六。

章程二十餘條，其序文內有「低首腥羶，自甘奴隸。」「非我種類，其心必異。」等民族革命口吻。復有「君臣之義，如何能廢。」⑲等忠於滿清言辭，實爲自相矛盾。蓋唐氏周旋於革命與保皇之間，爲雙方敷衍計，固不得不兼籌並顧也。

四、利用上海國會

才常於正氣會設立後，一面派林圭、秦力山等赴長江各省加緊運動會黨以爲所用，其本人則留駐滬上，以聯絡維新人士，倡設國會爲要圖。會義和團之亂發生，才常以機不可失，極力活動。上海「同文滬報」爲之鼓吹，「中外日報」亦予以有利之宣傳。光緒二十六年（一九〇〇）六月十一日、十二日「中外日報」所撰「論保東南宜創立國會」之「論說」，痛切而言曰：

北方拳匪之亂，動八國之兵，毀一國之鄉，而國亡，而政府倒。……嗚呼！今日中國無國無主，民何以安？北戮而南辱，北虜而南奴，未有一肢既病全身不覺者。故乘此畫分南北而圖自立，則舍國會之外無有亟於此。

⑲ 中華民國開國前革命史，第一册，頁六七至六八。

是時留滬維新人士，不明真像，震於北方拳禍，嚮往國會民權之說者頗不乏人，才常因得而利用之。

關於張園國會開會時間及參加人數，馮自由「中華民國開國前革命史」記載甚爲簡略，僅稱時間在六月，參加者數百人⑳。馮氏另著之「革命逸史」所記略同㉑。黃鴻壽「清史紀事本末」不記開會時間，但稱參加者數千人㉒。其他各書多因襲之。蓋是會在英租界舉行，且爲祕密方式，局外之人自不易盡曉也。今據孫寶瑄（仲愚）「日益齋日記」，知張園國會初次舉行於七月一日，參加者僅八十餘人，二次舉行於七月四日，參加者纔六十餘人。其經過如下：

> （光緒二十六年）七月一日，是日上海同志八十餘人，大會於愚園㉓之南新廳，群以次列坐北向。（葉）浩吾（翰）權充主席，宣讀今日聯會之意。㈠不認通匪矯詔之僞政府。㈡聯絡外交。㈢平內亂。㈣保全中國自主。㈤推廣中國未來文明進化。定名中國議會，令大衆以爲然者舉手，舉手者過半，議遂定。乃票舉正副會長，令人各以小紙自書心中所欲舉之正副姓名，交書記者，書記數齊點數。凡舉正會長以舉容純甫（閎）爲最

---

⑳ 中華民國開國前革命史，第一冊，頁六八至六九。

㉑ 革命逸史，第二集，頁七六至七七。

㉒ 黃鴻壽「清史紀事本末」，卷六十八「自立軍之失敗」。

㉓ 即英租界之張園。

多，計四十二人。舉副會長以嚴又陵（復）爲最多，計十五人。於是容、嚴二公入座。容公向大衆講宗旨，聲如洪鐘，在會人意氣奮發，鼓掌雷動。四日，諸同志在愚園第二次開會，到者六十餘人，題名者五十餘人。容公命余及菊生會計，余及菊生皆辭，遂改命蔭亭、佛塵（才常）權其事。俄定掌書記者三人，葉浩吾、邱公恪、汪子健，掌幹事者十人，鄭陶齋、唐佛塵、沈小沂、汪穰卿（康年）、汪劍齋、丁叔雅、吳彥復、趙仲宣、胡仲愚，議既定，始以次散。

寶瑄係親自參加張園國會之人，其記載當最可靠。是知國會主要份子均爲滬上維新人士，容閎、嚴復等對才常之起兵計劃似未預聞。至於保皇黨之推崇容、嚴，則因其聲望知名國內，便於號召而已。容閎所著「西學東漸記」嘗載其戊戌政變後之活動曰：

予以素表同情於新黨，（北京）寓所又有會議場之目，故亦犯隱匿黨人之嫌，不得不遷徙以逃生。乃出北京，赴上海，託跡租界中。即在上海組織一會，名曰中國强學會，以討論關於維新事業及一切重要問題爲宗旨，余竟被選爲第一任會長。一八九九年（按：此誤）有人勸余，謂上海租界亦非樂土，不如遷地爲良，余乃再遷至香港，請英人保護。居香港二年，後歸美國。

該書成於民國之後，自無所顧忌，其稱「强學會」不稱「國會」者，揣其心理，似仍欲以和平方法促成中國之維新事業，故其宗旨與光緒二十一年（一八九五）夏，文廷式、康有爲等所創設之强學會應無不同也。

至於嚴復，除參加張園國會外，並曾在上海主持「名學會」，講演名學㉔。是嚴氏之參加「國會」亦非預先之安排。此後嚴氏即隨上海「救濟善會」乘輪北上，從事京、津一帶兵燹後災民之救濟工作㉕，不與保皇黨人通音問。可知當時參加國會人士甚爲複雜也。

當是時才常受康、梁指示，已改正氣會爲自立會，名其勤王軍爲自立軍㉖。旋併自立軍於「國會」，乃假藉「中國國會」會長名義，對外發表英文宣言。其大意如下：

> 中國自立會有鑒於端王、榮祿、剛毅等之頑固守舊，煽動義和團以敗國事也，決不認滿洲政府有統治清國之權，將以更始以謀人民之樂利。因以伸張樂利於全世界。端在復起光緒帝，立二十世紀最文明之政治模範。以立憲自由之政治權與之人民，藉以驅除排外篡奪之妄舉。惟此事須與各國聯絡，凡租界教堂以及外人，並教會中之生命財

㉔ 嚴璩「侯官嚴先生年譜」載其家藏吳汝綸手札曰：「亂後不知吾公消息，……近閱中外日報，知先生近開名學會，可見達人善己兼懷濟物之盛心，企佩無量。」

㉕ 陸樹德「救濟日記」。

㉖ 梁任公先生年譜長編初稿上册頁一三二引梁氏致函狄楚青（葆賢）曰：「我輩宗旨既專在救國，會名既已定，改爲自立甚好。」另據張伯楨「張篁溪遺稿」謂：「按自立會者唐才常稟承南海先生之命改正氣會而名之也。」

產等，均須力爲保護，毋或侵害。又望諸君於起事時切勿驚惶㉗。

滬上維新名士章炳麟，以「國會」會章有「務合海內仁人志士共講忠君救國之實」一語，指爲不合時宜，勸才常勿爲康、梁所利用。而才常志在希求保皇黨之接濟，以圖大舉，竟不能從。炳麟憤亟，乃當衆宣布脫離國會，並自剪其髮辮以示決絕。旋離滬赴蘇州，執教東吳大學㉘。畢永年亦以私誼，力責才常不當一面排滿，一面勤王，而才常終不悟。永年見所部會黨利才常多資，紛紛叛離，深受刺激，乃隱遁不問時事㉙。革命黨人吳祿貞等亦感才常名義不順，憤而再赴日本復學㉚。狄葆賢「任公逸事」記當時參加國會份子對起兵宗旨意見之不同曰：

又當時同人屢議起事後之辦法，有主張民主者，有主張擁帝者，有主張挾天子令諸侯者，有謂必殺南皮（按：指張之洞而言）者，亦有謂宜擁南皮以號召者，言人人殊。惟任公曾有函，言衆人多數心理不可違，然情理亦不可悖。

㉗ 中華民國開國前革命史，頁七四至七五。
㉘ 革命逸史初集，頁五三。
㉙ 革命逸史初集，頁七五。
㉚ 湖北革命知之錄，頁二一一。

保皇黨之遷就現實，是亦自立軍失敗之主要原因也。

五、連絡東南疆吏

光緒二十六年（一九〇〇）夏，東南各省督撫已與聯軍議定互保之約，鑒於北方政局混亂，對革命保皇兩派多表示間接之同情，以預留日後之退步。其中尤以李鴻章、張之洞爲最著。康、梁亦亟欲連絡李、張以達成其勤王之目的。鴻章除命其幕僚劉學詢向中山先生接洽以兩廣獨立響應革命外㉛，並屢向保皇黨人表示好感。梁啓超爲此曾致函鴻章曰：

去國以來，曾承伊藤侯，及天津日本領事鄭君，東亞同文會井深君，三次面述我公慰問之言，並教以研精西學，勤練才幹，以待他日效力國事，不必因現時境遇，遽灰初心等語。私心感激，誠不可任。公以赫赫重臣，薄海具仰，乃不避嫌疑，不忘故舊，於萬里投荒一生九死之人，猥加存問，至再至三，非必有私愛於啓超也，毋亦發於愛才之盛心，以爲孺子可教，而如此國運，如此人才，不欲其棄置於域外以沒世耶！啓超自顧愚陋，固不足以當我公之期許，雖然公之所以待啓超者，不可謂不厚，所以愛啓超者不可謂不深，每一念及，無以爲報。竊聞之，君子愛人以德，仁者贈人以言，

㉛ 中華民國開國前革命史，第一冊，頁五九至六四，革命逸史，第四集，頁九六。

公之所以惠啓超者在是，啓超所欲還以報公者亦即在是㉜。

鴻章得書，乃命其姪婿孫寶瑄（仲愚）代覆啓超一函，以表示其對國是惓勤之意㉝。孫氏爲維新黨人，曾參加上海張園國會者也。孫氏所著「日益齋日記」載有光緒二十五年（一八九九）十二月十二日，孫氏與鴻章之對話，其內容如下：

> 十二月十二日，詣昌言報館，枚叔、浩吾咸在，問傅相作何語？傅相自云：「奉懿旨捕康、梁。」且曰：「如獲此二人，功甚大，過於平髮、捻矣。吾當進爵。」語畢大笑。傅相詢余是否康黨，余答曰：「是康黨。」相曰：「不畏捕否？」曰：「不畏。中堂擒康黨，先執余可也。」相曰：「吾安能執，吾亦康黨也。瀕陛辭時，有人劾余爲康黨。」枚叔等聞皆大笑曰：「奇事，康以六品官而宰相爲之黨，未之前聞」。余曰：合肥在都，逢人輒語云：「康有爲吾不如也。廢立制義事，吾欲爲數十年而不能，彼竟能之，吾深愧焉。」故都人多目爲康黨。比召對，太后以彈章示之曰：「有人譏爾爲康黨。」合肥曰：「臣實是康黨，廢立之事，臣不與聞，六部誠可廢，若舊法能富强，中國之强久矣，何待今日。主張變法者即指爲康黨，臣無可逃，實是康黨。」太后默然。

㉜ 飲冰室文集，卷四十三，頁二〇。

㉝ 梁任公先生年譜長編初稿，上册，頁一〇〇。

鴻章之有意利用寶瑄見好維新黨人之居心至爲明顯也。惟是時鴻章仍遵朝令，於兩廣嚴禁保皇黨之活動，並逮捕保皇黨人羅伯堂、唐瓊昌二人家屬，以圖取信於清廷㉞。

梁啓超另有上張之洞書，建議之洞兩策，上則「率三楚子弟，堂堂正正清君側之惡，奉太后頤養耄年，輔皇上行新政。」次則「以一紙之封事，謝天下之責望，身既膺兼圻之威，言即有九鼎之重，亦可以寒賊膽於萬一，拯君難於須臾。」㉟

張之洞前因贊同變法，險遭不測，對於保皇黨人之活動更持謹愼觀望態度。而其操縱之術，尤非鴻章所能及。清廷對外宣戰後，之洞以大局難逆料，對保皇黨人似非全無好感。唐才常初藉日人通殷勤於之洞，諷以自立軍將擁之以兩湖獨立，之洞頷之，終猶疑莫能決。七月初，江南自立軍時北渡至漢口點兵，之洞早聞風聲，而不予以發覺㊱。暗中則戒備以應變。茲依許同辛「張文襄公年譜」卷七，載庚子五月以後，之洞在湖廣一帶軍事布置如下：

（五月二十二日）**調中書黃忠浩率湘軍防漢口。**

（五月二十八日）**請以鄖陽鎭總兵鄧正峰署理湖北提督。**（原任提督張春發統軍駐江北，篆務由總督兼署，以襄陽近豫邊，多伏莽，宜有大員坐鎭，故請以總兵升署，募勇千人巡防，曰襄防新營。時陸續募勇分防各處，駐漢陽者曰漢靖營，駐襄陽者曰襄防馬隊右營，駐宜昌者曰宜勝營，駐麻城、羅田者曰武

㉞ 同上。

㉟ 飲冰室文集，卷四十三，頁二十七。

㊱ 中華民國開國前革命史，第一冊，頁七六，清史紀事本末，卷六十八。

勝新營，駐利川者曰利防營，駐田家鎮者曰礮臺營，駐老河口者曰武襄營，駐沙市者曰沙防營，巡緝沿江一帶者曰江安營。）

（七月十日）**派提督謝得龍巡緝沿江會匪。**

（七月十五日）**大通匪徒起事。**（湘、鄂各處均嚴防，鄂省募勇千人扼要分駐。）

之洞並電兩江總督劉坤一同防長江。坤一招降長江鹽販私梟會黨徐寶山，責令搜捕各處「富有票匪」㊲，並命長江水師提督黃少春調集各標師船，分駐江陰、鎮江等處，何地有警，即向何地增援㊳。之洞復恐英人暗助自立軍，另札江漢關照會漢口英領事，謂：「兩湖長江一帶，即使會匪地痞乘機滋擾，烏合之衆，官兵威力亦可立時彈壓撲滅。」㊴以爭取外人之支持。可知東南疆吏惟以個人利益爲前提，不足有所依賴也。

六、恃英日爲外援

唐才常及梁啓超、譚嗣同等講學長沙時務學堂時，即主張仇俄而師法英日。才常認爲英、日不過「胠篋探囊發匱之盜」，而俄人則直欲「宅爾宅，田爾田，僕爾僕，子爾子，孫爾孫，

㊲ 劉忠誠公遺書，奏疏卷三十四「勦平大通票匪請獎出力文武摺」。

㊳ 同上書，奏疏卷三十四「提臣陛見應行展緩摺」。

㊴ 張文襄公全集，卷一〇三，公牘十八。

尸爾囊，肩爾篋爾匱。」40 而無識之輩，竟誤認中俄二百年來未啓兵端，深可倚恃，誠所謂「獨坐窮山放虎以自衛者也。」41 故「兩利相形取其重，兩害相形取其輕。聯俄則眉睫火燃，即見危亡於旦夕；聯日以聯英，則皮膚癬害，猶可療捄於將來。」42 欲聯英必先聯日，聯日尤在於師法日人富強之道。聯之法：

> 中國而不欲圖存則已，苟欲圖存，則不如學矣。中國而不求實學則已，苟求實學則不如假途於日矣。且夫兵也、商也、工也、農也、礦也、鐵路也、皆學也。學既可通，則籌款興辦之事亦可通。款既可通，則整軍禦侮之事亦可通。軍既可通，則休戚存亡之理亦可通。故以通學者通日，通日者通英，合中、日、英之力縱橫海上，强俄雖狡，必不敢遽肆其東封之志43。

此種見解爲當時維新黨人之一致主張，亦爲戊戌變法之外交方針。才常等對於聯日，不僅發之議論，且見諸行動。日本政府亦利用機會，策動其政客冒險份子，以達成聯絡中國維新黨人之目的。

---

40 論中國宜與英日聯盟（湘報類纂論著甲集卷下）。
41 外交論（唐才常「覺顛冥齋內言」卷一）。
42 瀏陽拔貢唐才常恭擬密籌大計籲懇代奏摺（湘報類纂公牘戊集卷上）。
43 論中國宜與英日聯盟（湘報類纂甲集卷下）。

先是光緒初年，日人創「亞細亞協會」於東京，中國駐日公使及旅日人士多有參加。光緒二十四年（一八九八）春，上海日總領事小田切萬壽之助「睹中國民智未開，義關脣齒。」復倡「興亞大會」於滬上。首次會議假廣福里鄭陶齋寓舉行。主席三人，爲鄭蘇龕、何梅生、鄭陶齋。與會者日人爲總領事小田切、三井洋行總辦小寶三吉、三菱洋行總辦，及日本領事繙譯官等。華人多滬上名士，若張謇、江標、汪康年、經元善等數十人㊹。依其章程規定，無論亞洲大小各國皆准入會，泯畛域之見，共立亞洲富强之本。設亞洲協會公所於上海，發行亞洲協會月報，各國除首都所在地設總會外，各省各府州縣亦廣設分會㊺。

日政府除假藉學會實現其和平侵華之目的外，以湖南爲中國維新黨人之大本營，復派官員直接與之接觸。光緒二十四年（一八九八）正月底，日本參謀部派遣神尾光臣、梶川重太郎、宇都宮太郎等至漢口，約湖南新政中堅份子譚嗣同前往會晤。神尾等獻計於嗣同曰：

> 振興中國當於湖南起點，如聯盟計成，吾當爲介於英，而鐵軌資焉，國債資焉，兵輪資焉，一切政學資焉。吾又當與英盡收亞細亞東煤塊，斷絕各國輪船之用，使近無可屯，遠難速運，鐵艦來多則不能持久，少則尾之轟之立碎，此不戰而屈人之兵，而以

㊹ 興亞大會集議記（湘報類纂論著乙集卷上）。

㊺ 日本興亞會章程（湘報類纂丁集卷上）。

悉網煤礦制太平洋死命便甚[46]。

又曰：「中日脣齒相依，中國若不能存，彼亦必亡，故甚悔從前之交戰，願與中國聯絡，救中國亦以自救也。並聞湖南設立學會，甚是景仰，自強之基當從此起矣。」[47]嗣同頗信之，其於返回長沙後，在南學會發表演説，竟誤認日本政府對中國變法之同情與支持。謂「日本席全盛之勢，猶時恐危亡，憂及我國，我何可不自危而自振乎？」[48]才常更主張完全接受神尾等之意見，並譬之曰：「中日構釁如兩瞽相遇而爭道不休，兩瘖相怒而色然以鬥。伺其旁者或攫取其衣冠去，莫之覺，此可謂大愚不靈者矣。」[49]並提出聯日之策十端：

㈠南學會急派人至日本辦興亞會事，一二年後挈其政學歸，新吾中國。㈡立興亞分會於湖南與日本，時其消息，靈其腦筋。㈢急聘日本人來湘，或武備學堂，或時務學堂，或校經書院，或另闢學堂專門教習，以收速效。㈣有志遊歷日本者，實驗實予以文憑，酌給資斧。㈤設東西文譯局，速譯憲法諸書。㈥煤鐵諸礦廣招日商或南洋大賈合辦，藉通財源。㈦製造機器公之日人。㈧聯橫濱、神戶華商建立孔子教堂。㈨湘報與興亞

---

[46] 論中國宜與英日聯盟（湘報類纂甲集卷下）。

[47] 譚復生觀察第一次講義，「論中國情形危急」（湘報類纂乙集卷上）。

[48] 同上。

[49] 論中國宜與英日聯盟（湘報類纂甲集卷下）。

報彼此分派以拓見聞。㈩官紳子弟自備膏修，多入橫濱大同學校。（撫部現擬招選子弟五十人分送日本各學堂，不在此內。）㊿

戊戌政變後，康、梁受英、日庇護，逃亡海外，保皇黨人更欲恃英、日爲外援。己亥冬，立儲之詔既下，光緒二十六年（一九〇〇）正月初八日，上海「中外日報」轉載香港「中國郵報」記者訪問康有爲之問答曰：

康曰：太后現在與俄國想已說通，倚爲護符。我查中國史記中，從未見有如今日廢立之事。事果眞實，我料北數省必有大亂。惟去年變政事起，苟英國能早出場約同別國干與此事，則必無今日之變，所以現在英國實失去一大好機會。皇上猶願望英國爲之出力，如英國早能扶助皇上復辟，則皇上必深與英相結納，力行新政，庶幾中國之興可計日而待也。

蓋英、日素同情中國維新，而慈禧及頑固大臣則依俄人爲外援。同年六月二十日保皇黨勤王準備已屆成熟，康有爲通告各地保皇黨人書中，有「英既相助，則我可立不敗之地」等語[51]。

㊿ 論興亞義會（覺顚冥齋內言卷四）。

[51] 中華民國開國前革命史，上册，頁八二。

是明示已得英人之幫助。其後上海國會集議於英租界之張園、唐才常、林圭等復以漢口英租界李慎德堂爲總機關，化名日人爲掩飾，其欲恃英日爲外援至爲明顯也。

才常被捕時，於同室拏獲日人甲斐靖，並於其床下起出槍械彈藥甚多。甲斐靖係日本「東亞同文會」員，實參予自立軍起事計劃。日本駐漢口領事瀨川淺之進照會張之洞，謂甲斐靖與才常「雖屬同居，並不同謀」，要求索回取供，之洞不得已乃加釋放[52]。另有日人大久保潛入湖南內地，爲自立軍傳遞消息。是時傳聞日人利用煤油桶，偷運槍械至華，接濟自立軍[53]。張之洞除電請駐日大臣李盛鐸，向日本外務省切實交涉，嚴禁不良日人來華活動外[54]，並電請劉坤一等飭命所屬官員嚴密監視日僑行動。沿江一帶大小旅社多拒絕日人住宿，各學校且有解聘日本教師之舉[55]。

英、日對中國保皇黨最初雖表同情，此時已與東南疆吏簽定互保之約，僅欲以和平方法運動各督撫促成德宗之歸政，而不願亂事發生影響其商業利益。加以七月二十日聯軍陷京師，慈禧出走無恙，並有控馭全國能力，故其態度甚爲消極也。唐才常之被捕，出自漢口英領事

---

52 光緒二十六年八月二十一日上海「中外日報」漢口來函。同報八月七日緊要新聞載稱：「日本人甲斐靖雖經釋放，而駐漢口日本領事以華官擅捕日人，顯背和約，頗有煩言。」同報八月十一日緊要新聞更載稱：「日內閣曾有電報致張制軍（之洞），謂才常係中國傑出人才，萬不可殺害，請依萬國公法治罪。」

53 張文襄公全集卷一〇三，公牘十八。

54 同上。

55 日本外交文書第三十三卷別册一「北清事變」上，頁一七六至一七九，漢口日領事瀨川淺之進致日本外務大臣青木周藏報告書。

簽字，並派巡捕協同緝拏，則保皇黨利用英日之幻想全部破滅矣！

七、以會黨爲主力

自立軍之組成份子，除少數留日學生外，乃以會黨爲主力。而是時會黨暮氣已深，腐化浪費，惟利是視，無所謂固定之主張與宗旨也。

先是光緒戊戌、己亥間，中山先生欲在長江流域發動革命，曾命同志畢永年與湘、鄂、皖、贛會黨有所接觸。其後會黨領袖李雲彪等以興中會供給不足，頗有不滿之詞。光緒二十六年（一九〇〇）春，康有爲自南洋至香港，欲利用會黨以勤王，贈李雲彪等各百金，李等以保皇黨富有，遂與之發生關係，而會黨之宗旨一變。

同年（一九〇〇）六月，自立軍諸事已粗定，以軍資不足，各路待款發動，才常乃四處散放富有票，會黨領袖李雲彪、楊鴻鈞，聞馬福益得貲較多，首先離異，而辜鴻恩則別散「貴爲票」，李和生則別散「回天票」，各自獨樹一幟，不相統屬。「富有」、「貴爲」、「回天」等票，充斥長江上下遊，於是謠言蠭起，大召清方之注意。七月十九日上海「中外日報」載鎮江消息：

> 沿江一帶近有會匪黨羽散賣僞票，每張售錢千文，票上大書票存足值錢壹千文，其文字缺一點一橫，即以此爲暗記。據聞入會者每月可給銀六兩，經手代售者每月三十兩。

有湖南人某甲在東馬頭營內勾引勇丁入會，爲營員偵知，搜出票據，即押赴黃宮保（按：長江水師提督黃少春）行轅請辦。宮保傳入研訊，該犯供認不諱，宮保隨傳令綁赴船塢，梟首示衆。

是自立軍未發動前風聲早已洩露，加以會衆紀律廢弛，多有擾民之舉，沿江督撫更得以從容應付也。

七月中，秦力山所領導之自立軍佔領大通後，搶掠甚烈[56]。清軍所獲自立軍將領中有四王爺陳英士、八王爺李梅生，七千歲周得方，三千歲石方玉等[57]。由其愚昧幼稚觀之，知其並無遠圖也。是以勝則爭圖財貨，敗則鬨然逃散。不相統屬，毫無紀律之可言。

是時中外人士幾不知大通之役由自立軍所發動。同年七月十七日上海「中外日報」譯報欄刊載下列消息一則：

頃接長江上游來信，謂大通有土匪滋事，搶劫店鋪外，復將電報局焚燒，並被拆毀電

---

[56] 光緒二十六年七月二十一日上海「中外日報」緊要新聞：「前日大通地方有匪徒聚衆搶劫當鋪錢莊，沿江一帶人心因之驚懼。」同報七月二十二日緊要新聞：「安徽大通邇有防兵勾結土匪會匪橫行倡亂，於月之十五日夥劫鹽釐局及典當錢莊，勢甚猖獗。」

[57] 劉忠誠公遺書卷三十四「勦辦大通票匪摺」。

線約十餘里之長，聞係哥老會匪之煽動所致也[58]。

另據上海「中外日報」七月十八日譯載「文匯報」消息：

聞大通滋事，實因有盜匪多名搶入某教士住宅，嗣見無物可搶，遂縱火焚燒，當經某武弁率領人衆，前往彈壓，始各解散。惟該教士早離大通，其房屋即交與該武弁看守，該武弁恐上司見責，業已呑金自盡，稅關洋員兩名尚幸未被滋擾，蓋不過盜匪滋事而已。故該處文武官員暨居民人等依舊安堵如常，並無警懼之意，聞江督已派礮船三艘前往查辦此案矣。

是又誤認大通之役係仇教排外之舉也。同年七月底，沈藎領導新堤之役失敗後，餘衆竄至臨湘縣屬之沅潭鎮，「縱火焚掠，延及鼇金各埠之分卡。」[59]清軍搜剿崇陽、監利等縣，獲自立軍將領青剛王曾廣文、金剛王王昌平等。沈藎雖走脱，餘衆仍「此拏彼竄」，到處行劫放票不已[60]。則其行事直與盜匪無異。至於林圭等欲以湖北之「紅教會」爲中軍發動主力[61]，湖南自

[58] 譯自上海「文匯報」。
[59] 光緒朝東華續錄，卷一六二，湖南巡撫俞廉三奏。
[60] 張文襄公全集，卷一〇三，公牘十八。
[61] 葉德輝「覺迷要錄」，卷四，鄂中誅亂記七。

立軍將領唐才常、蔡鍾浩等計劃起事後以劫掠爲軍餉之主要來源[62]。更難取得國人之同情也。

八、結　語

唐才常於任教長沙時務學堂期間，多排滿之言論，戊戌行新政復傾向保皇。政變之後，逃亡日本，多與革命黨人相往還。以其思想介於革命保皇之間，革命派視之爲大愚，頑固份子認之若敵國，遂使勢孤力單，自陷於進退維谷之境。庚子七月上海國會，乃滬上知識份子之集議，多數但激於愛國之心，對才常之起兵計劃並未預聞也。至自力軍既失英日之支持，復見欺於東南督撫，加以會黨之不足成大事，均爲促成失敗之主因。

惟保皇黨人經此挫折，易幟從事革命工作者漸衆。海外華僑對國是之觀念亦發生重大之轉變。辛亥武昌首義多有昔年自立軍將領參加，對於中華民國之開建不無間接之影響也。

（臺北，大陸雜誌，第二八卷，第二、三期，民國五三年一、二月，頁一一—一四，二八—三二。）

---

62 覺迷要錄卷四載神山三郎（按：唐才常弟才質別號）自長沙致函黃茶蓼曰：「聞該處距古大路頗遠，並不近大路，劫掠尚可。」

一六 自立軍之研究

序言

光緒庚子，自立軍乘北方義和團之擾攘，謀起兵於長江流域，論者多謂唐才常勤王排滿之號召名義不順，導致失敗；實則他種原因尚多，似有商榷之必要也。

保皇黨初依興中會而成長，其後利用華僑幫會擴張聲勢，無牢固之基礎與雄厚之實力，康有爲、梁啓超輩，但憑狂誕以欺衆，希圖利用無餉無械無訓練之烏合，輕於一擲，以逞僥倖，何其難哉！

至於康、梁欲依英、日爲外援，則又所見不遠。蓋英、日對於中國革命保皇兩派並無異視，其所以同情與贊助者，無非促成中國之混亂，以逞其侵華之野心；及見保皇黨不足成事，自不肯招怨於清廷也。

唐才常志遠學博，富有膽識，係一時之英俊，其各種救世主張，若政治之重民權民智，軍事之弭兵禍與選將練兵之法，外交之防俄人而聯盟英、日，不無可採之處；至其慷慨就戮，尤爲人所津津樂道也。

才常於任教長沙時務學堂期間，多排滿之言論。戊戌政變逃亡日本後，仍多與革命黨人相往還。其所以利用保皇會，藉忠君愛國之名者，徒以內地風氣未開，國人驟聞自由平等之說，莫不駭然卻走，尤爲諸疆吏所不容，是亦有其難言之隱也。然其思想介於革命與保皇之間，革命派視之爲大愚，頑固份子認之若敵國，遂使勢孤力單，響應無人，要亦失敗之一因也。

是時滿清政府對革命保皇兩派一概目爲叛逆，甚且視爲同黨。拳亂之起，主剿大臣誣指革命保皇諸領袖爲拳首，肇釁禍首則謬稱聯軍之要求平亂係受孫中山先生、康有爲所嗾使；固不知兩派主張之不同判若天壤也。革命派反專制反列強，對於東南督撫不敢苟存利用之想；保皇派外則力求各國之諒解，內則爭取疆吏之同情，故其號召不及革命派之光明磊落，亦爲此後兩派成敗關鍵之所繫。

惟自立軍雖失敗，而國內風氣已開，保皇黨人經此挫折易幟從事革命工作者漸衆。辛亥武昌首義多有昔年自立軍將領參加，對於中華民國之建立不無間接之影響。因分論其事，俾於唐才常之思想，庚子前後革命保皇兩派之關係，以及自立軍勤王之經過，有一系統之認識也。

一、唐才常之學行與思想

(一) 師友之間

唐才常字伯平，號佛塵，一號黻丞。爲文署名洴澼子，湖南瀏陽縣人。距生於同治六年（一八六七），少倜儻有大志，深沈好學，曾就讀於武昌兩湖書院，年二十舉茂才，光緒二十三年（一八九七）拔貢。嘗入善化瞿鴻禨幕，行篋纍纍，皆卷帙也。居恆講求時務，對中國諸子思想及近代科學知識，頗有造詣。而於西方政教史乘尤有相當之研究。與同邑譚嗣同相友善❶，嗣同每語人曰：「二十年刎頸交，惟唐佛塵一人而已❷。」光緒三年（一八七七），才常、嗣同共師事瀏陽大儒歐陽中鵠❸，嗣同曾集六朝人語贈才常曰：「思緯淹通比羊叔子，定禮決疑問陶復之❹。」足見二人志趣之相同。才常爲文氣魄雄直，高雅稍不及嗣同，時人有瀏陽雙傑之譽稱。

嗣同幼年屢隨父繼洵宦遊遠方，其後以候補知府待缺南京，時與才常通音問，每值返鄉與才常論及國事，咸認變法之不可須臾緩，而苦於無所措手。甲午戰後，國勢益危，才常、

---

❶ 譚嗣同生於同治三年（一八六四），長才常三歲。

❷ 飲冰室文集卷七十九，詩話。

❸ 歐陽中鵠字節吾，號瓣薑，湖南瀏陽人，官至廣西按察使。著有瓣薑文集、瓣薑詩存等書。據歐陽予倩上歐陽瓣薑師書序謂：「我祖父有三個得意門生，都被清政府殺了。第一個就是譚先生，還有唐先生才常，他是我的蒙師。還有一個姓王名孟南。」

❹ 譚嗣同全集，石菊影廬筆識，思篇四五。

嗣同以馬關條約遺害甚鉅❺，每有所念輒「徹夜不寐，熱血盈腔」，而涕泣不已❻。

瀏陽「山谿幽峭，礦藏充牣」。「有東方小瑞士之稱❼」。才常認爲欲救中國當自湖南始，而開風氣瀏陽尤應居其端。光緒二十一年（一九八五）春，乃合地方士紳籌股議開瀏陽煤礦，復約同志劉善涵、涂儒翯、羅棠等，議改縣內南臺書院章程，變師課爲史學、掌故、輿地諸門。欲從「作育人才」著手，小試於一縣❽。明年，更籌設算學館，聘新化晏孝儒爲之師，招取聰穎子弟肄業其中，傳授西洋科學知識。並刊刻譚嗣同所作興算學議傳觀遠近，深得學政江標所贊許，是爲湖南辦理新政之起點。其後若時務學堂、南學會、校經學會、德山書院、方言館、嶽麓書院等設施，無不受瀏陽一隅所影響❾。

光緒二十三年（一八九七）夏，陳寶箴開府湘中，其子陳三立助之，慨然以湖南開化爲己任，而按察使黃遵憲、學政江標（繼任徐仁鑄）均爲維新份子，乃謀大舉豪傑於湖南，以

---

❺ 譚嗣同反對馬關條約之簽訂，其報貝元徵書曰：「直合四百兆人民身家性命而亡之，此約不毀，聖人無能爲矣。」（譚嗣同全集，頁四〇七）

❻ 覺顛冥齋內言卷四，瀏陽興算記。

❼ 湘報類纂，論著甲集卷中，南學總會覆瀏陽南學分會書，壬寅秋上海六馬路編譯印書館鑄板。

❽ 譚嗣同全集，上歐陽瓣薑師書二。

❾ 湘報類纂，論著甲集卷中。覺顛冥齋內言卷四。瀏陽興算記。另據梁啓超戊戌政變記卷八載：「湖南向稱守舊，故凡洋人往遊歷者動見殺害，而全省電信輪船皆不能行。甲午戰役之後，湖南學政以新學課士，於是風氣漸開，而譚嗣同輩倡大義於下，全省沾被，議論一變。」

爲各省之倡。於是設時務學堂於長沙⑩，聘梁啓超爲總教習，才常、譚嗣同，及吳縣李格維（繹琴）、石棣楊自超（葵園）、番禺韓文舉（樹生）、歸善歐榘甲（雪樵）、東莞葉覺邁（仲遠）等任分教⑪。依照康有爲在廣州萬木草堂書院所揭櫫之精神，制定湖南時務學堂學約。學堂課程爲經學、子學、史學，及西學四種，而以公羊、孟子爲主旨⑫。學習期限原定五年，學生僅四十人。一時英俊如林圭、李炳寰、蔡鍾浩、田邦璿、秦力山、蔡鍔、范源濂等，皆校內之高材生。才常與梁啓超之訂交，初由嗣同所介紹。才常嘗贈啓超菊花硯一方，嗣同爲之銘曰：「空華了無真實相，用造莂偈起衆信。」由學政江標爲之鐫刻⑬。同年十月德租膠澳事起，瓜分之議方亟。才常、嗣同、啓超等悲憤之情，溢於言表。嗣同曾作有感一章，詩曰：

⑩ 學堂基地購定城北侯家熾高岸田數畝，前臨大河，後依岡阜，頗踞湖山之勝。惟建造需時，暫借民房先期開辦。（湖南開辦時務學堂章程大概）。（又時務學堂創設的緣起。見皇朝經世文新編卷六，及光緒二十三年九月初一日澳門知新報第三十二册。）

⑪ 皮名振：皮錫瑞年譜。另據一九五四年蔡尚思、方行合編：譚嗣同集內，光緒戊戌春夏間，湖南時務學堂總教習及教習合影照片，計有葉覺邁、譚嗣同、王史、歐榘甲、熊希齡、韓文舉、唐才常、李維格八人。是時梁啓超當已離湘赴京師。

⑫ 飲冰室文集卷二。

⑬ 民國十一年初秋跋石醉六藏江建霞遺墨（飲冰室文集卷七十七）。

世間無物抵春愁，合向蒼冥一哭休；四萬萬人齊下淚，天涯何處是神州。⑭

遂多以排滿革命言論激勵於國人⑮。才常等在時務學堂講演時，屢以民族大義相鼓吹。嘗謂：「屠城屠邑皆後世賊民之所爲，讀揚州十日記，尤令人髮指眦裂。」並稱：「興民權者斷無可亡之理⑯。」梁啓超於其所著之「清代學術概論」中，回憶當時與才常、嗣同等在時務學堂講學之情形曰：

所言皆當時一派之民權論，又多言清代故實，臚舉失政，盛昌革命。其論學術則自荀卿以下，漢、唐、宋、明、清學者，掊擊無完膚。……又竊印明夷待訪錄，揚州十日記等書，加以案語，秘密分布，傳播革命思想，信奉者日衆⑰

另在時務學堂，記殘卷序中記曰：

時吾儕方醉心民權革命論，日夕以此相鼓吹，劄記及批語中蓋屢宣言其微義。湘中一

---

⑭ 譚嗣同全集。
⑮ 譚嗣同之排滿思想，在致歐陽中鵠信中多有表達。
⑯ 蘇輿翼教叢編，第五卷，頁八。
⑰ 梁啓超清代學術概論，頁一〇四。

二老宿覩而大譁，群起擠之，新舊之鬨起於湘而波動於京師。御史某刺錄劄記中觸犯清廷忌諱者百餘條進呈嚴劾，戊戌黨禍之構成，此實一重要原因也。⓲

湖南守舊士紳王先謙、葉德輝等，聞之大爲不滿，向湘紳撫陳寶箴遞送「湘紳公呈」，指啓超、才常、嗣同等：「專以無父無君之邪說教人。」「承其師康有爲之學，倡爲平等民權之說。……自命爲西學通人，實皆受康門謬種⓳。」而啓超、才常、嗣同等不顧。梁氏另有上湖南巡撫陳寶箴書，力主湖南自立自保，以爲他日大難到來之準備。至其各種建議，即爲此後湖南辦事之依規⓴。

(二) 佐湘撫規劃新政

光緒二十三年（一八九七）十二月，才常及譚嗣同等佐湖南巡撫陳寶箴籌設南學會於長沙之孝廉堂，「專以開濬知識，恢張能力，拓充公益爲主義㉑。」是爲湘省新政之命脈，截止政變發生，爲湖南維新黨人活動之重心。梁啓超於其所著戊戌政變記卷八附錄二載稱：

⓲ 飲冰室文集卷七十，頁七。
⓳ 王先謙：虛受堂文集書札第一卷，頁五四至五五。
⓴ 梁啓超：戊戌政變記附錄二「湖南廣東情形」，翼教叢編附錄。
㉑ 湘報類纂丁集卷上，章程，湖南南學會章程。

雖名爲學會，實兼地方議會之規模。先由巡撫派選本地士紳十人爲總會長，繼由此十人各舉所知，輾轉汲引以爲會員，每州每縣皆必有會員三至十人之數，選各州縣好義愛國之人爲之。會中每七日一演說，巡撫學政率官吏臨會，黃遵憲、譚嗣同、梁啓超，及學長（按：指皮錫瑞）等，輪日演說中外大勢、政治原理、行政學等，欲以激發保教愛國之熱心，養成地方自治之氣力，將以半年之後選會員之高等者，留爲省會之會員，其次則散歸各州縣，爲一州一縣之分會員。

南學會於光緒二十四年（一八八八）二月初一日正式開講，每次出席者達一千餘人㉒。是時湖南各州縣受南學會影響，紛紛倣設各類學會，與南學會相呼應。若才常創設於瀏陽之群萌學會，以「力倡聯群，通力發憤」爲宗旨㉓。以「輔仁益智爲主義，而兼敦友睦仁卹之風。」㉔才常、譚嗣同等創設於長沙之不纏足會。目的在改變民間風氣，編戒纏足歌分發各會友，不得爲女纏足，不得代子娶纏足之女爲妻㉕。畢永年創設於長沙之公法學會，「專講公法之學，凡自中外交涉以來所立約章，以及因應諸務，何者大弊？何者小疵？何者議益？何者議改？

㉒ 光緒二十四年四月十四日上海國聞報消息。
㉓ 湘報類纂甲集卷中論著，譚嗣同群萌學會敍。
㉔ 湘報類纂丁集卷上章程，湖南群萌學會章程。
㉕ 湘報類纂丁集卷上章程，湖南不纏足會章程。

皆須細意講求，不可稍涉遷就；尤不可故立異同，庶爲將來自強之本㉖。」熊希齡創設於長沙之延年學會，提倡起居定時，衣飾取輕便，禮節去繁冗，欲以「有盡之年而欲延之使無盡之用㉗。」黃嶁創設於嶽麓書院之學戰會，取「兵戰不如商戰，商戰不如學戰」之義，而以振興新學爲目的㉘。此外如潘學海創設三江學會於會同縣，以訓練時務人才爲要圖㉙。鄒代鈞創設輿算學會於郴州，以專習輿算之學爲先務㉚。而長沙之武備學堂、方言學堂、保衛局。瀏陽之致用學堂，靖州之算學堂，平江之天岳書院，衡州之任學會等，無不以開風氣拓見聞爲理想。於是湖南風氣爲之一變。光緒二十四年（一八九八）五月十一日，上海國聞報論及當時湖南各地學會情形曰：

> 半載之間，講堂之場居然林立，或暫就書院屋舍，或另賃街市民房，人盡憤興，士皆淬勵，爲楚有材，干斯爲盛，新學之興，此邦殆其嚆矢歟！

同年冬，熊希齡創設湘報（日刊）於長沙。才常協助之功居多。明年二月，湘報正式發

㉖ 湘報類纂甲集卷中論著，唐才常公法學會敍。又同書丁集卷上，章程，湖南公法學會章程。
㉗ 湘報類纂丁集卷上章程，延年學會章程。又同書論著甲集卷中，譚嗣同延年學會敍。
㉘ 湘報類纂丁集卷上章程，湖南學戰會章程。
㉙ 湘報類纂丁集卷上章程，湖南三江學會章程。
㉚ 湘報類纂丁集卷上章程，湖南輿算學會章程。

行。出版之日，才常爲撰敘文，説明湘報之精神曰：

義求平實，力戒游談，以輔時務、知新、湘學諸報所不逮。㉛亦以使圓顱方趾，能辨之無之人，皆易通曉，其願力之宏，轉移之速，更有不脛而走，不翼而飛者。……焚如之災，迫於旦夕，而士夫泄沓，猥曰若而人者，用意良厚，其如敝箪不能捄鹽池之鹼，杯水無以止車薪之火矣。夫誠可以已焉！能（希齡）君寧不自逸也。明知其萬不能已，明知其不已，即有補聰强文明之運，則摩頂放踵奚辭矣。㉜

湘報遂爲維新黨人之口舌。才常及譚嗣同、梁啓超等乃藉以抨擊朝廷，其政治主張傳閱遠近，

㉛ 光緒二十二年（一八九六）七月，黃遵憲就上海强學分會基礎，創設時務報（旬刊）。以汪康年駐館辦事，梁啓超任主筆，館址設英租界四馬路。次年十月，梁任湖南時務學堂總教習，黃公度亦官湖南按察使，由汪康年繼續主辦。

知新報初名廣時務報，光緒二十二年（一八九六）八月，康有爲與僑商何廷光等創設於澳門。至光緒二十三年（一八九七）二月，改稱知新報。梁啓超遙領之，而康廣仁、徐勤等實任其事。仿照英人傅蘭雅主辦格致彙編之例，專譯西洋農礦、工藝、格致等報，而以言政治之報輔之，間亦載重要時事。最初爲五日刊，後改爲旬刊。（參照丁文江編梁任公先生年譜長編初稿上册，頁三十八）

光緒二十三年（一八九七）三月，湖南學政江標創設湘學報於長沙。每旬日一刊，其宗旨在欲「使新人闐新理，紀新事，而作爲新書。」欲以助人「日新」也。由譚嗣同、唐才常、熊希齡、蔣德鈞等負責撰稿，主要在宣傳維新之理論。（參照譚嗣同湘報後敘上，引自湘報類纂。）

㉜ 湘報類纂首頁。

影響當時人心甚鉅。湖廣總督張之洞深爲驚駭，曾電湘撫陳寶箴、按察使黃遵憲曰：「湘學報中可議之處已時有之，至近日所出湘報，其偏尤甚。」又曰：「此等文字，遠近煽播，必致匪人邪士倡爲亂階㉝。」命寶箴設法阻止，而寶箴弗顧也。

才常每謁陳寶箴，執弟子禮甚恭，寶箴嘗語人曰：「今日之師生循故事也，若以學問經濟論，吾當北面而事之㉞。」光緒二十四年（一八九八）春，俄租旅大議起，才常密籌大計，請寶箴代爲陳奏，首論國勢之危，對清政積弊多有指摘。其言曰：

> 竊聞膠州肇釁，各國生心，萬議沸騰，群矢爭注。俄爭旅大之咽喉，即不惟京師撤藩，而祖宗之陵寢莫保。德握山東之政柄，則不惟中原失紐，而宣尼之廬墓將墟。加以英懷割據於長江，則南北中斷。法涎利益於兩廣，則湘、鄂皆危。圖繪瓜分，瀛寰大震。
>
> ……
>
> 夫中國地方二萬萬里，則非小瘠矣。民有四萬萬衆，則非寡弱矣。然而外侮紛乘，全局瓦解，酣嬉醉飲，若秦越人之視肥瘠，漠不關心，曾無一人一士能慷慨奮興，危身發策，以應國家之急者，則何也？人人有各怙其私之念，則視君國如贅疣。人人無與國爲體之心，則嗜貪庸如軀命。發一議則曰老成持重，出一謀則曰成例難更，以如此

㉝ 張文襄公全集卷一五五，頁二〇。

㉞ 天門胡石庵著：烈士唐才常事略，引自張難先湖北革命知之錄，頁二二一。

昏庸疲薾倖圖苟免之人，而欲居安於燕幕之危，完卵於覆巢之下，是猶圜柄而方鑿，北轍而南轅也。

繼說明救亡之圖惟以變法爲急務。其言曰：

> 願我皇上力振頽習，一意堅持，革舊鼎新，與天下更始。大選全球之政法，盡網仁俠之奇才，其奮勉求新者，則引贊機宜；其因循守舊者，則放歸田里。亟撫士民以同權之至意，特假督撫以變法之全權。由是張師統以孔子紀年，易官制以泰西爲準，開國會以日本作則，改律例與公法相通。上規漢室和親之典，以融其隔閡。下宏瀛海大同之教，以釋其忿爭。則耳目可新，國力可群，人心可固。㉟

其言要皆中肯。惟此摺是否上達朝廷則屬疑問。會四月二十三日德宗下詔定國是，銳意革新，譚嗣同、梁啓超皆參予機要，特旨徵才常㊱。才常未發，而政變作，陳寶箴因以獲罪，湖南

㉟ 湖報類纂，戊集公牘卷上。

㊱ 碑傳集補，卷五十七唐才常傳。

新政盡被推翻37。

才常聞譚嗣同死難噩耗，乃慟哭辭家，預備至北京收葬亡友。抵上海，聞嗣同之忠骸已南下，因中止北行，遂東渡日本訪康有爲，以謀報復38。其輓嗣同聯曰：「與我公別幾許時，忽警電飛來，忍不攜二十年刎頸交同赴泉臺，漫贏將去楚孤臣，筆聲嗚咽；近至尊剛十餘日，被陰氣构死，甘永抛四百兆爲奴種，長埋地獄，只留得扶桑三杰，劍氣摩空。」又輓曰：「賸好頭顱酬死友；無真面目見群魔39。」其欲爲嗣同犧牲之決心與素願於此表露無遺。

(三) 國是主張

才常之各種國是主張，多見於湘學報、湘報之論著內。光緒二十四年（一八九八）夏、才常集其所著，取名「覺顛冥齋内言」，刊之於長沙。光緒二十八年（一九〇二）秋，上海中華編譯印書館所發行之「湘報類纂」，關於才常之論述，有「覺顛冥齋内言」所不載者。二書所錄，對才常之思想包羅無遺。其見解多有可採之處，但亦有不切實際者。茲區以類別，舉其精義如下：

---

37 戊戌八月二十一日，總理各國事務衙門奉旨：「湖南省城新設南學會、保衛局等名目，迹近植黨，應即一併裁撤。所有學約、界說、札記、答問等書，一律銷燬，以絶根株。著張之洞迅即遵照辦理。」（葉德輝編「覺迷要錄」卷一）

38 陳乃乾著譚嗣同年譜。

39 飲冰室文集卷七十九詩話，頁十。

一、政治主張

才常鑒於甲午戰後，國事亟亟不可終日，力主變法以圖自强。認爲「變則通，通則存，存則强，大地自然之公理，可一言而決也40。」對於倡導洋務諸先進若魏源、馮桂芬、郭嵩燾、薛福成、王韜、曾紀澤諸人，倍加推崇；而於頑固諸臣之誤國，評譏尤切。其言曰：

同治初元，議使詞曹諸臣肄西語西學，倭文端尼之。光緒初元議開鐵路，異論甫平，劉錫鴻熠之。餘如同文館、海軍、水陸學堂，諸臣方目笑腹非之不已。其心初非欲弱中國困中國，至於斯極。不過沿歷朝以來苟安目前之積習，議和約則必援南宋爲言，議開礦則必援明季爲言，議立會則必援東林爲言。一唱百和，史文絡繹，千金敝帚，戈譽清流，蓋率四萬萬之種類爲鄉愿世界，而上孤聖德，下累民生者，皆諸臣之罪也。41

才常曾比較中、日兩國自强新政之得失。謂日人自明治維新以來，「一則憤其國之不强而生橫逆，一則求其國之必强而亡軀命。其致力殊，而用心則一。故變法祇三十年而人才之岔

40 各國種類考（覺顛冥齋内言卷三）。
41 各國政教公理總論（覺顛冥齋内言卷一）。

溢，心力之勇猛，局勢之雄奇，爲五洲所僅見。」而中國自同治初元以迄今日，「萃千萬之衿褸，歷五十年之歲月，朝朝言富國，昔昔議强兵，然無論守舊求新兩黨，不外模稜，不離鄉愿。……其上僅全軀保妻子之臣，其下又蔽聰塞明薰心祿利婞婞無所短長之士，即無外患乘之，蓋昆侖絶紐，義轡不馳久矣，而況事變之奇樊然地目也㊷。」

才常指出當前國人之大病有二：有全聾瞽者，有半聾瞽者。全聾瞽者束溼於老師宿儒之說，神明其咫尺之見聞，喝然而自大。半聾瞽者，襲西政之枝葉一二端，以爲變法之效不過如此以自欺。因條舉當前國是可惑之處十端以糾正於國人。

㈠孟子、公羊及六經中，一言一例無不重民權，今人竟詫爲西法，詆爲讆言。

㈡頑固諸臣不欲朝廷公權於國人，若俄之大彼德，日之睦仁，盡變成法與天下更始，而欲依朝廷行其因循苟且之私心。

㈢國勢旦夕不保，大廈將傾，同被其災，頑固諸臣自謀之道亦拙愚矣。

㈣各國變法多恃一二奇人捨身倡導，而中國何獨無人？

㈤西洋政教規模咸謂今勝於古，而中國則謂古勝於今。

㈥中國對外交涉自號禮義之邦，視外人若夷狄，而其所爲之事，庸知外人不以三等土番視我也。

㊷ 論熱力（上）（湘報類纂論著甲集卷上）。

(七)不自拓展通商傳教與外人相競爭，徒咎外人之通商傳教爲陰謀詭計。

(八)國家政策不得以一隅陋俗與鄉愿之論爲是非，眼光應注意到千萬年與五大洲之全局。

(九)甲午戰後二三豪傑傾肝瀝膽論列是非，而讒啄交加，目爲樹黨結援，詆毀朝政。

(十)憤世之徒，僻處山林，不問時事，漠視國亡，悠悠沒世，矯情背理，何補於己。㊸

故欲求自強，首在開民智。而以廢八股取士之制爲急務。蓋「時文不廢，孔教萬無可存之理，孔教既亡，黃種萬無可存之理㊹。」爲使國人能洞燭古今中外情勢，傳佈現代知識，才常主張應倣歐美國民教育工具，廣開報館。其言曰：

歐西無史館，報館即史館。凡遇開議院時，君主王大臣暨各議員皆蒞臨焉。事無大小各伸其說，以剖判是非。報紙即日刊之，傳之一國，布諸五洲，語無忌諱，言多實錄，視中國史書爲尤足信。……中國之士民自束髮受書，即戢戢抱兔園冊子，求爲名利之資，諮以三通二十四史之名能備舉者不可多得，何論寰球哉。㊺

㊸ 辨惑(湘報類纂論著甲集卷上)。
㊹ 時文流毒中國論(覺顛冥齋內言卷四)。
㊺ 史學略論(覺顛冥齋內言卷一)。

才常特別稱道中國古代之重民權；惟自唐宋以降，朝廷採行愚民政策，人民思想始被束縛。其言曰：

> 伏羲、神農、黃帝、堯、舜、禹、湯、文、武、孔、孟，公其君民之心之理，焦精竭神以謀天下，一夫不獲時予之辜，何其仁也。……司馬遷深于孔教者也，其文洞見本原，直刺時隱，進游俠非好亂也，悼民權之衰也。稱貨殖非逐末也，憫商學之失也。陳六家要指而評衡之，非等倫儒墨也，謂泥守弊生進于大同則有濟也。……唐宋以降，規規舊制，方爲老成。附會專攘，方名忠義。務抑民氣，方尊朝權。禁談時務，方端士習。力遏新學，方正人心。於是事事求副於唐太宗、元世祖、明太祖網羅鉗束之私心，身衿纓而心圈笠，曰是固宜然。[46]

其挽救之法，惟有「以春秋爲經，以史記爲緯，以各國百年來史乘爲用，于唐宋諸史力抉其秕政之根荄，力破其尊卑之隔閡，與夫正純之謬論，夷夏之臆說[47]。」然後始可以與談治國之道。

才常以歐美政教之根本在於國會與教會。其論西洋之國會曰：

---

[46] 各國政教公理總論（覺顛冥齋內言卷一）。
[47] 同上。

大抵泰西各國之命脈懸於國會，國會之機要繫於民心。拂其欲則上下沸騰，愜其情則君民交泰。其創立之始，每爲君主世家所不喜，其究亦不能與之抗，而依違其間，意必有二三人傑維持抵制；故雖以拿破侖、飛蝶南之譎觚雄忌，卒難以權力與之爭衡，而華盛頓以其公天下之心，一滌爭權陋習，此蓋太平之公理，仁學之眞詮，積三代來磅礴沈鬱之氣，一千五百兆民守望扶持之心，於國會甫露端倪者也。㊽

有國會必有政黨。各國政府明許政黨之存在，各政黨亦明張其幟公開其主張，以待輿論之抉擇；故事無弗舉。中國自漢迄明諱言黨，而士大夫則巧營其私，暗中傾軋，卒覆其國而不自覺。「夫天下烏乎公，公於民。民烏乎公，公於黨。」「國非黨之患，黨其黨之患也㊾。」

至於教會，西洋教派皆耶穌教分衍而作，猶中國秦漢以來相沿之法制，皆儒教之孽派。惟耶穌教「有會以聯屬之，而氣類日昌。我無會以宣揚之，而人心日潰。」加以「角力名場，薰心利藪，甌脫官民，斷橫絶港㊿。」此儒教之所以不張也。故亟應速成「孔教會」，闡明萬世公理，始可繫千鈞於一髮，奠國基於永固。

此種見解確有其獨到之處。蓋社會風氣敗壞已久，漢、唐以來朝廷用尊儒以鞏固其政權，

㊽ 同上。
㊾ 同上。
㊿ 同上。

而縉紳之流則假儒教爲掩飾以行其攘奪之私心，鮮少能真正瞭解孔、孟精神者。鴉片戰後，耶穌教大行於中國，列强以爲侵華工具。教民依外人爲護符，欺凌善良，非教民仇視西教兼及外人。教案因之屢作，而國難無窮矣。降及民國，禍亂無寧歲，抗戰勝利未久，而大陸變色。道德觀念之淪喪得非主因焉。

二、軍事主張

才常於其所著各國政教公理總論中，歷述中西史乘兵禍之慘，反對國與國間之戰爭。認爲孔子惡干戈，故隱其旨於春秋。孟子則稱春秋無義戰，而宋襄公之仁，雖文王之戰不過如是也。贊同英人羅柏村主張，或由各國永立和好之約，各派代表成立「和好會」，辦理各國相爭事端。或由各國訂立公法，如有肇釁，即依定章處理。然其對於國防建設，則主張有備無患。其批評當時軍備劣敗之情狀曰：

> 夫欲樹木者必培其根，欲强兵者務富其國。當時之時，士困俗學，農泥舊法，工商日蹙，礦利未宏，釐卡林立，吸髓敲肌，然且司農仰屋，羅掘俱窮，則措餉難。鐵軌初萌，血輪尚彌，千里徵調，需時月餘，流亡載道，天日慘黷，則運兵難。天下之大，武備學堂止一二處，弓矢舊制如談天寶，則選將難。體操不講，團練虛文，制兵饑疲，募兵烏合，則練卒難。武員剋扣，相熠成風，兵額侵吞，十虛其五，則成軍難。船械外購，良窳不分，毫商中飽，弊竇益滋，則製器難。席此數難，敵彼數十年虛心積慮

薪膽兵機之强鄰，譬之委羊於虎，餽犬于狼，勝負之鏡，無須龜卜。[51]

才常認爲治軍之策，應自「教養之原」著手。其法一曰練將。外國將領多出自學校，甚至貴戚子弟亦多躬予賤役，與士卒同甘苦。中國則重文輕武，有目不識丁之統帥，世祿之家更視入軍籍爲大辱。是故甲午之敗，「桓桓師艦不熸于旅順、威海之驚濤，而熸於目笑腹非，眕域牽製之陋習也[52]。」因之練將之要首在教育，其法如下：

創韜略院于京師，廣武備學堂于各省，覈實考驗，定爲科目升降之法。其武備章程大致有十：㈠體操。㈡常算法，並代數勾股割圜術，便肄槍砲準頭。㈢古今各國兵志，及戰場行軍之處。㈣論說。㈤通中西語言文字及各國政情。㈥砲臺營壘攻守諸法。㈦輿地險要。㈧陣圖陣法。㈨軍律。㈩廉明公正和藹威嚴俱備。如十者皆能，是爲大將才，亟應升之韜略院。韜略院卒業又派往五洲游歷，縋幽鑿險，以堅其膽識，或再送往外國武備學堂，比較高下，學成授統帥營官，及充各武備學堂山長。[53]

---

[51] 兵學餘談（覺顛冥齋内言卷一）。
[52] 同上。
[53] 同上。

二曰練兵。中國額兵既不可用，湘、淮練勇暮氣亦深。若驟仿歐制改行徵兵制度，則易遭國人之反對。爲今之計，惟有將額兵及湘、淮諸軍之老弱盡量裁汰，由各省督撫各練精兵數萬人，以待不時征調。須年在三十年以內，筋骨强壯，血氣充固者方爲合格。其法如下：

> 宜於韜略院選統領營官，于武備學堂選哨長書記，必稍能讀書識字者方許注名新軍。營官哨長時以粗淺算法及山川險要示之，又或將歷朝兵要臨陣機宜編成俚語，如曾文正水陸歌，葉浩吾天文地理歌之類，使之朝夕諷誦，粗知厓略，既柔其血氣之剛，復蓄其忠憤之蘊，而後可與言戰。[54]

至於海軍，才常舉出再建之策凡十：

> ㈠立總海大臣，力破畛域之弊。㈡沿海廣設水師學堂。㈢倣英俄置童子軍、商學堂於鐵艦。㈣多購快船快砲。㈤規復威海、旅順砲臺舊基。㈥設立中國南北沿海各船塢，以扼天然形勝。㈦廣修船政。㈧因沿海屯兵至要處，立尖圓蓋露聯堡、子堡、大壘、浮臺各種砲臺。㈨砲臺之後必設重砲臺，所用攻砲、戰砲務使近砲與遠砲長砲與短砲相間。㈩不時巡歷海洋，遠駛各洲，以知沙線礁石，以習風濤，以護商民，以察

---

54 同上。

各海各島要隘(55)。

而歸其根本在於育才、購器兩大端。關於育才，才常反對用洋將。關於購器，才常主張「艦不必取其大，以便利爲要。砲不必震其名，以靈活爲要(56)。」並論海防秘鑰曰：「凡防近登宜扼遠口，防前擊宜策後抄，砲臺宜泥不宜石，水雷宜虛宜莫測(57)。」

才常深感宋無藩鎮而亡國，主效法唐朝節度使制，於全國軍事重地各置鎮將。東北以遼陽爲建閫所，駐重兵於黑龍江、琿春等處以禦俄人。東南以南京爲奧區，模倣明代立爲陪京，鎖鑰長江。至若陝、甘、雲、貴、湘、粵各省，宜合爲一鎮，以捍禦强鄰。凡一切練兵選將建校製械悉聽自主。各鎮「自爲變法，自爲防守。」然後始有復興之望(58)。

此種主張，並非妥善。蓋自咸、同以來，中國已成外重內輕之局，地方督撫集軍政財政權於一身，各自爲政，不相聯屬。今再區以節鎮，一隅之力既不能舉辦大事業，必更促成中國之分裂與混亂也。

---

(55) 同上。

(56) 唐才常謂鴨綠江之戰西人觀戰者言曰：「中國鐵艦雖大於日本，而行駛不及日本。日本吉野艦所發快砲絡繹不絕，定遠、鎮遠兩艦僅發一砲，而吉野之砲已約有四十彈，此船砲之大不及小而快者之證。」（見覺顛冥齋內言卷一，兵學餘談）。

(57) 兵學餘談（覺顛冥齋內言卷一）。

(58) 唐宋禦夷得失論（覺顛冥齋內言卷一）。

三、外交主張

才常認爲自鴉片戰爭以來中國外交之屢次失敗，亦非樞臣之有意誤國，徒在於不明交涉之學耳！蓋「不明交涉公法之原而倉皇應付，匪惟僨事，亦且逆天。僨事者絕權于天，逆天者絕國于民[59]。」其結果遂使「上下欺朦，中外隔閡，事例不一，時有變端。」而「西人習知中國大吏惟以兵脅始俯首帖耳，就其圈笠，於是每一興師，增一利益；一國霑利，諸國尾之[60]。」朝廷應付乏策，而外患迄無寧歲矣！因條舉拯弊十要：

㈠王公大臣首宜遍遊歐洲，以袪其惑。㈡總署軍機大臣之選必曾充公使習中西律法者，其司員必曾任參贊隨員者。㈢充公使領事參贊隨員，必由學堂出身，給予文憑，先散秩，後實授，非此不得濫竽。㈣公法律例宜設專科考驗實，乃派往歐洲學習。㈤由歐洲業成歸，或派總署章京司員，或分遣各學堂主講。㈥華洋交涉處，宜急立律師，假以崇銜，予以便法。㈦中西交涉事件毋涉機心，毋羼私意，毋萌驕衿，毋始激烈終畏葸。㈧辦理交涉者任之終身，俾憔悴專一，謀國是而聯外交。㈨外國政法學院，宜廣選英儁與之考試比較。馬眉叔（按：馬建忠字眉叔）有言，華人與西人交涉時被欺朦，非

---

59 各國交涉源流考（覺顛冥齋內言卷一）。

60 通塞塞通論（覺顛冥齋內言卷一）。

華人智短才疏也。名不揚而學不彰，則不足以服之。㈩內而總署軍機大臣及司員，宜與公使領事參贊隨員隨時互換。[61]

明知各國交涉「以智不以仁，以力不以德[62]。」而我則應「開誠布公與之交際。」以爭取時間，「祇在智其民，強其學，富其本，不在挾忿尋仇之舉也[63]。」

才常於列強中素仇俄，而主張親善英、日。因英、日不過「胠篋探囊發匱之盜」，而俄人則直欲「宅爾宅，田爾田，僕爾僕，子爾子，孫爾孫，尸爾囊，扃爾篋爾匱[64]。」而無識之輩，竟誤認中俄百年來未啓兵端，深可倚恃，誠所謂「獨坐窮山放虎以自衛者也[65]。」特指出俄人必欲外侵之原因有四：

俄負北冰洋，而國無議其後者，勝固勝，敗亦勝，其必出而爭衡者一。天網浡潏，君權肆橫，恆恃武功以震其國力，其必出而爭衡者二。君權既重，民氣益烈，希利尼人，縱橫犖轂，亟思得華實上腴以置黨人，而靖民變，其必出而爭衡者三。打牲舊習，彼

---

[61] 使學要言（覺顛冥齋內言卷二）。
[62] 各國猜忌實情論（覺顛冥齋內言卷二）。
[63] 外交論（覺顛冥齋內言卷一）。
[64] 論中國宜與英日聯盟（湘報類纂，論著甲集卷下）。
[65] 外交論（覺顛冥齋內言卷一）。

得雄心，擇弱而欺，擇肥而噬，螻蟻人命，其何恤焉？其必出而爭衡者四。[66]

才常甚不滿意李鴻章之聯俄策。謂俄人「外餌甘言，內癰腐骨。」攫我東三省路權，索我旅順大連。「恨不能起石晉桑維翰（按：影射李鴻章而言）而刃之，而責其託庇牢固奚，以致出帝之詬辱踉蹌也[67]。」觀於日後中俄關係之演變與俄人侵華之史實，才常對俄人可謂有明確認識者也。

至於英國，才常以其「屬地遍五洲，商埠環瀛海，舉事一不當則鞭長莫及，全局瓦解，故持盈而保泰。」日本則「席新勝之威，而購船置械，如窶人入市皇皇，不貰米貰刀。惟敵德則有餘，敵俄則不足，牛脊僨豚，脣亡寒齒[68]。」對我方表友善也。「夫兩利相形取其重，兩害相形取其輕。聯俄則眉睫火燃，即見危亡於旦夕；聯日以聯英，則皮膚癬害，猶可療捄於將來[69]。」欲聯英必先聯日，聯日尤在於師法日人富強之道。聯之法：

> 中國而不欲圖存則已，苟欲圖存，則不如學矣。中國而不求實學則已，苟求實學則不如假途於日矣。且夫兵也、商也、工也、農也、礦也、鐵路也，皆學也。學既可通，

---

66 論中國宜與英日聯盟（湘報類纂論著，甲集，卷下）。
67 同上。
68 同上。
69 瀏陽拔貢唐才常恭擬密籌大計籲懇代奏摺（湘報類纂公牘，戊集，卷上）。

則籌款興辦之事亦可通。款既可通，則整軍禦侮之事亦可通。軍既可通，則休戚存亡之理亦可通。故以通學者通日，通日者通英，合中、日、英之力縱橫海上，强俄雖狡，必不敢遽肆其東封之志。(70)

此種見解爲當時維新黨人之一致主張，亦爲戊戌變法之外交方針。才常等對於聯日，不僅發之議論，且見諸行動。日本政府亦利用機會，策動其政客冒險份子，以達成聯絡中國維新黨人之目的。

先是光緒初年，日人創亞細亞協會於東京，中國駐日公使及旅日人士多有參加。光緒二十四年（一八九八）春，上海日總領事小田切萬壽之助，「睹中國民智未開，義關唇齒。」復倡興亞大會於滬上。首次會議假廣福里鄭官應（陶齋）寓舉行。主席三人，爲鄭蘇龕、何梅生、鄭官應。與會者日人爲總領事小田切、三井洋行總辦小寶三吉、三菱洋行總辦及日本領事翻譯官等。華人多滬上名士，若張謇、江標、汪康年、經元善等數十人(71)。依其章程規定，無論亞洲大小各國皆准入會，泯畛域之見，共立亞洲富强之本。設亞洲協會公所於上海，發行亞洲協會月報，各國除首都所在地設總會外，各省各府州縣亦廣設分會(72)。

---

(70) 論中國宜與英日聯盟（湘報類纂論著，甲集，卷下）。
(71) 興亞大會集議記（湘報類纂論著，己集，卷上）。
(72) 日本興亞會章程（湘報類纂，丁集，卷上）。

日政府除假藉學會實現其和平侵華之目的外，以湖南爲中國維新黨人之大本營，復遣官員直接與之接觸。光緒二十四年（一八九八）正月底，日本參謀部派遣神尾光臣、梶川重太郎、宇都宮太郎等至漢口，約湖南新政中堅份子譚嗣同前往會晤。神尾等獻計於嗣同曰：

> 振興中國當於湖南起點，如聯盟計成，吾當爲介於英，而鐵軌資焉，國債資焉，兵輪資焉，一切政學資焉。吾又當與英盡收亞細亞東煤塊，斷絕各國輪船之用，使近無可屯，遠難速運，鐵艦來多則不能持久，少則尾之轟之立碎，此不戰而屈人之兵，而以悉網煤礦制太平洋死命便甚。[73]

又曰：「中日唇齒相依，中國若不能存，彼亦必亡，故甚悔從前之交戰，願與中國聯絡，救中國亦以自救也。並聞湖南設立學會，甚是景仰，自強之基當從此起矣[74]。」嗣同頗信之，其於返回長沙後，在南學會發表演說，竟誤認日本政府對於中國變法予以同情與支持。謂「日本席全盛之勢，猶時恐危亡，憂及我國，我何可不自危而自振乎[75]？」才常更主張完全接受神尾等之意見，並譬之曰：「中日構釁如兩瞽相遇而爭道不休，兩瘖相怒而色然以鬥。何其

---

[73] 論中國宜與英日聯盟（湘報類纂，甲集，卷下）。

[74] 譚復生觀察第一次講義，論中國情形危急（湘報類纂，乙集，卷上）。

[75] 同上。

旁者或攫取其衣冠去，莫之覺，此可謂大愚不靈者矣[76]。」並提出聯日之策十端：

㈠南學會急派人至日本辦興亞會事，一二年後挈其政學歸，新吾中國。㈡立興亞分會於湖南，與日本時其消息，靈其腦筋。㈢急聘日本人來湘，或武備學堂，或時務學堂，或校經書院，或另闢學堂以收速效。㈣有志游歷日本者，驗實予以文憑，酌給資斧。㈤設東西文譯局，速譯憲法諸書。㈥煤鐵諸礦廣招日商或南洋大賈合辦，藉通財源。㈦製造機器公之日人。㈧聯橫濱、神戶華商，建立孔子教堂。㈨湘報與興亞報彼此分派以拓見聞。㈩官紳子弟自備膏修，多入橫濱大同學校。（撫部現擬招選子弟五十人，分送日本各學堂，不在此內）[77]

日本自明治維新以來，侵華爲其既定政策，觀於民國後日人藉「東亞共榮圈」，「建立東亞新秩序」等口號用作侵華之工具，日人之用心可知。而才常等則視之爲「友邦」，實未能予以苟同也。

---

[76] 論中國宜與英日聯盟（湘報類纂，甲集，卷下）。

[77] 論興亞義會（覺顛冥齋內言，卷四）。

二、甲午戰後革命維新兩派之關係

(一) 孫康調協之失敗

先是，孫中山先生少負革命大志，光緒十八年（一八九二）卒業於香港西醫書院後，初懸壺於澳門仁慈堂附近，定名中西藥局。明年，遷設於廣州雙門底聖教書樓，易名東西藥局，密謀進行排滿工作❶。是時康有爲方講學廣州萬木草堂（廣府學宮），地距聖教書樓甚近。康氏時至該書樓購書，中山先生知其有志西學，頗欲與之聯絡，冀能結爲同志；乃託友人代爲致意。有爲表示：「若孫某來相會，宜先具門生帖拜師乃可。」中山先生知其妄自尊大，卒不往見❷。

光緒二十年（一八九四）十月，中山先生創立興中會於檀香山，革命組織漸具雛形。明年（一八九五）春，革命黨人陳少白以事至上海，居洋涇濱全安棧，聞康氏及其弟子梁啓超晉京會試，亦寓同棧，乃造訪於鄰室，痛言清政腐敗，非推翻改造不足以挽救危局。康氏首

❶ 參照國民當中央委員會編「總理年譜長編初稿」(一)，油印本。馮自由「革命逸史」初集，頁九，孫總理之醫術。

❷ 馮自由「革命逸史」，初集，頁四七。

肯者再，且介紹啓超與少白相晤，談論極爲融洽❸。同年八月，中山先生復倡設農學會於廣州，用作革命機關，撰刊緣起書，廣徵同志。康氏弟子陳千秋等頗欲加入，以格於師命未獲實現❹。蓋是時康氏已通籍，方上書請變法，組織强學會，對於清廷欲圖有所大用也。

光緒二十二、三年（一八九六、一八九七）間，維新黨人汪康年、梁啓超等發行時務報於上海，另由何易之、徐勤、康廣仁、歐榘甲等創設知新報於澳門（已詳第一章第二節附註）。倡言改革，名重一時，與革命黨人楊衢雲、謝纘泰等多有往還。光緒二十二年（一八九六）正月初九日，謝氏應維新黨人陳錦濤、梁瀾芬之宴，初識康有爲之弟廣仁於香港品芳酒樓。席間謝氏力陳兩黨聯合救國之必要，廣仁甚表同情。同年九月，謝氏與有爲晤於香港惠升茶行，再三懇談，始終不得要領。光緒二十三年（一八九七）八月，謝氏復邀廣仁會於香港公園。廣仁告纘泰曰：「有爲亦非忠心扶滿者，不過欲以和平方法達成救國之主張耳！各督撫如張之洞等咸贊成其主張，故不便與革命黨公然往還，致遭疑忌。」並謂：「孫文躁妄無謀，最易僨事，楊衢雲老成持重，大可合作。」彼當力勸有爲將來與楊聯合救國云❺。

是時興中會海外活動之根據地除檀香山外，首推日本橫濱。中山先生及陳少白、楊衢雲等，自光緒二十一年（一八九五）廣州之役失敗後，常逗留於此，以相鼓吹，著名僑商加入

---

❸ 同上。另據章炳麟「駁康有爲論革命書」，謂是時康有爲曾授意其弟子陳千秋、林圭等密通情於中山先生。（見章氏叢書文錄卷二）

❹ 革命逸史，初集，頁四七。

❺ 馮自由「中華民國開國前革命史」第一册，頁四三。

者百數十人。光緒二十二年（一八九六）冬，興中會會員法國郵船公司買辦黎煥墀，及其友郭雅聲，爲學習中文請益於陳少白，少白說明日本各僑校規模既小，教學法又極陳腐，不若另行組織，開辦新學，使僑胞子弟咸能受到適當之教育，並可藉作革命之機關。甚得黎、郭二人之贊同。即行召集僑商，至中華會館商議設校事。到會者有鄺汝磐、馮鏡如等數十人。討論結果，衆皆同意。遂假會館爲校址，以會館之產業爲基金，開辦費用由華僑分任捐募❻。

光緒二十三年（一八九七）七月，中山先生由歐至日，橫濱僑校籌備十九完成。鄺汝磐等乃就商於中山先生，欲自國內延聘新學之士以爲師。中山先生以革命黨人從事教育者少，乃薦梁啓超充任，並代定名爲「中西學校」。旋親書一函致康有爲，命汝磐持往上海，訪康氏於旅次。康氏以啓超方任時務報筆政，乃薦徐勤任校長，並薦陳默菴、湯覺頓、陳蔭農等任分教，且謂「中西」二字不雅，特爲易名「大同」，親題「大同學校」四字門額以爲贈❼。

徐勤等既抵日本，初與革命黨人尚有往還，及握教育權，與僑胞朝夕酬酢，友誼漸深，且有學生教員爲之助，社交日廣。及得康有爲來信，知不日當有大拜之望，戒徐勤等務宜與革命黨人斷絕關係，庶免受其所累❽。徐勤等態度驟變。此後中山先奔走海外各埠，無暇專注意於橫濱一地，徐勤等乃得利用僑校爲工具，煽惑旅日僑胞，反客爲主，革命黨自不免有

---

❻ 陳少白「興中會革命史要」，頁七五。
❼ 中華民國開國前革命史第一冊，頁四一。
❽ 興中會革命史要，頁七六。

相形見絀之勢❾。

(二) 日本民黨參預中國政治活動

甲午戰後，日本民黨（進步黨）掌握政權，大隈重信任內閣總理，鳩山和夫任外務大臣，犬養毅任文部大臣，咸主「中日親善」，對中國革命維新兩派，均欲加以拉攏，以實現其和平侵華之陰謀。除遣人與湖南參預變法人士切實聯絡外（已詳第一章第三節），對於旅日中國革命及維新黨人尤多予以協助，而由宮琦寅藏、平山周等擔負牽線工作。

先是興中會成立之初，中山先生於檀香山首識日本耶穌教牧師菅原傳。及光緒二十一年（一八九五）秋，廣州之役失敗東渡日本後，乃介紹菅原傳於陳少白，俾能對革命事業有所贊助。少白客寓橫濱，化名服部次郎，與日人往還漸多。遂由菅原傳得識日本志士曾根俊虎❿。

光緒二十三年（一八九七）五月，宮琦寅藏、平山周奉日本外務省之命，欲潛赴中國內地偵探政情。適宮琦病，平山先發。至上海，過書肆，見中山先生所著「倫敦蒙難記」，乃購

---

❾ 橫濱僑商馮鏡如子懋龍（自由），就讀於大同學校，據其所記，戊戌夏秋間，清廷下詔變法。大同學校師生亦沾沾自喜。所作課題，均屬歌頌聖君譽揚新政之作。懋龍因早列名興中會籍，居家復飽聆中山先生及陳少白、楊衢雲諸人革命言論，至是乃於論文中痛言非我種類其心必異之理，謂清帝愈英明，則漢族愈不利。徐勤讀之，深滋不悅，乃傳懋龍大加申斥，並再三誡其勿為邪說所惑。（見革命逸史，初集，頁五二）

❿ 曾根俊虎為當時日人中對中國政情最關心者，自稱原籍山東，為先儒曾子之後。（見馮自由「革命逸史」，初集，頁三〇三）

而讀之。始悉中國革命黨之主張，「喜極不能眠」[11]。宮琦病癒後，由曾根俊虎引見訂交於陳少白，少白盡舉興中會宗旨及中山先生生平以告，並贈以「倫敦蒙難記」，宮琦大爲悦服。宮琦旋至滬與平山相會，復入粤，轉道澳門，得晤革命黨人張壽波、區鳳墀等，聞中山先生，已於上月離英赴日，乃倉卒而返[12]。

同年七月中，中山先生既抵横濱，犬養毅乃命宮琦、平山迎至東京。「把臂傾談，意氣彌洽。」是爲中山先生結交日本權要之始。中山先生記其事曰：

> 時日本民黨初握政權，大隈（重信）爲外相，犬養（毅）爲運籌，能左右之。後由犬養介紹，曾一見大隈（重信）、大石（正己）、尾崎（行雄）等，此爲余與日本政界交際之始也。隨而識副島種臣，及其在野之志士頭山（滿）、平岡（浩太郎）、秋山（定輔）、中野（德次郎）、鈴木（五郎）等。復又識安川（敬一郎）、犬塚（信太郎）、久原（房之助）等。各志士對中國革命事業先後多有資助，尤以犬塚、久原爲最。其爲革命奔走始終不懈者，則有山田（良政、純三郎）兄弟、宮崎兄弟（寅藏、彌藏）、菊池（良士）、萱野（長知）等。其爲革命盡力者，則有副島（義一）、寺尾（亨）兩博士。[13]

---

[11] 中國國民黨中央委員會編「總理年譜長編初稿」(一)，油印本，內附平山周致中國國民黨黨史會函件。

[12] 宮琦寅藏「三十三年落花夢」，頁六十七。

[13] 孫文學說第八章「有志竟成」。

中山先生雖欲依之助成革命事業之進展，初不料日人之別有用心也。

光緒二十四年（一八九八）春，犬養毅首命宮琦寅藏與中山先生議商中國革命維新兩派聯合大計，並料及中國變法之難成，再命宮琦、平山至華有所活動。臨行告之曰：「聞海外風雲，不久當有變動，暫出游，其運動汝之目的所欲達者⓮。」宮琦寅藏於其所著三十三年落花夢中記其事曰：

當孫逸仙避跡扶桑之日，正康有爲得志清國之時。……榮悴殊途，炎涼異態，清國皇帝醉心于維新變法諸論，舉國以聽命康氏，銳意改革。盈廷臣工悉數反對，復傾死力以冀排去，北京政海之風潮岌岌轉動，而康猶未知也。

宮琦、平山既抵滬，乃分道而行，平山向北京，宮琦赴香港。平山過煙台，遇湖南維新黨人畢永年，因同船至天津，相偕入都。迨政變發生，日本公使館成爲維新黨人之避難所。平山乃使梁啓超、王照易日本和服，約同山田良政、小村俊三郎、野口多內等相攜至天津，登日輪大島艦離華。抵東京五日，宮琦寅藏亦偕康有爲自香港來⓯。

是時旅日中國維新人士，於政變發生之初，亦有請求日本政府設法營救中國維新黨人者。

⓮ 三十三年落花夢，頁六七。

⓯ 馮自由「中華民國開國前革命史」，第一册，頁三〇四至三〇五。

丁文江編「梁任公先生年譜長編初稿」引某君所著梁任公大事記載稱：

(八月) 初十日，我即入東京，謁總理大隈重信 (原注：尚有一人同行)，請其營救卓如及六君子等。大隈云：「此事可往見外交部大臣鳩山和夫磋商。」我即往矣。據云：「六君子甚難營救，惟卓如我已有營救之法，其情形一星期內總可發表，事關外交，不能不守秘密也。」一星期後，卓如果乘大島艦到日，與王照一人，日本進步黨出貲賃屋招待。[16]

固不知日人之早有安排也。同年九月十五日梁啓超致書其妻李蕙仙報告其旅日生活曰：「我在此受彼國政府之保護，甚爲優禮，飲食起居，一切安便[17]。」十月十三日復函告之曰：「吾在此乃受彼中朝廷之供養，一切豐盛，方便非常，以起居飲食而論，尤勝似家居也[18]。」日人之待遇維新黨人，可謂厚矣！

日政府爲促成中國革命維新兩派之合作，命宮琦寅藏、平山周從中斡旋。中山先生以彼此均屬逋逃之客，同盡瘁於國事，方法雖異，而欲致中國富强之目標則同，乃攜宮琦親往慰

---

[16] 丁文江編「梁任公先生年譜長編初稿」，上册，頁八十。
[17] 同上。
[18] 同上。

問康有爲，藉敦友誼。康氏以帝師自居，意氣甚盛，妄言奉有清帝衣帶詔，不便與革命黨往還，竟匿不肯見，而日人仍調協不稍正。馮自由「革命逸史」記其經過甚詳：

（犬養毅）雅不欲中國新黨人因此意存隔閡，遂約孫、陳、康、梁四人，同到早稻田寓所會談，屆期除康外餘人俱到。梁謂康有事不能來，特派彼爲代表。是日三人各抒意見，討論合作方法頗詳，至翌日天明始散。數日後，總理派少白偕平山至康寓訪謁，康、梁出見，在座有王照、徐勤、梁鐵君三人。少白乃痛言滿清政治種種腐敗，非推翻改造無以救中國，請康改弦易轍，共同實行革命大業。康答曰：「今上聖明，必有復辟之一日，余受恩深重，無論如何不能忘記，惟有鞠躬盡瘁，力謀起兵勤王，脱其禁錮瀛臺之厄，其他非余所知，祇知冬裘夏葛而已。」少白反覆辯論三句鐘，康宗旨仍不少變。談論間，王照忽語坐客。謂：「我自到東京以來，一切行動皆不得自由，説話有人監視，來往書信亦被拆閱檢查，請諸君評評是何道理？」等語。康大怒，立使梁鐵君强牽之去，並告少白謂：「此乃瘋人，不值得與之計較。」少白疑王別有冤抑，乃囑平山伺機引王外出，免爲康所羈禁，平山從之。果於數日後，窺康師徒外出，逕攜王至犬養寓所，王遂筆述其出京一切經過，及康所稱衣帶詔之作僞，洋洋數千言，與康事後紀述多不相符，由是康作僞之眞相盡爲日人所知。康以爲少白故惡作劇，因而遷怒及於革命黨，而兩派更無融合之望矣。⑲是維新派因變法失敗之刺激，已趨向分化之途矣。馮自由「中華民國開國前革命史」記當時日本政府對中國革命維新兩派之態度曰：

日本政黨之標榜支那親善政策者爲進步黨，而黨中諸首領則以犬養毅爲主張最力。犬養對於革命、保皇兩派，皆目爲新黨，一視同仁，始終取調停主義。中山自橫濱遷居東京，犬養實爲東道主。徐勤任大同學校校長，因與興中會派不愜，該校董事多懷退志，幾致解體；乃推犬養爲名譽校長，以維繫人心，犬養亦徇其請。戊戌秋間，兩派意見日深，勢同水火，犬養乃親至橫濱作和事佬，無功而回。⑳

於是日人調停兩派合作之計劃乃歸於失敗，其後大同學校且有「不許孫文到校」之標語，雙

---

⑲ 革命逸史，初集，頁四九。

⑳ 中華民國開國前革命史，第一冊，頁三〇五。

方交惡日趨劇烈㉑。

㈢ 畢永年與會黨

會黨係中國民間下層社會之秘密組織，其名稱不一，曰天地會、曰哥老會、曰三點會、曰三合會，在海外通稱義興公司，在美洲則曰致公堂，要皆爲反清復明之革命團體㉒。始由陳永華創立於康熙十三年（一六七四），首行於臺灣、福建，漸及於長江流域㉓。清初以來，屢次起義，均遭失敗。乃散隱江湖，托跡寺院，待時以動㉔。道光末年，洪秀全起義於廣西，會黨實爲之先驅。咸豐之初，由於兩湖及長江下游會黨之滋擾，太平軍聲勢因之大振。迨太平天國滅亡，餘衆多潛入會黨，而遣散之湘軍，謀生無路，乃相率與會黨合流。光緒初年，江南各地之教案，多會黨之所爲。雖或起引於仇視外人，而其用意則欲製造外交糾紛，以損

㉑ 當時徐勤曾致書宮琦，力辯無攻訐中山先生之事。略曰：「貴邦人士咸疑僕大攻孫文，且疑天津國民報所刊中山樵傳係出僕手，聞言之下，殊堪驚異。僕與中山樵宗旨不同，言語不合，人人得而知之，至於攻訐陰私之事，令人無以自立，此皆無恥小人之所爲，僕雖不德，何忍爲之。」盡屬掩飾之辭也。（見中華民國開國前革命史，第一册，頁四二至四三）

㉒ 因其取父天母地之意，故名天地會。因其入會之後男皆兄弟女皆姊妹，亦名哥老會。因其崇拜明太祖，亦名洪門會。因其寫字時於左旁加三點爲暗號，亦名三點會。因其取天時、地利、人和之意，亦名三合會。

㉓ 蕭一山「天地會起源考」。

㉔ 李華堂（堃山）「洪門會與中國革命之關係。」

蝕滿清之國力也㉕。

光緒十二年（一八八六），中山先生就讀於廣州博濟醫學院期間，首結識會黨中人鄭士良，士良號弼臣，廣東歸善縣淡水墟人，爲客家子，豪俠尚義，於兩廣秘密社會交遊最廣。中山先生與之談論革命，士良聞之而悅服。嘗告中山先生曰：「他日有事可羅致會黨以聽指揮。」㉖光緒二十一年（一八九五）秋，廣州之役，實以會黨爲主力，而士良運動之功居多㉗。

先是長沙拔貢畢永年，少讀衡陽王船山遺書，慨然有興漢滅滿之志，遇鄉人有稱道曾國藩、胡林翼、左宗棠、彭玉麟等功業者，輒面呵之曰：「吾湘素重氣節，安有此敗類？」聞者爲之色變。稍長即結納兩湖會黨，以備異日之利用。唐才常、譚嗣同深敬其人，因與訂交焉㉘。

光緒二十四年（一八九八）春，湖南巡撫陳寶箴於境內推行新政，永年亦倡公法學會以應之（已詳第一章第二節）。並時撰文刊之於湘報，以爲民權思想之鼓吹。其所作「存華篇」略曰：

自秦始皇、唐太宗、明太祖以塞聰錮明，圈笠豪傑爲治，故民權日屈，而堯、舜、禹、

㉕ 劉聯珂中國幫會三百年革命史，頁九七。
㉖ 孫文學說第八集「有志竟成」。
㉗ 馮自由革命逸史，初集，頁二四。
㉘ 黃鴻壽清史紀事本末，卷六八，革命逸史，初集，頁七三。

湯、文、武、周公牖民公天下之精意亡。自老、楊以柔靜無爲毒中國，宋儒以玩物喪志薄事功，故士氣日靡，而孔、孟平等平權悲閔迅奮改制翼教之眞脈亡。……今日能貴民重民，公權於民，而後國可保君可存也。……有宋以來祗知君不知民，而民而士者亦遂有忘其職分權力之應爲，以成今日疲癃殘疾離渙無權之天下，愚民愚士之術其爲禍竟斯烈哉！㉙

湖南南學會之開，永年爲重要份子，譚嗣同於首次蒞臨南學會講演時，力陳保種保教之義，曾與永年有如下之問答：

（永年）問曰：「頃聞復生先生講義，聲情激越，洵足興頑起懦，但今日之局，根本一日不動，吾華不過受野番之虛名，鑾輿一旦西巡，則中原有塗炭之實禍，所謂保種保教非保之於今日，蓋保之於將來也。此時若不將此層揭破，大聲疾呼，終屬隔膜。……」

（嗣同）答曰：「王船山云：抱孤心，臨萬端，縱二千年，横十八省，可與深談惟見君耳！然因君又引出我無窮之悲矣，欲歌無聲，欲哭無淚，此層教我如何

㉙ 湘報類纂，論著，甲集，卷上。

揭破，會須與君以熱血相見耳！」㉚

永年固料及國家大難之將至，其與譚嗣同之神交亦於此可見。

戊戌夏，康有爲佐德宗行新政，譚嗣同任軍機處章京，尤有致君堯舜之想，獨永年始終堅持非我種類其心必異之說，日往來於漢口、岳州、新堤、長沙間，與會黨諸領袖楊鴻鈞、李雲彪、張堯卿、辜天祐、師襄、李堃山等，密謀起兵計劃，且參加會中，被封爲龍頭之職。後聞嗣同居京得志，因北上而訪之，由嗣同引見康有爲。有爲方交懽於直隸按察使袁世凱，有兵圍頤和園之陰謀，以永年爲會黨中重要份子，欲委以統率全軍重任。永年叩以軍隊所自來？有爲則惟賴於袁世凱。永年知袁氏之不足恃，乃絕其請，且貽書嗣同陳力害，勸其共同離京。嗣同不肯行，於是逕赴日本，求謁中山先生於橫濱，陳述兩湖會黨現狀，並願加入興中會爲先驅㉛。

先是光緒二十三年（一八九七）夏，日外務省命宮琦寅藏、平山周潛赴中國內地偵探各地政情（已詳本章第二節），返日之後曾建議中山先生，力言長江及湘鄂一帶會黨之可用，革命黨人多信之㉜。此後聯絡會黨遂成爲興中會之主要工作。長江方面由史堅如負其責，鄭士

㉚ 湘報類纂問答，丙集，卷上。

㉛ 革命逸史，初集，頁七四。

㉜ 尚秉和「辛壬春秋」第三十三章「革命源流」。

良則設立機關於香港，用作會黨之招待所㉝，革命聲勢日漸壯大。

光緒二十四年（一八九八）冬，孫、康協議合作失敗後，中山先生乃命畢永年偕林圭及日人平山周等赴國內各地視察會黨實力，到處發揮興中會宗旨及中山先生生平，會黨諸領袖，頗爲所動。永年居湘、鄂逾月，始東渡復命。明年，中山先生欲在長江流域諸省同時大舉，復命永年二次返國，與會黨各龍頭商談合作辦法。李雲彪等爲求各埠會黨行動之一致，曾在湖南召開「英雄會」，並推舉李雲彪、楊鴻鈞、張堯卿、李堃山、何玉林、王金寶、劉家福等七人爲代表，與興中會接洽一切。同年冬，畢遂偕七人抵香港，與革命黨人陳少白、楊衢雲、史堅如、鄭士良等，歃血爲盟，議定興中、三合、哥老三會合併，仍稱興中會，公推中山先生爲會長，並製製總會長印綬，由宮琦寅藏攜往橫濱，上諸中山先生。楊鴻鈞、李雲彪等居香港兩月，復由永年導往日本，謁中山先生，請示方略，均由中山先生分別禮遣回國，命其候命進止㉞。於是皖、贛、粵、桂、閩、浙、湘、鄂間，所在爲其鼓動，方謀剋期大舉，以乏餉械故，遲遲未發。

是時會黨暮氣已深，腐化浪費，惟利是視㉟。李雲彪等藉口興中會供給不足，漸有不滿之詞。光緒二十六年（一九〇〇）春，康有爲自南洋至香港，欲利用會黨以勤王，贈李雲彪

㉝ 孫文學說第八章「有志竟成」。

㉞ 馮自由「中華民國開國前革命史」，第一册，頁一五九。革命逸史，初集，頁七四至七五。

㉟ 咸豐初年，太平軍大起後，洪秀全、楊秀清等知會黨之無紀律，不足成大事，即與其斷絕關係。

等各百金，李等以保皇黨富有，遂與之發生關係，而會黨之宗旨一變。同年正月初五日上海「中外日報」載稱：

> 聞本埠某西人昨日接到一函，略謂：我等雖草莽英雄，頗知大義。因中國貪官污吏不恤民隱，故逼迫至此耳！會中黨羽在長江一帶者約有數十萬人，久仰先生愛護中國，我等從不與貴國教士爲難。去歲八月以後，我等即思起義，因皇上安然無恙，冀中國尚有富强之日，故亦未敢多事，今讀念四日上諭，知皇上廢立之事已不能免，我等不能再行忍耐，要求先生設萬全之策，阻止廢立一事，仍請皇上復辟，大政親操，以救中國。如蒙賜復，請登報章。五日後無回信則亦不能久待，恐中國從此無安靜之日也云云。下具寓滬各省會黨頭目頓首百拜字樣。

同月二十六日同報外埠新聞刊登漢口消息一則：「近有人於漢鎮貼匿名揭帖，議論廢立之事，語多駭聽。並謂太后如不撤簾，我等忠義黨人數萬定當舉兵勤王，並不與各西商及教堂爲難，各西人毋庸疑懼云。」觀其措詞，似爲保皇黨人所捏造。其後唐才常所領導之自立軍，即以會黨爲主力（詳第三章各節文內）。永年憤會黨忘義背信，深受刺激，乃削髮自投普陀山爲僧，易名悟玄[36]。並貼書平山周誌別。書曰：

---

[36] 自滿清入關以來，晚明遺老，抱亡國隱痛，多托跡寺院，流浪江湖，從事復國運動。會黨亦藉廟宇爲連絡會衆之所在。畢永年之出家當與此有關。

弟自得友仁兄，深佩仁兄義氣宏重，常思運雄力爲敝國拯生靈，可謂天下之至公者矣。弟惜吾中國久成奴才世界，至愚且賤。蓋舉國之人無不欲肥身贍身以自利者。弟實不願與斯世斯人共圖私利，故決然隱遁，歸命牟尼。今將雲遊，特來告別。仁兄一片熱腸，弟決不敢妄相阻撓，願仁兄愼以圖之，勿輕信人也。弟於日內往浙江普陀山，大約翌年華三月，由五臺、終南而入峨嵋，從此萍蹤浪跡，隨遇可安，不得再預人間事矣。臨穎依依，不盡欲白，龍華會上或再有相見時乎？宮琦仁兄晤時乞爲道意，恨此番未得敍別也，勞思如何！㊲

於是長江流域之會黨悉歸於唐才常、林圭幟下，而爲保皇黨所驅策。

(四) 孫梁攜手始末

戊戌政變既作，湖南新政盡被推翻，維新黨人相繼避難日本，有識之士，日漸趨向革命，梁啓超之思想亦發生重大轉變。同年十月，梁氏在橫濱創辦清議報㊳，對清政批評不遺餘力，

㊲ 革命逸史，初集，頁七五至七六。

㊳ 清議報爲旬刊，自光緒二十四年（一八九八）十月發行，至光緒二十七年（一九〇一）十二月始停刊，共出一百期。凡此一階段梁啓超之文章皆載於是報。

尤多民族革命之言論㊴。明年二月，康有爲離日赴美洲，梁氏更無所顧忌，漸與中山先生、楊衢雲、陳少白等相往還㊵。維新黨人梁子剛、韓文舉、歐榘甲、羅伯雅、張智若等主張排滿更形激烈。每星期必有二三次與革命黨人之聚談，因有兩派合併組黨之計劃。擬推中山先生爲會長，梁啓超爲副會長。梁嘗詰問中山先生曰：「如此則將置康先生於何地？」中山先生答稱：「弟子爲會長，爲之師者其地位豈不更尊。」梁乃悦服㊶。

梁氏自號飲冰室主人，題其學説曰：「飲冰室自由書」。梁氏有別號曰任厂，至是改稱任公，以示脱離康有爲之羈絆。歐榘甲亦撰文闡揚湯武革命，語極感人而動聽㊷。梁氏舊友唐才常、章炳麟初至東京，下榻小石川梁氏寓內，由梁氏之介紹始識中山先生㊸。周孝懷奉川督命赴日考察學務，亦由梁氏之介紹，得與中山先生相識㊹。是時留日學生監督錢恂（念劬），亦主根本改革之説㊺，彼此往還至爲融洽也。

㊴ 飲冰室文集，卷十七，頁十四。

㊵ 康有爲在美洲見清議報有排斥滿清政府言論，命梁啓超撕毀重印，且戒之曰：「勿忘皇上聖明，後宜謹慎從事。」（見馮自由革命逸史，初集，頁六三）

㊶ 馮自由革命逸史，初集，頁六四至六五。

㊷ 革命逸史，初集，頁六三。

㊸ 革命逸史，初集，頁五三。

㊹ 革命逸史，初集，頁六四。

㊺ 革命逸史，初集，頁六三。

光緒二十五年（一八九九）九月，梁啓超向橫濱華商鄭席儒、曾卓軒等募款三千元，創設高等大同學校於東京牛込區東五軒町。從學者有前湖南時務學尚舊生林圭（亦名錫圭，字述唐）、秦鼎彝（力山）、范源濂（靜生）、李群（彬四）、蔡艮寅（松波後改名鍔）、周宏業（伯勛）、陳爲璜、唐才質、蔡鍾浩、田邦璿、李炳寰等十餘人。及前橫濱大同學校學生馮自由、鄭貫一、馮斯欒、曾廣勷、鄭雲漢、張汝智等七人。梁氏自任校長，日人柏原文太郎爲幹事。所取教材多採用英法名儒自由平等天賦人權學說，諸生由是高談革命，各以盧騷、福祿特爾、丹頓、羅伯斯比爾、華盛頓相期許。當時中國留日各校學生，全數不滿百人，以戢翼翬（元丞）、沈雲翔（虬齋）等主張排滿最爲激烈。翼翬等每至大同學校訪友，談論革命，恆流連達旦忘歸。此外北洋官費生黎科、金邦平、蔡丞煜、鄭葆丞、張煜全、傅良弼諸人，亦持革命論調，與中山先生、梁啓超時相過從㊻。諸人固皆日後自立軍之重要份子也。梁氏曾草擬致康有爲書，瀝陳革命之理由。略曰：

> 國事敗壞至此，非庶政公開，改造共和政體，不能挽救危局。今上賢明，舉國共悉，將來革命成功之日，倘民心愛戴，亦可舉爲總統。吾師春秋已高，大可息影林泉，自

㊻ 革命逸史，初集，頁七二。

娛晚景，啓超等自當繼往開來，以報師恩[47]。

署名者同門十三人，計梁啓超、唐才常、韓文舉、歐榘甲、羅普、羅伯雅、張智若、李敬通、陳侶笙、梁子剛、譚柏生、黃爲之、林圭等，其中梁啓超、韓文舉、歐榘甲、羅普、羅伯雅五人爲康氏在廣州長興里講學時代之嫡傳弟子，其餘八人特慕名拜門而已[48]。書發表後，各地保皇黨人輿論嘩然。指此十三人爲叛徒，呼之爲「十三太保」。同年秋，梁氏曾至香港訪陳少白，殷殷商談兩黨合併事，並推少白及徐勤起草聯合章程。徐氏陽爲贊成，而陰謀反對，與麥孟華分別馳函新加坡，告發於康有爲[49]。竟謂「卓如漸入行者圈套，非速設法解救不可[50]。」

康有爲初得梁啓超等十三人論革命書，已怒不可遏，及接徐勤、麥孟華二人來信，立派葉覺邁攜款赴日，命梁啓超速赴檀香山創設保皇會，歐榘甲赴舊金山主持文興報，而使麥孟華專任清議報筆政，所有革命自由獨立文字一律禁止登載[51]。於是兩黨合作之計劃，遂歸於

---

[47] 革命逸史，第二集，頁三一。

[48] 革命逸史，第二集，頁三二。

[49] 康有爲於光緒二十五年三月抵加拿大，四月赴倫敦，以歸政事，請助於英政府無效，同年閏四月再返加拿大，六月創立保皇會於該地，旋返新加坡。

[50] 馮自由「中華民國開國前革命史」，第一册，頁四四。

[51] 革命逸史，初集，頁六三。

泡影。

同年十一月，梁啓超赴檀香山之前，仍頻約中山先生共商國事，矢言合作之心，至死不渝。以檀香山爲興中會發源地，力請中山先生爲之介紹同志，中山先生亦坦然不疑，乃作書爲之介紹其兄德彰及華僑諸友。梁氏抵檀香山後，曾致函中山先生，報告興中會諸同志對其殷勤接待之情形曰：

> 弟於十二月三十一日抵檀，今已十日，此間同志大約皆已會見。李昌兄誠深沈可以共大事者。黃亮、卓海、何寬、李祿、鄭金，皆熱心人也。同人相見，皆問兄起居，備致殷勤。弟與李昌略述兄近日所布置各事，甚爲欣慰。令兄在他埠，因此埠有疫症，彼此不許通往來，故至今尚未得見，然已彼此通信問候矣。弟此來不無從權辦理之事，但兄須諒弟所處之境遇，望勿怪之。要之我輩既已訂交，他日共天下事必無分歧之理，弟日夜無時不焦念此事，兄但假以時日，弟必有調停之善法也。[52]

梁氏旋赴茂宜島，訪晤孫德彰及中山先生母舅楊文炳。德彰厚遇之，且命其子阿昌執弟子禮。梁氏居檀香山數月，復受康有爲影響，態度再變，漸以保皇之說惑華僑。竟謂其主張「名爲保皇，實則革命。」甚至加入當地會黨組織以騙取華僑之同情。光緒二十六年（一九〇〇）二

---

[52] 中華民國開國前革命史，第一册，頁四七，革命逸史，初集，頁一五。

月，梁氏致書康有爲曰：

弟子近作一事，不敢畏罪而隱匿於先生之前，謹以實告。其事維何？則已在檀山入三合會（按：即致公堂）是也。檀山之人此會居十之六七，初時日日演說，聽者雖多，雖喜歡，然入我會者卒寥寥。後入彼會，被推爲其魁，然後相繼而入，今我會中副總理鍾木賢、張福如，協理鍾水養，皆彼中之要人也。弟子今日能調動檀山彼會之全體，使皆聽號令，而鍾木賢、張福如兩人皆極誠心通識，爲全埠所推仰。福如洋文頗深，英語亦佳（原注：彼乃半唐人也）。知兵法，有肝膽，咸願相從歸粵辦事，然我輩現時寒酸已極，而弟子在彼等前，又不無誇張之詞，實愧見之也。[53]

不啻爲其詐欺華僑之自白。另據馮自由「革命逸史」，載保皇黨人於光緒二十五、六年（一八九九、一九〇〇）間，在海外各地利用會黨發展勢力情形曰：

康有爲於己亥歲遊美，初在英屬加拿大域多利、雲高華兩埠，發起保救大清光緒皇帝會，華僑聞彼曾受清帝密令起兵勤王之衣帶詔，多入彀中。城埠致公堂職員林立晃、吳俊等，且任保皇會董事。未幾舊金山、紐約、芝加哥、沙加緬度、檀香山，各地保

---

[53] 丁文江編「梁任公先生年譜長編初稿」，上册，頁一〇二。

皇會相繼成立，會中職員多屬致公堂分子，康徒梁啓田、歐榘甲、陳繼儼、梁啓超、徐勤、梁朝杰諸人，先後至美，知洪門缺乏文士，大可利用，有數人特投身致公堂黨籍，陰圖奪取其事權。洪門中人不知其詳，頗爲所愚。徐勤、梁啓田始創文興報於舊金山，大倡保皇扶滿之說，延何柏如、康瓊昌同任譯員。旋康徒假商業救國美名，創設香港振華實業公司，墨西哥華益銀行，紐約瓊彩樓餐館，上海廣智書局，廣西天平山金礦公司等等，向各地華僑募集股金不下華幣千數百萬元，其中屬於致公堂會員者實非少數。[54]

是梁啓超等之加入會黨，乃保皇黨人在海外活動之一貫政策。中山先生聞梁氏破壞革命，馳書責其賣友背信，並函勸檀香山興中會諸同志勿爲梁氏所詐欺。然僑商中毒已深，雖中山先生之兄德彰亦不例外也。

光緒二十六年（一九〇〇）三月十九日，梁啓超以檀香山保皇會勢力已形鞏固，乃致書中山先生，公開表示二人志趣不同，且誘中山先生參加保皇黨之勤王行動。書曰：

足下近日所布置，弟得聞其六七，顧弟又有欲言者。自去年歲杪，廢立事起，全國人心悚動奮發，熱力驟增數倍，望勤王之師如大旱之望雨，今若乘此機會，用此名號，

---

[54] 革命逸史，第一集，頁一三六。

眞乃事半功倍，此實我二人相別以來，事勢一大變遷也。弟之意常覺得通國辦事之人，只有咁多，必當合而不當分。既欲合，則必多舍其私見，同折衷於公義，商度於時勢，然後可以望合。夫倒滿洲以興民政公義也，而借勤王以興民政，則今日時勢最相宜者也，古人曰：「雖有智慧，不如乘勢。」弟以宜稍變通矣。草創既定，舉皇上爲總統，兩者兼全，成事正易，豈不甚善，何必故畫鴻溝，使彼此永遠不相合哉。弟甚敬兄之志，愛兄之才，故不惜更進一言，幸垂採之。弟現時別有所圖，若能成，則大可助內地諸豪傑，一舉而作（原注：可得千萬左右）。今日謀事必當養我力量，使立於可勝之地，然後發手，斯能有功。不然屢次鹵莽，旋起旋蹶，徒磬財力，徒傷人才，弟所甚不取也。望兄採納鄙言，更遲半年之期，我輩握手共入中原，是所厚望。未知尊意以爲如何？[55]

足證其思想先後之矛盾。同年六月，宮琦寅藏被新嘉坡當局繫獄事件發生，革命保皇兩派更形水火。馮自由「革命逸史」記其事如下：

---

[55] 梁任公先生年譜長編初稿，上冊，頁一〇四至一〇五。

宮琦返港後，56以總理他行，無事可辦，因戊戌年清室政變時曾保護康有爲赴日，於有爲有恩，遂欲赴南洋遊說有爲，使與總理聯合組黨救國。以其意商諸陳少白，少白認爲徒勞無益。然宮琦意堅決，卒偕其友清藤幸一郎赴新加坡。事爲康徒徐勤所聞，並探悉宮琦曾留劉學詢宅一夜，遂疑宮琦此行爲奉粵督命謀刺有爲以邀賞。遥電有爲請預防範，有爲以告新加坡當局。故宮琦、清藤甫抵新埠碼頭，即被該埠警吏拘禁入獄，搜獲日本軍刀及港幣一元鈔票三萬張。警長詢以攜此二物何用？宮琦答以刀爲日本武士道本色，港幣爲中國革命黨首領孫某之物，渠不過代爲保管等語。蓋總理舟過香港時，預備偕鄭士良入惠州起兵，故命少白等兑換一元之港鈔三萬張，爲發給軍餉之需，兑換後隨交宮琦保管，宮琦於赴粵時，此款尚存行囊。及返港，乃挾以赴南洋，欲就近還諸總理。警長詢問後，對於日本軍刀尚能讓解，惟對於巨額港幣不能無疑。宮琦二人，遂繫獄中一星期許。總理在西貢得訊，即兼程赴新嘉坡，以紳士林文慶醫生之介，入謁新加坡總督，説明宮琦來此原意。並承認港幣爲己物，即用以預備發給革命軍餉者。新督聆言，始令將宮琦、清藤二人釋放，並發還倭刀及港幣等物。惟於總理離境後，旋頒布孫某五年内不許入境之令。日志士經此事後，咸稱唐有爲爲忘恩

56 宮琦寅藏於同年五月底奉中山先生之命，至廣州接洽兩廣總督李鴻章獨立事，曾寓李幕僚劉學詢寓，與劉密談一夜，學詢述李意，謂各國未攻陷北京前，不便有所表示，宮琦以時機未至，遂返香港。

負義之無情漢，不復有主張孫康二派聯合之說者。57

中山先生與梁啓超之關係亦因之而斷絶。於是海外各埠革命保皇兩黨之機關報從此大開筆戰，似有不共戴天之恨矣58！

三、保皇黨勤王之準備

(一) 歸政輿論之一斑

戊戌政變後，維新黨人或匿跡國内，或逃亡海外；匿跡國内者瀡以歸政相煽動，逃亡海外者則明白以驅逐慈禧爲號召。上海「中外日報」原由時報所改設，主其事者爲汪康年（穰

57 革命逸史，第四集，頁九七。

58 中華民國開國前革命史，第一冊，頁五一。

卿）。汪氏於光緒二十四年（一八九八）夏曾與康有爲、梁啓超等因爭奪時務報互相水火❶，然其保皇維新之宗旨固無改變也。其後汪氏利用中外日報評論時政得失，侃侃無所顧忌❷，對於歸政主張尤「大聲疾呼，發聾振聵」，若不可須臾緩者❸。

光緒二十五年（一八九九）七月十七日，該報以宜恭請皇上南遷議爲題「論說」曰：「皇上春秋鼎盛，若以頤養天和之故，高拱深宮，坐令無前之偉績，隱而不耀，其於臣民忠愛之思實不無觖望。」同年八月一日、六日之「論說」，復以「宜恭請皇太后歸政議」爲題，舉出歸政之大利有四：一曰安民心，二曰弭後患，三曰蔚成聖德，四曰杜塞流言。最後痛切而言曰：

> 本館於恭請皇太后歸政一事，憂之故言之，言之不足，故長言之，長言之不足，故垂涕而道之。漆女倚楹之嘯，哀動鄰人；嫠婦恤緯之詞，志存君國。中外大臣身受國恩，

---

❶ 丁文江編「梁任公先生年譜長編初稿」上册頁六二至六四。另據梁啓超「創辦時務報原委」載稱：「康先生之待穰卿，自啓超觀之，可謂得朋友之道矣。乙未辦强學會，屢致函電，請其來滬接辦，是久以同志可信之人待之也。此次奉旨督辦時務報後，即致一電一函與穰卿，請其仍舊辦理，已不過遙領而已。康先生之於穰卿可謂盡道矣。而穰卿既無覆電，又無回信，既不肯仍舊同辦，又不肯交出，私衆人所捐之金爲己產，私衆人所出之力爲己功，不顧交情，顯抗聖旨，吾不解其何心也。」（見光緒二十四年八月十一日澳門「知新報」第六十六册）

❷ 徐珂仲「汪君穰卿家傳」。

❸ 唐文治「茹經堂文集」第二編卷六，碑傳集補卷五十二汪穰卿先生傳。

曰談忠孝，其亦有引君當道奮不顧身，以漢之陳平、周勃，唐之狄仁傑爲師法乎？此則四萬萬人所馨香祝之矣。

同年十二月二十四日所撰之「新保華策」（正權篇）復稱：

皇上重莅復辟，皇太后頤養深宮，以全天年，此則皇太后不失爲聖慈，皇上無虧於仁孝，乃爲正天下人心，振國家維新之墜緒者，全賴此名義以爲維持矣。不然非議之口不能間執，草竊之發蔓將難圖，一旦致是，是爲中國之大害，而亦屬皇太后之大不幸。

該報多刊登康有爲、梁啓超海外活動之情形，尤時譯載有利於歸政之言論。迨立儲詔下，中外譁然，同月二十六日上海維新人士一千二百三十一人，由候選知府上海電報局總辦經元善領銜，電請德宗力疾親政❹。同日該報之「論説」，認爲立嗣一舉，不僅違背祖訓，且足以召內憂外侮；尤失天下忠愛之心，而益善鄰仇攻之具。二十七日之「論説」更形激憤，其言曰：

然則爲今之計者奈何？曰持大義以告天下，合群力以正朝廷，則庶幾大陸克完，黃種

❹ 光緒二十五年十二月二十七日上海「中外日報」，「緊要新聞」。

得存。今日天下猶爲大清之天下，皇上已往之日，猶生之年，故不憚諱觸，以爲諸省之士民心懷忠憤者告。嗚乎！事機莫失，豪傑之起吾望之矣。

其起兵勤王之主張至爲明顯也。此後該報幾乎無日無有關歸政之「論說」。光緒二十六年（一九〇〇）正月初六日，該報「緊要新聞」欄載有下列消息一則：

聞此次自下立嗣之諭後，日本欽使即親詣總理衙門，面告王大臣云：「如此後再有出人意外之事，則日本非特干預而已，並將以兵力相向。各國欽使亦如其言，總署適又接到各處力請歸政之電，故太后深爲感悟，待皇上恩禮如故。

同月八日復轉載香港「中國郵報」記者訪問康有爲之問答。錄其答詞如下：

康曰：太后現在與俄國想已說通，倚爲護符。我查中國史記中，從未見有如今日廢立之事。事果眞實，我料北數省必有大亂。惟去年變政事起，苟英國能早出場約同別國干預此事，則必無今日之變，所以現在英國實失去一大好機會。皇上猶願望英國爲之出力，如英國早能扶助皇上復辟，則皇上必深與英相結納，力行新政，庶幾中國之興可計日而待也。

蓋英、日素同情維新，而慈禧及頑固大臣，則依俄人爲外援也。同月十六日，該報又刊登讀者投書。略曰：「自去臘立嗣之詔下後，海內人心皇皇，其一心固結，獨知愛戴皇上而不知其他者未始非正言論之各報有以感悟之也。而貴報所論尤爲曉暢，拜讀之餘，曷勝欽佩。」觀其措辭乃保皇黨人之所爲。同月十七日該報特譯新加坡某西報曰：

> 近接中國北省立嗣電音，坡中各華人，均爲光緒皇上異常憂急，人心因之惶惶，曾集衆傳電兩通，一係呈請總署代爲奏請，皇太后決不可有非常之舉，倘有意外，則在新加坡之各華人均不願生等語。一係與英、美、日三國駐京欽使，略謂坡中各華商懇求貴大臣設法保護光緒皇上，以免或有不測。各華人又接到雪特納來電，謂該處華商亦均傳有利害電音，稟達總署，阻撓廢立之事。

會同月十五日廷諭懸賞嚴緝康、梁，該報認爲不智之甚。以「康、梁之徒，毀之者目爲叛逆，譽之者以爲盡忠。」今「朝廷舉動動啓謠訛，轉使被罪逃亡之臣得援爲口實，而政府諸公猶復不諳事勢，不察時變，動欲以緝捕之空言，爲掩耳盜鈴之計，使逋亡之臣得長其聲勢，而外人且引爲笑端❺。」同月二十一日該報「香港來函條」說明英人對中國政局之態度曰：

---

❺ 光緒二十六年正月十七日上海「中外日報」論說「恭讀十五日上諭書後」。

> 溯中國自清朝建元以後，政事日非，實與盲人引道無異，故其沉溺之深，年盛一年。矧更有知識全無，權力極大之人，任意妄爲，將一切政令敗壞，幾至不可收拾。現又欲將光緒皇上無端廢立，其逞一時之勢焰更可想見。即與滿人易地以觀，亦必以中朝不應如此也。吾等創辦此事候有二百三十餘年之久，前歲曾輔光緒皇上行維新之政，惠澤之及於人民者實多，此乃絕好機會，中國即可藉以自强；乃中朝竟不謂然，悉行變去，尚有許多妄爲之事。……其不肯奮發有爲，將三百年之委靡錮習掃除一新可知。是以吾等對天設誓，定欲除此根株，以順天命也。蓋中國如仍靡爛其政，則欲入於文化及維新一路，誠有戛戛乎其難之者。

其欲藉英、日嚇阻慈禧廢立之企圖至爲明顯也。其時滬上華洋各報，獨「申報」對維新黨人持敵視態度。光緒二十五年（一八九九）十一月二十九日，「申報」載有梁啓超赴美消息一則，稱之爲大逆不道之叛臣。「中外日報」乃於十二月初三日刊登日人佐原篤介之投書，略謂：

> 中曆十一月二十九日申報載有叛臣赴美一則，謂譯自大坂每日新聞，開首云：中國大逆不道之梁啓超云云。按每日新聞原文並無「大逆不道」四字，該報竟敢妄加，殊堪痛恨，僕即每日新聞社中人也，謹告貴館聲明。

光緒二十六年（一九〇〇）二月九日，「中外日」報復刊登中國憂時客，致英國官紳士商公函一件，提出質疑七端，其前四項全文如下：

(一)中國欲求富强非力行新政不可，上海各華文日報及西文日報皆同一宗旨。

(二)申報主筆議論不公，稱維新志士爲逆黨，以上海各日報所載爲謠言，中國洞知時局之士，皆憤恨同聲，以爲報館乃維新之事，而作此守舊語，各國無此報律也。

(三)上海電報局經蓮珊（元善）太守，因電阻廢立獲罪，申報不應稱爲康有爲逆黨，因政府最惡康有爲，將搜捕益力，並罪及其家屬也。

(四)康有爲果係大逆不道，英政府決不肯保護，既保護矣，申報館主筆不應以英商牌子之報館，謗毀英政府保護之人，是無異英人而謗英政府也，有違英國國律無疑。（五、六、七項略）

該報對康、梁等維新黨人之支持，於此可見。

(二) 東文學社與正氣會

光緒二十四年（一八九八）秋，唐才常之東渡日本，其目的雖在會見康、梁，欲起兵爲其死友譚嗣同復仇（已詳第一節第二目），然素重中山先生之爲人，對興中會之革命宗旨至表贊同也。因由畢永年之介紹，得識中山先生於東京旅次。對湘、粵及長江流域各省起兵計劃均有所商榷。日本民黨調停中國革命保皇兩派合作之時（已詳第二節第二目），才常亦主張甚力，中山先生嘗告之曰：「倘康有爲能皈依革命真理，廢棄保皇成見，不獨兩黨可以聯合，余更可以使各同志奉之爲領袖。」才常聞之大悅，特約梁啓超共同向康氏進言❻，雖以康氏自視甚高，不收實效，而才常革命之志，並未少懈也❼。

光緒二十五年（一八九九）冬，保皇黨積極準備勤王，唐才常則康、梁眼中之徐敬業也。才常亦欲利用保皇會款以達成其目的，故其思想遂動搖於革命保皇之間❽。後由畢永年、平山周等從中斡旋，才常始與中山先生議定殊途同歸之約❾。是時留日學生總數不過七八十人。東京大同學校湘籍學生林圭、秦力山、田邦璿、李炳寰、蔡鍾浩等，因與梁啓超及唐才常有師生之誼，惟梁、唐之命是從。校外留學生若傅良弼（鄂籍）、吳祿貞（鄂籍）、蔡丞煜（直籍）、黎科（粵籍）、戢元丕（鄂籍）、鄭葆晟（閩籍）、沈雲翔（浙籍）等，因早蓄革命主張，

---

❻ 馮自由革命逸史，初集，頁七四。

❼ 梁啓超「清代學術概論」載稱：「啓超既亡居日本，其弟子李、林、蔡等，棄家從之者十有一人，（唐）才常亦數往來共圖革命。」

❽ 張難先「湖北革命知之錄」頁一九，謂畢永年曾告中山先生曰：「唐才常已得康有爲款二萬元，由華僑邱菽園輸將，都數爲三十萬，當可源源而來。余爲之反覆陳説，才常大爲感動，決脫離保皇黨而同吾輩革命；（傅）慈祥等愈喜。」

❾ 馮自由「中華民國開國前革命史」，第一冊，頁六六。

對才常之起兵計劃均表歡迎；遂相約一同返國，共謀大舉❿。乃決議在長江沿岸各省起兵，以運動會黨及防軍爲主，先襲取武漢爲根據地。

時興中會粵中起兵準備亦漸成熟，欲收彼此呼應之效，中山先生命革命黨人盡量給予唐才常以協助。傅良弼、吳祿貞、戢元丞等謁中山先生請示方略時，中山先生曾告以已派史堅如赴長江布置，可協力共同進行，勿存畛域之見⓫。唐才常出發之日，梁啓超在東京紅葉館爲才常設筵祖餞⓬。特請中山先生、陳少白、宮琦寅藏等作陪，以示彼此一致之決心。席間各舉杯預祝勝利，大有「風蕭蕭兮易水寒」之慨⓭。中山先生並作函爲林圭介紹漢口某俄國商行買辦容星橋，其後林等在漢口活動大得助力焉⓮。

才常等既抵上海，初以日本兵庫縣民田野橘次名義發起東文學會以爲掩護，會址設英租界梅福里。光緒二十五年（一八九九）十二月初一日，「中外日報」專件欄刊登東文學會招收學員章程如下：

---

❿ 革命逸史，初集，頁七三。是時留日學生有勵志會之組織，內分激烈穩健二派，沈雲翔、戢元丞等屬前一派，章宗祥、曹汝霖等屬後一派。凡遇清廷派人到日考察，章等輒爲翻譯引導，因是漸與官場接近。激烈派鄙其行爲，詆爲官場走狗，兩派積不相能，遂成水火。（革命逸史，初集，頁一〇二）

⓫ 湖北革命知之錄，頁一九。

⓬ 時間當在光緒二十五年十一月十七日梁啓超離日赴檀香山之前。

⓭ 陳少白：興中會革命史要。

⓮ 中華民國開國前革命史，第一冊，頁六七。

㈠本學會設英界梅福里東文譯社。

㈡本學會擇於西正月開會。

㈢本學會專授東文東語，及繙譯東書。

㈣本學會授學分爲二部，一授初學，一授既學。

㈤本學會授學每部授一鐘久，每日以十二鐘久。每日以十二鐘始，至二鐘散。

㈥本學會每月收學俸二元。

㈦本學會年在二十歲以上者稱學友，以下稱學生。

㈧本學會學友學生來學必由同志推薦。

㈨本學會學友學生學業長進，會中當設東文演說以計優劣。

㈩本學會學友學生譯有東文之書，即由東文譯社刊印發售。

才常以權術應付各方，對保皇黨人則曰勤王，對歸國留學生則曰保國保種，故各方多樂爲之助⓯。乃發行「同文滬報」以廣宣傳，並組織正氣會以連絡會黨及各地維新人士。才常手訂正氣會章程二十餘條，其序文曰：

四郊多壘，卿士之羞；天下興亡，匹夫有責。憂宗周之隕，爲將及焉。與四方之瞻，

⓯革命逸史，第二集，頁七六。

饜靡聘矣。昔者魯連下士，蹈海而擯强秦，包胥累臣，哭庭而存弱楚。蕞爾小國，尚挺英豪，詎以諸夏之大，人民之衆，神民之胄，禮樂之邦，文酣武嬉，蚩蚩無睹。方領矩步，奄奄欲絕；低首腥羶，自甘奴隸，將非江表王氣終於三百年乎。

夫日月所照，莫不尊親；君臣之義，如何能廢。盤根知由別利器，板蕩始以識忠臣。是以甘陵黨部，范孟博志在澄清；宋室遺民，謝皐羽常聞痛器。諸君子者，人懷偉抱，世篤忠貞。或功勛餘裔，飄纓天閣之家；或詩禮傳人，領袖清流之望。當此楚氛甚惡，越甲常鳴，詎知酣寢積薪之上，孤立巖牆之下，長蛇薦食。騎虎勢成，將軍何以得故寵？彼皆收用其私人，有粟豈得而食諸？無家何以爲歸矣。束手待斃，噬臍何及，所願咸捐故態，同登正覺，卓犖爲絕，發憤爲雄，一作鼓氣，喁然嚮風。上切不共戴天之仇，下存何以爲家之思；庶竭一手一足之能，冀收群策群力之效。國於天地，必有興立，非我種類，其心必異。毋誘於勢利，毋溺於奇衺，共圖實際，勿盜虛聲。俾中外繫其安危，朝野倚爲輕重。勿使新亭名士，寄感慨於山河；故宮舊臣，嘅哀思於禾黍。幸甚幸甚！嗟乎！地有橫流之海，精衛思塡；石當缺陷之天，女媧能補。任重道遠，黽勉以至。霜鐘頻警，輟筆悵然。⑯

一派漢魏六朝文句格調，內有「低首腥羶，自甘奴隸。」「非我種類，其心必異。」等民族革命

---

⑯ 中華民國開國前革命史，第一冊，頁六七至六八。

口吻。復有「君臣之義，如何能廢。」等忠於滿清言辭，實爲自相矛盾。蓋唐氏周旋於革命與保皇之間，爲雙方敷衍計，固不得不兼籌並顧也。會哥老會諸龍頭楊鴻鈞、李雲彪、張堯卿等，加入興中會後，株守滬上，浪用無度，聞才常得保皇會支持，富而多資，遂紛紛向才常報名領款，願爲勤王軍效力，才常聲勢因之漸張⑰。

㈢ 康梁海外之經營

光緒二十六年（一九〇〇）春，康有爲居新嘉坡，梁啓超居檀香山，致力於勤王軍籌款工作。康氏得當地富商邱菽園（煒萲）協助，在該埠組織保皇分會，發行「天南新報」爲口舌⑱。英屬各埠華僑從之者大不乏人；而以澳門爲接濟勤王軍餉之轉運站，由鉅商何穗田任澳門保皇分會長，兼總會財政部長。穗田少入葡籍，與葡人多所往來，故有恃無恐焉⑲。助之者有何進旺、何懋龍、劉楨麟、陳宗儼等，而以知新報館，及香港之余育之花園爲議事所在⑳。

今據王闓運「湘綺樓日記」所載，梁啓超曾於光緒二十六年（一九〇〇）正月一度潛至內地有所策動，且曾遠至杭州與闓運討論時事。其同年正月十二日「日記」記曰：

---

⑰ 革命逸史初集頁七五。
⑱ 光緒二十五年（一八九九）四月初八日，「天南新報」創刊於新加坡，以孔子降生紀年。
⑲ 馮自由革命逸史第四集頁七六。
⑳ 葉德輝覺迷要錄卷二。

梁新學（按：指啓超）來言公法，蓋欲探我宗旨。答以不忘名利者必非豪傑，尚不屑教以思不出位也。蓋能忘名利又當思不出位。而初學必自孟子，所謂大丈夫者。

其子王代功「湘綺府君年譜」依之，而記載略詳：

（光緒二十六年正月）十二日，梁卓如來訪，論公法及時事，有出位之言。語以不忘名利者必非豪傑，尚未教以思不出位也。蓋能忘名利，又當思不出位。然初學必自孟子，所謂大丈夫始矣。

此一記載不見他書。梁氏三十自述，其返國期間在光緒二十六年（一九〇〇）七月。其言曰：

至庚子六月，方欲入美，而義和團變已大起，內地消息，風聲鶴唳，一日百變。已而屢得內地電，促歸國，遂回馬首而西。比及日本，已聞北京失守之報。七月急抵滬，方思有所效。抵滬之翌日，而漢口難發，唐、林、李、蔡、黎、傅諸烈先後就義，公私皆不獲有所救，留滬十日，遂去香港。

果闓運所記可信，則梁氏於庚子間曾二度返國也。

梁氏居檀香山期間，得興中會人士協助之處甚多（已詳第二節第四目），乃假勤王之名詐欺當地僑商，先後募款達華銀十餘萬元㉑。光緒二十六年（一九〇〇）夏，宮琦寅藏被新加坡當局繫獄事件發生後，兩黨合作已成絕望，而梁氏仍藉與中山先生志同道合以騙取當地僑商之同情與支持。同年七月七日梁氏致函孫德彰，告其行將赴美國本土活動，並欲德彰子阿昌隨行，藉以勒索巨款。書曰：

> 拜別以來，忽經旬日，每念厚誼，未嘗或忘。近日北京事益急，各國西報日日揚言必當救皇上廢西后，而唐山來書，預備既足，亦指日起事，此誠今日最大之機會也。弟因現時外交之事甚要，欲急往美，本擬十號搭阿士梯耶前往，因太急，不能得船位。而昨日多力船來，接有香港新嘉坡兩電，皆催弟即刻回唐，又別有一電催會款也，弟尚未定行止，然弟意究以往美爲要。因唐山事有弟不爲多，無弟不爲少，美國事則惟弟就近前往乃可也。故現時仍往美爲多，阿昌隨行之議既決，望閣下即遣其尅日前來大埠，以便同往，弟約在二十號之船必啓行矣。今日得接德初兄來書，内附閣下所惠隆儀五十元，謝謝。閣下前爲公事既已如此出力，復多所餽贈，於弟誠不敢當也。本

㉑ 革命逸史第二集頁四。同書第四集頁一八六，謂梁氏於庚子前後藉起兵勤王，及倡辦銀行礦務輪船書局等名義，騙取美洲華僑資財在一千五百萬以上。另據光緒二十六年（一九〇〇）二月二十日，梁啓超致唐才常、狄楚青（葆賢）二人函曰：「此間（按：指檀香山）可得十萬之外，現已得三四萬，惟尚未收，收得後必速分寄來應一切之用，請兩兄稍安。」（引自丁文江編「梁任公先生年譜長編初稿」，上册，頁一〇四）

月四號大埠本會請酒，集者百三十餘人，道威、値理數名皆到，是日共加捐六千餘金。今日鍾木賢、黃亮又各加捐三千元（四號之席兩位已各加捐千元），可謂踴躍之至。人心如此，大事何患不成。望告各同志，即將會款迅速收集，急需匯歸以應急需，是所切盼。㉒

德彰接其來信後，即遣其子阿昌持函赴檀香山本島，隨同梁氏赴美深造。而梁氏忽又改變行止，藉故推諉。其同月十七日致德彰之函，但表示愛阿昌之心，及與中山先生合作無間之志，仍亟亟向德彰催討鉅款。書曰：

阿昌到埠，得接手書，欣悉一切。弟本擬搭二十號之船往金山。乃於本日唐山金山船同時到埠，接有星加坡電文兩封，上海、香港、日本信函多件，皆催弟即日歸國辦事，不可少延貽誤。弟看此情形，必是起義在即，有用著弟之處，再四籌度，不能不改而東歸，決於明日搭日本丸東返矣。弟此行歸去，必見逸仙，隨機應變，務求其合，不令其分，弟自問必能做到也。至弟既東行，行縱無定，所有阿昌相隨之議似可作罷。蓋東方無甚可開見識之事，而阿昌現當就學之年，似仍當令其入書館，勝於東歸也。此子循良，弟甚愛之，望其勉學成就，他日共事之日正長也。至於令姪及各同志捐項，

㉒ 馮自由中華民國開國前革命史，第一冊，頁四八至四九，革命逸史，第二集，頁四至五。

仍望趕收趕匯，因唐山急催弟歸，其事機之急可知，其需款之急更可知矣。㉓

茲依同年二月十三日梁氏致康有爲書，知其東返實爲其固定之計劃。尤其利用會黨之私心，忌革命之聲勢，以及對中山先生之仇視，於字裏行間表露無遺。文曰：

弟子今自爲計有兩途，請先生代擇之。一曰游南美，或更可籌數萬之款，雖然去內地太遠，卒然反歸恐難。二曰歸香港，蓋弟子誠見港澳同門無一可以主持大事之人，弟子雖亦不才，□□□以閱歷稍多，似勝於諸同門。今先生既不能在港，而今日經營內地之事，實爲我輩第一著，無人把其樞，則一切皆成幻泡，故弟子欲冒萬死，居此險地，結集此事。弟子既入彼會（原註：彼會極可笑，有許多奇怪名目，弟子今舉爲智多星之職），有權調集彼等，從此入手，或有所得。今日時勢似與去冬臘間又一變，蓋自僞詔既下，更無容我輩布置等待之時也。而趁人心之憤激，則但有五六成力量，便可當十成使用，故弟子焦急，而幾不能擇也。且中山日日布置，我今不速圖，廣東一落其手，我輩更向何處發軔乎？此實不可不計及，不能徒以中山毫無勢力之一空言，可以自欺也。凡此諸事，當如何之處，迄則速示遵。㉔

㉓ 中華民國開國前革命史，第一册，頁五〇至五一，革命逸史，第二集，頁五。
㉔ 梁任公先生年譜長編初稿，上册，頁一〇二至一〇三。

同年五月二十一日，梁氏所致港澳同人書，報告其在檀香山行止曰：「此間尚有一小埠必當往（按：即茂宜島），其埠分會則中山之兄爲總理，林湛泉之兄爲副理也。中山兄極愛譽，其弟不極附我，不知何故？彼既已捐一千，尚可望加也㉕。」可爲眞情之流露。證以其所致孫德彰之函，其居心之險惡，言辭之不符可知。而德彰戇直，仍迷信之。翌年四月，梁氏復至日本㉖，竟召阿昌入讀保皇黨所設之東京高等大同學校，顯與梁氏所謂「東方無可開見識之事㉗」相違背。中山先生且不能禁，興中會之引狼入室，殊堪憾惜也。

關於光緒二十六年（一九〇〇）春夏間，保皇黨勤王之計劃，丁文江編「梁任公先生年譜長編初稿」記其事甚詳：

> 當時的運動幾乎全黨動員，規模很大。那時候南海先生駐新加坡主持一切，先生（按：指梁啓超）在檀香山負責籌款，並計劃聯絡各事。當時總局在澳門，由何穗田、王鏡如、歐榘甲、韓文舉等負責。日本方面有葉湘南、麥孟華、羅普、麥仲華、黃爲之等負責，而實際運動方面則有唐才常、狄葆賢主持於滬、漢，梁炳光、張學璟活動於兩粤，此外徐勤奔走於南洋，梁啓田運動於美洲㉘。

㉕ 梁任公先生年譜長編初稿，上册，頁一〇三。
㉖ 梁啓超「三十自述」。
㉗ 見上引梁啓超致孫德彰第二函文內。
㉘ 同書上册，卷九，頁一〇一。

可謂集保皇黨人之全力矣。另據梁啓超留檀期間發給各處信件，深知保皇黨人彼此聯絡之不夠，亦自料其勤王之舉殊無絲毫把握也。其同年二月十三日所致康有爲書曰：

連上六書想悉達，未得一賜諭，憤悱不可任。此間布置，別紙呈閱，茲有專商事列後：㈠同門無人才，弟子始終不能不痛恨此事。弟子來此七十餘日，寄澳門書六七封，而彼中無一字之答（原注：僅有人代穗田答一書，書中皆閑語），誠爲可恨，不知其無心於大局之事耶？抑以弟子爲不足以語耶？港澳近中布置弟子絲毫不能與聞，教我如何著手？弟子每一念及南中之事，時時惶感屏營，不知所措。今海外之人皆以此大事望我輩，信我輩之必成，而豈知按其實際，曾無一毫把握，將來何以謝天下哉？㉙（下略）

同月二十日，梁氏致上海唐才常、狄葆賢書曰：「弟到檀後，曾七上書，未得片紙之答，能勿觖望，兩兄行縱近在何處？乞每十日必以一書見寄，至盼！至盼！」㉚其內心之焦急可知。梁氏在檀香山雖盡其欺騙之能事，以詐取僑商之資財，然對之仍深具戒備之心。蓋彼等多舊日興中會重要份子，對中山先生素有信仰也。是故檀香山保皇黨人無返國參加勤王行動者，梁氏爲此特致書康有爲說明原因曰：

㉙ 梁任公先生年譜長編初稿，上册，頁一〇二。
㉚ 梁任公先生年譜長編初稿，上册，頁一〇四。

此間保皇會得力之人，大半皆中山舊黨（原注：此間人無論其入興中會與否，亦皆與中山有交），今雖熱而來歸，彼心以爲吾黨之人才勢力遠過於彼黨耳！……而彼黨在港頗衆，檀山舊人歸去從彼者如劉祥，如鄧從聖（原註：此人傾家數萬以助中山，至今不名一錢，而心終不悔，日日死心爲彼辦事，闔埠皆推其才，勿謂他人無人也。）此間人皆稱之。彼輩一歸，失意於吾黨而不分，返檀必爲中山用。吾賠了夫人又折兵，徒使山將軍（按：指中山先生）大笑，而回光鏡一度返照到檀，全局可以瓦解。㉛

其憂懼中山先生之情可見，其氣度之狹隘可知。

此次勤王運動，新加坡僑商邱菽園捐獻最鉅，而梁氏意猶未足，仍再三函其多助，並欲利用菲律賓散勇以成大事。其言曰：

弟竊曾與數美人言，皆言菲律賓之散勇可用，弟甚信之。……今日當亟亟合內外之力，速圖大計，若能得百萬，以其半供內地豪傑，以其半招菲島勁旅，可以垂手而成大業。……兄以義俠任此數之十一，誠爲可敬。願更以兄之血誠，盡力以感召同志，南洋一帶能得其十七，則美洲必可足其十三也。生死骨肉，全望我叔子矣！㉜

㉛ 光緒二十六年四月一日致南海夫子書，引自梁任公先生年譜長編初稿，上冊，頁一二三至一二四。

㉜ 梁任公先生年譜長編初稿，上冊，頁一〇四。

復有在日本雇兵五百名，由港攻粵之計劃[33]。更受欺於美人赫欽，欲親赴紐約，以中國非常利益爲抵押，向美國富商貸借鉅款[34]。後因檀香山防疫令尚未解除，亞洲人不得乘輪赴美，竟以所募之兩萬元，悉付赫欽代爲接洽，以爲孤注之擲[35]。其後迄無消息。梁氏舉動之輕率與見解之幼稚，又焉能不誤大事也。

同年三月十三日，梁氏致函康有爲，對此次進兵方略多有論列。其言曰：

> 據來信之意，則所最足恃者，爲南關一路以爲正兵，到桂、湘窺鄂，此誠第一著。然廣東之布置，則未有聞焉。弟子以爲未得廣東，而大舉進攻，終是險著，洪秀全之事其前車也[36]。

是康、梁除命唐才常等發動長江外，仍有在兩粵起事之計劃。惟保皇黨在兩粵無實力之可言。僅與廣西龍州會黨及散勇有間接接觸，另歐榘甲運動廣東梅縣人謝逸橋，欲在嘉應州所屬組織團練以爲應援[37]。故梁氏思以龍州之衆先取粵，再經湖南至武漢，與唐才常部會師。同書

[33] 梁任公先生年譜長編初稿，上册，頁一一七。
[34] 光緒二十六年二月二十日由檀島致南海先生書，引自梁任公先生年譜長編初稿，上册，頁一〇五。
[35] 光緒二十六年三月五日致南海先生書，引自梁任公先生年譜長編初稿，上册，頁一一一。
[36] 梁任公先生年譜長編初稿，上册，頁一一三至一一七。
[37] 革命逸史，第二集，頁一九五。

復言曰：

> 先生自統軍與否？又一大問題。……自古未有主將不在軍中而師能用命者，他日能駕馭之而供我馳驅，皆在此時也。……故弟子意，即定以某軍爲正軍，則先生必能入而親統之，即弟子亦然，或隨先生贊帷幄，或入別軍爲應援，要之萬不能置身於軍外也。[38]。

是康，梁尚有親將三軍爲士卒倡之預謀矣。梁氏並假設取得廣州後，如何利用李鴻章，並條舉起事之初外交應行注意各事如下：

> 大軍甫動，即須以西文公文布告各國，除聲明舉兵大義之外，有最要者數事：㈠保護西人身命財產。㈡若用兵之地西人商務因我兵事而虧累者，我新政府必認數公道賠償。㈢北京政府舊借國債以海關作抵者，我新政府所管轄之地有稅關者，即依其稅關所抵之數照舊認還。以上三條與外國之交涉最緊要者。㈠將全國之地盡開爲通商口岸。㈡改正稅則，豁免厘金。㈢國內人欲從何教許其自由，政府不分別相待。以上三條內政

---

[38] 梁任公先生年譜長編初稿，上冊，頁一一三至一一七。

與西人有關涉者，亦當布告。[39]

同書梁氏向康氏其他建議甚多。如假設南方事成，如何使德宗離開北京，得免於難。及佔領廣東後如何籌款等。

梁氏於三月上旬曾書告唐才常、狄葆賢，以籌款集眾之故，發動最好待至七月以後[40]。一星期後竟再函才常、葆賢，言時機迫切，可速發動，不必久待借款。並命利用長江水師新勝營管帶徐寶山部為勤王軍主力[41]。直視軍事如兒戲。以此次勤王軍分子之複雜，保皇黨人彼此合作之欠佳，梁氏竟夢想其有成，而規劃於不可知之將來，真所謂紙上談兵矣。

康有為之無遠略同於梁啓超。蓋勤王軍事之發動，原應秘密從事，而康氏毫無顧忌，在海外四處鼓吹誇張其事，用作募款之藉口[42]。內地報紙對其行動，隨時均有登載，更引起清廷之注意也[43]。梁氏對康氏之處處暴露其計劃至表不滿。其同年二月十二日自檀香山至康有

[39] 同上。
[40] 同上。
[41] 梁任公先生年譜長編初稿，上册，頁一一八至一一九。
[42] 徐寶山原為長江會黨，投降於兩江總督劉坤一，駐紮鎮江一帶。
中華民國開國前革命史，第一册，頁七九，謂康有為假組織勤王軍名義，向海外華僑募款數逾百萬。
[43] 光緒二十六年正月初五日上海「中外日報」緊要新聞欄，載香港轉新加坡來電，謂康有為招待記者曰：「立嗣之事，中國官員見立嗣之諭後，必不敢曲從，惟內地必致生亂。」有人向其言：「皇上恐已大行。」康大哭不復成語。

為書曰：

西報屢傳先生有電報入內地，云在外得金幾何，擁兵幾何云云。弟子在疑心之間，先生或故出此手段，亦未可知。然弟子甚不謂然，常作大言，與中山無異（按：此語未必得當），徒使人見輕耳！弟子以為權術不可不用，然不可多用也。非開心見誠，不能得豪傑必矣。[44]

而康氏態度如故。六月二十日乘北京拳亂竟以勤王軍統帥身份，通告各地保皇黨人曰：

前致函臚列近情，並託三事：一曰有款即用電匯，而勿匯寄。一曰已捐者加捐。一曰廣聯同志。三者皆今日最急切而不可一刻緩待之要務。想經大覽。誠以大舉在即，萬事交迫，餉械二事，尤為浩繁。無餉不可以用人，無械不足以應敵，百函百電，日來摧迫，既已嘆大局之危亡，又深恐機緣之先喪，徘徊終夕，首疾為加，惟諸君慷慨憂國，義憤填膺，痛此時艱，種族不續，必能相應以成大舉。明知諸君高義彌地塞天，屢電屢函，自形煩數，而以中國黃種之故，用敢流涕為四萬萬同胞乞餉也。邱君菽園再捐十萬，共二十萬，毀家紓難，高誼可風。今請伸明前義，務祈加捐，所捐有得，

---

[44] 梁任公先生年譜長編初稿，上冊，頁一〇六。

務祈即時電匯。軍務倥偬之時，彌東補西之苦，諸君諒之而勉助焉。所有近情列於下幅：

一、僞政府始以庇拳匪爲得計，內謀簒弑，外弑西人，聲勢洶湧，一朝而橫行津沽。及其今日，拳匪勢日張，黨日衆，盤踞日固，僞政府諸賊，雖欲剿辦，已養虎自爲患矣！日來所出之僞諭，文句鄙俚，膽氣震懾，不稱團匪而稱團民，不成國體，此自取覆亡之道，所謂天奪其魄也。

一、各省督撫不奉僞詔，截糧備餉，自固疆圉，僞政府無如之何，而粤督李鴻章、江督劉坤一抗拒尤甚，僞政府之傾，不待言矣。

一、僞府既倒，新黨已於上海設立國會，預開新政府，爲南方立國基礎。將來迎上南遷，先布告各國，保護西人洋行教堂等事。義軍一起，即與各國訂約通商，復我維新之治。

一、此次諸賊之結拳匪，此殆天亡之，以與我新黨者。何以言之，僞政府諸賊盤踞北京，根深蒂固，擁兵甚衆，天下無事，金甌未缺，我一旦起而與之相抗，雖有名義之正，聞者風從，彼僞賊獲罪於天，必不久全，然耗力竭智，亦需時日，乃足破之。今則天奪其魄，鬼焚其穴，結匪自踣，激外自殺。始以彼以逸待我之勞，彼以整待我之亂，今也我以逸待彼之勞，我以整待彼之亂。即論兵法，已無可勝。外結萬國之深仇，內生各督之抗拒，不成爲政府，不足爲朝廷。今幸外國之兵未能大集，苟延殘喘，再延一月，西兵既至，亡可翹足而待耳！我新黨乘斯時以起義軍，遠在南方，固成割據，而彼無如何？即進搗賊穴，亦以疲弊而難自救，故曰天興之會，不可失也。

一、我南方勤王義勇已分布數路，不日將起。既成方面，可與外國訂約，行西律西法，一面分兵北上勤王，助外人攻團匪以救上，英既相助，則我可立不敗之地。彼僞匪已倒，諸賊倉皇，斂手待斃，既無可徵之餉，又無可調之兵，不亡何待哉。聖主確聞無恙，所有電報、謠言屢傳凶問，不足信據。軍事倥偬，日夕籌畫，所有各情，未能詳書，皆據電傳，想皆知悉，故不贅焉。[45]

儼若一篇討慈禧檄文。其用意雖在激發人心，踴躍輸將，然在軍事尚未發動之前，先自行洩漏其計劃；甚且公言已在上海召開國會[46]，即將成立新政府，並明示已得英政府之援助。使長江各督撫得從容防範，爭取主動[47]，康氏可謂不曉暢兵機者也。

(四) 張園國會

召開國會，設立新政府，既爲保皇黨之預定計劃（已詳本節第三目），故唐才常於正氣會

---

[45] 中華民國開國前革命史，上冊，頁七九至八二。

[46] 是時上海張園國會尚未召開，僅在籌備期間，而康有爲即先行加以宣佈。

[47] 光緒二十六年七月五日上海「申報」消息：「康（有爲）刻方暗中募集鉅資，言欲揭竿起事。」促請清吏加以注意。

設立後，一面派林圭、秦力山等赴長江各省加緊運動會黨以爲所用，其本人則留駐滬上，以聯絡維新人士，倡設國會爲要點。上海同文滬報爲之鼓吹，中外日報亦予以有利之宣傳。光緒二十六年（一九〇〇）六月十一日、十二日「中外日報」以論保東南宜創立國會爲題之「論說」，首說明設立國會之重要。其言曰：

北方拳匪之亂，動八國之兵，毀一國之都，而國亡，而政府倒。夫國者民所寓也，政府者國民所以爲標幟也。京都破則國民之公寓壞矣；政府倒則國民之帥幟傾矣。今日情勢就中國之本體言，則賊黨藩黨新黨列而爲三。就外人之視聽言，則北方土蠻也，南方奴隸也，剿之隸之一任其意。嗚乎！中朝受蠱，亂賊橫行，使我國民失其守，亡其祀，而爲無國無主之民，此恨其可忘哉。不有以聚之，則民不守土，而北亡南傾矣。不有以通之，則民各離心，角立爲私黨用，而北破南亂矣。故今日策保東南者，不可不自立代政之體，而立國會者此也。惟是政在人舉，事方圖始，發慮不可不愼厥初。故謹以管窺之議，爲有志斯世者告焉。

次分舉設立國會國人應注意之項六端：

㈠設立國會各疆吏宜先破除舊見。「諸疆臣與其安半壁以保朝廷，不若誅群賊以安天下。」而「欲保東南非七省督撫立公共政府，布設國憲，不能上下官民合力一心，以圖乂安。」

㈡設立國會各疆吏士紳黨人宜精誠相交通。「在東南疆臣苟知民依是亟，則宜下交志士，共商長策。在東南各官紳人等苟知國民可以自立，則宜廣交志士，守睦平權。在內外黨人苟知平日主謀今無一用，非時蠢動即遭戮滅，則宜自棄主謀，公忠是務。」

㈢設立國會各疆吏之政策宜彼此步調一致。其要者首在修明內政，「如開黨禁，收人才，開民智而勵學校，興民業而崇興大利。」至於外交方面，尤應「練精兵以滅賊，除匪安鄰。廣賑恤以吊難保衆。」

㈣設立國會國人必須公認國會爲代行民意之最高權力機關。各疆吏「凡辦一事，凡行一權，必先經會衆公認而後可行。」

㈤設立國會要上下互保。其著者首在「捐苛禁，破障界，敦睦守。」

㈥設立國會宜以自立爲心。「凡入國會之人必先有自助之精神，而後始能分執公權。」

最後痛切而言曰：「嗚乎！今日中國無國無主，民何以安？北戮而南戹，北虜而南奴，未有一肢既病全身不覺者。故乘此畫分南北而圖自立，則舍國會之外無有亟於此。」是時留滬維新人士，不明真像，震於北方拳禍，嚮往國會民權之說者頗不乏人，才常因得而利用之。

關於張園國會開會時間及參加人數，馮自由「中華民國開國前革命史」記載甚爲簡略。

僅稱時間在六月，參加者數百人㊽。馮氏另著之「革命逸史」所記略同㊾。黃鴻壽「清史紀事本末」不記開會時間，但稱參加者數千人㊿。其他各書多因襲之。蓋是會在英租界舉行，且爲秘密方式，局外之人自不易盡曉也。據孫寶瑄（仲愚）「日益齋日記」，知張園國會初次舉行於七月一日，參加者僅八十餘人，二次舉行於七月四日，參加者纔六十餘人。其經過如下：

（光緒二十六年）七月一日，是日上海同志八十餘人，大會於愚園[51]之南新廳，群以次列坐北向。（葉）浩吾（瀚）權充主席，宣讀今日聯會之意：㈠不認通匪矯詔之僞政府。㈡聯絡外交。㈢平內亂。㈣保全中國自主。㈤推廣中國未來文明進化。定名中國議會，令大衆以爲然者舉手，舉手者過半。議遂定。乃票舉正副會長，令人各以小紙自書心中所欲舉之正副姓名，交書記者，書記收齊點數。凡舉正會長以舉容純甫（閎）爲最多，計四十二人。舉副會長以嚴又陵（復）爲最多，計十五人。於是容、嚴二公入座。容公向大衆講宗旨，聲如洪鐘，在會人意氣奮發，鼓掌雷動。四日，諸同志在愚園第二次開會，到者六十餘人，題名者五十餘人。容公命余及菊生

㊽ 馮自由「中華民國開國前革命史」，第一册，頁六八至六九。
㊾ 馮自由「革命逸史」，第二集，頁七六至七七。
㊿ 黃鴻壽「清史紀事本末」卷六十八「自立軍之失敗」。
[51] 即英租界之張園。

會計，余及菊生皆辭，遂改命蔭亭、佛塵（才常）權其事。俄定掌記者三人，葉浩吾、邱公恪、汪子健。掌幹事者十人，鄭陶齋、唐佛塵、沈小沂、汪穰卿（康年）、汪劍齋、丁叔雅、吳彥復、趙仲宣、胡仲愚，議既定，始以次散。

寶鍹係親自參加張園國會之人，其記載當最可靠。就上所引知國會主要份子仍爲滬上維新人士。容閎、嚴復等對唐才常之起兵計劃似未預聞，至於保皇黨之推崇容、嚴，則因其聲望知名國內，便於號召而已。容閎所著「西學東漸記」嘗載其戊戌政變後之活動曰：

予以素表同情於維新黨，（北京）寓所又有會議場之目，故亦犯隱匿黨人之嫌，不得不遷徙以逃生。乃出北京，赴上海，託跡租界中。即在上海組織一會，名曰中國强學會，以討論關於維新事業及一切重要問題爲宗旨，余竟被選爲第一任會長。一八九九年（按：此誤）有人勸余，謂上海租界亦非樂土，不如遷地爲良，余乃再遷至香港，請英人保護。居香港二年，後歸美國。

該書成於民國之後，自無所顧忌，其稱「强學會」不稱「國會」者，揣其心理，似仍欲以和平方法促成中國之維新事業，故其宗旨與光緒二十一年（一八九五）夏，文廷式、康有爲等所創之强學會應無不同也。

至於嚴復，除參加張園國會外，並曾在上海主持名學會，講演名學52。是嚴氏之參加「國會」，亦非預先之安排。此後嚴氏即隨上海救濟善會乘輪北上，從事京津一帶兵燹後災民之救濟工作53，不與保皇黨人通音問。

除上述者外，其他參加「國會」人士有章炳麟、畢永年、文廷式、龍澤厚、狄葆賢等。乃公推唐才常爲總幹事。是時才常受康、梁指示，已改正氣會爲自立會，名其勤王軍爲自立軍54，旋併自立軍於「國會」，乃假藉「中國國會」會長名義，對外發表英文宣言。其大意如下：

中國自立會有鑒於端王、榮祿、剛毅等之頑固守舊，煽動義和團以敗國事也，決不認滿洲政府有統治清國之權，將以更始以謀人民之樂利。因以伸張樂利於全世界。端在復起光緒帝，立二十世紀最文明之政治模範。以立憲自由之政治權與之人民，藉以驅除排外篡奪之妄舉。惟此事須與各國聯絡，凡租界教堂以及外人並教會中之生命財產

52 嚴璩「侯官嚴先生年譜」載其家藏吳汝綸手札曰：「亂後不知吾公消息，……近閱中外日報，知先生近開名學會，可見達人善己兼懷濟物之盛心，企佩無量。」

53 陸樹德「救濟日記」。

54 丁文江編「梁任公先生年譜」長編初稿上册頁一三二引梁氏致函狄楚青（葆賢）曰：「我輩宗旨既專在救國，會名既已定，改爲自立甚好。」另據張伯楨「張篁溪」遺稿謂：「按自立會者唐才常稟承南海先生之命改正氣會而名之也。」

等，均須力爲保護，毋或侵害。又望諸君於起事時切勿驚惶。別有軍令八條如左：

第一條　勿侵害國民之生命財產。

第二條　勿侵害外人之生命財產。

第三條　勿焚燬寺院，勿驚動教堂。

第四條　保護租界。

第五條　嚴禁姦淫竊盜及一切不法行爲。

第六條　待遇擒獲敵人，禁用慘酷非刑，須照文明交戰條規處治之。

第七條　對敵時用殘酷待遇及猛毒武器，均所不禁。

第八條　所有清國專制法律，建設文明政府後一概廢除。[55]

章炳麟以「國會」會章有「務合海內仁人志士共講忠君救國之實」一語，指爲不合時宜，勸才常勿爲康、梁利用，而才常志在希求保皇黨接濟，以圖大舉，竟不能從。炳麟憤亟，乃當衆宣布脫離「國會」，並且剪其髮辮以示決絕。旋離滬赴蘇州，執教東吳大學[56]。

畢永年亦以鄉誼，力責才常不當一面排滿，一面勤王，而才常終不悞。永年見所部會黨利才常多資，紛紛叛離，深受刺激，遂隱道不問時事（已詳第二節第三目）。吳祿貞亦感才常

55　中華民國開國前革命史，頁七四至七五。

56　革命逸史，初集，頁五三。

名義不順，憤而再赴日本復學57。狄葆賢所著「任公逸事」記當時參加國會份子對起兵宗旨意見之不同曰：

又當時同人屢議起事後之辦法，有主張民主者，有主張擁帝者，有主張挾天子令諸侯者，有謂必殺南皮（按：指張之洞而言）者，亦有謂宜擁南皮以號召者，言人人殊。惟任公曾有函，言衆人多數心理不可違，然情理亦不可悖。

是才常因受康、梁所左右，且介乎革命保皇之間，其號召固不得不如此耳！

(五) 自立軍之組織與佈置

光緒二十六年（一九〇〇）夏，自立軍既決定大舉，唐才常居上海統籌全局，林圭亦在漢口設立機關，連絡黨人。慘澹經營，成效漸著。其時自立軍將領中，若秦力山等，主張乘機游說義和團，使改「扶清滅洋」旗號爲「勤王排滿」之標幟，蓋此舉若獲實現，則中國局面當又一變。力山曾隻身走天津，求見拳民大師兄，爲之剖陳利害，請求相助。拳民愚昧，不可以理喻，竟斥力山爲二毛子，命牽之出，力山遂南返58。以故自立軍之主力限於會黨，

57 張難先湖北革命知之錄，頁二一。
58 馮自由革命逸史，初集，頁八六。

活動地區亦僅在長江流域。

會黨原以「反清復明」排外滅洋爲宗旨（已詳第二章第三節），才常爲促成彼此之團結，乃仿照會黨頒發票布辦法，四處散放富有票59，所有原票內涉及排外滅洋一類字句，完全改變。梁啓超爲此書曾致書狄葆賢（楚青），説明保皇黨之立場曰：「其票間宗旨，原只滅洋二字，可易以自立或救國二字，至其四字八字者，則於救國自立之外加用作新保種等字均可，請兄酌定可也。」狄氏並於其所著「任公逸事」中按語其事曰：

按：長江一帶，自蜀至蘇數千重，其中只哥老會一種，已不下數十萬人。會名不一，山名不一，每會有一票，票上有□□山，正龍頭□□，下方其宗旨下，或八字，或四字，或兩字，語句多不通。有曰滅洋者，有曰殺盡洋鬼者，其宗旨實則排外與義和團相等。於是吾人以狀告任公，任公深以其票旨爲慮，謂如果殺戳外人者，將有亡國之禍。囑專以改其宗旨爲第一要圖。於是不能不以票易票，票既多，票名亦多，固不止富有一種也。且其票上形式亦不易改，一切仿其舊，但專改其宗旨，所以亦有□□山，亦有正龍頭□□，副龍頭□□也。然庚子北方鬧得如此，而南方不殺一外人者，實皆賴此宗旨之既改也。此事全屬任公之力，當以加入英法戰團事同一偉績。

59 魏元曠「魏氏全書」內「黨目記」章載稱：「其黨票則曰富有貴爲，隱寓其名，而取富有四海貴爲天子，以陰示其旨異於諸從爲亂者。其黨費所使龍圓，於龍首皆鏨一康字。」

另據李宣龔述狄氏論當日改用富有票之原因曰：「昨晤楚卿，談及庚子一役所以改用富有票者，實因內地會黨大半皆以排外爲宗旨，倘藉此爲號召，則無異於拳匪，東南之局亦將不保，故不得已用「富有」二字，爲扶清滅洋之交換品，此外並無其他新意義[60]。」「富有票」係在上海用洋紙印刷。寫刻篆印皆極精工[61]，於是分地段以設旅館，爲會衆往來寄宿之所。其在漢口者曰賓公，襄陽者曰慶賢公，沙市者曰制賢公，荊州者曰集賢公，岳州者曰益賢公，長沙者曰招賢公[62]。凡領有「富有票」者來往居住均不納貲。會衆復四處揚言曰：「持有此票（富有），即可向該黨首領，領錢一千文，以後乘坐太古、怡和輪船不索船價。」並云：「中國

---

[60] 民國十八年四月九日李宣龔與丁在君書，引自丁文江編梁任公先生年譜長編初稿上册頁一三三。

[61] 據唐才常弟才中供詞，富有票共印三十餘萬張，分散於長江會衆使用。（見葉德輝覺迷要錄卷二）依照張伯楨張篁溪遺稿，繪其式樣如下：

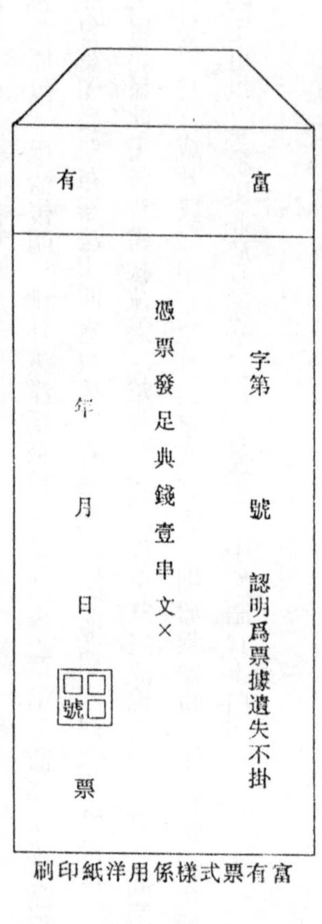

富有票式樣係用洋紙印刷

[62] 馮自由「中華民國開國前革命史」，第一册，頁六九。黃鴻壽「清史紀事本末」，卷六十八。

即將大亂，以後持票可保家[63]。」以故各省士民趨以若鶩。

唐才常、林圭等之計劃，分自立軍爲七軍，以大通爲前軍，秦力山統之。安慶爲後軍，田邦璿統之。常德爲左軍，陳猶龍統之。新堤爲右軍，沈藎統之。漢口爲中軍，林圭統之。另置總會親軍先鋒軍。唐自任諸軍督辦，分途招募散兵游勇數十營，沿長江上起自宜昌、下至於武穴，南路界於荊州，北路界於襄陽、隋州、當陽、應山、麻城，中路則沔陽、新隄、沙洋、嘉魚、蒲圻、崇陽、監利皆其勢力範圍。才常未至漢口前，林圭秉才常意旨已與黎科、戢元丞、李炳寰、蔡丞煜、鄭葆丞等詳訂自立軍會章三段，題名「自立軍現在之布置及將來兵事」，內容如下：

一、軍隊編制

(一) 起發之初，集兵二萬，分七軍，四十營。

(二) 置總會親軍十營。

(三) 置中左右前後五軍各五營。

(四) 置自立先鋒軍五營。

(五) 各軍統領由總會派，營官由統領派，哨弁哨長由營官派。

(六) 各軍皆派統領一，幫統一，營官准營數，哨官准哨數。

---

63 光緒二十六年八月二十日湖廣總督張之洞、湖北巡撫于蔭霖奏摺，軍機處摺包檔，引自辛亥革命第一冊。

（七）以親軍統領爲總統，節制各軍。

（八）發起之始日，即出示加募健兒三十營，三日成軍。

（九）加募之兵置自立全軍營務處十營，置自立全軍糧臺處衛隊五營，總會所衛隊十營，軍械所守兵五營。

（一〇）起發之後，即選派自立各軍略湖南、湖北、江西等處，循長江一帶。

（一一）將弁薪俸額數及兵丁餉額數，須於起發之處擬定。

（一二）新募之兵即用外國急用操法試練，一俟鎗法嫻熟，仍再募數十營，隨時酌量策應各路。

二、條敎文牘

（一）國會自立檄文，自立淺語，傳單，簡明條例。

（二）國會自立告示，及簡明斗方告示。

（三）招募告示及其規例。

（四）佈告各國照會國書。

（五）招納各省同志豪傑傳單。

（六）安撫百姓告示。

（七）國債股票。

（八）各項委劄及略地劄。

（九）札飭保護租界教堂專劄。

（一〇）札飭略地各弁收各州縣地丁征册，及各督銷稅局歷年簿據。

（一一）札委權知各州縣事，撫輯流散，編練團軍。

三、行兵條理

（一）置兵吏司司功過，置軍政司司賞罰。

（二）議訂軍官功過賞罰條例，兵丁功過賞罰簡明條例。

（三）行軍禁約，淺語牌示。

（四）行軍賞罰語牌示[64]。

另區分官職爲文武兩班，文多保皇黨人，武多哥老、紅燈教會衆。其組織一循會黨慣例，除推重康有爲爲正龍頭，梁啓超爲副龍頭外，曰總堂、曰坐堂、曰陪堂、曰盟堂、曰禮堂、曰管事、曰值堂、曰刑堂、曰盟證、曰香長。其執事有副印、新副、聖賢、當家、管事、巡風、順八、江口、十牌、大備、小么各名目。其盟據中書「會辦樹義堂」，右書「日新其德」，左書「業精於勤」，後書「富有山，天下水，萬國香」九字，間以七言俚詩四句曰：

---

[64] 中華民國開國前革命史，頁七三至七四。

萬象陰霾打不開，紅羊劫運日相催；頂天立地奇男子，要把乾坤扭轉來。[65]

將佐待遇分五等，一二三等月給銀百元，或五十元。士兵最下，月給銀六元[66]。外交事務上海方面由容閎擔任，漢口方面則由黎科負責。

同年（一九〇〇）六月，自立軍諸事已粗定，惟軍資尚虞不足[67]，各路待款發動，均派代表至滬坐催，才常無以應付[68]。會黨首領李雲彪、楊鴻鈞，聞馬福益得貲較多，首先離異，而辜鴻恩則別散「貴爲票」，李和生則別散「回天票」，各自獨樹一幟，不相統屬。「富有」、「貴爲」、「回天」等票，充斥長江上下游[69]。七月十八日上海「中外日報」載漢口訪事人來信云：「近日謠傳長江一帶，時虞滋事，頗駭聽聞。惟漢口甚爲平靜，鄂督既允保護，現已竭力籌防照約辦事。」同報同月十九日載鎮江消息：

沿江一帶近有會匪黨羽散賣僞票，每張售錢千文，票上大書票存足値錢壹千文，其文

---

[65] 葉德輝「覺迷要錄」卷四「逆蹟瑣記」。

[66] 覺迷要錄「誅亂記」六。

[67] 當時徐勤曾致書梁啓超曰：「萬事俱備，只欠東風。」（見梁任公先生年譜長編初稿上册頁一二八至一二九）

[68] 革命逸史初集頁八七，謂康、梁擁資自肥，吝不肯寄。另據梁任公先生年譜長編初稿上册頁一三四，徐勤致康有爲書，謂漢口一役所費逾三十萬。雙方所記出入甚大。

[69] 尚秉和「辛壬春秋」，卷三十五。

字上缺一點一橫，即以此爲暗記。據聞入會者每月可給銀六兩，經手代售者每月三十兩。有湖南人某甲在東馬頭營內勾引勇丁入會，爲營員偵知，搜出票據，即押赴黃宮保（按：長江水提督黃少春）行轅請辦。宮保傳入究訊，該犯供認不諱，宮保隨傳令綁赴船塢，梟首示衆。

是自立軍未發動前風聲早已洩露，加以會衆紀律廢弛，多有擾民之事，沿江督撫得以從容應付，取得主動，故其失敗實非偶然也。

四、自立軍之發動與失敗

(一) 清廷之防範措施

初清廷以康、梁得英、日之助，倡保皇之說於海外，忌之甚深。光緒二十五年（一八九九）秋，傳聞保皇黨人結納會黨，欲圖大舉。八月二十五日，命步軍統領衙門張帖端方所撰「勸善歌」於京城內外，歷述有清以來之善政及慈禧之恩德。文內有：「我朝恩德同天地，頑石也應知感激，如何逆黨惑人心，亂民賊子人切齒。」「會匪有莠亦有良，被脅入會無主張，但能自新速解散，不究既往准安常❶。」等句。同年冬，梁啓超離日赴檀香山活動（已詳第二節第四目），上海「申報」迎合朝廷意旨，著論評譏保皇黨人曰：「既干國法，又犯天怒，我恐普天率土必將無地容身矣。……寄語萬惡叛徒，尚其及早猛省，莫再騰其口說，致蹈刑章哉❷」！光緒二十六年正月五日「中外日報」載稱：「朝廷深恐逋臣在外或有煽動群情之事，已密派多人至香港偵探康、梁蹤跡。」同月十五日，復降旨懸賞嚴緝康、梁。諭曰：

> 前因康有爲、梁啓超罪大惡極，迭經諭令海疆各省督撫懸賞購線嚴密緝拿，迄今尚未弋獲。該逆等狼子野心，仍在沿海一帶煽誘華民，並開設報館，肆行簧鼓，種種背逆情形，殊堪髮指。著南洋、閩、浙、廣東各省督撫，再行明白曉諭，不論何項人等，如能將康有爲、梁啓超緝獲送官，驗明實係該逆犯正身，立即賞銀十萬兩，萬一該逆犯等早伏天誅，只須呈驗屍身，確實無疑，亦即一體給賞。此項銀兩並著先行提存上海道庫，一面交犯，即一面驗明交銀，免致展轉稽延。如不願領賞，願得實在官階及各項升銜，亦必予以破格之賞。至該逆犯等開設報館，發賣報章，必在華界，但使購閱無人，該逆等自無所施其技。並著各該督撫逐處嚴查，如有購閱前項報章者，一體

❶ 葉德輝「覺迷要錄」卷二，公牘類。
❷ 光緒二十五年十一月二十九日上海「申報」新聞。

嚴拿懲辦。此外如尚有該逆等從前所著各逆書，並著嚴查銷燬，以中國憲，而靖人心❸。

另由總理衙門分電駐各國公使領事，向所在地政府交涉，不准康、梁居留，並禁止華僑加入「逆會」，購閱「逆報」❹。

各督撫奉命後，各於境內雷厲風行示拏康、梁，例如江蘇巡撫鹿傳霖規定，除朝廷懸賞銀十萬兩外，加賞銀四萬兩❺。上海知縣再規定除朝廷及蘇撫賞銀外，更加賞一萬兩❻。安徽巡撫王之春（按：王爲親俄派）於接見記者時稱：「我在湖北見香帥（按：張之洞字香濤），言康，梁未拿獲，可憾！可惡！香帥與我說，甲午之役已擬借俄兵輪十二艘，借法兵二萬保臺灣（按：俄法爲同盟國），而事未成，實可惜也。……廢立事如英、日干預，可仍借俄法兵以制也❼。」檀香山爲梁啓超活動地，滿清正副領事特諭示僑商曰：

去年十一月，梁啓超改名易服，混入檀境，膽敢刊刻匪會規條，肆議朝局，散布謠言，

❸ 光緒二十六年正月十七日上海「申報」新聞。
❹ 覺迷要錄卷二。
❺ 光緒二十六年正月二十五日上海「中外日報」本埠新聞。
❻ 光緒二十六年正月二十三日上海「中外日報」外埠新聞。
❼ 光緒二十六年正月二十二日上海「中外日報」譯報欄。

誘人入會。……若有甘心從逆，實同化外，一經朝廷查辦，本領事亦不能爲爾等寬貸也❽。

是時興中會方經營惠州之役，中山先生實未參予自立軍之規劃，而清吏不明真象，竟目爲同黨。同年三月，義和團已蔓延京畿，同月六日御史李擢英奏曰：「廣東新黨號稱勤王，虛聲恫喝，亦復駭人聽聞❾。」同月二十九日給事中胡孚辰之反對剿拳摺亦稱：

洋人屢次欲我剿辦拳民，亂黨如孫文、康、梁輩，主持報館，力持此議，淆我是非，伺我動靜。假如以中國之兵力與拳民自相魚肉，彼必且乘釁而動，肆其狡謀，大局之危，洵有不堪設想者！❿

是認革命與保皇兩派，皆不值拳民所爲也。而主剿義和團各督撫，則誣指中山先生、康有爲係拳首。同月十二日山東巡撫袁世凱致電總理衙門曰：

❽ 覺迷要錄卷二公牘類。
❾ 義和團檔案史料，頁七一，錄副摺包。
❿ 義和團檔案史料，頁八三，錄副摺包。

此次聚衆⑪，聞係在逃之孫文，潛至昌邑境太保、下窪等莊，勾結匪徒來高盤踞。……皆練金鐘罩符呪，託名阻撓，實竟倡亂，並有圍城之謠。⑫

湖廣總督張之洞所致袁世凱電報亦有「康有爲、孫文派人會合大刀會，孫文已到山東，會合義和團。」等語⑬。清吏愚昧不明真像之情可見。

按：興中會與保皇黨宗旨，既不相同，對聯軍及義和團之態度亦大差異。興中會反專制，反列强，同情拳民，對東南疆吏不敢輕存利用之想。同年閏八月，鄭士良所領導之惠州革命軍起，中山先生在臺灣特致書劉學詢曰：「清廷和戰之術俱窮，四百州之地，四百兆之人，有坐待瓜分之勢，是可忍，孰不可忍，是以毅然命衆發之。」又稱：「江、鄂兩督趣意如何？如不以此舉爲不是，可致意力守，遏外人侵入，如不以此舉爲然，則弟取粵之後，即當親來吳、楚，與彼軍一見高下也⑭。」可爲革命黨政策之具體說明。至於保皇黨，外則力求各國之讓解，內則爭取各督撫之援助，處處迎合現實，故其號召不若革命黨之光明磊落也。

光緒二十六年（一九〇〇）五月，東南各省已與聯軍議定互保之約，鑒於北方政局混亂，對革命保皇兩派多表示間接之同情，以預留日後之退步。其中尤以李鴻章、張之洞爲最著。

---

⑪ 當指高密農民聚衆阻德人修築膠濟鐵路事而言。
⑫ 義和團檔案史料，頁七四，收電檔。
⑬ 張文襄公全集，卷一六五，電牘四十四。
⑭ 馮自由「革命逸史」，初集，頁七九至八〇。

康、梁亦亟欲連絡李、張，以達成其勤王之目的。李鴻音除命其幕僚劉學詢向中山先生接洽以兩廣獨立響應革命外⑮，並屢向保皇黨人表示好感。梁啓超爲此曾致函李鴻章曰：

> 去國以來，曾承伊藤侯，及天津日本領事鄭君，東亞同文會井深君，三次面述我公慰問之言，並敎以研精西學，歷練才幹，以待他日效力國事，不必因現時境遇，遽灰初心等語。私心感激，誠不可任。公以赫赫重臣，薄海具仰，乃不避嫌疑，不忘故舊，於萬里投荒一生九死之人，猥加存問，至再至三，非必有私愛於啓超也，毋亦發於愛才之盛心，以爲孺子可教，而如此國運，如此人才，不欲其棄置於域外以沒世耶！啓超自顧愚陋，固不足以當我公之期許，雖然公之所以待啓超者，不可謂不厚，所以愛啓超者不可謂不深，每一念及，無以爲報。竊聞之，君子愛人以德，仁者贈人以言，公之所以惠啓超者在是，梁啓超所欲還以報公者亦即在是⑯。

鴻章得書，乃命其姪婿孫寶鍹（仲愚）代覆啓超一函，以表示其對國事惓勤之意⑰。孫氏爲維新黨人，曾參加上海張園國會者也（已詳第三節第四目）。孫氏「日益齋日記」載有光緒二

---

⑮ 馮自由「中華民國開國前革命史」，第一冊，頁五九至六四，革命逸史，第四集，頁九六。

⑯ 飲冰室文集，卷四十三，頁二〇。

⑰ 丁文江編「梁任公先生年譜長編初稿」，上冊，頁一〇〇。

十五年（一八九九）十二月十二日，孫氏與鴻章之對話，其內容如下：

十二月十二日，詣昌言報館，枚叔、浩吾咸在，問傅作何語？傅相自云：「奉懿旨捕康、梁。」且曰：「如獲此二人，功甚大，過於平髮、捻矣。吾當進爵。」語畢大笑。傅相詢余是否康黨，余答曰：「是康黨。」相曰：「不畏捕否？」曰：「不畏。中堂擒康黨，先執余可也。」相曰：「吾安能執汝，吾亦康黨也。瀕陛辭時，有人劾余為康黨。」枚叔等聞皆大笑曰：「奇事，康以六品官而宰相為之黨，未之前聞。」余曰：「合肥在都，逢人輒語云：『康有為，吾不如也。廢立制義事，吾欲為數十年而不能，彼竟能之，吾深愧焉』。故都人多目為康黨。比召對，太后以彈章示之曰：『有人譏爾為康黨。』合肥曰：『臣實是康黨，廢立之事，臣不與聞，六部誠可廢，若舊法能富強，中國之強久矣，何待今日。主張變法者即指為康黨，臣無可逃，實是康黨。』太后默然。」

鴻章之有意利用竇鍹以見好維新黨人之居心至為明顯也。惟是時鴻章仍遵朝命，於兩廣嚴禁保皇黨之活動，並逮捕保皇黨人羅伯堂、康瓊昌二人家屬，以圖取信於清廷⑱。

梁啓超另有上張之洞書，建議之洞兩策，上則「率三楚子弟，堂堂正正清君側之惡，奉

⑱ 同上。

太后頤養耄年，輔皇上行新政。」次則「以一紙之封事，謝天下之責望，身既膺兼圻之威，言即有九鼎之重，亦可以寒賊膽於萬一，拯君難於須臾⑲。」

張之洞前因贊同變法，險遭不測，對於保皇黨人之活動更持謹慎觀望態度。而其操縱之術，尤非鴻章所能及。清廷對外宣戰後，之洞以大局難逆料，對保皇黨人似非全無好感。唐才常初藉日人通殷勤於之洞，諷以自立軍將擁之以兩湖獨立，之洞頷之，終猶疑莫能決。七月初，江南自立軍時時至漢口點兵，之洞早聞風聲，而不予以發覺⑳。暗中則戒備以應變。茲依許同辛「張文襄公年譜」卷七載庚子五月以後之洞在湖廣一帶軍事布置如下：

（五月二十二日）調中書黃忠浩率湘軍防漢口。

（五月二十八日）請以鄖陽鎮總兵鄧正峰署理湖北提督。（本任提督張春發統軍駐江北，篆務由總督兼署，以襄陽近豫邊，多伏莽，宜有大員坐鎮，故請以總兵升署，募勇千人巡防，曰襄防新營。時陸續募勇防各處，駐漢陽者曰漢靖營，駐襄陽者曰襄防馬隊右營，駐宜昌者曰宜勝營，駐麻城羅田者曰武勝新營，駐利川者曰利防營，駐田家鎮者曰砲臺營，駐老河口者曰武襄營，駐沙市者曰沙防營，巡緝沿江帶者曰江安營。）

（七月十日）派提督謝得龍巡緝沿江會匪。

---

⑲ 飲冰室文集，卷四十三，頁二十七。

⑳ 中華民國開國前革命史，第一冊，頁七六。清史紀事本末，卷六十八。

（七月十五）大通匪徒起事。（湘鄂各處均嚴防，鄂省募勇千人扼要分駐。）之洞並電兩江總督劉坤一同防長江。坤一招降長江鹽販私梟會黨徐寶山，責令搜捕各處「富有票匪」㉑，並命長江水師提督黃少春調集各標師船，分駐江陰、鎮江等處，何地有警，即向何地增援㉒。

之洞復恐英國暗助自立軍，另於五月二十二日札江漢關照會漢口英領事，謂：「兩湖長江一帶，即使會匪地痞乘機滋擾，烏合之衆，官兵威力亦可立時彈壓撲滅。」㉓以爭取外人之支持。

(二) 大通之役

自立軍初定於庚子七月十五日各路同時發動，以安徽池州大通一帶起事之責委之秦力山，力山本名鼎彝，一名鄆，號力山，亦號俊傑，別稱遯公、鞏黃，湖南長沙人。性豪俠，喜交會黨中人，時務學堂高材生也。光緒二十五人（一八九八）秋，梁啓超設高等大同學校於東京，函招舊徒從之學，應者二十餘人，力山預焉。

㉑ 劉忠誠公遺書，奏疏卷三十四「剿平大通票匪請獎出力文武摺」。
㉒ 同上書奏疏卷三十四「提臣陛見應行展緩摺」。
㉓ 張文襄公全集，卷一〇三，公牘十八。

力山既至日本，日讀法人福祿特爾、盧騷等學說，及法國大革命史，復結識興中會人士，漸醉心革命真理。旋從唐才常返國，庚子夏，因遊說義和團改變宗旨不成（已詳第三節第五目），乃至漢口訪林圭，參加長江自立軍勤王軍事，願獨任池州大通發難之任，由唐才常委爲自立軍前軍統領❶。

力山與安徽撫署衛隊管帶孫道毅有舊，得其密助軍械，水師營弁多受約束。又與皖省哥老會領袖楊雲龍、符煥章等在大通、蕪湖、太平、裕溪等處散放富有票，開設萬全山、福順堂，招人入會❷，大通及附近居民多有附和者。爲準備起義所需，大通各商店短衫短褲幾至搶購一空❸。以清吏防範嚴密，會黨首領多有被捕者。同年五月二十七日楊雲龍致函會黨中人龍舞寰曰：

> （上略）唐鳳崗先生在蕪不知更多少辛苦，已到安徽寶山之廟中歇伏。今遊擊劉蔭廷已派鄧簿芝訪拏唐君之事不必言之。又李畔芹久已在寧國之書房觀書，不知何日能出書房？又葉芳廷兄已在蕪城書房觀書，又杜春林已在繁昌書房。其有廖東江、孫仁滿已在繁昌，三月十六日登仙。（原注：查匪黨隱語羈押曰書房觀書，正法曰登仙。）今康有爲、梁啓

---

❶ 馮自由「革命逸史」，初集，頁八五至八六。

❷ 劉忠誠公遺書，書牘卷十三，致王爵棠書。

❸ 光緒二十六年八月七日上海「中外日報」緊要新聞。

超二君已在外國辦就軍火糧餉，後供各處碼頭，紛紛即速來此。昨五月廿六日，康君已派三員之將領，李開甲、陳雲鵠、秦力山，弟已在大通會議酌商各碼頭團堂多少後，定黃道吉日各處一律通行所，康已造錢票爲口號（內號日新其德，外號業精於勤。）不知兄臺得知上付，弟今求老兄臺即速來蕪，已商起兵之日，特此函知。紙長筆短，不多言，忙此。再者弟今領口號票暫發五百之譜。❹

七月十四日，辦理安徽銅陵縣大通鎮釐局知府許鼎霖，電稟安徽巡撫王之春、兩江總督劉坤一曰：「探明有富有票匪在江北桐城地界嘯聚數百人，宰牲祭旗，請速派隊捕拏❺。」之春聞報立飭定安後營管帶李桂馨率隊往勦。桂馨未至，自立軍已敗清徽寧池太廣道吳景祺，辦理皖岸督銷局道員錢松年，大通釐局知府許鼎霖，大通營參將張華照，裕溪營參將彭源治，奪其軍火，聲勢大振。

十五日晨，大通拿獲自立軍密探八名，正審訊間，大隊自立軍七八百人蜂擁而至，猛攻清軍。清長江師船外委洪益全受重傷，清軍溺斃無算，自立軍奪得師船八號，砍斷電線十餘里，以大砲轟陷大通督銷局據之，局員錢綬甫逃，盡劫釐卡砲艇。旋登岸攻佔鹽、釐兩局，

---

❹ 葉德輝「覺迷要錄」，卷四。

❺ 劉忠誠公遺書卷三十四「勦辦大通票匪摺」。

開獄釋囚。別遣支隊進向青陽、蕪湖、南陵一帶❻。乃四處張帖漢口所預印之安民告示，文曰：

中國自立會長以討賊勤王事，照得戊戌政變以來，權臣秉國，逆后當朝，禍變之生，慘無天日。至己亥十二月念四日，下立嗣僞詔，幾欲蔑棄祖制，大逞私謀。更有義和團以扶清滅洋爲名，賊臣載漪、剛毅、榮祿等，陰助軍械，內圖篡弒不得，則安然與中立爲難。用敢廣集同志，大會江淮，以清君側，而謝萬國，傳檄遠近，咸使聞知。（宗旨）㈠保全中國自立之權。㈡請光緒帝復辟。㈢無論何人凡係有心保全中國者准其入會。㈣會中人必當禍福相依，患難相救，且當一律以待會外良民。（法律）㈠不准傷害人民生命財產。㈡不准傷害西人生命財產。㈢不准燒燬教堂，殺害教民。㈣不准擾害通商租界。㈤不准姦淫。㈥不准酗酒逞兇。㈦不准用毒械，殘待仇敵。㈧凡捉獲頑固舊黨，應照文明公法辦理，不得妄行殺戮。㈨保全善良，革除苛政，共進文明而成一新政府。❼

另於各地散布揭帖，謂得有外人幫助❽。大通營參將張華照所部與自立軍暗通消息，駐大通

---

❻ 同上。

❼ 日本外交文書第三十三卷別册一「北清事變」上，頁一七三。革命逸史，初集，頁八六至八七。

❽ 覺迷要錄卷二「江督劉嚴拏匪徒曉諭軍民示」。

防營管帶蕭鎮江表示中立⑨，於是遠近響應，劉坤一、王之春大爲驚恐。

王之春首派統領武衛楚軍李定明、營官傅永貴各帶所部馳往大通，會合李桂馨三路進剿。繼調營官蕭鎮江、李維義分赴池州、南陵等處堵截。劉坤一除命龍驤、虎威、策電三兵輪赴大通江面攔擊外，並遣統領衡軍王世雄率兵一營，乘坐開濟兵輪駛往蕪湖，約同徽寧池太廣道吳景祺相機進取。長江水師提督黃少春亦飭駐防江陰之長江提標、裕溪、大通三營舢板，星速趕回原防，另劄湖標舢板三十號上駛協攻。再令江勝左營步隊營官劉達義赴南陵要擊。並以清軍有私通自立軍情事，坤一、之春除派幹員赴前線密查外，先將長江水師大通營參將張華照、大通營左哨都司宋春桂、裕溪營參將彭源洽等數十員一併予以革職拏問⑩。

十六日，營官傅永貴率部先至，因見自立軍勢盛，不敢渡江。自立軍先後擊沉清軍砲艇多艘、小火輪一艘⑪。十七日，統領李定明等率部大至，力山以大通孤懸江山，非鏖戰之地，乃移師江東岸之洛家潭，以圖固守待援。及清軍來攻，卒以兵少不敵，向南退卻。清軍追擊，自立軍初戰於結嶺，再戰於竹木潭，三戰於戴家村，皆失利。死傷數百名，將領許老大、余老五等皆被俘，先後遇害。營官李桂馨亦敗自立軍餘衆於銅陵縣丁家洲、橫港等處，自立軍被殺者數十人。蕭鎮江、李惟義、劉達義等則在南陵界內圍捕自立軍殘部百餘名。十九日，

---

⑨ 馮自由「中華民國開國前革命史」，第一册，頁七一。

⑩ 劉忠誠公遺書卷三十四「剿辦大通票匪摺」。

⑪ 光緒二十六年七月二十八日上海中外日報緊要新聞。

大通附近自立軍全部消滅⓬。

秦力山於事敗之後，僅以身免。後聞唐才常失機遇害，曾潛至南京謀焚燬馬鞍山軍械局，事亦不成。乃至上海，寄寓租界。時各國領事得兩江總督劉坤一照會，搜捕甚力，南洋公學教習王寵惠密收容之，送之登輪赴南洋，旋再至日本⓭。

此次大通自立軍之失敗，固由於江防嚴密，清軍勢力雄厚，而自立軍內部份子之複雜亦為主要原因。勝則爭團財貨，敗則鬨然逃散。不相統屬，毫無紀律。自立軍佔領大通後，多有搶掠事件發生⓮。清軍所獲自立軍將領中有四王爺陳英士，八王爺李梅生，七千歲周得方，三千歲石方玉等⓯。由其愚昧幼稚觀之，知其並無遠圖也。

是時中外人士幾不知大通之役由自立軍所發動。同年七月十七日上海「中外日報」譯報欄刊載有下列消息一則：

頃接長江上游來信，謂大通有土匪滋事，搶劫店舖外，復將電報局焚燒，並被拆毀電

⓬ 光緒二十六年七月二十六日上海中外日報緊要新聞。

⓭ 革命逸史，初集，頁八七。

⓮ 光緒二十六年七月二十一日上海「中外日報」緊要新聞：「前日大通地方有匪徒聚衆搶劫當舖錢莊，沿江一帶人心因之驚懼。」同報七月二十二日緊要新聞：「安徽大通邏有防兵勾結土匪橫行倡亂，於月之十五日夥劫鹽釐局及典當錢莊，勢甚猖獗。」

⓯ 劉忠誠公遺書卷三十四「剿辦大通票匪摺」。

線約十餘里之長，聞係哥老會匪之煽動所致也⑯。

七月十六日（八月十日），日本駐上海總領事小田切萬壽之助致日本外務大臣青木周藏報告稱：「安徽省大通騷亂起，劫掠舖店，燒毀電信局，電線破壞五哩，報載係哥老會所發動⑰。」同月十九日（八月十三日）漢口日領事瀨川淺之進致青木周藏之報告亦稱：「安徽省大通於本（八）月九日（七月十五日）土匪蜂起，掠奪巨商富豪家金物⑱。」另據上海「中外日報」七月十八日譯載「文匯報」消息：

聞大通滋事，實因有盜匪多名搶人某教士住宅，嗣見無物可搶，遂縱火焚燒，當經某武弁率領人衆，前往彈壓，始各解散。惟該教士早離大通，其房屋即交與該武弁看守，該武弁恐上司見責，業已吞金自盡，稅關洋員兩名，尚幸未被滋擾。蓋不過盜匪滋事而已，故該處文武官員暨居民人等依舊安堵如常，並無警懼之意，聞江督已派砲船三艘前往查辦此案矣。

---

⑯ 譯自上海「文匯報」。
⑰ 譯自日本外交文書第三十三卷，別册一「北清事變」上，頁一五一。
⑱ 同上書，頁一五三。

又是誤認大通之役係仇教排外之舉也。惟自立軍諸將領死難時之從容不迫，頗得社會之讚揚。八月七日上海「中外日報」載蕪湖來函：「昨日道署中押出匪首一名，身軀雄壯，毫不畏死，斬首時尚口唱高歌。」是時長江一帶謠言蜂起，人心皇皇不可終日。七月二十一日中外日報消息：「查得長江一帶謠言蜂起，近又有大通肇事之信，故沿江各居民均紛紛遷徙，日來長江輪船抵滬，每有扶老攜幼而來者。」同報同月二十五日消息：「長江一帶各種會匪不少，均有蠢蠢欲動之勢，劫掠之案層見疊出，良民頗懷隱憂。」同報八月五日南京消息：「大通鹽局總辦某觀察，於亂起之後，潛逃來省，住於顏料坊故居，日來省垣謠傳大通兵匪現在二千餘人來省尋仇，約日起事，顏料坊居民咸懼殃及，遷往他方者十居八九，該總辦惶懼尤甚。」同報同月七日南京消息：「金陵下關有匪徒到處兜銷富有錢票，被惑者頗衆。」其影響社會之鉅可以概見。

(三) 漢口之役

武漢方面自立軍之主持者爲林圭。圭亦名錫圭，號述唐，湖南湘陰人。少涉獵經史百家，夙明於種族大義。嘗讀左宗堂奏摺，慨然而嘆曰：「有此遇而不能復漢族，非丈夫也❶。」曾肄業於時務學堂，大爲譚嗣同、唐才常所賞識，亦畢永年之摯友也。嗣同死，圭哭謂人曰：

❶ 張篁溪「篁溪文存」稿本「記林圭」。

「中國流血自譚君始，我承其後矣❷。」乃多與會黨中人遊，旋至東京就讀高等大同學校。光緒二十五年（一八九九）冬，從唐才常返國，聯絡會黨多賴其力。圭常駐漢口，乃與其他自立軍將領藉日人姓名爲掩飾，以英租界李慎德堂爲總機關，大發「富有票」，假哥老會之力散放於湘、鄂、皖、贛各屬縣；另與所謂紅教會者，互通聲氣❸。武漢清軍爲其所動者十之四五，於是密購鎗砲刀械諸兵器。以自立會易遭人忌嫌，復以「中國大士會」爲號召❹。諸事粗定，惟軍餉仍感不足。唐才常以武漢方面自立軍份子複雜，頗有裁兵之議。庚子六月，自立軍左軍統帥陳讜自漢口用暗語密函才常，告其長江上游布置情形，並請其速至武漢主持一切。文曰：

田公（按：唐才常化名田塈民治）大鑒：杰（按：林圭化名）病甚，萬醫束手，於望日後渡江養息。病根半由辦事勞瘁，半由轉餉維艱。頃得漁翁（按：沈藎化名瀟湘漁太郎）相助，略更舊章。（旁注：杰、陶（按：陳讜別號陶癡）原已布置妥當，漁無涉也。）裁汰冗散，壁壘一新，弟亦於望月承杰囑漁邀徙榻本棧，附參末議。惟是細審店務，眉目未清，爰與漁商立預算表，以俾先時調度。前奉來示，囑店事宜縮小云云，弟再四籌商，目下根基已立，各分店業已大開市面，突然收儉，似乎不易。只宜實事求是，不必另立分店，若遽裁

❷ 尚秉和「辛壬春秋」，卷三十五。
❸ 葉德輝覺迷要錄，卷四，鄂中誅亂記七。
❹ 覺迷要錄，卷四，鄂中誅亂記三。

撤，禍機立見，公老於營務，詎不知召兵容易散兵難，杰病之日增此也。略計店款每月經弟與漁兄裁汰後，尚須五百元有奇。（旁注：陳、林仍當再求撙節）本月初旬杰已託弟在某洋行借得三百元，准約望前歸楚，緣匯兑未至弟已失言，漁亦同覺減色。二十日各司事又要關餉，刻公誠信號之款仍未見到，弟與漁亦將病矣。計本月須給六百元，急到方資開銷，嗣後每月望前懇給五百元接濟，庶漢店不至前功盡棄。……又衆司事聞令弟（按：才常弟才中號次臣）將來巡閱（旁注：實次臣有信與杰也），人人摩拳厲掌，擬於令弟到時恭請大閱，約計勁旅三千之譜。（旁注：就此間而言，新堤不計）均鵠立本鎮翹企倍至。一以令弟次臣有信照會，一以弟等刻加鼓勵，並擬請次兄巡閱各分店，以觀技藝，庶漢事不至爲他人所惑，且不願讓義記獨著先鞭。弟等以未得尊命，尚未遽應允，容商再報。❺（下略）

狄葆賢視察軍情自漢口歸上海，告才常曰：「漢上諸子烈而不慎事，且旦暮破，往必不利。」才常曰：「脱己而陷人非丈夫也，且余實倡之。」不聽，竟買舟易服於七月初抵達漢口❻。同月二十四、六等日，黨衆附輪來者日衆❼。惟康、梁海外接濟終不至，事益暴露，乃密令各

❺ 覺迷要錄，卷四。
❻ 覺迷要錄，卷四，鄂中誅亂記四。
❼ 覺迷要錄，卷四，鄂中誅亂記八。

地改發動之期爲七月末。秦力山在大通因長江各口岸防範嚴密，未得展期軍報，及時起事，以後路不得援助，故而潰敗（已詳本節第二目）。武漢邏者更急。才常弟才中率部自湘赴約，所乘舟名昌和號者，未至新堤擱淺，漢上勢且坐困，乃寄寓英租界日謀發動❽。

先是才常屢次間接暗示湖廣總督張之洞據湖廣以抗清廷，之洞終無表示。才常以之洞無望，乃揚言於人曰：「倘張氏奉清廷之命以排外，吾必先殺之，以自任保護外人之事。」之洞聞而恨之❾。會聯軍陷京師，慈禧出走無恙，且仍有控馭全國能力，之洞乃決計先發以制人。

才常原預定七月二十五日親率武漢一帶自立軍發動，後因籌備不及，改爲二十八日。計劃佔領漢口，先奪漢陽槍炮廠，然後渡江攻擊武昌，拘禁湖廣總督張之洞、湖北巡撫于蔭霖，及清軍將領張彪、吳元愷等，嚴禁部衆不得驚動市面，劫殺平民❿。並預印致漢口各國領事之照會，說明自立軍之宗旨，希望外人保持中立態度。文曰：

> 現因端王、榮祿、剛毅，暨一概驕橫舊黨，暗中主使勸助拳匪滋事，我等中國自立會諸人，現在已經持械起事，特此佈告男女洋人知悉。
>
> 我等謂滿州政府不能治理中國，我等不肯再認爲國家。

---

❽ 碑傳集補卷五十七唐才常傳。

❾ 馮自由「中華民國開國前革命史」，第一冊，頁七六。

❿ 光緒二十六年八月五日上海「中外日報」緊要新聞。

變舊中國爲新中國，變舊苦境爲樂境，不特爲中國造福，且爲地球造福，係我等義士所應爲之責。

我等定議合今日上等才識，易議國家制度，務使可爲天下之表式，本會之宗旨係使百姓保有自主任便議權。

我等與聯合各國之意相同，剷平昏迷狂邪之亂德，懲辦仇視洋人凶惡僭位諸人。各口洋人租界，各教禮拜堂，中外耶教人之性命物產，定必保護不加擾害。

特此佈告汝等，我等所爲不必驚惶。

漢口中國自立分會啓⑪

另撰就安民告示曰：

君臣佐使彝倫攸分，官階職守以明次序，舉立義號歸順有名，傳示檄文宣布德威，鑄造兵符以昭信守，製造鈐記以昭約束，令劍令旗調遣行止，旗分五色按色調度，鄂垣竄闊不可輕視，運籌周備庶無遺策，進退緩急裏應外合，一鼓而下功垂不朽。⑫

⑪覺迷要錄，卷四。

⑫同上。

更製定辦事規則曰：

焚兩院及司道，劫水路行營，搶藥局，搬軍裝，焚戳三日，封刀安民。傳檄出示，鳴金警戒，富室樂捐，窮民安貿，派兵固守，再籌征進，如有違令，斬首示衆。⑬

七月二十五日夜漢口大火，當係自立軍之所爲⑭。而漢陽槍砲廠將要被劫消息乃不脛而走。總辦沈孟南飛稟總督張之洞請兵彈壓，自夜達旦不敢稍懈。七月二十七日漢口二次大火，焚招商局附近三十餘家⑮。會漢口泉隆巷剃髮匠某向都司陳士恆告變，陳氏遣軍跟蹤拿獲黨人四名，盡悉自立軍起兵計劃。同年八月九日上海「中外日報」記其事曰：

會匪中有鄧姓者（按：當指鄧永才而言，永才湖北柏鄉人，屬紅教會。），既入新黨後，即到處欺凌平民以及其鄰人等。有薙髮匠某，素與鄧善，鄧招之入會，匠卻之。八月一號（按：此誤），鄧至該處薙髮，而不照常例，竟以小錢作值，匠與之爭，遂至決裂。鄧告匠

---

⑬ 同上。

⑭ 光緒二十六年七月二十五日上海「中外日報」緊要新聞。另據同報八月三日消息：「連日漢鎮火災迭見，惟二十五日火災尤鉅，計由午後兩點鐘燒起，直至晚上十點鐘始息，所燬房屋由涂家廠直抵沿河不下千餘家。同時漢陽亦焚毀四百餘家，誠鉅劫也。」

⑮ 光緒二十六年八月二日上海「中外日報」緊要新聞。

云：「汝之首級已將不保，尚何嘵嘵爲？」匠聞言，遂立將其所有情事告知該處地方官，而鄧就獲矣。縣官以甘言誘之曰：「爾等守法良民，特爲人所愚耳！此吾所深知也，爾可將會黨情事詳細告我，富貴不難致也。」鄧乃一一和盤托出，並將該黨羽住處陳明縣官。立時遣差偵察，果與鄧所言無異，遂立將鄧正法以爲儆戒。

同日上海「申報」所記略同。並稱鄧被審時自稱爲紅教會，志願加入自立軍，自知事機不密貽誤大局，願以死謝同人。是鄧之就難亦壯烈矣！獨章炳麟謂唐才常之事洩出自文廷式之告密，其言曰：

庚子保皇之役，康有爲以其事屬唐才常，才常素不習外交，有爲之徒龍澤厚爲示道地。其後才常權日盛，凡事不使澤厚知，又日狎妓飲燕不已，澤厚憤發爭之不可得，乃導文廷式至武昌發其事。才常死，其軍需在上海共事者竊之以走，是故庚子之變庚子黨人不道德致之也。⑯

廷式爲瑾妃珍妃師傅，素爲德宗所親信。同年七月初上海張園國會，廷式爲重要份子。其後潛至長沙運動會黨，密謀勤王。清廷屢有嚴詔，著命拏獲即行正法。自立軍失敗後，同年閏

⑯ 章氏叢書別錄，卷一，頁三五。

八月十二日湖南巡撫俞廉三奏稱：

竊臣於本年六月初間訪聞革員文廷式潛來湖南省城南門外藏匿，當飭臬司密拿。該員旋即遠颺，未經弋獲。……文廷式前曾奉旨飭拿，湘省未經奉有明文，該犯如再潛蹤入境，可否立刻拘拿，審實即行正法，以除兇逆，而遏亂萌。⑰

九月一日奉上諭：「文廷式著嚴拏務獲，即行正法⑱。」是章氏之說不足信也。章氏為此後同盟會之健將，尤為對保皇黨論戰之主要撰稿人，其言論寧情感用事歟？

先是，安徽大通之役既作，兩江總督劉坤一、安徽巡撫王之春密電張之洞加意防範⑲。之洞飭令漢黃德道兼江漢關監督岑馥莊嚴行查緝⑳。七月二十八日晨既獲唐才常起事確信，以事不容遲，乃照會漢口租界各國領事，並由英領事簽字，派巡捕協同中國營員圍搜英租界李順德堂，及寶順里自立軍機關部與輪船碼頭等處。先後逮捕唐才常、林圭、李炳寰、田邦璿、瞿河清、向聯陞、王天睹、傅慈祥、黎科、黃自福、鄭葆晟、蔡丞煜、李虎生，及日本人甲斐靖等二十餘人。同時圍搜某俄國商店，擬捕其買辦容星橋；容喬裝工人而逃。戢元丞

⑰ 清德宗實錄，卷四七二。
⑱ 同上。
⑲ 光緒朝東華續錄卷一二六，湖廣總督張之洞，湖北巡撫于蔭霖奏。
⑳ 覺迷要錄，卷四，鄂中誅亂記二。

則避匿劉成禺家未被查出㉑。自立軍所有起事號衣旗幟軍械火藥印件名冊，及保皇黨人往來書函，另有現款七千五百元，盡爲清軍所得㉒。關於唐才常之被捕及審訊經過，劉厚生「張謇傳記」記載其事如下：

才常於五月間即派人到漢口運動某軍隊，已有頭緒，至六月底親到漢口住在某宅。被捕之前夕，會客甚多，興致極好，直到午夜以後方始入睡。黎明時偵者往捕，見才常酣臥，鼾聲如雷，捕者以棍撲之使醒，醒後令其隨往，他還要求盥漱之後，始從容就縛。張之洞特派鄭孝胥審問，孝胥並不依照公堂犯人跪審之例，而在法庭備凳一張，令其對坐。照例詢問犯人姓名年齡籍貫之後，唐才常突然向孝胥說：「現在我有一個請求，要詢問今天在法庭上審訊我法官的姓名籍貫及身份。」此言剛發，庭上胥吏就加以吆喝，孝胥連忙把手向胥吏搖擺說：「你們不必禁止他說話。」就對唐才常說：「我叫鄭孝胥，福建人，原先在江蘇候補，現在調到湖北省，是個候補道。」唐才常聽孝胥說完之後，就哈哈大笑說道：「原來你就是鄭孝胥，失敬得很，你不是在戊戌年皇上召見，特旨賞你一個道員，派你到總理衙門的麼？」孝胥說：「是的，一點不錯。」才常就立起身來說道：「既然如此，你原先是我同志，我可以把此番到武漢來起義討賊

㉑ 中華民國開國前革命史，第一册，頁七六至七七。

㉒ 覺迷要錄，卷四，鄂中誅亂記六。

的情形向你宣佈，因爲你一定對我個人及我的一批同志表示同情的。我們的舉動，張之洞以爲是造反，實際我們是討賊，討的那一個，就是那拉氏，她非但是我們中國的罪人，並且是滿清列祖列宗的罪人。戊戌年造許多罪惡過不夠，現在指使義和團殺人放火，盲目排外，攻擊使館，危害國家，難道張之洞還不明白嗎？」這時唐才常站著說的不是口供而是演說，滿堂的胥吏鴉雀無聲，好像都被麻醉了。約算十分鐘孝胥忽然覺悟不對，忙把手一擺，教才常坐下，停止發言。孝胥很從容的對才常說：「唐先生你的話很對，我原先是你們同志，假如說你是罪人，那末我也不免有罪人的嫌疑了。所以我今天沒有審問你的格，我現在只有陳明總督，聲請迴避。」說罷之後，即刻吩咐退堂，把人帶下去。㉓

劉之記載係直接得之於鄭孝胥，其可靠性極大㉔另據同年八月五日「中外日報」所載「湖北近事顛末志」，論及唐才常等被審訊就義情形曰：

㉓ 劉厚生「張謇傳記」，頁一〇一至一〇二。

㉔ 當時武昌湖廣總督衙門所隸營務處共有道員五人，鄭孝胥、札勒哈里、徐建寅、徐家幹、朱滋澤。（見光緒二十六年八月七日「中外日報」緊要新聞）

自立軍漢口之役後，張之洞特奏賞鄭孝胥二品銜以酬其勞。孝胥曾作七律一首以明其志。詩曰：「被服從來士不完，三年去國此衣冠，蒼鷹未免饑爲用，野鶴何由頂自丹。熒惑太微殊未退，橫流滄海故難安，等閑鹿幘休相逼，只作桃椎委地看。（見海藏樓詩集）

漢口起事之首領實係湖南唐才常。當陳都司士恆往拿時，唐謂事既漏洩，有死而矣，毋庸綑縛，同爾前往。當時在棧中同唐就擒者共二十三人，內有日本人一即甲斐靖君。又華人改日本裝者二，聞一係天津人，一係福建人云。是夜，又在淮鹽督銷局間壁拿獲三人，在漢正法者二人，其餘二十四人，並皆解省。並在棧搜出後膛槍數十支，軍火數箱，以及印信旗幟信函冊籍多件。其印文曰：「中國國會總統南部軍務之印」。又刻有檄文一道，大旨謂：「舊黨亂政，力扶皇上復辟，大伸民權云云。」又刻有「富有票」多張，上刻「富有堂」三字，中刻憑票取錢一千文，購票一張嗣後來往輪船水腳可不取，冊籍中載有一千八百餘人。……

二十八日司道府縣在營務處會訊，供認不諱，群呼速殺。二十八夜二更後，在大朝街瀏陽湖畔即明季賀文忠公殉節處行刑，該黨延頸就戮，毫無懼色，共殺十一人，前云殺十六人實係傳僞。中有一人云：「今日爾等殺吾黨，吾黨同志必繼起以殺爾等也。」其餘十餘人現尚候訊，內有武備學生一名，派赴日本遊歷者亦入其黨。二十六日逋抵漢，當道以其情節較輕，擬宥之。日本人甲斐靖君已交駐漢日領事訊辦。聞棧中尚有首領一人，當捕時從曬臺逸去，迄未得獲，其往來書函則日本、廣東、湖南均有，多載外號，無眞姓名。會審時百姓往觀者數千萬人，道路塡塞，人聲鼎沸，當道爲之動色。

「碑傳集補」卷五十七唐才常傳，所記才常死事更爲生動，惟多文飾之處。其言曰：

張之洞使吏帥師圍烈士寓。及門，門者曰：「寇至矣。」黨人皆起引槍將死之。烈士曰：「不可，無益也。」從容聚黨中名冊文函火之，須臾盡燬。是獄也，清吏欲窮鞫以自進，卒以不得黨冊而止。（按：此誤）……初烈士嘗肄業兩湖書院，每試未嘗後人，之洞雅重之。且固聞是謀，初得諜報，故遲不發，陰縱令脫，見脅於巡撫于蔭霖，夏口廳馮啓鈞力聳之，至是猶欲爲烈士免。方鞫問時，顧左右曰：「唐才常儒者，寧出此？且吾固識之，斯人不類，得毋捕者誤耶！」烈士厲聲曰：「事之不成有死而已！唐才常豈苟脫者。」

是少常等之視死如歸固非虛語也㉕。或謂張之洞素重才常才，七月二十三日曾派洋務局委員李鵬生至唐寓所暗示其早日離漢，而才常不從㉖。及被補，仍勸其誘致康、梁以自贖，才常笑卻之。且語之洞曰：「恨公不足望張柬之，徒成曲學耳！㉗」才常死時年三十四歲，明日之洞命梟首武昌文昌門，赤臚猶視未瞑也㉘。

日人甲斐靖係日本東亞同文會員，實參予自立軍起事計劃。日本駐漢口領事瀨川淺之進

㉕ 唐才常、林圭同日死難。瞿河清之死難在七月二十九日，傅慈祥、李炳寰等之死難在八月六日。（見中外日報）

㉖ 覺迷要錄，卷四，鄂中誅亂記八。

㉗ 張篁溪「滄海叢書」稿本，記自立會。

㉘ 章氏叢書文錄二，唐才常畫像贊。

照會張之洞，謂甲斐靖與才常「雖屬同居，並不同謀」，要求索回取供，之洞不得已乃加釋放㉙。

是時武漢一帶「商民惶擾，一夕數驚㉚。」八月五日上海「中外日報」載漢口來函云：「會黨就擒之後，謠傳尚有千餘人匿跡洋火廠左近，擬於二十八日夜間舉事，以圖報復，居民異常恐懼，遷徙者絡繹不絕。」同報八月七日緊要新聞：「近日武漢等處居人遷徙者益多，官幕中人亦皆移家遠徙，每次輪船下駛，擁擠不堪，幾無隙地。至湖南小輪船搭客亦驟覺增多。傳聞某大員之瀛眷不日即須首途，故民情愈形惶惑。」其影響人心可不大哉。

梁啓超於同年七月初曾自檀香山兼程返國，欲對勤王之舉有所策劃。抵上海翌日，而漢口難作，寄寓虹口豐陽館十日，旋離滬赴香港，至新加坡晤康有爲，道印度，遊澳州，於翌年四月復至日本㉛。

(四) 新堤之役

主持湖北沔陽並所屬新堤一帶自立軍發動之責者爲右軍統帥沈藎。藎字克誠，湖南長沙

㉙ 光緒二十六年八月二十一日上海「中外日報」漢口來函。同報八月七日緊要新聞載稱：「日本人甲斐靖雖經釋放，而駐漢口日本領事以華官擅捕日人，顯背和約，頗有煩言。」同報八月十一日緊要新聞更載稱：「日內閣曾有電報致張制軍（之洞），謂才常係中國傑出人才，萬不可殺害，請依萬國公法治罪。」

㉚ 光緒朝東華續錄卷一六二，湖廣總督張之洞奏。

㉛ 飲冰室文集，卷四十四，三十自述。

人。曾候補於武昌，充任賑捐局委員，並曾襄辦張之洞幕中文案工作❶。素抱排滿思想，不事繩檢，喜與會黨中人遊。其所持之宗旨乃唯一之破壞主義，無複雜之腦筋，但以光復中華爲職志。對唐才常之勤王保國號召，但求達我目的以爲用，認爲文字小道不屑厝意也。故首參加正氣會，亦張園國會之重要份子也。❷

唐才常運動張之洞多賴沈藎之力。藎主張只求之洞不敵視自立軍，既發而制之，冀能得一日之當。既負新堤發難之任，乃聯絡當地秘密會社紅鐙會以爲助❸。七月初，湖北巴東、長樂等縣會黨，已有假自立軍名義糾衆豎旗起事情事❹。迨才常抵漢，聞秦力山起事大通，乃密函沈藎及時響應。其言曰：

> 昨得確電，北京已破，皇上及那拉諸人，倉皇西竄，此時此機絕大題目萬不可失。此間事已布置妥帖，只俟念九起程（按：指七月二十九日發動），尊處生意必宜從速開張，以爲策應之師。不然孤軍駐鄂，大是危機，其急圖之。舍弟（按：指唐才中）來堤已見否？麻城竟推宕不可恃，令人悶殺。大通之師，已逾九華山，攻寧國矣云云。再者尊處既舉，除策應此間外，能分枝向荊沙更妙，蓋兩宮西竄，我不可不預圖向西之策也。蒲

---

❶ 葉德輝覺迷要錄，卷四，鄂中誅亂記七。
❷ 黃中黃沈藎，原刊本。
❸ 覺迷要錄，卷四，鄂中誅亂記六。
❹ 光緒朝東華續錄卷一六二，湖廣總督張之洞、湖北巡撫于蔭霖奏。

圻消息極佳，此間風聲日大，萬不能再緩，再緩則弟等無立足地矣。澤公（按：指龍澤厚而言）來此一次，意殊關切。❺

會漢上以迂緩失事，蓋乃亟率所部兩三千人，於七月底發難新堤。一時湖北蒲圻之羊樓峒，荆州之沙市，湖南臨湘之灘頭，以及嘉魚、麻城等縣會黨，接踵而起。到處「聚衆點名，打造刀械，製造號衣，儲備米糧，一似錢財甚爲充裕者。❻」僅蒲圻境內即有自立軍數千人，欲圖圍攻縣城❼。

湖廣總督張之洞以自立軍勢大，除派營務處道員朱滋澤率四營進剿外，另遣兵輪多艘協同緝捕。並刊發賞格多條，凡拿獲自立軍高級將領一名賞銀千兩，以次遞減。奪得洋槍一枝，火藥一箱，亦給予十兩賞銀❽。湖南巡撫俞廉三亦派駐岳州之信字旗參將陶廷棟、新軍健字營提督張慶雲、署岳常澧道顏鍾驥、知州陳國仲，督同署臨湘縣知縣趙從嘉前往會攻❾。

新堤自立軍既倉卒而起，衆皆烏合，加以中軍已失，人心不固，小一接觸，即被擊潰。同年八月八日上海「中外日報」登載新堤一帶戰事曰：「新堤亂耗經當道派兵輪往查後，據

❺ 覺迷要錄卷四，李民治致瀟湘漁太郎函。
❻ 光緒朝東華續錄卷一六二，湖廣總督張之洞、湖北巡撫于蔭霖奏。
❼ 光緒二十六年八月七日上海「中外日報」緊要新聞。
❽ 同上。
❾ 光緒朝東華續錄卷一六二，湖南巡撫俞廉三奏。

云僅土匪十數人，小爲滋擾，旋即逃散，並無焚殺之事，故奉派馳往彈壓各營已傳諭中止。」同報八月十六日消息：「前聞新堤匪警，經張香帥飭陶游戎馳往查辦，現聞匪徒已聞風四散，地方安靜如常，陶游戎已回省銷差矣。」其力量之薄弱可知。

新堤自立軍餘衆，曾突圍至臨湘縣屬之沅潭鎮，「縱火焚掠，延及鼇金各埠之分卡，並將司事傷斃。」經清軍馳救，始被消滅。清軍清剿崇陽、監利等縣，自立軍將領黃南陽、李壽全、青剛王曾廣文、金剛王王昌平皆被俘，盡獲其富有票及紅旗飄布數百張⑩，八月十一日同被害於武昌⑪。蔣國才亦被擒於嘉魚⑫，惟沈蓋走脫。

是役雖失敗，而各地自立軍仍有潛在勢力，「此拏彼竄」，到處行劫放票不已⑬。同年閏八月十七日湖廣總督張之洞、湖北巡撫于蔭霖抵西安行在軍機處之奏稱：

> 自漢口黨首伏誅後，各路黨徒聞之震懾奪氣。惟富有票放出太多，其悍黨徒尚多漏網，現已訪知仍復潛蹤往來上海長江一帶，別設狡謀，力圖糾衆報復。沙市、岳州、常德、

---

⑩同上。

⑪光緒二十六年八月十六日上海「中外日報」緊要新聞。同報八月二十一日崇陽消息：「前日有兵官押解會匪十二名過漢，聞係由崇陽拿獲者。當由夏口廳飭備船隻裝載渡江歸案審辦。」

⑫光緒朝東華續一六二，湖廣總督張之洞、湖北巡撫于蔭霖奏。

⑬張文襄公全集卷一〇三，公牘十八。光緒二十六年八月十三日上海「中外日報」漢口消息：「聞蔡甸地方近有富有票匪聚衆搶劫，張香帥已檄飭漢靖營駛往查辦。該處距漢僅六十里，刻聞匪徒已聞風解散矣。」

澧州一帶黨徒尚在煽惑窺視，新堤之黨竄援湖南之臨湘、巴陵、監利、朱河等處。其監利、沙市、麻城、嘉魚、滎陽、巴東、長壽之黨，仍飭各營分投搜剿解散。其襄陽、隨州、應山等處，界連豫邊，素多刀會，豫省年來旱荒，饑民頗衆，亦隨有會黨開堂放票者。自七月以來，藉鬧教爲名，嘯聚焚劫，勾結自立會黨滋事，復有某黨首潛往孝感、應山、河南信陽州一帶，謀劫北上諸軍火，並煽誘河南饑民來漢滋事。現又訊出有黨目潛往襄、樊一帶煽動刀黨，已添募馬步各營，沿邊防遏，入境即擊。八月內四川巫山縣有黨千餘人滋事，亦經派營會合四川馬步營相機剿捕。⓮

旋奉上諭：「著李鴻章、袁世凱、錫良、裕長、端方通飭所屬，嚴密稽查，認真拏辦⓯。」清方慄懼之情，於此可見。

沈藎既走脫，初匿跡武昌，旋欲著手中央之運動。乃於八月底隻身赴天津，通刺謁聯軍諸將士，而與日人尤友善。因條列拳亂禍首及其罪款，謀盡覆滿族。於是載漪、剛毅、載勛、啓秀、載瀾等頑固份子，誅竄幾盡。旋居北京交結權貴，以圖有所用。中俄滿洲撤兵交涉期間，藎力斥李鴻章之屈辱外交，並撰文刊之於日本各報，英、日政府及留日學生對俄人之要脅表示不滿，藎有力焉。

⓮ 清德宗實錄，卷四百七十一。
⓯ 同上。

光緒二十九年（一九○三）夏，有內務府郎中慶寬者，前以身家不清，爲御史鍾德祥所劾落職，日思復官不得。嘗隨劉學詢至海外，謀捕康、梁亦不獲。又檢討吳式釗亦因曾附新黨被褫官。二人皆識蓋，乃欲陷之以圖開復。先商之張之洞及前駐日使臣李盛鐸，後藉權閹李蓮英於同年六月八日告密於太后。慈禧立飭步軍統領捕蓋於城內三條胡同寓所，不令覆奏，命捶斃之。蓋被竹條鞭背至四時之久，血肉橫飛，而猶未死，復以繩勒其頸始絶⑯。

是時國內輿論對蓋之死深表同情，上海人士爲之開追悼會於愚園，男女至者近千人。章炳麟特撰哀辭曰：

勤王之敗，唐、傅是羅（按、指唐才常，傅慈祥而言），爲滿干城，剝類則宜。今鈞天百神之忘震旦兮，方授人以金版；資赤梏於氊胡兮，獨發夷茲姬漢；惟夫子之一瞑兮，泰皇女媧之魂長往而不返。嗚呼！哀哉！不有死者，誰申民氣，不有生者，誰復九世。哀我遺黎，不絶如系，大波相續，云誰亡繼⑰。

各國駐京公使咸爲不滿，並曾有抗議於外務部者。英外相且於上議院論及此事之非。西方報

---

⑯ 參照黄鴻壽「清史紀事本末」卷六十八，自立軍之失敗。
⑰ 章氏叢書，文錄二。

紙有認薹之死震動人心較之日俄戰爭發生爲尤鉅焉⑱。

(五) 湖南之黨獄

自立軍將領多籍隸湖南，亦爲維新黨人早期之根據地，故布置甚爲積極。岳州文武衙署水陸兵營多有黨人混入活動，署岳州營參將秦三元營内黨人尤夥，巴陵知縣周至德所募兵勇内亦衆❶。

先是湘撫俞廉三於同年六月間即風聞自立軍將有舉動，以其「多涉宦裔士林，頗出尋常。」「未經得有實據，不便即時宣揚。❷」七月二十四日廉三接湖廣總督張之洞電稱：「康黨勾匪煽亂，兩江來電已訊有確憑，並有黨魁潛來漢口散布票據。……此間已密飭地方文武設法掩捕，湘省確有匪黨勾煽，且甚多。……務祈不動聲色，嚴密籌防緝捕，免致滋蔓❸」會汪鎔案發，廉三乃大舉搜捕黨人。

汪鎔亦名光炘，又名堯汶，安徽桐城人，嘗從父宦遊湖南，曾授浙江試用巡檢，戊戌間在皖省創白話報，以開通民智爲己任。及政變作，鎔憤然曰：「康某日言變法，爲清廷效忠，尚不見容於滿人，橫遭誅竄，天下事尚可爲乎？」因之鼓吹益力。及拳亂大作，國勢益危，

---

⑱ 清史紀事本末卷六十八，自立軍之失敗。

❶ 軍機處摺包檔，光緒二十六年八月十三日湖廣總督張之洞奏，引自辛亥革命第一册。

❷ 光緒朝東華續錄卷一六二，湖南巡撫俞廉三奏。

❸ 張文襄公全集卷一六四，電牘四十三。

聞保皇黨人將有非常之舉，乃至湖南，化名金容四郎，結合湘省會黨以謀發難。曾大會諸龍頭於長沙之定王臺，以掣於軍費，不能大有所爲。旋赴漢口與林圭等約師期，被任爲自立軍長沙總糧臺❹。湘撫俞廉三大索黨人，鎔兄鑑以縣佐候缺長沙，恐受累，且欲邀賞，乃告密於湘紳王先謙，凡參予鎔謀者悉羅列無遺。先謙訴之於廉三，廉三乃遣彼四出捕鎔。鎔方自漢口歸，知被其兄所賣，服毒自殺死，其次兄瑤被牽入獄，而鑑敍功得保知縣❺。

其他湖南黨人死事最烈者首推蔡鍾浩。鍾浩字樹珊，湖南常德人。治事機警，血性過人，時務學堂之高材生也❻。戊戌政變後，東渡就讀東京高等大同學校，隨唐才常返國，遇事多所謀劃。大通之役後始返湘，托名松陰次郎，結合何來保、趙曰生、唐仰梧等，謀起兵於湘西。同年七月下旬鍾浩自常德曾有三封信致漢口總機關部，報告湘中自立軍布置情形。一致唐才常，略曰：

> 弟日夜兼進，始於二十三日抵舍，當訪何（來保）、趙（曰生）二君，始知壞於石某之手，故風聲頗大。（原注：與省之壞事不同，惟傳揚相類）即弟未歸早已通國皆知，其中詳細林信中備敍，弟在省面訂之事，請速與均哥（按：不詳所指何人）行之，切勿視爲緩圖，致誤

❹ 光緒朝東華續卷一六二，湖廣總督張之洞、湖北巡撫于蔭霖奏。
❺ 馮自由「中華民國開國前革命史」，第一册，頁七九。
❻ 飲冰室文集，卷七十九詩話。

大事，弟不勝盼望之至。弟既歸，無論如何必與何、趙諸君竭力為之。惟本地人為本地事殊覺打眼，故有許多棘手之處，且此地又無租界，地方官又極糊塗，此數層請轉告杰公（按：林圭代名），餘事俟有頭緒再行佈告。❼

一致林圭，略曰：

弟沿途日夜兼進，始於二十三日抵家，沿途東南西北風俱無，故船行甚緩，熱不可當，如再住舟數日，眞熱死不值半文錢矣。是日即往謁何、趙二君，聞二公言，始知壞於石竹亭❽之手。故當現在風聲頗大，不獨何、趙二君為然。（原注：此函已編號頭，作為第一號，以便察核）即弟未歸家已遍傳人口，石為義卿所用（原注：此公據何、趙言之甚無用也），石並非群兄，加以石用人不當，在外張揚特甚，大有逢人遍告之勢。然弟既歸，斷無因此不行之理，必與何、趙竭力為之。孫（按：不詳所指何人）極力從公，此間事惟此君可靠，諶君琪山、何、趙並未聯絡，未相聞問。弟明日當與唐仰公（按：指唐仰梧）訪之，如有可取，即行商議。趙之辦事，較何更高一籌，漢事近日想已布置清楚，不日

---

❼ 葉德輝覺迷要錄，卷四。

❽ 馮自由「中華民國開國前革命史」，第一冊，頁七九，誤為沈竹亭。

將有效驗。弟在此不勝祝禱之至，並望詳告。……款項如到，請分潤少許，切盼！切盼[9]！

一致李炳寰，略曰：

弟日夜兼進，始於二十三日抵里，然此間又有壞事之輩，故風聲頗大。然弟既歸，必與趙、何諸君盡心竭力而爲之。惟本地人爲本地事，易於打眼，故有許多棘手之處。且此間又無租界，地方官又極糊塗，乞告之杰哥（按：指林圭），漢事望詳告。來函請寫弟別名（原注：或玉林，或松陰次郎）以免一切。俟此間稍有頭緒，即當飛函相告。兄處要事，請電告。[10]

足見清吏防範之嚴，與黨人活動之困難。未幾漢口事敗，蔡氏信件爲張之洞所得，乃電湘撫俞廉三，窮治湖南黨人。廉三命候補知縣沈瀛在常德捕獲石竹亭，盡悉鍾浩密謀。乃遣役追擒蔡氏於龍陽縣境。鍾浩於獄中曾作詩四章以明志。詩曰：

---

[9] 覺迷要錄，卷四。

[10] 同上。

蟻磨盤紆又一年，元黃爭戰幾推遷，寒沙白日淹鷲地，短褐雕弓射虎天，終見蜩螗同水火，那堪環珮在風煙，雞鳴午夜頻搔首，看劍挑燈意惘然。

觚稜夢裡寒金雀，諫草堂前起暮鴉，誤國千年仇介甫，通藩幾道問充華，蜉蝣竟夕成毛羽，螳背當車挫爪牙，西狩無麟天閏爽，逋逃入海豢龍蛇。

又聞麻達葛山奇，輕重當年類舉棋，貂珥雙簪矜別邸，蘭椒三爇拜西闈，訓天祀典憐雞寶，排日笙歌駕鳳蜺，營得菟裘身欲老，克家猶護綠幢兒。

蕭牆旋起八王戈，魔寇其如召寇何，碧海膏流成赤鹵，紅蓮燄結舞妖魔，九朝典冊新鈴散，千騎宮裝老淚多，辜負香衾驚破夢，不因封事動鳴珂。⑪

旋與石竹亭同被害於長沙。黨人何來保亦被逮於辰州，清軍三百人押送省城，亦及於難。來保字鐵笛，素與譚嗣同友善，嗣同嘗告人曰：「生平肝膽交除紱臣（按：指唐才常）外，君（按：指何來保）爲第一。」來保就刑前，曾撰絕命詞以明志，詞曰：

銀鐺鐵鎖出圜牆，親友紛紛送道旁，三百健兒齊護衛，萬頭鑽孔看何郎。北宋黨人碑甫毀，東林名士獄旋興，千秋公論應猶在，兩廡孤豚愧未能。四萬八千蟲出入，五官五臟我原無，無人何苦爭恆幹，還我清虛一丈夫。痛器君親恩太厚，百千萬劫不能酬，

---

⑪ 飲冰室文集，卷七九詩話。

忠臣孝子今生了，且向龍潭掉臂遊。⑫

黨人譚鰲、徐崑、李如海、蘇麟等，日經營岳州發難事宜，由巴陵縣顏錫峰負責與漢口自立軍總機關取得連絡。七月初譚鰲等自岳州密函顏錫峰曰：

（上略）所有諸務布置，固密不敢稍鬆。昨傳各埠大衆，振刷精神，聽候舉發。軍械已經籌算，目下尚未應手。紅冊不日可齊，成局之日更祈各公餉項如何發給？此乃三軍用命之所，弟等專望之急，岳地一切如恆云云。貴處籌出軍械若干？我等亦好舉置爲要，此佈。再者鄂地可有友人，問及可有悶香，祈即專人送來爲禱。⑬

由於經費之困難，湖南自立軍將領欲起事後以劫掠爲軍餉之主要來源⑭。七月十九日譚翥（字鳳墀）奉林圭命至岳州調查當地自立軍實力，譚翥報告岳中近情曰：

十九日至岳，生意甚好，各埠冊頁追齊二千餘數，各埠派人傳正副議生意布置。岳有

⑫ 同上。

⑬ 覺迷要錄，卷四。

⑭ 覺迷要錄，卷四載神山三郎（按：唐才常弟才質別號）自長沙致函黃荼蓼曰：「聞該處距古大路頗遠，並不近大路，劫掠尚可。」

> 譚（鰲）、顏錫峰、李（如海）三君竭力辦事，催辦甚急，不能遲延。弟到各埠查閱聯絡主事之日，候沈（藎）、唐（才中）兩公來斟酌大事。⑮

會漢上事敗，湘撫俞廉三緝黨人急，示諭黨人自首。譚鰲（即明圭，又名炳耀。）欲圖自免以邀賞，竟誘拘黨人譚翥、李順廣等送之廉三。譚翥等被磨審三晝夜，盡供出徐崑、蘇麟、李如海、顏錫峰諸人。於是徐等皆被補，與當人陳保南、易瑞林、莫海樓等各就地處死⑯。

黨人李生芝於漢上事敗後，曾在慈利、沙市等地糾合會黨，成軍十餘營，意圖再舉。後在九谿與黨人汪葆礽（楚珍）同被逮。其他各地黨人若唐才中被逮於瀏陽，李英被逮於長沙，仇長庚被逮於相潭，方成祥、徐德被逮於滋陽、姚小琴被逮於慈利，先後及難者數十人，獨康才中因得張之洞援救之信得免⑰。而陳猶龍、朱茂芸（菱溪）、龔超、楊暨等則逃至上海。九月一日湘撫俞廉三抵西安行在軍機處奏稱：

> 此次匪徒本約各府州縣同日起事，牽製兵力。七八月間，長沙、岳州等處訛言繁興，

---

⑮ 覺迷要錄，卷四。

⑯ 參照光緒朝東華續錄卷一六二，湖南巡撫俞廉三奏。覺迷要錄卷二「湘撫俞禁康黨造謠惑衆示。」

⑰ 光緒二十六年閏八月二十八日湖廣總督張之洞致電湖南巡撫俞廉三曰：「唐才中可不殺，以招群匪，此是要著。兄弟駢首，實有不忍，如能痛發逆謀，勸解匪黨，即可自贖，此卻有實用也。」（張文襄公全集卷一六七，電牘四十六）

人心惶惑，幾有不可安居之勢。該匪黨羽既衆，資用亦多，布散極廣，用計極惡，爲歷來所未有，設非仰賴天威，及早破獲，其貽患將不可勝言。⑱

初廣東梅縣人謝元驥（逸橋），欲連絡嘉應州所屬練防各營響應自立軍（已詳第三章第三節），以倉卒不得款，乃謀諸父執溫柳介及業師饒芙裳，溫、饒咸表贊成。特致書其伯父夢池，令出鉅金以襄其事。夢池早年經商南洋檳榔嶼，獲致大富者也，議既定，衆推饒芙裳爲團防總董，元驥與介柳副之。募勇購械，日事部署。會才常事敗，鄉中舊紳有與元驥不睦者，馳書夢池，指元驥交通自立軍，貽禍鄉族。夢池大驚，遽令元驥停辦團防，並斷其資，元驥乃東渡日本。後參加同盟會，從事革命工作⑲。

五、善後及影響

(一)清吏之窮治黨人

先是清廷初得自立軍起事消息，諭命湖廣總督張之洞，「會商沿江沿海各督撫，將此項會

⑱ 光緒朝東華續錄卷一六二，湖南巡撫俞廉三奏。

⑲ 馮自由「革命逸史」，第二集，頁一九五至一九六。

匪飭屬一體查拏，盡法懲治，務絕根株。所有此次擒獲首要及發奸弭亂各項出力員弁，准其從優請獎，以示鼓勵❶。」東南各督撫迎合朝廷意旨，乃窮治餘黨不已。殺戮事件日有所聞，無辜善良被害者甚多❷。各通衢衙署門首多置立木櫃，命人民自投「富有票」以悔罪，衆懼因之而被禍，鮮有應者❸。同年九月十八日張之洞抵西安行在軍機處電奏曰：

各省人心懸懸，會匪徧布，大局未定，蠢動時聞。即以沿江而論，如湖北漢口安徽大通之案，幸經派兵速剿，不致蔓延，然現經查訊散出之富有票共已有二十餘萬張，湖南郵政局近查出逆信多件，現又密遣悍匪摧帶重貲，決意大舉報復❹。

於是凡戊戌維新黨人多在通緝之列，甚至革命黨人亦多有被牽及者。同年閏八月二十日湖廣總督張之洞、湖北巡撫于蔭霖致電西安行在軍機處曰：「聽說康有爲、孫汶（文）派人會合大刀會，孫汶（文）已到山東❺。」同月二十九日兩江總督劉坤一亦電奏曰：「康、梁、孫文

---

❶ 清德宗實錄，卷四百七十。

❷ 光緒二十六年八月十四日上海「中外日報」，武漢來函：「武漢續獲會黨甚多，均解交省城訊辦，聞其中頗有誤拏者。」又云：「聞有省城府學前打刀鐵匠一名，因代打該黨製刀數百柄，故訊明一併處決。」

❸ 光緒二十六年八月二十九日上海「中外日報」武漢來函：「武漢地方官設櫃署前，命投富有票，限期十日，現已逾期，竟無人投。茲特展限十日，並准將票後姓名塗墨，決不追究。」

❹ 張文襄公全集卷八十一，電奏九。

❺ 王希隱「西巡大事記」卷二，光緒朝東華續錄卷一六二。

等各挾重資四處勾結，將圖報復❻。」蓋清吏不明兩派主張之不同，故等視之。是時，孫中山先生方命鄭士良、史堅如等經營惠州軍事，九烈負運動長江會黨之責，固不參予自立軍之勤王行動也。

九月十二日張之洞致電中國駐外各使臣，向所在國外交部交涉不得容留中國逃犯，竟誤認「現在廣東惠州亂事，供出確係康黨❼。」同月二十一日，並電告劉坤一曰：「現在康黨時圖大舉報復，昨日廣藩來電，廣東轟炸撫署，訊系康黨所爲（按：即革命黨人史堅如之炸署理兩廣總督德壽），非多辦緊要，匪首不足以靖，兩湖即不足以保❽。」之洞通緝自立軍首要名册中❾，多有革命黨人在內。清參將顏梓琴稟告之洞在麻城拿獲自立軍首要九烈一名，張令解回武昌就地正法，實九烈早已出亡日本矣❿。

同年閏八月二十一日湖南巡撫俞廉三抵西安行在軍機處之奏稱：

廣東逃匪孫汶（文），常至沿海地方，糾集匪徒，妄立革命黨名目，又名三合會，其中以廣東人最多。並聞有暗遣黨羽勾結北方拳匪之說，與該犯等自立會各爲一起。文廷

---

❻ 西巡大事記，卷二。
❼ 張文襄公全集卷一六七，電牘四十六。
❽ 張文襄公全集卷一六八，電牘四十七。
❾ 依張伯楨「張篁溪遺稿」，當時自立軍首要除被殺者外，事後張之洞通緝者計達二百零三人之多。
❿ 馮自由「革命逸史」，初集，頁二七。

式係孫汶（文）之黨，前來長沙，將該犯等會中匪目張堯卿邀住代爲糾人。善化縣貢生畢永年亦孫汶（文）黨人，用過孫汶（文）洋銀二三萬元。⓫

九月初，署粵督德壽報告剿平惠州革命軍經過曰：

閏八月初間，奴才訪聞歸善縣屬三州田地方有孫、康逆黨勾結土匪起事，並在外洋私運軍火至隱僻海汊轉入內地。……逆首孫汶（文）伏處香港，時施詭計，而三州田匪巢則以鄭士良、劉運榮等充僞軍師。……其兇險詭譎，實與康、梁逆黨勾結長江兩湖會匪同時作亂情形遙遙相呼應。⓬

是均昧於真像者也。自立軍失敗後，僅八月份內，沿江各督撫拿獲可疑份子正法者，已不下數百人⓭，其中尤以張之洞所殺最濫。之洞派護軍營分駐漢陽槍炮廠及江漢關道署，僅武漢一地駢首無辜即達百人之多⓮。於是人人自危，輿論多不平。同年八月十一日上海「中外日報」之論說，對自立軍之勤王主張深表同情，其言曰：

⓫ 軍機處摺包檔，引自辛亥革命第一册。
⓬ 葉德輝「覺迷要錄」，卷二。
⓭ 覺迷要錄卷四，逆蹟瑣記。
⓮ 黃鴻壽「清史紀事本末」，卷六十八自立軍之失敗。

今者武漢亂起，則明在北京已破兩宮已西幸之後，而又以勤王討政府爲號召。其時爲國民理應靖難之時，其義爲國民分當報君之義，事非不正。所不應爲者，祇有放票勾結起事擄劫二端，似近亂徒之行徑耳！然漢高之起尚誅沛令，唐宗之興亦藉敵資，起自草莽，形勢孤窮，其不能無所資藉也。亦情勢所有，不可以爲彼黨罪。尤怪者，傳聞擒獲匪黨，株連孔多，甚至有某當道親信之營委，深賞之留學生皆在其中，此非東南疆臣徒恃成約，不欲身靖北難，有志之士目睹國家之將喪，外勢之日逼，遂致亟圖一逞耶！不然何其易於受愚之甚也。倘使東南諸疆臣依然坐守己疆，不能迎皇上復辟，剿除北地餘匪，則雖勞瘁乎王事，力睦乎鄰者之罪，尤不足以塞未來之亂，此誅南方會匪之事不足以爲諸公之上功又至明也。

同月十五日之論說復曰：「漢口事發，而士大夫之與會黨若決嫌疑矣。於是乎論甘忌辛，是丹非素，乙指甲爲縱匪，甲指乙爲通洋。此謂彼爲誤國，彼謂此爲倡亂，中外大援，上下交忌。」江蘇士紳張謇聞其事，曾屬鄂友言於之洞曰：「光武、魏武軍中焚書安反側，事可念也⑮。」湖南學人王闓運等更推崇唐才常等之爲人。湘綺樓日記光緒二十六年八月二十二日條記曰：

---

⑮ 張謇嗇翁自訂年譜，卷下。

（時闓運居衡州）談時事，李（按：客人李復）欲用孫堅法斬阻格義兵者。余云：「方今亂殺人，可從譚（嗣同）、唐（才常）流血也。」又言：「大學堂狀元被殺（按：指唐少常）皆不當，結連日本當自樹一幟，但無錢耳！」余云：「未聞劉（邦）、項（羽）待錢而興。」又言：「上等如漢、唐，次爲曹操。」余云：「曹起最正，後乃謬耳！漢、唐亂民不足稱上。」

顯對清吏皆有不滿之詞也。張之洞除於境內四處張帖告示，緝拿保皇黨人外⑯，以日本東亞同文會內人士多暗通自立軍，當逮捕唐才常時日人甲斐靖曾持刀槍攔門拒抗，並於其床下起出槍械十餘件，實與才常爲同黨。八月六日首命江漢關道照會漢口日領事瀨川淺之進，請將甲斐靖從重治罪⑰。復因日人大久保潛入湖南內地，勾通自立軍，特於閏八月初六日電請駐日大臣李盛鐸，向日本外務省切實交涉，嚴禁不良日人來華活動⑱。是時傳聞日人曾用煤油桶偷運槍械至華，接濟自立軍。張之洞、劉坤一等飭命所屬官員，嚴密監視日僑行動，沿江

---

⑯ 張文襄公全集卷一二一，公牘三十六，載有告示全文。另據吳永「庚子西狩叢談」卷四，謂其同年八月奉清廷命至兩湖催征貢項，沿途經確山、信陽、孝感、黃陂等地，皆見張之洞通緝富有票犯告示。
⑰ 張文襄公全集，卷一〇三，公牘十八。
⑱ 同上。

一帶大小旅社多拒絕日人住宿，各學校且有解聘日本教師之舉[19]。並以此次自立軍起事以留學生爲主幹，而發端於上海張園國會。同年閏八月初八日之洞再電駐日大臣李盛鐸，「切實訓戒諸生，諭以順逆利害，勿爲邪説亂人所惑[20]。」是時中國駐東京留學生監督錢恂（念劬），平日言論贊同維新，時與康、梁通音問。同日之洞電戒其「愼勿爲好奇之談，勿爲憤激之語。」「務飭諸生猛省悔誤，勿爲身名之累，勿貽父母之憂[21]。」之洞另撰一「勸戒上海國會及出洋學生文」，分寄各地。略曰：

> 六月間上海設立國會，其規條甚秘，未經刊布，初聞之以爲此殆會集同人，考求時事，發爲議論，以備當事採擇，略仿外國下議院之例耳。……國會人士頗多，並非盡係康黨，其皆通謀知情與否不敢臆斷，要之必非無因。唯事關重大，尚未得有實據，本部堂姑隱其名，不得不爲諸人正告之。國會中人，就所聞知，大率誦詩書，或且掛名仕籍，其中多才能文講求時務者頗爲不少。尊親之義豈有不聞，順逆之理豈有不辨。……國會諸人大率本非康黨，忽然驚爲新奇之論，相率信其誑語，燃其死灰，字字皆是康説，儼同私淑，併爲一談，如狂如醉，此則至愚極謬，不可不亟思改圖者也。

---

[19] 日本外交文書第三十三卷別册一，北清事變上，頁一七六至一七九，漢口日領事瀨川淺之進致日本外務大臣青木周藏報告書。

[20] 張文襄公全集卷一六五，電牘四十四。

[21] 同上。

……國家多難至今日而極矣，然而國雖弱可望其復強，政雖弊，可望其復理，若會匪魚爛於先，各國瓜分於後，則中華從此亡矣！不能望其復有矣！神祇爲之怨恫，祖考爲之號泣，子孫爲之窘辱，滅絕奴隸牛馬，萬劫不復，從康之禍，一至於此。吾爲國會中人說，並爲康黨說，是依聽之，是違聽之，在會者迷復不返，未入會者慎之思之，嗟爾康、梁，愼勿猶太我中華也。❷

是區別張園國會與自立軍爲兩件事。蓋參予國會者多社會知名之士，如加窮治亦爲輿論所不容。九月十四日之洞另將此文函郵駐日使臣李盛鐸，請其分發中國留學生及大同學校生徒，俾其「明曉大義，專心向學，不爲康、梁邪說所惑❷。」

自立軍起事前後，康有爲常住新加坡，得當地僑商邱菽園資助甚多（已詳第三節第三目）。之洞特請中國駐英使臣羅豐祿密商英政府，請其電飭新埠及香港英國總督，將康有爲嚴密查拏拘禁❷。並由羅豐祿致電中國駐新加坡領事傳諭邱菽園，「告以康黨之狡詐欺人，剴切

❷ 張文襄公全集，卷一〇四，公牘一九。
❷ 同上。
❷ 張之洞並曾分咨中國駐各國公使，請其照會所在國外交部，嗣後勿再容留中國保皇黨人。（張文襄公全集卷一〇四，公牘一九）

開導。」再咨兩廣總督陶模，「就近在粵托人向之（按：指邱菽園）開導，諭以是非順逆㉕。」之洞之經營可謂不遺餘力者也。

湖南巡撫俞廉三秉朝廷意旨，於湘省恣意搜索，要功覬利，經年不止。光緒二十七年（一九〇一）二月十七日張之洞之電奏內稱：

> （俞廉三）嚴緝富有票頭目最多。幸得弭亂，不徇情面，不畏謠諑。又須保教緝犯，兩事皆力排衆議，獨為其難。……湘中文人最多，現仍蠢動，斷無人能如俞（廉三）之查緝票匪不避嫌怨。㉖

俞氏嘗於辛丑冬，命湖南守舊派領袖葉德輝搜集保皇黨人及自立軍活動有關資料，顛倒是非，編撰「覺迷要錄」一書，其自敘曰：

> （上敘自立軍起事士林廁名其間者湖南人最多）蓋自梁逆主講時務學堂以來，士風敗壞陵夷而有今日之變，斯亦學校之奇禍也。……此次謀逆諸人，大都昔年學堂被逐之人，及其洋學生之無歸者。俞公不忍不教而誅，命編是書，恭遵世宗憲皇帝大義覺迷錄之旨，名

㉕ 覺迷要錄，卷二。
㉖ 張文襄公全集，卷八十二，電奏十。

曰覺迷要錄。……俾中外士夫覽是書者即以知逆黨一切語言文字皆不足以假託維新，藉名皇國，因此身膺顯戮以快人心，則謂是編爲康、梁逆案之定讞，不亦可乎。

兩江總督劉坤一亦於境內嚴緝自立軍餘黨㉗，除將所獲嫌犯先後處以極刑外，並商得駐滬英領事同意在英租界張貼佈告，聲明自立軍實係叛逆，外人並不相助，以安人心。另請上海日領事致電日本政府，限制保皇黨人在日之活動㉘。同年八月十五日，坤一分電中國議和大臣李鴻章、鄂督張之洞、署粵督德壽曰：「治亂用重典」，「一經拏獲，訊取確供，不論官民先行正法，再行奏聞，庶遏亂萌，而支危局㉙。」其態度固甚積極也。

㉗ 光緒二十六年七月二十九日上海「中外日報」緊要新聞：「劉制軍宮保以大通匪徒刻已剿辦，誠恐紛紛逃竄爲害地方，特札長江一帶營縣，如有逃匪到境，一體嚴拿正法，並妥爲防堵。」同報同年八月三日緊要新聞：「江督劉制軍昨發來告示一道，略謂近日訪有奸匪在沿江沿海一帶肆爲簧鼓，印造富有錢票，四處散售。詭稱凡入會者執有此票可以附搭輪船不收船錢等語。並勾結匪徒散勇，到處煽惑，謀爲不軌。甚至不肖官員，水陸營勇，亦有所惑者。聞之尤堪痛恨，現已密訪查拿，一經獲案，定即明正典刑云。」

㉘ 同報同年八月九日緊要新聞：「聞上海縣汪大令已奉到上臺札飭，令訪拿大通漢口起事之餘黨。」劉忠誠公遺書，卷三十四。

㉙ 李文公全集，電稿二十五。

江蘇巡撫恩壽、安徽巡撫王之春、署粵督德壽等，均於境內查禁保皇黨甚力㉚。至於李鴻章，當拳亂初起時，深不值慈禧及頑固諸臣之所爲，且逆料中國勢將混亂，故其於兩廣總督任內，一方面暗向孫中山先生接洽以兩廣響應革命，同時與保皇黨人梁啓超等通音問（已詳第四節第一節）。及聯軍陷京師，慈禧出走無恙，且仍有控馭全國能力，鴻章態度復變。會唐才常等事敗，同年八月十三日鴻章致電中國駐英使臣羅豐祿曰：

> 前月大通、漢口唐才常等作亂事發，經劉、張二帥嚴辦，起獲軍械票據，直認康黨不諱，中外共知。粵省亂黨尤多，均在香港余育之花園、澳門知新報館，密謀拜會。最著者有何連旺、何樹齡、劉楨麟、麥孟華、陳宗儼、容閎，同往來港、澳，勾結盜匪，訂期起事。鎗砲由南洋用棺裝運入粵，若不嚴辦，必爲北方之續，有礙東南商務大局。請密商英政府，電飭新加坡、香港總督，嚴密查拏拘禁，以遏亂萌，中外同受其益。㉛

是亦迎合時尚之言論也。是時正值和約交涉期間，聯軍方以歸政德宗嚴懲縱拳禍首相要脅，

㉚ 章炳麟因列名上海張園國會，被清吏懸賞通緝，初託庇於基督教所設之蘇州東吳大學，後因蘇撫恩壽指名逮捕，遂亡命東京。（馮自由革命逸史，初集，頁五七）同年八月十七日德壽致電李鴻章曰：「中外互相查拏，使該逆無從託足，可消患未萌。此間仍嚴飭文武，多購引線，加緊搜查。」（李文忠公全集，電稿二十六）

㉛ 李文忠公全集，電稿二十六。

清廷大臣不明眞像者，誤認爲康、梁所嗾使。同年十一月十九日工部主事夏震武奏曰：

康有爲、梁啓超謀危中國宗社，擾亂長江，逆跡顯然，英國尚力爲保護，而反責中國以誅戮王大臣，不平甚矣。王公極重之刑止於圈禁，中國既從各國之請圈禁王公，英國亦宜從中國之請，縛送康有爲、梁啓超。……

英、日用康有爲、梁啓超爲內間，意在先亂我家，繼取我國，賴皇上聖斷力請慈聖訓政，逆黨伏誅，陰謀立破，得以轉危爲安。今英、日故計復生，必欲脅朝廷以圈禁誅戮王大臣，翦除宗室之英，孤弱滿州之勢，蓄心積慮，謀危兩宮，約中之旨顯然。而皇太后皇上朝發一言，夕即播於海上，此必有逆黨密布內外，陰主其謀。㉜

足證當時內外臣僚疑忌保皇黨人之一斑。舊日維新黨人孫仲愚嘗與友人論自立軍失敗之故曰：「新黨即欲舉事，宜俟東南腹地土匪遍起，官軍不暇兼顧，乃借團練爲名，掃除一土，漸擴充其權力；如是或能保衛一隅，立自立之國，未可知也。今者南方大吏，方與外聯和同之約，鎭衛長江一帶，而士民又無蠢動者。新黨竟先爲禍首，亂太平之局㉝。」要亦中肯之言也。

㉜ 光緒朝中日交涉史料，卷五九。
㉝ 孫仲愚「日益齋日記」，光緒二十六年八月十七日條。

(二) 保皇黨人之分化

自立軍起事失敗後，以清吏窮治黨人，昔日贊助維新人士，恐被株連，改變態度，自求洗刷者甚多。汪康年（穰卿）爲上海「中外日報」之主持人，前此鼓吹保皇最力，亦爲張園國會之重要份子（已詳第三節第四目）。至今撰文刊之報端曰：

保革兩黨，若循名核實，誓不並立於人間，固也。而不知凡爲之黨人者，大抵視所得傭值爲如何？今日得保皇之傭值不多，明日去而之革黨，所得傭值略厚，則由保而變爲革矣。逃革歸保，逃保歸革，數載之內，可以數易位置。[34]

又曰：「革黨之人，大抵皆功名極熱而無進身之階，不得已而入其黨者也[35]。」顯與其平昔言論不類。他若參予張園國會之張通典，由於兩江總督劉坤一之力保仍監皖江中學[36]。至海外華僑疑懼因捐助保皇黨軍餉而被禍，聲明與康、梁絕交者更大有人在。新加坡僑商邱菽園（煒萲）爲保皇黨重要份子，捐獻軍餉最鉅（已詳第三節第三目），其於聞悉自立軍失敗後曾

---

[34] 汪穰卿筆記，卷八。

[35] 同上。

[36] 章氏叢書，文錄補編，故總統府秘書張君墓誌銘。

致內地某友人書曰：

康逆以學問爲招徠之幟，以大帽子爲牢籠之具，凡屬少年聰俊好奇喜事之輩，一與之遊無不入其彀中。及竄逃以後，尚藉口維新以售其欺人之術。有熱中者，稍與周旋，則必推重其名，表揚其義。逢人說項，到處推表慫恿，報紙臚列，極言其人若何有志，若何明義，若何捐款，冀使內地官場得聞姓字，設法捕獲，則其人進退維谷，不得不依草附木，成爲死黨。㊲

及接得兩廣總督陶模勸告之信，首覆陶模一書以表明心跡，繼函張之洞曰：

不佞前上陶制府一書，比年以來行誼心跡大略躍陳紙上。……夫僕產閩中，家居海外，其與康無一面交，無杯酒歡，固薄海內外人所共信矣。所以於其來坡而開閣見之者，固如前上陶帥書所言，以康有爲皇上所識拔之人，又自故國政變中來，欲以一見而藉知朝政耳！……不佞以海邦男子，兩年以來藉藉蒙康黨之名者，豈眞獨無聞見，而曾不一爲辯白歟。……

君子絕交不出惡聲，不佞以不設城府待人，被其苦推入黨，誠難與衆辯論，獨惜天下

㊲ 葉德輝「覺迷要錄」，卷二。

人才墮其奸術之中無能解脱，以再為國家效力者，良可痛也。㊳乃捐助福建水災賑款二萬兩，並秦、晉荒旱賑款一萬兩以求自效。之洞對邱菽園此舉深表贊許，秦稱：

> 邱菽園即邱煒萲，係福建海澄縣舉人，內閣中書銜，向在南洋新加坡一帶經商，開設恆春公司，家資百餘萬，且文理頗優，夙負才名，素為各華商之望。……前此康、梁輩逋逃過坡，始以文人窮竄海濱，偶與往還談論，聞其有藉會斂錢，煽黨惑衆之事，立即深非痛恨，與之絕交，不意冤被株連，名罹匪籍。……用敢輸誠陳訴，報效賑捐銀一萬兩，懇予奏明銷案。……此舉非但深明大義，實足默挽人心，關繫極為重大。……該職商現因福建原籍水災已捐助賑需銀二萬兩，另由閩浙督臣具奏。茲以秦、晉荒旱，復據報效一萬兩，於賑務不無裨益，是其急公好義惓惓不妄宗國之心，尤堪嘉尚。㊴（下略）

㊳覺迷要錄，卷三。
㊴覺迷要錄，卷二。

旋奉上諭：「邱煒萲著加恩賞給主事，並加四品銜，准其銷案，以爲去逆效順者勸[40]。」保皇黨份子之不可恃，可以概見。

參加自立軍起事脱險諸人，若秦力山、朱菱溪（茂雲）、陳猶龍、沈雲翔、龔超等，憤此役失敗在於缺餉之故，紛至新加坡訪康有爲查究責任。康氏則委過於何穗田。及力山等至澳門核對收支帳册，始知穗田之保皇會財政部長僅一虛名，總會財務毫不能過問，特康、梁之工具而已。於是康氏擁資自肥貽誤失事之過失大白於世人。力山等遂對康氏絶交再渡日本[41]，毅然加入革命陣營。及張之洞之「勸戒上海國會及出洋學生文」郵寄東京（已詳本節第一目），諸人益不平，乃推沈雲翔起草加以反駁。雲翔爲文痛陳革命之理由及唐才常等死難事，中有句云：「既欲避亡國大夫之誚，而又蒙羞殺士之名。」以譏之。之洞得書後，將原書加印數百份分送兩湖、經心、江漢三書院學生，令各撰駁文一篇，同情於雲翔者多告假，有某生遵命爲文數千言，極言革命足以亡國，之洞擊節稱賞，命印刷萬份，分寄留日學生傳觀。雲翔等讀之，乃宣言曰：「吾國亡於滿族已二百六十餘年矣，豈至今日始言亡國耶[42]！」

梁啓超於光緒二十七年（一九〇一）四月再抵日本後，鑒於此次勤王失敗在於名義不順，

[40] 同上。

[41] 馮自由革命逸史第四集頁七六。另據章炳麟「章氏叢書」，文錄續編，秦力山傳載：「（唐）才常者本與梁啓超合謀，啓超時在日本横濱，軍中饋餉皆闗其手。力山亡命貧困，求假貸，不與，力山亦以才常起兵用勤王號召名義不順，欲力振刷之，遂與啓超絶。」

[42] 革命逸史，初集，頁八一。

加以不堪舊日自立軍將領之煩擾，避居橫濱，並有將披髮入山之宣言[43]。梁氏改其別號任厂爲任公，秦力山亦改其別號遯厂爲遯公，以示脫離康有爲之羈絆[44]。

光緒二十七年（一九〇一）五月十四日，秦力山與戢元丞、沈雲翔、雷奮、王寵惠、張繼等。創辦「國民報」月刊於東京，大倡民族主義，措詞激昂，對於自立軍失敗之原因，及康、梁貽誤之過失，論列尤詳。報社事務所設在東京小石川區白山御殿町百十番地，編輯室四壁懸掛自立軍殉難諸烈士像以爲紀念。秦力山特撰「暴君政治」一文連載於報端。總其內容可分八類：㈠中國必須澈底革命。㈡敘述滿人虐待漢人之歷史，舉揚州十日嘉定三屠爲證。㈢批評清朝九代諭旨。㈣滿清刑罰之黑暗。㈤暴君政治之史實。㈥滿州詳紀。㈦中國人之特性。㈧自傳[45]。舊日東京高等大同學校學生鄭道（貫一），時任橫濱保皇黨機關報清議報編輯，亦易名貫公以示絕於保皇黨。並倡設「開智錄」半月刊，專發揮平等自由天賦人權之真理，「欲以革命學說灌輸於海外保皇黨人，以爲拔趙幟易漢幟之計。」以其文字淺顯，立論新奇，尤其歌謠諧談，引人入勝，出版之後風行海外各地，保皇黨人覺悟者日多[46]。

光緒二十八年（一九〇二）三月，革命黨人章炳麟在東京發起「支那亡國二百四十二年」

---

[43] 馮自由「中華民國開國前革命史」，頁七九。
[44] 革命逸史，初集，頁八三。
[45] 革命逸史，初集，頁九六至九七。
[46] 革命逸史，初集，頁八三及九五。

紀念會，舊日自立軍將領秦力山、朱菱溪，陳猶龍等皆署名爲發起人㊼。甚至梁啓超亦爲贊助者之一，惟梁氏終受制於康有爲，不敢公開號召也㊽。是爲革命黨與保皇黨聲勢轉移之關鍵。

㈢ 革命勢力之代興

初唐才常欲圖大舉，留日革命黨人吳祿貞等亦輟學從之歸（已詳第三節一目），後感才常號召名義不順，憤而再赴東京復學。其後林圭、傅慈祥等經營漢口軍事，曾聯絡昔日湖北武備學堂學生而操兵柄者孫武、鈕永建、艾忠琦等數十人以謀策應㊾。諸人均思想積極，素抱排滿主義者也。

自立軍失敗後，吳祿貞復返國，湖廣總督張之洞委爲訓練新軍教官㊿祿貞仍秘密進行革命工作不稍止。嘗假武昌花園山孫森茂花園李廉方寓，與湖北革命黨人朱和中、劉道仁、李

㊼ 革命逸史，初集，頁五七。

㊽ 章炳麟先曾徵得梁啓超同意，將宣言書郵寄橫濱保皇黨機關報清議報，托梁氏派送當地華僑，藉資宣傳，梁氏復書贊成，但數日後再函炳麟，謂此事可心照不必具名，請將彼之贊成人名義取消。（革命逸史，初集，頁五九）。

㊾ 傅家來稿「庚子武漢首義烈士墓碑」，引自張難先「湖北革命知之錄」頁二三。

㊿ 吳祿貞回鄂後，張之洞以吳曾參加自立軍，禁錮於將弁學堂，歷時三日，嚴加訓斥。祿貞口若懸河，慷慨論天下事，之洞失聲曰：「奇才！奇才！」即派充學務處會辦，營務處幫辦，將弁學堂護軍全軍總教習，武備學堂會辦等職。（張難先「湖北革命知之錄」，頁四三）

書城、耿伯釗、萬聲揚等密謀革命計劃51，於是湖北風氣爲之一變。

孫武於自立軍起事前，任職岳州武威營大隊長，及唐才常事洩，武恐累及，遂遊學日本。光緒二十九年（一九〇三），因日政府取締中國留學生抱憤回鄂，曾參加劉敬安、田桐、張難先、胡瑛、宋教仁等之科學講習所，以爲革命之推動。劉敬安後另創日知會，假藉宣傳教義，用作革命工作之掩護。孫武等則別立共進會，蔣翊武等則別立文學社，貫輸革命思想於湖北軍界，卒收武昌首義之大功52。

紐永建後亦被保送赴日，就讀士官學校，並參加同盟會。返國後曾任廣西兵備處幫辦，亦暗中進行革命工作。辛亥軍興，據松江響應革命。故謂辛亥革命雖發自兩湖革命黨人，而風氣之開直接間接多少受有自立軍之影響也53。

至南洋各地，康子以前尚無革命黨之立足地。自立軍失敗後，南洋僑商憤被康、梁所愚弄，態度始漸轉變。會革命軍鄭士良部將黃福、黃耀廷、鄧子瑜等於惠州之役失敗後，亡命新加坡。明年，革命黨人尤列亦至。因發起中和堂以爲革命領導機關，分會遍設檳榔嶼、吉隆坡、怡保各埠，從者日衆。保皇黨人「天南報」記者黃世仲、黃伯耀，及當地富商陳楚楠、

---

51 胡祖舜「武昌開國實錄」，引自革命文獻第四輯。

52 同上。

53 據「吳鐵城先生回憶錄」頁六載：「富有票案全國各地株連不少，我在九江，當年不過十四五歲，親眼看見許多青年都爲了富有票被綁上法場授首，一時情感很爲衝動。……我當時的感想是立法對於人命如此慎重，但殘暴的統治對人命又是如何的視同草莽啊！」依此可以代表當時一般青年心理上所受之影響。

張永福、康蔭田等皆加入革命黨，乃集資翻印革命書刊。光緒三十年（一九〇四）發行「圖南日報」以爲宣傳口舌，革命黨在南洋之基礎乃形鞏固[54]。

先是康有爲延緬甸富商莊銀安爲仰光保皇會長，華僑被惑者頗不乏人。光緒三十一年（一九〇五）五月，秦力山取道香港至，寓僑商陳甘泉寓[55]由甘泉介紹得識莊銀安等。力山歷述康、梁棍騙華僑及自立軍失敗經過，銀安等大爲覺悟，遂宣佈與保皇黨脫離關係。力山並曾代仰光僑商重修訂中華義學章程，保皇黨在緬甸聲勢，乃一蹶不振[56]。

美洲及海外各埠僑商，因受自立軍失敗之影響，登報脫離保皇黨者更日有所聞[57]。馮自由「革命逸史」載自光緒二十六年（一九〇〇）自立軍之失敗，至光緒三十一年（一九〇五）同盟會成立，五年之間海內外所組織之革命團體其著者如下：

辛丑年（一九〇一），有橫濱鄭貫一、王寵惠、馮自由、馮斯樂等之廣東獨立協會。壬寅年（一九〇二）有東京章炳麟、秦力山等之支那亡國紀念會，及秦毓鎏、董鴻禕、周宏業等之青年會，上海章炳麟、吳敬恆、蔡元培等之中國教育會。癸卯年（一九〇三），有東京葉瀾、秦毓鎏、程家檉等之國民教育會，及上海章炳麟、吳敬恆、蔡元培等之愛

[54] 馮自由「革命逸史」，初集，頁一七一至一七二。
[55] 是時仰光僑商，獨陳甘泉主張革命排滿最力。
[56] 革命逸史，初集，頁八八。
[57] 革命逸史，第二集，頁二四七至二四八。

國學社，雲南臨安周雲祥等之保滇會。甲辰年（一九〇四），有武昌胡蘭亭、黃華亭、劉靜菴之日知會，及長沙黃軫（興）、馬福益、劉揆一等之華興會、及同仇會。上海龔寶銓、蔡元培、陶成章之光復會。

而各地出版之革命書報，其著者計有：

東京有譯書彙編、國民報、湖北學生界、漢聲、浙江潮、江蘇、湖南遊學譯編、二十世紀之支那、太平天國戰史諸種。橫濱有開智錄、新廣東諸種。上海有蘇報、國民日日報、俄事警聞、警鐘日報、二十世紀大舞臺雜誌、章炳麟駁康有爲政見書、革命軍、三十三年落花夢、黃帝魂、清秘史諸種。香港有世界公益報、及廣東日報。檀香山有檀香山新報、及民生日報。舊金山有大同報。新加坡有圖南日報。緬甸有仰光新報。[58]

革命聲勢既張，保皇主義遂爲國人所摒棄。以故中山先生論及當時革命之進展曰：

當初次失敗（按：指光緒二十一年九月廣州之役），舉國輿論莫不目予輩爲亂臣賊子，大逆不道，咒詛謾罵之聲，不絕於耳，吾人足跡所到，凡認識者，幾視爲毒蛇猛獸，而莫敢

---

58 革命逸史，第二集，頁一四六至一四七。

與吾人交遊也。惟庚子失敗之後（按：指光緒二十六年八月惠州之役），則鮮聞一般人之惡聲相加，而有識之士且多爲吾人扼腕歎息，恨其事之不成矣。前後相較，差若天淵。59

光緒三十一年（一九〇五）夏，中山先生自歐洲再至日本。七月十三日（八月十三日）留日學生歡迎於東京麴町區富士見樓，到會者一千三百餘人，室內座滿，後至者皆不得入，然猶不忍離去，佇立街側以仰望樓上者復數百人。蓋自有留學生以來開會人數未有如是之多而整齊也。某君於致歡迎詞時云：「昔年孫君來此，表同情者僅余等數輩耳！中國人士則避之如恐不速。今見諸君寄同情於孫君如此，實堪爲中國之慶慰60」。同年七月二十日（八月二十日）中國同盟會成立後，革命浪潮大有一日千里之勢。八月十日（九月八日）東京保皇黨人集會紀念戊戌、庚子兩役死事諸人，有廣東某君評擊康、梁無完膚，力主易換旗幟，變君憲號召爲民主共和主張。其比較康、梁之爲人曰：

梁啓超是最沒有獨立性質的人，實在比康有爲不上。康有爲任從怎樣退化，是拿著自己的聰明，行著自己的政見，自信極厚，再不聽用人言的。梁啓超卻不然，雖然也小

59 孫文學說第八章有志竟成。
60 民報第一號，過庭「記東京留學生歡迎孫君逸仙事。」

有聰明，卻是更無主見，終日隨人腳跟，弄到自家日日挑戰不能休兵[61]認爲譚嗣同等六君子被康有爲所愚弄，故其犧牲實爲死不瞑目。其言曰：

> 這幾位死人是應該追悼是應該紀念的。卻不是爲他保皇，更不是爲他革命，祇是一心一意的可憐他。無論如何一個人跟著自己的目的，拿著自己的主義，把自己的身命熱烘烘的送掉，那個人也就可憐，何況他們被人愚弄於生前，又被人利用於死後，他們在九泉之下實在不閉目的，我們還不該替他可憐，替他紀念麼？兄弟所說這廣東人就是能夠愚弄他們於生前，利用他們於死後的便是。諸君雖然不認得他，總應該曉得他的名字。兄弟要說的廣東人便是康有爲、梁啓超兩個，其間又分出一個首從，自然是康有爲爲首無疑了。[62]

至於唐才常等自立軍將領之死難，更覺得毫無價值之可論。其言曰：

> 就事論事，若不是受了康、梁的愚弄，那義旗所指，號召同盟，何必混著勤王，弄上

---

[61] 民報第一號，記戊戌庚子死事諸人紀念會中，廣東某君之演說。

[62] 民報第一號，記戊戌庚子死事諸人紀念會中，廣東某君之演說。

康、梁的黨派。故此兄弟現在不敢說唐才常憒然不知民族主義，就只曉得跟著康、梁。然而康、梁出他那利用譚嗣同的陳套，要來利用唐才常等，必定說他這勤王就是我的發蹤指示。康有爲過去幾年，雖然說著勤王，就虧得唐才常同他應故事。設使唐才常不爲康有爲愚弄，曉得勤王二字是康有爲的學說，天下的事只是有志者自爲之，內心既然無所障蔽，無所牽礙，名義上自然不至夾雜不清，就死也死得光明磊落[63]

是乃自立軍失敗之症結。自是康、梁不復談勤王事，改以促請清廷立憲相號召。而清廷既缺乏立憲誠意，復憂懼政權之旁落，處處鉗制輿論，詐欺國人，更助成革命之提早成功也。

（臺北，中國現代史叢刊，第六冊，民國五三年十一月，頁四一至一五九。）

---

[63] 同上。

一七　光緒戊戌前後革命保皇兩派之關係

一、引　言

甲午之役，國人深受戰敗刺激，知識份子漸有覺悟，孫中山先生創立興中會於檀香山，康有爲等組織强學會於京師，於是救國之道分向革命維新兩途。然最初雙方並非無合作之可能，梁啓超、譚嗣同等於講學長沙時務學堂時，多民族革命之言論，康廣仁、陳千秋等在澳門又多與革命黨人楊衢雲、謝纘泰等往還。迨戊戌清廷變法，維新人士氣燄大張，與革命黨漸趨水火。政變之後，康、梁逃亡海外，倡設保皇黨，以勤王相鼓吹，各地華僑多爲所惑。而革命黨初敗於乙未廣州之役，加以風氣未開，論其聲勢則遠不相及。

拳亂期間，唐才常所領導之自立軍大起於長江流域，以其排滿勤王名義不順，論者多非議之。從此保皇黨信譽大失，有識之士皆知清室之不可救藥，於是革命黨始居上風。昔日保皇黨人多有易幟者，甚至梁啓超之思想亦時常發生動搖。故同盟會成立後，革命浪潮大有一日千里之勢。茲論其雙方關係始末，以就教於史學界先進。

二、孫康接觸之肇端

先是孫中山先生少負革命大志，光緒十八年（一八九二）卒業香港西醫書院後，初懸壺於澳門仁慈堂附近，定名「中西藥局」。明年，遷設於廣州雙門底聖教書樓，改稱「東西藥局」，密謀進行排滿工作❶。是時康有爲方講學廣州萬木草堂（廣府學宮），地距聖教書樓甚近。康氏時至該處購書，中山先生知其有志西學，頗欲與之聯絡，冀能結爲同志，曾托友人代向致意。康氏表示：「若孫某來相會，宜先具門生帖拜師乃可。」中山先生知其妄自尊大，卒不往見❷。

光緒二十年（一八九四）十月，中山先生創設「興中會」於檀香山，革命組織漸具雛形。明年春，革命黨人陳少白以事至上海，寄居洋涇濱全安旅社，聞康氏及其徒梁啓超晉京會試，亦寓同棧，乃造訪於鄰室，痛言清政腐敗，非建立民國不足以挽救危局。康氏首肯者再，且介紹梁啓超與少白相晤，談論甚爲融洽❸。同年八月，中山先生復組織「農學會」於廣州，

❶ 參照國民黨中央委員會編「總理年譜長編初稿」㈠，油印本。馮自由「革命逸史」，初集，頁九。

❷ 革命逸史，初集，頁四七。

❸ 同上。另據章炳麟「駁康有爲論革命書」，謂是時康有爲曾授意其徒陳千秋等密通情於中山先生。（見章氏叢書文錄，卷二）

藉作革命機關，撰刊緣起書，廣徵同志。康徒陳千秋等頗欲加入，以格於師命未獲實現❹。蓋是時康氏已通藉，方上書請變法，參加强學會，對清廷欲圖有所大用也。

光緒二十二、三年（一八九六—一八九七）間，維新黨人汪康年、梁啓超等發行「時務報」於上海，另由何易之、徐勤、康廣仁、歐榘甲等創設「知新報」於澳門。倡言改革，名重一時，與革命黨人楊衢雲、謝纘泰等多有往還。光緒二十二年（一八九六）正月初九日，謝氏應維新黨人陳錦濤、梁瀾芬之宴，初識康有爲之弟廣仁於香港品芳酒樓。席間謝氏力陳兩黨聯合救國之必要，廣仁極表同情。同年九月，謝氏與康有爲晤於香港惠升茶行，再三懇談，未能獲得要領。光緒二十三年（一八九七）八月，謝氏復邀廣仁會於香港公園。廣仁告纘泰曰：「有爲亦非忠心扶滿者，不過欲以和平方法達成救國之主張耳！各督撫如張之洞等咸贊成其主張，故不便與革命黨公然往還，致遭疑忌。」並謂：「孫文躁妄無謀，最易僨事，楊衢雲老成持重，大可合作。」彼當力勸有爲將來與楊聯合救國云❺。

是時興中會海外活動之根據地除檀香山外，首推日本橫濱。中山先生及陳少白、楊衢雲等，自光緒二十一年（一八九五）廣州之役失敗後，常逗留於此，以相鼓吹，著名僑商加入者百數十人。光緒二十二年（一八九六）冬，興中會會員法國郵船公司買辦黎煥墀及其友郭雅聲，爲學習中文請益於陳少白，少白說明日本各僑校規模既小，教學法又極陳腐，不若另

---

❹ 革命逸史，初集，頁四七。

❺ 馮自由「中華民國開國前革命史」，第一冊，頁四三。

行組織，開辦新學，使僑胞子弟咸能受到適當教育，並可藉作革命之機關。甚得黎、郭二人之贊同。即行召集僑商，至中華會館商議設校事。到會者有鄺汝磐、馮鏡如等數十人，討論結果，衆皆同意。遂假會館爲校址，以會館之産業爲基金，開辦費用，並由華僑分任捐募❻。

光緒二十三年（一八九七）七月，中山先生由歐至日，橫濱僑校籌備十九完成。鄺汝磐等乃就商於中山先生，欲自國內延聘新學之士以爲師。中山先生以革命黨人從事教育者少，乃薦梁啓超充任，並代定名爲「中西學校」。旋親書一致康有爲函，命汝磐持往上海，訪康氏旅次。康氏以啓超方任「時務報」筆政，乃薦徐勤任校長，並介紹陳默菴、湯覺頓、陳蔭農等任分教，且謂「中西」二字不雅，特爲易名「大同」，親題「大同學校」四字門額以爲贈❼。

同年秋，陳寶箴開府湘中，其子陳三立助之，慨然以湖南開化爲己任，而按察使黃遵憲、學政江標（繼任徐仁鑄）均爲維新份子，乃謀大舉豪傑於湖南，以爲各省之倡。於是設時務學堂於長沙❽，聘梁啓超爲總教習，瀏陽譚嗣同、唐才常，及吳縣李格維（繹琴）、石棣楊自

---

❻ 陳少白「興中會革命史要」，頁七五。

❼ 中華民國開國前革命史第一冊，頁四一。

❽ 學堂基地購定城北侯家熾高岸田數畝，前臨大河，後依岡阜頗踞湖山之勝。惟建造需時，暫借民房先期開辦。（湖南開辦「時務學堂章程大概」，又「時務學堂創設的緣起」。見皇朝經世文新編卷六，及光緒二十三年九月初一日澳門「知新報」第三十二冊。）

超（蔡園）、番禺韓文舉（樹生）、歸善歐榘甲（雪樵）、東莞葉覺邁（仲遠）等任分教❾。依照康有爲在萬木草堂書院所揭櫫之精神，制定「湖南時務學堂學約」。學堂課程爲經學、子學、史學及西學四種，而以公羊、孟子爲主旨❿。學習期限原定五年，學生僅四十人。一時英俊如林圭、李炳寰、蔡鍾浩、田邦璿、秦力山、蔡鍔、范源濂等，皆校内之高材生。同年十月德國强租膠澳事起，瓜分之議方亟。啓超、嗣同等悲憤之情，溢於言表。遂多以革命排滿民族大義相鼓吹。嘗謂：「屠城屠邑皆後世賊民之所爲，讀揚州十日記，尤令人髮指眦裂。」並稱：「興民權者斷無可亡之理。」⓫其後梁氏於其所著之「清代學術概論」中，回憶當時與譚嗣同等在時務學堂講學之情形曰：

> 所言皆當時一派之民權論，又多言清代故實，臚舉失政，盛昌革命。其論學術則自荀卿以下，漢、唐、宋、明、清學者，掊擊無完膚。……又竊印明夷待訪錄、揚州十日記等書，加以案語，秘密分布，傳播革命思想，信奉者日衆。⓬

另在「時務學堂劄記殘卷序」中記曰：

---

❾ 皮名振「皮錫瑞年譜」。
❿ 梁啓超「飲冰室文集」，卷二。
⓫ 蘇輿「翼教叢編」，第五卷，頁八。
⓬ 梁啓超「清代學術概論」，頁一〇四。

時吾儕方醉心民權革命論，日夕以此相鼓吹，劄記及批語中蓋屢宣言其微義。湘中一二老宿覩而大譁，群起擠之，新舊之鬨起於湘而波動於京師。御史某剌錄劄記中觸犯清廷忌諱者百餘條進呈嚴劾，戊戌黨禍之構成，此實一重要原因也。⑬

湖南守舊士紳王先謙、葉德輝等聞之大爲不滿，向湘撫陳寶箴遞送「湘紳公呈」，指啓超等，「專以無父無君之邪說教人，承其師康有爲之學，倡爲平等民權之說。……自命爲西學通人，實皆受康門謬種⑭。」而啓超等不顧。梁氏另有上湖南巡撫陳寶箴書，力主湖南自立自保，以爲他日大難到來之準備。至其各種建議，即爲此後湖南辦事之依規⑮。

三、日人促使兩派之合作

甲午戰後，日本民黨（進步黨）掌握政權，大隈重信任內閣總理，鳩山和夫任外務大臣，犬養毅任文部大臣，咸主「中日親善」，對中國革命維新兩派，均欲加以拉攏，以實現其和平侵華之陰謀。而由宮琦寅藏、平山周等擔負連絡工作。

---

⑬ 飲冰室文卷七十，頁七。
⑭ 王先謙「虛受堂文集」書札第一卷，頁五四至五五。
⑮ 梁啓超「戊戌政變記」，附錄二「湖南廣東情形」，「翼教叢編」附錄。

先是光緒初年，日人創「亞細亞協會」於東京，中國駐日公使及旅日人士多有參加。光緒二十四年（一八九八）春，上海日總領事小田切萬壽之助「睹中國民智未開，義關脣齒。」復倡「興亞大會」於滬上。首次會議假廣福里鄭陶齋寓舉行。主席三人，爲鄭蘇龕、何梅生、鄭陶齋。與會者日人爲總領事小田切、三井洋行總辦小寶三吉、三菱洋行總辦，及日本領事繙譯官等。華人多滬上維新名士，若張謇、江標、汪康年、經元善等數十人⑯。依其章程規定，無論亞洲大小各國皆准入會，泯畛域之私見，共立亞洲富強之本。設「亞洲協會公所」於上海，發行亞洲協會月報，各國除首都所在地設總會外，各省各州縣亦廣設分會⑰。

日政府除假藉學會實現其和平侵華之目的外，以湖南爲中國維新黨人之大本營，復遣官員直接與之接觸。光緒二十四年（一八九八）正月底，日本參謀部派遣神尾光臣、梶川重太郎、宇都宮太郎等至漢口，約湖南新政中堅份子譚嗣同前往會晤。神尾等獻計於嗣同曰：

> 振興中國當於湖南起點，如聯盟計成，吾當爲介於英，而鐵軌資焉，國債資焉，兵輪資焉，一切政學資焉。吾又當與英盡收亞細亞東煤塊，斷絕各國輪船之用，使近無可屯，遠難速運，鐵鑑來多則不能持久，少則尾之轟之立碎，此不戰而屈人之兵，而以

---

⑯ 興亞大會集議記（湘報類纂論著己集，卷上）。

⑰ 日本興亞會章程（湘報類纂丁集，卷上）。

悉綱煤礦，制太平洋死命便甚。⑱

又曰：「中日脣齒相依，中國若不能存，彼亦必亡，故甚悔從前之交戰，願與中國聯絡，救中國亦以自救也。並聞湖南設立學會，甚是景仰，自強之基當從此起矣。」⑲ 嗣同頗信之，其於返回長沙後，在「南學會」發表演說，竟誤認日本政府對中國變法之同情與支持。謂「日本席全盛之勢，猶時恐危亡，憂及我國，我何可不自危而自振乎？」⑳ 唐才常更主張完全接受神尾等之意見，並譬之曰：「中日構釁如兩瞽相遇而爭道不休，兩瘠相怒而色然以鬥。伺其旁者或搜取其衣冠去，莫之覺，此可謂大愚不靈者矣。」㉑ 是爲維新黨人與日人接觸之開端。

至於日人與革命黨之關係，興中會成立之初，中山先生於檀香山首識日本耶穌教牧師菅原傳。及光緒二十一年（一八九五）秋，廣州之役失敗，中山先生東渡日本後，乃介紹菅原傳於陳少白，俾能對革命事業有所贊助。少白客寓橫濱，化名服部次郎，與日人往還漸多。

---

⑱ 論中國宜與英日聯盟（湘報類纂甲集卷下）。
⑲ 譚復生觀察第一次講義，「論中國情形危急」（湘報類纂乙集卷上）。
⑳ 同上。
㉑ 論中國宜與英日聯盟（湘報類纂甲集卷下）。

遂由菅原傳結識日人曾根俊虎等㉒。

光緒二十三年（一八九七）五月，宮琦寅藏、平山周奉日本外務省之命，欲潛赴中國內地偵探政情。適宮琦病，平山先發。至上海，過書肆，見中山先生所著「倫敦蒙難記」，乃購而讀之。始悉中國革命黨之主張，「喜極不能眠」㉓。宮琦病癒後，由曾根俊虎引見訂交於陳少白，少白盡舉興中會宗旨及中山先生生平以告，並贈以「倫敦蒙難記」，宮琦大爲悅服。宮琦旋至滬與平山相會，復入粵，轉道澳門，得晤革命黨人張壽波、區鳳墀等，聞中山先生已於上月離英赴日，乃倉卒而返㉔。

同年七月中，中山先生既抵橫濱，犬養毅乃命宮琦、平山迎至東京。「把臂傾談，意氣彌洽。」是爲中山先生結交日本權要之始。中山先生記其事曰：

時日本民黨初握政權，大隈（重信）爲外相，犬養（毅）爲運籌，能左右之。後由犬養介紹，曾一見大隈（重信）、大石（正己）、尾崎（行雄）等，此爲余與日本政界交際之始也。隨而識副島種臣，及其在野之志士頭山（滿）、平岡（浩太郎）、秋山（定輔）、中野（德次郎）、鈴木（五郎）等。復又識安川（敬一郎）、犬塚（信太郎）、久原（房之助）等。各

㉒ 曾根俊虎爲當時日人中對中國政情最關心者，自稱原籍山東，爲先儒曾子之後。（馮自由「革命逸史」，初集，頁三〇三）。

㉓ 國民黨中央委員會編「總理年譜長編初稿」㈠，油印本，內附平山周致中國國民黨黨史會函件。

㉔ 宮琦寅藏「三十三年落花夢」，頁六六。

志士對中國革命事業先後多有資助，尤以犬塚、久原爲最。其爲革命奔走始終不懈者，則有山田（良政、純三郎）兄弟，宮琦兄弟（寅藏、彌藏），菊池（良士）、萱野（長知）等。其爲革命盡力者，則有副島（義一）、寺尾（亨）兩博士。㉕

中山先生雖欲依之助成革命事業之進展，初不料日人之別有用心也。

光緒二十四年（一八九八）春，犬養毅首命宮琦寅藏與中山先生議商中國革命維新兩派聯合大計，並料及中國變法之難成，再命宮琦、平山至華有所活動。臨行告之曰：「聞海外風雲，不久當有變動，暫出游，其運動汝之目的所欲達者。」㉖宮琦寅藏於其所著「三十三年落花夢」中記其事曰：

當孫逸仙避跡扶桑之日，正康有爲得志清國之時。……榮悴殊途，炎涼異態，清國皇帝醉心於維新變法諸論，舉國以聽命康氏，鋭意改革。盈延臣工悉數反對，復傾死力以冀排去，北京政海之風潮岌岌轉動，而康猶未知也。

宮琦、平山既抵滬，乃分道而行，平山向北京，宮琦赴香港。平山過煙台，遇湖南新黨人畢

㉕ 孫文學說第八章「有志竟成」。
㉖ 三十三年落花夢，頁六七。

永年，因同船至天津，相偕入都。迨政變發生，日本公使館成爲維新黨人之避難所。平山乃使梁啓超、王照易日本和服，約同山田良政、小村俊三郎、野口多内等相攜至天津，登日輪大島艦離華。抵東京五日，宮琦寅藏亦偕康有爲自香港而來㉗。

是時旅日中國維新人士，於政變發生之初，亦有請求日本政府設法營救中國維新黨人者。丁文江編「梁任公先生年譜長編初稿」引某君「梁任公大事記」載稱：

> (八月)初十日，我即入東京，謁總理大隈重信(原注：尚有一人同行)，請其營救卓如及六君子等。大隈云：「此事可往見外交部大臣鳩山和夫磋商。」我即往矣。據云：「六君子甚難營救，惟卓如我已有營救之法，其情形一星期內總可發表，事關外交，不能不守秘密也。」一星期後，卓如果乘大島艦到日，與王照一人，日本進步黨出貲賃屋招待。㉘

固不知日人之早有安排也。同年九月十五日梁啓超致書其妻李蕙仙報告其旅日生活曰：「我在此受彼國政府之保護，甚爲優禮，飲食起居，一切安便」㉙。十月十三日復告之曰：

㉗ 中華民國開國前革命史，第一册，頁三〇四至三〇五。
㉘ 丁文江編「梁任公先生年譜長編初稿」，上册，頁八十。
㉙ 梁任公先生年譜長編初稿，上册，頁八二。

「吾在此乃受彼中朝廷之供養，一切豐盛，方便非常，以起居飲食而論，尤勝似家居也。」㉚日政之待遇維新黨人，可謂厚矣！

日政府爲促成中國革命維新兩派之合作，特命宮琦寅藏、平山周從中斡旋。中山先生以彼此均屬逋逃之客，同盡瘁於國事，方法雖異，而欲致中國富強之目標則同，乃偕宮琦親往慰問康有爲，藉敦友誼。康氏則以帝師自居，意氣甚盛，妄言奉有清帝衣帶詔，不便與革命黨往還，竟匿不肯見，而日人仍調協不稍止。馮自由「革命逸史」記其經過甚詳：

> （犬養毅）雅不欲中國新黨人因此意存隔閡，遂約孫、陳、康、梁四人，同到早稻田寓所會談，居期除康外餘人俱到。梁謂康有事不能來，特派彼爲代表。是日三人各抒意見，討論合作方法頗詳，至翌日天明始散。數日後，總理派少白偕平山至康寓訪謁，康、梁出見，在座有王照、徐勤、梁鐵君三人。少白乃痛言滿清政治種種腐敗，非推翻改造無以救中國，請康改弦易轍，共同實行革命大業。康答曰：「今上聖明，必有復辟之一日，余受恩深重，無論如何不能忘記，惟有鞠躬盡瘁，力謀起兵勤王，脫其禁錮瀛臺之厄，其他非余所知，祇知冬裘夏葛而已。」少白反覆辯論三句鐘，康宗旨仍不少變。談論間，王照忽語坐客。謂：「我自到東京以來，一切行動皆不得自由，說話有人監視，來往書信亦被拆閱檢查，請諸君評評是何道理。」等語。康大怒，立使梁

㉚ 同上。

鐵君強牽之去，並告少白謂：「此乃瘋人，不值得與之計較。」少白疑王別有冤抑，乃囑平山伺機引王外出，免爲康所羈禁，平山從之。果於數日後，窺康師徒外出，逕攜王至犬養寓所，王遂筆述其出京一切經過及康所稱衣帶詔之詐僞，洋洋數千言，與康事後紀述多不相符，由是康作僞之眞相盡爲日人所知。康以爲少白故惡作劇，因而遷怒及於革命黨，而兩派更無融合之望矣。[31]

是維新派因變法失敗之刺激，已趨向分化之途矣。馮自由「中華民國開國前革命史」記當時日本政府對中國革命維新派之態度曰：

> 日本政黨之標榜支那親善政策者爲進步黨，而黨中諸首領則以犬養毅爲主張最力，犬養對於革命、保皇兩派，皆目爲新黨，一視同仁，始終取調停主義。中山自橫濱遷居東京，犬養實爲東道主。徐勤任大同學校校長，因與興中會派不惬，該校董事多懷退志，幾致解體，乃推犬養爲名譽校長，以維繫人心，犬養亦徇其請。戊戌秋間，兩派意見日深，勢同水火，犬養乃親至橫濱作和事佬，無功而回。[32]

---

[31] 革命逸史，初集，頁四九。

[32] 中華民國開國前革命史，第一冊，頁三〇五。

於是日人調停兩派合作之計劃乃歸於失敗。其後「大同學校」且有「不許孫文到校」之標語，雙方交惡日趨劇烈㉝。

四、畢永年與會黨

光緒十二年（一八八六），中山先生就讀於廣州博濟醫學院期間，首結識會黨中人鄭士良，士良號弼臣，廣東歸善縣淡水墟人，爲客家子，豪俠尚義，於兩廣秘密社會交遊最廣。中山先生與之談論革命，士良聞之而悅服，嘗告中山先生曰：「他日有事可羅致會黨以聽指揮。」㉞光緒二十一年（一八九五）秋廣州之役，實以會黨爲主力，而士良運動之功居多㉟。

先是長沙拔貢畢永年，少讀衡陽王船山遺書，慨然有興漢滅滿之志，遇鄉人有稱道曾國藩、胡林翼、左宗棠、彭玉麟等功業者，輒面呵之曰：「吾湘素重氣節，安有此敗類？」聞者爲之色變。稍長即結納兩湖會黨，以備異日之利用。梁啓超、譚嗣同、唐才常深敬其人，

㉝ 當時徐勤曾致書宮琦，力辯無攻訐中山先生之事。略曰：「貴邦人士咸疑僕大攻孫文，且疑天津國民報所刊中山樵傳，係出僕手，聞言之下，殊堪驚異。僕與中山樵宗旨不同，言語不合，人人得而知之，至於攻訐陰私之事，令人無以自立，此皆無恥小人之所爲，僕雖不德。何忍爲之。」盡屬掩飾之辭也。（中華民國開國前革命史，第一册，頁四二至四三）

㉞ 孫文學說第八章「有志竟成」。

㉟ 革命逸史，初集，頁二四。

因與訂交焉㊱。

光緒二十四年（一八九八）春，湖南巡撫陳寶箴於境內推行新政，永年亦倡「公法學會」以應之。並時撰文刊之於「湘報」，以爲民權思想之鼓吹。同年夏，清廷行新政，譚嗣同等任軍機處章京，獨永年始終堅持非我種類其心必異之說，日往來於漢口、岳州、新堤、長沙間，與會黨諸領袖楊鴻鈞、李雲彪、張堯卿、辜天祐、師襄、李堃山等，密謀起兵計劃，且參加會中，被封爲龍頭之職。後聞嗣同居京得志，因北上而訪之。由嗣同引見康有爲。有爲方交懽於直隸按察使袁世凱，有兵圍頤和園之陰謀，以永年爲會黨中重要份子，欲委以統率全軍重任。永年叩以軍隊所自來？有爲則惟賴於袁世凱。永年知袁氏之不足恃，乃絕其請，且貽書譚嗣同陳力害，勸其共同離京。嗣同不肯行，於是逕赴日本，求謁中山先生於橫濱，陳述兩湖會黨現狀，並願加入興中會爲先驅㊲。

先是光緒二十三年（一八九七）夏，宮琦寅藏、平山周自中國內地返日之後，曾建議中山先生，力言長江及湘鄂一帶會黨之可用，革命黨人多信之㊳。此後聯絡會黨遂成爲興中會之主要工作。長江方面由史堅如負其責，鄭士良則設立機關於香港，用作會黨之招待所㊴，革命聲勢日漸壯大。

㊱ 黃鴻壽「清史紀事本末」卷六八，革命逸史初集，頁七三。

㊲ 革命逸史，初集，頁七四。

㊳ 尚秉和「辛壬春秋」第三十三章「革命源流」。

㊴ 孫文學說第八章「有志竟成」。

光緒二十四年（一八九八）冬，日人調停兩黨合作失敗後，中山先生乃命畢永年偕林圭及日人平山周等赴國內各地視察會黨實力，到處發揮興中會宗旨及中山先生生平，會黨諸領袖頗爲所動。永年居湘、鄂逾月，始東渡復命。明年，中山先生欲在長江流域諸省同時大舉，復命永年二次返國，與會黨各龍頭商談合作辦法。李雲彪等爲求各埠會黨行動之一致，曾在湖南召開「英雄會」，並推舉李雲彪、楊鴻鈞、張堯卿、李堃山、何玉林、王金寶、劉家福等七人爲代表，與興中會接洽一切。同年冬，畢遂偕七人抵香港，與革命黨人陳少白、楊衢雲、史堅如、鄭士良等，歃血爲盟，議定興中、三合、哥老三會合併，仍稱興中會，公推中山先生爲會長，並持所製總會長印綬，由宮琦寅藏攜往橫濱，上書中山先生。楊鴻鈞、李雲彪等居香港兩月，復由永年導往日本，謁中山先生請示方略，均由中山先生分別禮遣回國，命其候命進止㊵。於是皖、贛、粵、桂、閩、浙、湘、鄂間，所在爲其鼓動。方謀剋期大舉，以乏餉械故，遲遲未發。

是時會黨暮氣已深，腐化浪費，惟利是視㊶。李雲彪等竟藉口興中會供給不足，漸有不滿之詞。光緒二十六年（一九〇〇）春，康有爲自南洋至香港，欲利用會黨以勤王，贈李雲彪等各百金，李等以保皇黨富有，遂與之發生關係，而會黨之宗旨一變。同年正月初五日上海「中外日報」載稱：

㊵ 中華民國開國前革命史，第一册頁一九五，革命逸史，初集七四至七五。

㊶ 咸豐初年，太平軍大起後，洪秀全、楊秀清等知會黨之無紀律，不足成大事，即與其斷絕關係。

聞本埠某西人昨日接到一函，略謂：我等雖草莽英雄，頗知大義，因中國貪官污吏不恤民隱，故逼迫至此耳！會中黨羽在長江一帶者約有數十萬人，久仰先生愛護中國，我等從不與貴國教士爲難。去歲八月以後，我等即思起義，因皇上安然無恙，冀中國尚有富强之日，故亦未敢多事。今讀念四日上諭，知皇上廢立之事已不能免，我等不能再行忍耐，要求先生設萬全之策，阻止廢立一事，仍請皇上復辟，大政親操，以救中國，如蒙賜復，請登報章，五日後無回信則亦不能久待，恐中國從此無安靜之日也云云。下具寓滬各省會黨頭目頓首百拜字樣。

同月二十六日同報外埠新聞刊登漢口消息一則：「近有人於漢鎮貼匿名揭帖，議論廢立之事，語多駭聽。並謂太后如不撤廉，我等忠義黨人數萬定當舉兵勤王，並不與各西商及教堂爲難，各西人毋庸疑懼云。」觀其措詞，似爲保皇黨人所揑造。其後唐才常所領導之自立軍，即以會黨爲主力。永年憤會黨忘義背信，深受刺激，乃削髮自投普陀山爲僧，易名「悟玄」，並貽書平山周誌別曰：「吾中國久成奴才世界，至愚且賤。蓋舉國之人，無不欲肥身贍身以自利者。弟實不願與斯世斯人分圖私利，故決然隱遁，歸命牟尼。」㊷ 於是長江流域之會黨悉歸於唐才常、林圭幟下，而爲保皇黨所驅策。

㊷ 革命逸史，初集，頁七五至七六。

五、孫梁攜手始末

戊戌政變既作，湖南新政盡被推翻，維新黨人相繼避難日本，有識之士，日漸趨向革命，梁啓超之思想亦發生重大轉變。同年十月，梁氏在橫濱創辦「清議報」㊸，對清政批評不遺餘力，尤多民族革命之言論㊹。明年二月，康有爲離日赴美洲，梁氏更無所顧忌，漸與中山先生、楊衢雲、陳少白等相往還㊺。維新黨人梁子剛、韓文舉、歐榘甲、羅伯雅、張智若等主張排滿更形激烈。每星期必有二三次與革命黨人之聚談，因有兩派合併組黨之計劃。擬推中山先生爲會長，梁啓超爲副會長。梁嘗詰問中山先生曰：「如此則將置康先生於何地？」中山先生答稱：「弟子爲會長，爲之師者其地位豈不更尊。」梁乃悦服㊻。

梁氏自號飲冰室主人，題其學説曰：「飲冰室自由書」。梁氏有別號曰「任厂」，致是改稱「任公」，以示脱離康有爲之羈絆。歐榘甲亦撰文闡揚湯武革命，語極感人動聽㊼。梁氏舊

㊸ 清議報爲旬刊，自光緒二十四年（一八九八）十月發行，至光緒二十七年（一九〇一）十二月始停刊，共出一百期。凡此一階段梁啓超之文章皆載於是報。

㊹ 飲冰室文集卷十七，頁十四。

㊺ 康有爲在美洲見「清議報」有排斥滿清政府言論，命梁啓超撕毀重印，且戒之曰：「勿忘皇上聖明，後宜謹慎從事。」（革命逸史，初集，頁六三）

㊻ 革命逸史，初集，頁六四至六五。

㊼ 革命逸史，初集，頁六三

友唐才常、章炳麟初至東京，下榻小石川梁氏寓内，由梁氏之介紹始識中山先生[48]。周善培奉川督命赴日考察學務，亦由梁氏之介紹，得與中山先生相識[49]。是時留日學生監督錢恂（念劬），亦主根本改革之説[50]，彼此往還至爲融洽也。

光緒二十五年（一八九九）九月，梁啓超向横濱華商鄭席儒、曾卓軒等募款三千元，創設高等大同學校於東京牛込區東五軒町。從學者有前湖南時務學堂舊生林圭（亦名錫圭字述唐）、秦鼎彝（力山）、范源濂（靜生）、李群（彬四）、蔡艮寅（松坡後改名鍔）、周宏業（伯勛）、陳爲璜、唐才質、蔡鍾浩、田邦濬、李炳寰等十餘人。及前横濱大同學校學生馮自由、鄭貫一、馮斯樂、曾廣勷、鄭雲漢、張汝智等七人。梁氏自任校長，日人柏原文太郎爲幹事。所取教材多採用英法名儒自由平等天賦人權學説，諸生由是高談革命，各以盧騷、福祿特爾、丹頓、羅伯斯比爾、華盛頓相期許。當時中國留日各校學生全數不滿百人，以戢翼翬（元丞）、沈雲翔（虬齋）等主張排滿最爲激烈。翼翬等每至大同學校訪友，談論革命，恆流連達旦忘歸。此外北洋官費生黎科、金邦平、蔡丞煜、鄭葆丞、張煜全、傅良弼諸人，亦持革命論調，與中山先生、梁啓超時相過從[51]。諸人固皆日後自立軍之重要份子也。梁氏曾草擬致康有爲書，瀝陳革命之理由。略謂：

---

[48] 革命逸史，初集，頁五四。
[49] 革命逸史，初集，頁六四。
[50] 革命逸史，初集，頁五四。
[51] 革命逸史，初集，頁七二。

> 國事敗壞至此，非庶政公開，改造共和政體，不能挽救危局。今上賢明，舉國共悉，將來革命成功之日，倘民心愛戴，亦可舉爲總統。吾師春秋已高，大可息影林泉，自娛晚景，啓超等自當繼往開來，以報師恩。[52]

署名者同門十三人，計梁啓超、唐才常、韓文舉、歐榘甲、羅普、羅伯雅、張智若、李敬通、陳侶笙、梁子剛、譚柏生、黃爲之、林圭等，其中梁啓超、韓文舉、歐榘甲、羅普、羅伯雅五人爲康氏在廣州長興里講學時代之嫡傳弟子，其餘八人特慕名拜門而已[53]。書發表後，各地保皇黨人輿論嘩然。指此十三人爲叛徒，呼之爲「十三太保」。同年秋，梁氏曾至香港訪陳少白，殷殷商談兩黨合併事，並推少白及徐勤起草聯合章程。徐氏陽爲贊成，而陰謀反對，與麥孟華分別馳函新加坡，告變於康有爲[54]。竟謂「卓如漸入行者圈套，非速設法解救不可。」[55]

康有爲初得梁啓超等十三人論革命書，已怒不可遏，及接徐勤、麥孟華二人來信，立派葉覺邁攜款赴日，命梁啓超速赴檀香山創設「保皇會」，歐榘甲赴舊金山主持「文興報」，而

---

[52] 革命逸史，第二集，頁三一。
[53] 革命逸史，第二集，頁三二。
[54] 康有爲於光緒二十五年三月抵加拿大，四月赴倫敦，以歸政事請助於英政府無效，同年閏四月再返加拿大，六月創立保皇會於該地，旋返新嘉坡。
[55] 中華民國開國前革命史，第一冊，頁四四。

使麥孟華專任「清議報」筆政，所有革命自由獨立文字一律禁止登載[56]。於是兩黨合作之計劃，遂歸於泡影。

同年十一月，梁啓超赴檀香山之前，仍頻約中山先生共商國事，矢言合作之心，至死不渝。以檀香山爲興中會發源地，力請中山先生爲之介紹同志，中山先生亦坦然不疑，仍作書爲之介紹其兄德彰及華僑諸友。梁氏抵檀香山後，曾致函中山先生，報告興中會諸同志殷勤接待之情形曰：

> 弟於十二月三十一日抵檀，今已十日，此間同志大約皆已會見。李昌兄誠深沈可以共大事者。黃亮、章海、何寬、李祿、鄭金，皆熱心人也。同人相見，皆問兄起居，備致殷勤。弟與李昌略述兄近日所布置各事，甚爲欣慰。令兄在他埠，因此埠有疫症，彼此不許通往來，故至今尚未得見，然已彼此通信問候矣。……要之我輩既已訂交，他日共天下事必無分歧之理，弟日夜無時不焦念此事，兄但假以時日，弟必有調停之善法也。[57]

梁氏旋赴茂宜島，訪晤孫德彰，及中山先生母舅楊文炳。德彰厚遇之，且命其子阿昌執弟子

---

[56] 革命逸史，初集，頁六三。

[57] 中華民國開國前革命史，第一冊，頁四六至四七。「革命逸史」，初集，頁一五。

禮。梁氏居檀香山數月，復受康有爲影響，態度再變，漸以保皇之說惑華僑，竟謂其主張「名爲保皇，實則革命。」甚至加入當地會黨組織以騙取華僑之同情。光緒二十六年（一九〇〇）二月，梁氏致書康有爲曰：

弟子近作一事，不敢畏罪而隱匿於先生之前，謹以實告。其事維何？則已在檀山入三合會（按：即致公堂）是也。檀山之人此會居十之六七，初時日日演說，聽者雖多，雖喜歡，然入我會者卒寥寥。後入彼會，被推爲其魁，然後相繼而入，今我會中副總理鍾木賢、張福如，協理鍾水養，皆彼中之要人也。弟子今日能調動檀山彼會之全體，使皆聽號令，而鍾木賢、張福如兩人皆極誠心通識，爲全埠所推仰。……然我輩現時寒酸已極，而弟子在彼等前，又不無誇張之詞，實愧見之也。(58)

不啻爲其詐欺華僑之自白。另據馮自由「革命逸史」，載保皇黨人於光緒二十五、六年（一八九九、一九〇〇）間，在海外各地利用會黨發展勢力情形曰：

康有爲於己亥歲遊美，初在英屬加拿大域多利、雲高華兩埠發起保救大清光緒皇帝會，華僑聞彼曾受清帝密令起兵勤王之衣帶詔，多入彀中。域埠致公堂職員林立晃、吳俊

---

(58) 梁任公先生年譜長編初稿，上册，頁一〇二。

> 等，且任保皇會董事。未幾舊金山、紐約、芝加哥、沙加緬度、檀香山，各地保皇會相繼成立，會中職員多屬致公堂份子。康徒梁啓田、歐榘甲、陳繼儼、梁啓超、徐勤、梁朝杰諸人，先後至美，知洪門缺乏文士，大可利用，有數人特投身致公堂黨籍，陰圖奪取其事權。洪門中人不知其詳，頗爲所愚。[59]

是梁啓超等之加入會黨，乃保皇黨人在海外活動之一貫政策。中山先生聞梁氏破壞革命，馳書責其賣友背信，並函勸檀香山興中會諸同志勿爲梁氏所詐欺。然僑商中毒已深，雖中山先生之兄德彰亦不例外也。

六、兩派之決裂

光緒二十六年（一九〇〇）三月二十九日，梁啓超以檀香山保皇會勢力已形鞏固，勤王準備已漸完成，乃致書中山先生，公開表示二人志趣之不同，且誘中山先生參加保皇黨之勤王行動。書曰：

> 足下近日所布置，弟得聞其六七，顧弟又有欲言者。自去年歲杪，廢立事起，全國人

---

[59] 革命逸史，初集，頁一三六至一三八。

心悚動奮發，熱力驟增數倍，望勤王之師如大旱之望雨，今若乘此機會，用此名號，眞乃事半功倍，此實我二人相別以來，事勢一大變遷也。弟之意常覺得通國辦事之人，只有咁多，必當合而不當分。既欲合，則必多舍其私見，同折衷於公義，商度於時勢，然後可以望合。夫倒滿洲以興民政公義也，而借勤王以興民政，則今日時勢最相宜者也。古人曰：「雖有智慧，不如乘勢。」弟以爲宜稍變通矣。草創既定，舉皇上爲總統，兩者兼全，成事正易，豈不甚美，何必故畫鴻溝，使彼此永遠不相合哉。弟甚敬兄之志，愛兄之才，故不惜更進一言，幸垂採之。弟現時別有所圖，若能成，則大可助內地諸豪傑，一舉而成（原注：可得千萬左右）。今日謀事必當養我力量，使立於可勝之地，然後發動，斯能有功。不然屢次鹵莽，旋起旋蹶，徒罄財力，徒傷人才，弟所甚不取也。望兄採納鄙言，更遲半年之期，我輩握手共入中原，是所厚望。未知尊意以爲如何？60

梁氏在檀香山雖盡其欺騙之能事，以詐取僑商之資財，然對之仍深具戒備之心。蓋彼等多舊日興中會重要份子，對中山先生素有信仰也。是故檀香山保皇黨無人返國參加唐才常所領導之自立軍。梁氏爲此特致書康有爲說明原因如下：

---

60 梁任公先生年譜長編初稿，上册，頁一四〇至一四一。

此間保皇會得力之人，大半皆中山舊黨，（原注：此間人無論其入興中會與否，亦皆與中山有交。）今雖熱心而來歸，彼以爲吾黨之人才勢力遠過於彼黨耳！……而彼黨在港頗衆，檀山舊人歸去從彼者如劉祥，如鄧從聖（原注：此人傾家數萬以助中山，至今不名一錢，而心終不悔，日日死心爲彼辦事，闔埠皆推其才，勿謂他人無人也。）此間人皆稱之。彼輩一歸，失意於吾黨而不平，返檀必爲中山用。吾賠了夫人又折兵，徒使山將軍（按：指中山先生）大笑，而回光鏡一度返照到檀，全局可以瓦解。[61]

其憂懼中山先生之情可見，其氣度狹隘可知。足證其思想先後之矛盾。同年六月，宮琦寅藏被新嘉坡當局繫獄事件發生，革命保皇兩派更形水火。馮自由「革命逸史」記其事如下：

宮琦返港後，[62] 以總理他行，無事可辦，因戊戌年清室政變時曾保護康有爲赴日，於有爲有恩，遂欲赴南洋遊說有爲，使與總理聯合組黨救國。以其意商諸陳少白，少白認爲徒勞無益。然宮琦意堅決，卒偕其友清藤幸一郎赴新加坡。事爲康徒徐勤所聞，並探悉宮琦曾留劉學詢宅一夜，遂疑宮琦此行爲奉粵督命謀刺有爲以邀賞。逕電有爲

---

[61] 梁任公先生年譜長編初稿，上册，頁一二四。

[62] 宮琦寅藏於同年五月底奉中山先生之命，至廣州接洽兩廣總督李鴻章獨立事，曾寓李幕僚劉學詢寓，與劉密談一夜，學詢述李意，謂各國未攻陷北京前，不便有所表示，宮琦以時機未至，遂返香港。

請預防範，有爲以告新加坡當局。故宮琦、清藤甫抵新埠碼頭，即被該埠警吏拘禁入獄，搜獲日本刀及港幣一元鈔票三萬張。警長詢以攜此二物何用？宮琦答以爲日本武士道本色，港幣爲中國革命黨首領孫某之物，渠不過代爲保管等語。蓋總理舟過香港時，預備偕鄭士良入惠州起兵，故命少白等兌換一元之港鈔三萬張，爲發給軍餉之需，兌換後隨交宮琦保管，宮琦於赴粵時，此款尚存行囊。及返港，乃挾以赴南洋，欲就近還諸總理。警長詢問後，對於日本刀尚能諒解，惟對於巨額港幣不能無疑。宮琦二人，遂繫獄中一星期許。總理在西貢得詢，即兼程赴新嘉坡，以紳士林文慶醫生之介入謁新嘉坡總督，說明宮琦來此原意。並承認港幣爲己物，即用以預備發給革命軍餉者。新督聆言，始令將宮琦清藤二人釋放，並發還倭刀港幣等物。惟於總理離境後，旋頒布孫某五年內不許入境之令。日志士經此事後，咸稱康有爲爲忘恩負義之無情漢，不復有主張孫康二派聯合之說者。[63]

中山先生與梁啓超之關係亦因之而斷絕。惟梁氏仍藉口與中山先生志同道合以騙取檀香山華僑對保皇黨勤王行動之同情與支持。同年七月七日梁氏致函孫德彰，告其行將赴美國本土活動，並欲德彰子阿昌隨行，藉以勒索巨款。書曰：

---

[63] 革命逸史，第四集，頁九七。

拜別以來，忽經旬日，每念厚誼，未嘗或忘。近日北京事益急，各國西報日日揚言必當救皇上，廢西后，而唐山來書，預備既足，亦指日起事，此誠今日最大之機會也。弟因現時外交之事甚要，欲急往美，本擬十號搭阿士梯耶前往，因太急，不能得船位。而昨日多力船來，接有香港新嘉坡兩電，皆催弟即刻回唐，又別有一電催會項也，弟尚未定行止。然弟意究以往美爲要，因唐山事有弟不爲多，無弟不爲少，美國事則惟弟就近前往乃可也。故現時仍往美爲多，阿昌隨行之意既決，望閣下即遣其尅日前來大埠，以便同往，弟約在二十號之船必啓行矣。今日得接德初兄來書，內附閣下所惠隆儀五十元，謝謝。閣下前爲公事既已如此出力，復多所餽贈，於弟誠不敢當也。本月四號大埠本會請酒，集者百三十餘人，道威、值理數名皆到。是日共加捐六千餘金，今日鍾木賢、黃亮又各加捐三千元（四號之席兩位已各加捐千元）。可謂踴躍之至。人心如此，大事何患不成。望告各同志，即將會款迅速收集，急需匯歸以應急需，是所切盼。64

德彰接其來信後，即遣其子阿昌持函赴檀香山本島，隨同梁氏赴美深造。而梁氏忽又改變行止，藉故推諉。其同月十七日致德彰之函，但表示愛阿昌之心，及與中山先生合作無間之志，仍亟亟向德彰催討鉅款。書曰：

---

64 中華民國開國前革命史，第一冊，頁四八至四九。

阿昌到埠，得接手書，欣悉一切。弟本據搭二十號之船往金山。乃於本日唐山金山船同時到埠，接有星加坡電文兩封，上海、香港、日本信函多件，皆催弟即日歸國辦事，不可少延貽誤。弟看此情形，必是起義在即，有用著弟之處，再四籌度，不能不改而東歸，決於明日搭日本丸東返矣。弟此行歸去，必見逸仙，隨機應變，務求其合，不令其分，弟自問必能做到也。至弟既東行，行縱無定，所有阿昌相隨之議，似可作罷。蓋東方無甚可開見識之事，而阿昌現當就學之年，似仍當令其入書館，勝於東歸也。此子馴良，弟甚愛之，望其勉學成就，他日共事之日正長也。至於令姪及各同志捐項，仍望趕收趕匯，因唐山急催弟歸，其事機之急可知，其需款之急更可知矣。㊺

茲依同年二月十三日梁氏致康有爲書，知其東返，實爲其固定之計劃。尤其利用會黨之私心，忌革命黨之聲勢，以及對中山先生之仇視，於字裏行間表露無遺。書曰：

弟子今自爲計有兩途，請先生代擇之。一曰遊南美，或更可籌數萬之款，雖然去內地太遠，卒然反歸恐難。二曰歸香港，蓋弟子誠見港澳同門無一可以主持大事之人，弟子雖亦不才，□□□以閱歷稍多，似勝於諸同門。今先生既不能在港，而今日經營內地之事，實爲我輩第一著，無人把其樞，則一切皆成幻泡，故弟子欲冒萬死，居此險

㊺ 中華民國開國前革命史，第一冊，頁五〇至五一。

地，結集此事。弟子既入彼會，（原註：彼會極可笑，有許多奇怪名目，弟子今舉爲智多星之職。）有權調集彼等，從此入手，或有所得。今日時勢似與去冬臘月間又一變，蓋自僞詔既下，更無容我輩布置等待之時也。而趁人心之憤激，則但有五六成力量，便可當十成使用，故弟子焦急，而幾不能擇也。且中山日日布置，我今不速圖，廣東一落其手，我輩更向何處發軔乎？此實不可不計及，不能徒以中山毫無勢力之一空言，可以自欺也。凡此諸事，當如何之處，迄即速示遵。[66]

同年五月二十一日，梁氏所致港澳同人書，報告其在檀香山行止曰：「此間尚有一小埠必當往（按：即茂宜島），其埠分會則中山之兄爲總理，林湛泉之兄爲副理也。中山兄極愛譽，其弟不極附我，不知何故？既彼已捐一千，尚可望加也。」[67] 可爲真情之流露。證以其所致孫德彰之函，其居心之險惡，言辭之不符可知。而德彰戇直，仍迷信之。翌年四月，梁氏復至日本，竟召阿昌入讀保皇黨所設之東京高等大同學校，顯與梁氏所謂「東方無可開見識之事」[68] 相違背。中山先生且不能禁，興中會之引狼入室，殊堪憾惜也。

---

[66] 梁任公先生年譜長編初稿，頁一〇二至一〇三。

[67] 梁任公先生年譜長編初稿，頁一三〇。

[68] 見上引梁啓超致孫德彰第二函文內。

七、結語

保皇黨初依革命黨而成長，其後利用華僑幫會擴張聲勢，無牢固之基礎與雄厚之實力，康有爲、梁啓超輩但憑狂誕以欺衆，欲達成其勤王之目的。至其與革命黨之基本精神則大不相同。革命派反專制反列强對東南督撫不敢苟存利用之想。庚子閏八月惠州革命軍起，中山先生在臺北特致書粵督李鴻章幕僚學詢，說明立場如下：

清廷和戰之術俱窮，四百州之地，四百兆之人，有坐待瓜分之勢，是可忍，孰不可忍，是以毅然命衆發之。……江、鄂兩督趣意如何？如不以此舉爲不是，可致意力守，遏外人侵入，如不以此舉爲然，則弟取粵之後，即當親來吳、楚，與彼軍一見也。69

至於保皇黨，外則力求各國之諒解，內則爭取各督撫之援助，處處迎合現實，故其號召不若革命黨之光明磊落也。同年夏，梁啓超曾致函李鴻章曰：

去國以來，曾承伊藤侯，及天津日本領事鄭君，東亞同文會井深君，三次面述我公慰

69 革命逸史，初集，頁七八至八〇。

問之言，並教以研精西學，歷練才幹，以待他日效力國事，不必因現時境遇，遽灰初心等語。私心感激，誠不可任。公以赫赫重臣，薄海具仰，乃不避嫌疑，不忘故舊，於萬里投荒一生九死之人，猥加存問，至再至三，非必有私愛於啓超也，毋亦發於愛才之盛心，以爲孺子可教，而如此國運，如此人才，不欲其棄置於域外以沒世耶！啓超自顧愚陋，固不足以當我公之期許，雖然公之所以待啓超者，不可謂不厚，所以愛啓超者不可謂不深，每一念及，無以爲報。竊聞之，君子愛人以德，仁者增人以言，公之所以惠啓超者在是，啓超所欲還以報公者亦即在是[70]。

另上書張之洞建議上下兩策，上則「率三楚子弟，堂堂正正清君側之惡，奉太后頤養耄年，輔皇上行新政。」次則「以一紙之封事，謝天下之責望，身既膺兼圻之威，言即有九鼎之重，亦可以寒賊膽於萬一，拯君難於須臾。」[71]是亦此後兩派成敗關鍵之所繫。

迨光緒三十一（一〇九五）同盟會成立後，革命勢力益加雄厚，康、梁絕口不談勤王事，改以君憲救國相號召，與國內知名文士張謇等相呼應；惟始終對清廷仍持妥協之態度。及見屢次聯合請願召開國會目的不遂，而清廷籌備立憲之一無實際，激憤之餘復轉而同情革命事業。以故武昌義舉之時，雖屬立憲派人士，亦多踴躍響應也。

---

70 飲冰室文集，卷四十三，頁二〇。

71 飲冰室文集，卷四十三，頁二十七。

（臺北，大陸雜誌，第二五卷，第一、二期，
民國五一年七月，頁一〇至一五，二〇至二四。）

一八　光緒己亥建儲與庚子兵釁

一、引　言

光緒庚子拳禍，爲慈禧對外人態度轉變之關鍵。在此之前，因戊戌政變後各國反對廢立，慈禧銜恨之餘，由己亥建儲，進而縱拳排外，德宗日戰慄於朝不保夕之境。在此以後，慈禧罷黜大阿哥，同情新政，表面似有所醒悟。至於內外大臣之因應，則因公私記載之紛歧，不易臆斷其是非。姑討論其事，以就正於方家。

二、舊黨廢立之陰謀

戊戌政變後，德宗被囚於瀛臺，慈禧從守舊大臣請，頗欲實行廢立，八月十日乃有帝疾徵召名醫之詔。略曰：

朕躬自四月以來，屢有不適，調治日久，尚無大效。京外如有精通醫理之人，即著內

外臣工切實保薦候旨。其現在外省者，即日馳送來京，勿稍延緩。❶

榮祿因係發動政變之首腦，遂被指爲廢立之主謀。駐京各國公使聯合抗議於總署，聲稱如發生不祥事件，將引起各國之干涉，慈禧銜恨之而無可奈何。李希聖「庚子國變記」記其事曰：

太后方日以上病狀危告天下，各國公使謁奕劻，請以法醫入視病，太后不許。各公使又亟請之，太后不得已召入，出語人曰：「血脈皆治，無病也。」太后聞之不悅。已而康有爲走入英，英人庇焉，遂以李鴻章爲兩廣總督，欲詭致之，購求十萬金。而英兵衛之嚴，不可得。鴻章以狀聞，太后大怒曰：「此雠必報」！時方食，取玉壺碎之曰：「所以志也」。而梁啓超亦走日本，使劉學詢、慶寬並刺之，無所成而返。❷

其言容有所渲染，不可盡信，而慈禧之欲廢德宗則無疑問。是時疆吏中惟江督劉坤一表示反對，榮祿初雖贊同廢立，後因有所顧忌，亦持慎重態度。時人筆記有關此類記載甚多。王照「方家園雜詠紀事」記曰：

---

❶ 清德宗實錄，卷四百二十六，頁十三。

❷ 李希聖「庚子國變記」頁一，光緒二十八年刻本。

> 戊戌八月變後，太后即擬廢立，宣言上病將不起，令太醫揑造脈案，偏示內外各官署，並送東交民巷各國使館。各使偵知其意，會議薦西醫入診，拒之不可。榮祿兼掌外務，自知弄巧成拙，又嘗以私意陰示劉忠誠公，忠誠復書曰：「君臣之義已定，中外之口難防，坤一爲國謀者以此，爲公謀者亦以此。」榮祿悚然變計，於是密諫太后，得暫不動。❸

姚永樸「舊聞隨筆」，措辭稍異，而內容略同：

> 新寧劉忠誠公（坤一），當光緒戊戌變政時，孝欽顯皇后因用康南海（有爲）、梁新會（啓超）之故，怒德宗，乃以端郡王之子溥儁爲穆宗嗣子，令榮文忠公（祿）電告各省督撫。公方督兩江，覆電中有「上下之分已定，中外之口宜防，坤一所以報國者在此，所以報公者亦在此。」數語大位始不致搖動。❹

皆基於同情德宗之立場，認爲德宗之不廢乃榮祿受坤一所左右。晚近史家據之，多採錄於著作。李劍農之「中國近百年政治史」載稱：

---

❸ 王照「方家園雜詠紀事」其四，頁七，戊辰仲夏鋟板。

❹ 姚永樸「舊聞隨筆」卷三，頁十五，己未春三月刊本。

老於世故的西太后，知道外重內輕之勢已成，雖然拿住了直督和北洋軍事權，卻不知南方各省督撫的意思如何，因令軍機處密電南方各督撫，探詢意旨。不料遇著一位不辨風色的兩江總督劉坤一，說什麼「君臣之義已定，中外之口宜防」的十二個字來，把他們的計劃頓挫了，光緒帝有名無實的皇帝，又暫時保住了。❺

蕭一山之「清代通史」則抄寫「方家園雜詠紀事」於書正文❻。此二書流行海內外，為治近代史著所必讀，是以此一電文，遂為人世所深信不疑。

按清制漢臣不得過問宮廷事，晚清政權雖偏外重內輕，督撫之升黜始終操之於朝廷。疆吏之聲勢遠不及唐末之藩鎮。故坤一之反對廢立，措辭不能不有所斟酌也。今核對劉忠誠公遺集，有關反對廢立資料，一為光緒二十四年（一八九八）八月二十八日致總署之電，略曰：

謹密陳者：國家不幸遭此大變，經權之說須慎，中外之口宜防。現在謠諑紛騰，人情危懼，強鄰環視，難免借起兵端。伏願我皇太后我皇上慈孝相孚，尊親共戴，護持宗

❺ 李劍農「中國近百年政治史」，上册，頁二〇〇，臺灣商務印書館民國四十六年五月版。

❻ 蕭一山「清代通史」，第四册，頁二一五二，臺灣商務印書館民國五十二年二月版。

社，維繫民心。❼

一爲同年九月二十六日致榮祿書，略曰：

密啓者：天下皆知聖躬康復，而醫案照常通傳，外間轉滋疑議。上海各洋報館恃有護符，騰其筆舌，尤無忌憚，欲禁不能。可否奏請停止此項醫案，明降諭旨，聲明病已全愈，精神尚未復元。當此時局艱難，仍求太后訓政似乎光明正大，足以息衆喙而釋群疑。以太后之慈，皇上之孝，歷二十餘年始終如一，常變靡渝，固列祖列宗在天之靈，亦莫非公與親賢調護之力也。❽

其措辭之隱諱，用語之婉轉，大異王照之所記，可作李、蕭二先生著作之補充。

三、大阿哥之立置

榮祿在滿洲大臣中，手腕靈活，而富膽識，且爲慈禧所信任。光緒二十五年（一八九九）

---

❼ 劉忠誠公遺集電奏卷一，頁四十四至四十五，宣統元年己酉九月雕本。

❽ 同上書書牘卷十三，頁四至五。

冬，守舊大臣崇綺、徐桐、剛毅、載漪、啓秀等，日夕密謀廢立之策，卒因榮祿反對未能實現。「方家園雜詠紀事」載其經過甚詳：

徐桐、崇綺擬就內外大臣聯名籲請廢立奏稿，先密請太后一閱，太后可之，諭曰：「你兩人須先同榮祿商定。」是時榮總統董、馬、張、聶、袁五軍（按：榮祿所統武衛全軍，聶士成爲前軍，董福祥爲後軍，宋慶爲左軍，袁世凱爲右軍，張俊爲中軍。）勢最大也。二人往見榮曰：「奉太后旨意，以此稿示爾。」榮相接稿，甫閱摺由，以手奉腹大叫曰：「啊呀！這肚子到底不容啊！適纔我正在茅廁，瀉痢未終，聞二公來有要事，提褲急出，今乃疼不可忍。」言畢蹌踉奔入，良久不出。天正嚴寒，二人納稿於袖，移坐圍爐。榮相之入，乃尋樊雲門（增祥）議答法也。及出曰：「適纔未看明何事，今請一看。」復接稿閱數行，急捲而納諸爐中，以銅筋撥之燄騰起，口中呼曰：「我不看哪」！徐桐大怒曰：「此稿太后閱過，奉懿旨命爾閱看，何敢如此？」榮相曰：「我知太后不願作此事」。二人言實出太后之意。榮相曰：「我即入見，果係太后之意，我一人認罪。」二人怏怏而去。榮相見太后，痛哭碰頭言：「各國皆稱皇上爲明主，非臣等口辯所能解釋，倘行此事，老佛爺的官司輸了。老佛爺辛苦數十年，完全名譽，各國尊仰，今冒此大險，萬萬不值，倘招起大變，奴才死不足惜，所心痛者，我的聖明皇太后耳！」言畢碰頭作響，大哭不止。太后懼而意回，勸令勿哭，另作計劃。於是改命新皇帝溥

儁屈爲大阿哥，入宮養育，承嗣穆宗，稱今上曰皇叔。❾

另據惲毓鼎「崇陵傳信錄」記其事曰：

三公者（崇綺、徐桐、啓秀）日夕密謀，相約造榮第，說以伊、霍之事，崇、徐密具疏草，要榮署名，同奏永寧宮。十一月二十八日啓朝退，先謁榮達二公意，榮大驚，佯依違其間，速啓去，戒閽者勿納客，二公至，閽者辭焉。次日朝罷，榮相請獨對，問太后曰：「傳聞將有廢立事，信乎？」太后曰：「無有也，事果可行乎？」榮曰：「太后行之誰敢謂其不可者，顧上罪不明，外國公使將起而干涉，此不可不愼也。」太后曰：「事且露奈何？」榮曰：「無妨也，上春秋已盛，無皇子，不如擇宗室近支子，建爲大阿哥，爲上嗣，兼祧穆宗，育之宮中，徐篡大統，則此舉有名矣。」太后沈吟久之曰：「汝言是也」。遂於（十二月）二十四日召集近支王公貝勒、御前大臣、內務府大臣、南上兩書房翰林、部院尚書於儀鸞殿，上下驚傳將廢立，內廷蘇拉且昌言曰：「今日換皇上矣」！迨詔下，乃立溥儁爲大阿哥也。❿

❾ 方家園雜詠紀事，其五，頁八至九。

❿ 引自左舜生「中國近百年史資料初編」下冊頁四六五，民國二十七年十月中華書局版。

以上兩書所記雖有出入，其相同處，慈禧因接受榮祿之建議，德宗始得暫時不廢。榮祿非有愛於德宗，乃懼外力之干涉也。溥儁爲端郡王載漪次子，載漪之父爲宣宗第五子惇郡王奕誴。同日清廷之立儲詔曰：

朕以沖齡入繼大統，仰承皇太后垂簾聽政，殷勤教誨，鉅細無遺。迨親政後，復際時艱，亟宜振奮圖治，敬報慈恩，即以仰副穆宗毅皇帝付託之重。乃自上年以來，氣體違和，庶政殷繁，時虞叢脞。惟念宗社至重，是以籲懇皇太后訓政，一年有餘朕躬總未康復，郊壇宗社諸大祀弗克親行。值茲時事艱難，仰見深宮宵旰憂勞，不遑暇逸，撫躬循省，寢饋難安。敬念祖宗締造之艱，深恐弗克負荷。且追維入繼之初，恭奉皇太后懿旨，俟朕生有皇子，即承繼穆宗毅皇帝爲嗣，此天下臣民所共知也。乃朕痼疾在躬，艱於誕育，以致穆宗毅皇帝嗣續無人，統系所關，至爲重大，憂思及此，無地自容。諸病何能望愈？用是叩懇聖慈，於近支宗室中愼簡元良，爲穆宗毅皇帝立嗣，以爲將來大統之歸。再四懇求，始蒙俯允，以多羅端王載漪之子溥儁承繼爲穆宗毅皇帝之子，欽承懿旨，感幸莫名。謹當仰遵慈訓，封載漪之子溥儁爲皇子，以綿統緒，將此通諭知之。⑪

⑪ 清德宗實錄，卷四百五十七，頁一一。

立嗣本爲清制所不許，其爲捏造德宗之意可知。同日派大阿哥明年正月初一日至大高殿、奉先殿、壽皇殿恭代行禮，並規定嗣後大阿哥居宮中著在弘德殿讀書，居頤和園著在萬善殿讀書，由崇綺授讀，徐桐常川照料⑫，舊黨之陰謀乃大獲成功。因各公使不肯入賀，慈禧乃益加仇視外人。

溥儁頑劣不冥，性類其父，「方家園雜詠記事」載其入宮後之生活曰：

> 自溥儁入宮，宮中諸人心目中皆以儁爲宗主，視上如贅旒。而儁性驕肆，謂上爲瘋爲傻，昌言無忌，上佯若不聞。及西巡，所至太后皆命儁與隆裕同室，意上性剛烈，可以挫辱致死，而上知其意，始終以呆癡應之。⑬

另據吳永「庚子西狩叢談」所記，溥儁在宮中之日常言行，更失上下體統：

> 溥儁性甚頑劣，在宮時，一日德宗立廊下，彼突從背後舉拳擊之，德宗至仆地不能起，以後哭訴太后，乃以家法責二十棍。……平日對諸宮監亦無體統，衆皆狎玩而厭惡

---

⑫ 同上書。

⑬ 「方家園雜詠記事」其十，頁十八至十九。

之。⑭

西狩期間，溥儁行爲不改往昔。日人吉田良太郎、清八詠樓主人合撰「西巡回鑾始末記」，記其事曰：

大阿哥不喜讀書，所好者音樂、騎馬、拳棒三者而已。每日與太監數人至戲園觀劇，頭戴金邊氈帽，身著青色緊身袍，束紅色巴圖魯領褂，無異下流。最喜看連環套，嘗點是齣，有京伶名嚴玉者屢邀厚賞。

大阿哥音樂學問極佳，凡伶人作樂時有不合者，必當面申飭，或親自上臺敲鼓板，扯胡琴，以炫己長。

十月十八日，大阿哥瀾公溥儁率領太監多名，與甘軍鬨於城隍廟之慶喜園，太監大受傷，□□□□□在座，均遭殃及。起釁之由，因爭坐位而起。太監受傷後，又不敢與甘軍一圖報復，遂遷怒於戲園，囑某中丞將各園一律封禁，並將園主枷示通衢。⑮

似此行徑又焉能使國人心服，倘不幸繼德宗即帝位，國事當不堪設想矣！

⑭ 吳永口述、劉治襄筆記「庚子西狩叢談」卷四，頁一四六至一四七，文海出版社近代中國史料叢刊影印本。

⑮ 引自程演生「中國內亂外禍歷史叢書」第三十四冊，頁二一九至二二〇，民國二十五年七月神州國光社版。

四、清廷對外宣戰之端機

庚子對外宣戰之機，乃起於聯軍要求慈禧歸政之傳說，而促其成者則爲榮祿。「崇陵傳信錄」記其事甚詳：

> （五月）二十一日未刻，復傳急詔入見。申刻，召對儀鸞殿。……太后隨宣諭：「頃得洋人照會四條：一指明一地令中國皇帝居住，一代收各省錢糧，一代掌天下兵權。……今日釁開自彼，國亡在目前，若竟拱手讓之，我死無面目見列聖，等亡也。一戰而亡不猶愈乎？」群臣咸頓首曰：「臣等願效死力」。有泣下者。惟既云照會有四條，而所述祇得其三，退班後詢之榮相，其一勒令皇太后歸政，太后諱言之也。……群臣既退，集瀛秀門外，以各國照會質之譯署，諸公皆相顧不知所自來，或疑北洋督臣裕祿實傳之，亦無之。嗣更知二十夜三鼓，江蘇糧道羅某遣其子扣榮相門，云有機密事告急。既見以四條進。榮相繞屋行，旁皇終夜，黎明遽進御，太后悲且憤，遂開戰端。其實某官輕信何人之言，各國無是說也。⑯

---

⑯ 引自「中國近百年史資料初編」，下冊，頁四六九至四七〇。

毓鼎時任翰林院侍讀學士，身歷其間，耳聞目睹，所記應屬可信。另據袁昶「亂中日記殘稿」，知上書榮祿之羅糧道爲羅嘉杰。其五月二十四日之「日記」記曰：

決戰之機，由羅糧道嘉杰上略園相書（按：榮祿字略園），稱夷人要挾有四條。（相出示同列，其一條稱請歸政，不知確否？各公使無此語，豈出於各水師提督照會北洋耶！北洋不以上聞，而羅輕啓當國者，此人乃禍首也。）致觸宮闈之怒，端邸、徐相、剛相、啓秀等，又力主懲治外人，推抨之機遂決。⓱

他種記載若「庚子國變記」、「庚子西狩叢談」等書，所述略同。羅書乃揣慈禧意所僞造，其所以獨上榮祿者，以榮受知於太后，而隱握政秉也。及中外開釁，拳民之術不驗，榮祿頗悔悟，乃暗中保護使館，以圖減輕災難。復恐各國不容於己，乃命其黨代纂「景善日記」以求洗刷。是作之不足信，金梁「四朝佚聞」上卷「景善日記條」，及程明洲「所謂景善日記」一文⓲，已有詳細考證，不再贅述。玆應特別指出者，該「日記」處處表露慈禧之仇視德宗，尤以反對歸政言論獨多。再三强調榮祿自始即力主保護使館，痛剿拳民，語意之間對德宗似有無限之同情，其有意委咎慈禧見好外人之用心昭然若揭也。「日記」首敘述慈禧欲廢德宗之

⓱ 引自袁允橚「太常袁公行略」，光緒三十一年石印本。
⓲ 載燕京學報第二十七期，民國二十九年六月版。

決心：

（光緒二十五年十二月二十五日）載灃來告昨日召見情形，聖母先於鸞儀殿召見恭、端二王，貝勒瀅、濂二貝勒，大學士、各部尚書、內務府大臣等，老佛降旨有易大位之意。言以年前立皇上之時，各省中嘖有煩言，因穆宗無子之故（也）。況當今實屬辜負厚恩，具有天良應如何孝順以答之，不意上年康黨之變，爲皇上作主，害予一舉，爲上贊成，是以現已定奪，立刻廢之，另立他人爲穆宗之子，元旦嗣皇應登極也。茲有（由）卿等商議，於廢上之後應如何處置之。⑲

繼亦稱清廷之對外宣戰，由於各國要求慈禧歸政所引起；但謂致送聯軍照會出自載漪、啓秀、那桐之手。並云榮祿早知對外宣戰之不可，只因太后盛怒，恐有意外發生，不敢勸阻：

（光緒二十六年五月）二十四日，昨午刻裕帥有到京奏，以洋夷膽敢要索我大沽砲臺，歸彼族看管，並請皇太后立時宣戰，以申天討，而正國法。太后立時叫起王太臣，慈顏頗動聖怒，定於今日召見王公、六部尚、侍、九卿等垂詢一切。嗣由端王、啓軍機、那閣學將各使適纔致送之照會呈覽，該照會竟敢請老佛立時歸政，將大阿哥革職，仍

⑲ 引自中國近代史資料叢刊「義和團」，第一冊，頁五九。

請皇上復位，兼之由彼族請皇上允准，一萬洋兵來京爲彈壓地面。剛相云以未曾見慈顏如此怒容，康黨之變雖大發雷霆，尚不如此之甚也。老佛有言，彼族焉敢干預予之權，是可忍孰不可忍也，當滅此朝食。現老佛定准立決死戰，慈意所屬，雖沐恩甚優之榮相亦不敢勸阻，恐生意外之故也。⑳

次述慈禧對外決裂之決心，與榮祿之孚衆望，及其自始堅主保護使館之態度：

（光緒二十六年五月二十四日）太后先命王等進殿内跪聆懿旨，詞氣極爲激烈，諭以萬難稍爲寬容洋人無理之要求。如稍事姑息，在國體殊有妨礙，更何辭以對在天之靈也。在各使未請歸政以前，尚有嚴懲團民之意。乃歸政一事朝廷自有權衡，非外人所得干預也。況當今體素稱弱，垂廉聽政本係不得已之舉，現已定奪與洋人決裂，不可再爲挽回也。……榮祿老成謀國，中外咸推之大臣，此次膠執己見，力主護使，未蒙俞允。㉑

復對德宗加以推崇，而予大阿哥溥儁，及端王載漪、莊王載勛等以無情之抨擊：

⑳ 同上書，頁六六。

㉑ 同上書，頁六七。

(光緒二十六年五月二十七日)今晚瀾公來談，言以今早大阿哥竟敢詈罵皇上以二毛子。後因被申斥之故，以拳擊聖顏。皇上立刻奏老佛，慈顏頗動聖怒，命崔總管鞭撻大阿哥之臀二十，端王深滋不悅。……

(五月二十九日)今日卯刻，端、莊二王與貝勒載濂、載瀅，率領義勇六十餘人，膽敢闖入大內，搜拏教民。兩宮尚在寢宮，乃太監均怕端邸之權勢，未敢攔阻。王等至皇極庶外，大聲鼓噪，云以我等願見皇上，因有緊要之事等語。言畢口出不遜，竟敢詈上以二毛子。此事予聞之甚詳，因總管內務府大臣文公告知一切情形，端似有酩酊之態也。㉒

甚且云榮祿之「媚外」，爲守舊大臣所指摘。因其既不肯借大砲於董福祥以攻使館，更爲保護使館不計個人利害分辯於太后之前，至其人品之高尚，天下當無能出其右者：

(六月八日)榮相媚外之意，國老多加指摘，未首肯供大砲之故也。……榮相秉性耿直不阿，立言侃侃，眞爲勇敢，如云當紂之時居北海之濱以待天下之清，似不過當也。……榮相欲設法爲洋人分辯，並向老佛面奏，以戕害此孤弱之洋人無補於時，實不足爲中國之榮，並於老佛慈善之名聲頗有妨礙。嗣後凡稟生於地球者，莫不大笑我中國

㉒ 同上書，頁七三至七四。

不仁而不武等語，其言極爲洋人緩頰。老佛云：「以汝言未嘗不然，乃所愛之洋人久有令予歸政之意，予當與伊等甘心焉。道、咸以來，喧賓奪主，現有洩積忿之一日，不亦樂乎。」等因。榮相默然無言。㉓

進一步竟明白指出各國請求歸政照會出自端王之僞纂，不足爲信，以歪曲其事。

（六月二十日）今早榮相面奏老佛，以請歸政之照會出自僞纂，本係端王作主，令章京連某修纂，此事之內容爲榮所深知，老佛深滋不悅。㉔

由上引各文觀之，是榮祿之有意安排以謀取信於聯軍也。該「日記」之僞纂，當在庚子七八月間聯軍陷京師後榮祿滯留保定期間。是時各國要求歸政德宗甚力，以圍攻使館係榮祿所部，指爲禍首，反對其膺任和議大臣，榮祿爲自求解脫，故有是作也。

五、慈禧之寃戮直臣

㉓ 同上書，頁七五至七六。

㉔ 同上書，頁七八。

德宗於戊戌政變後，日惴惴於慈禧淫威之下，每值朝議，形同木偶。拳亂既作，以關係國家存亡，深不值頑固諸臣之所爲。庚子五月下旬廷議之時，遂一反沉默態度，力言開釁各國之非計。「庚子國變記」所載五月二十二日第四次御前會議情形甚詳：

> 二十二日又召見大學士六部九卿，載漪請攻使館，太后許之。聯元首亟言曰：「不可，倘使臣不保，洋兵他日入城，雞犬皆盡矣。」載瀾曰：「聯元貳於夷，殺聯元夷兵自退。」太后大怒，召左右立斬之，莊親王載勛救而止。聯元載勛包衣也。協辦大學士王文韶言：「中國自甲午以後財絀兵單，衆寡强弱之勢既已不侔，一旦開釁，何以善其後，願太后三思。」太后大怒而起，以手擊案罵之曰：「若所言吾皆習聞之矣，尚待若言耶！若能前去令夷兵毋入城，否者且斬若！」文韶不敢辯。上持許景澄手而泣曰：「朕一人死不足惜，如天下生靈何？」太后陽慰解之，不懌而罷，自是嗛景澄。㉕

「崇陵傳信錄」所記略同，但指會議時間爲二十三日，是爲此後許景澄等被殺之主要原因。庚子西狩期間，懷來知縣吳永以迎駕扈從有功，慈禧頗有知遇之感，屢有破格之賞，嘗與永追述往事，仍有餘恨也。「庚子西狩叢談」記其事曰：

㉕ 庚子國變記，頁四至五。

一日入見，奏對事畢，太后與皇上同坐，倚窗匠上。余見太后意尚閒暇，因乘間奏言：「徐用儀、許景澄、袁昶三臣，皆忠實爲國，當時身罹法典，當然必有應得之罪，顧論其心迹，似在可原。據臣所聞，外間輿論頗皆爲之痛惜，可否亮予昭雪？」方言至此處，意尚未盡，突見太后臉色一沉，目光直注，兩腮迸突，額間筋脈悉僨起，露齒作噤齘狀，厲聲曰：「吳永，連你也這樣說耶？」予從未見太后發怒，猝見此態，惶悚萬狀，當即叩頭謝曰：「臣冒昧不知輕重」。太后神色略定，忽將怒容盡斂，仍從容霽顏曰：「想你是不知道此中情節，皇帝在此，你但問皇帝，當時叫大起，王公大臣都在廷上，尚未說著話，他數人叨叨切切，不知說些什麼？哄著皇帝，至賺得皇帝下位，牽著許景澄衣袖，叫許景澄你救我，彼此居然結著一團，放聲縱哭，你想還有一毫體統麼？你且問皇帝，是否實在？」皇上默無一語。㉖

是時吳永方蒙眷顧，慈禧尚如此震怒，如換他人，難保無口舌之禍。蓋許景澄出使歐洲有年，又在總理衙門辦事久，接觸多外人，已招太后之忌；況此時慈禧方誤各國以歸政相要脅，而德宗素不近大臣，今見其相持談論，惟恐別有所圖，景澄等遂因之而獲罪。故同年七月十五日山東巡撫袁世凱致電滬寧鐵路督辦盛宣懷，稱許景澄之死因：「或謂代各使送信，或謂侵

㉖庚子西狩叢談，卷四，頁九七。

犯某邸，或謂請歸政。傳說不一，未知孰是，大約由於口舌文字受禍。」㉗證以吳永之言，固非無中生有之詞也。

六、辛丑之廢儲

兩宮西狩期間，慈禧懼國人之不諒於己，意頗自慚，對於德宗之待遇大爲改善，每逢廷臣奏對，多諮詢帝意，而德宗以久受挾制，仍不敢有所裁決。「庚子西狩叢談」記西安行在德宗生活情形曰：

前清宮廷體制外觀似甚嚴重，乃內容並不十分祗肅。宮監對於皇上殊不甚爲意，雖稱之爲萬歲爺，實際不啻爲彼輩播弄傀儡。德宗亦萎靡無儀表，暇中每與諸監坐地玩耍，尤好於紙上畫成大頭長身各式鬼形無數，仍拉雜扯碎之。有時或畫成一龜，於背上塡寫項城姓名（按：指袁世凱而言），粘之壁間，以小竹弓向之射擊。既復取下剪碎之，令片片作蝴蝶飛，蓋其蓄恨於項城至深，幾以此爲常課。見臣下尤不能發語，每次宴見，必與太后同座一匟，匟多靠南窗下，太后在左，皇上在右，即向中間跪起，先相對數分鐘，均不發一言。太后徐徐開口曰：「皇帝，你可問話？」乃始問：「外間安靜

㉗ 盛宣懷「愚齋存稿」卷三十八，電報十五。

否？年歲豐熟否？」凡歷數百次，祇此兩語，即一日數見亦如此。二語以外，更不加一字，其聲極輕細，幾如蠅蚊，非久習殆不可聞。皇上問罷，太后乃滔滔不絕，大放厥詞，尤好拈用四字兩字名詞，古文成語，脱口而出。然人情世故，頗甚明澈，數語後即洞悉來意，故諸大臣頗畏憚之。太后如此聰强，而德宗如此巽懦，宜其帖耳受制，不能有所舒展也。或言德宗養晦爲之，則非小臣所敢知矣。[28]

吳永時爲外臣，德宗起居瑣事或得之於傳聞，或由想像而來，未可據以爲信。至德宗與大臣奏對時之態度，吳永目睹耳聞，則可靠成份甚大。復據「西巡回鑾始末記」記載兩宮駐蹕西安期間逸事一則：「大阿哥養一小狗，皇上索去，後大阿哥又命太監索回，相傳皇上因此曾罰大阿哥。」[29]倘若可信，則德宗之地位已大異於前矣。

慈禧復以聯軍指載漪爲禍首，爲爭取國人之同情，乃有黜廢大阿哥之舉。「庚子西狩叢談」謂慈禧罷儲之動機，由於吳永之奏對，而吳永因奉命至兩湖催餉，受鄂督張之洞之囑託也。其言曰：

---

[28] 庚子西狩叢談，卷三，頁八六至八七。

[29] 日人吉田良太郎、清八詠樓主人「西巡回鑾始末記」卷三，引自「內亂外禍歷史叢書」，第三十四冊，頁一八六。

予在湖北時，屢謁制府張文襄公，意頗親切，詢及出狩及行在情形，每感歎不止。一日忽談及大阿哥，公謂：「此次禍端實皆由彼而起，釀成如此大變，而現在尚留處儲宮，何以平天下之人心？且禍根不除，尤恐宵小生心，釀成意外事故。彼一日在內，則中外耳目皆感不安，於將來和議，必增無數障礙。此時亟宜發遣出宮為要著。若待外人指明要求，更失國體，不如及早自動為之。君回至行在，最好先將此意陳奏，但言張之洞所說，看君有此膽量否？」予曰：「既是關係重要，誓必冒死言之。」曰：「如是甚善」。……

一日召見奏對畢，見太后神氣尚悅豫，因乘機上奏曰：「臣此次自兩湖來，據聞外間輿論似對大阿哥不免有詞。」太后色稍莊曰：「外間何言？與他有何關係？」予因叩頭奏曰：「大阿哥隨侍皇太后左右，當然無關涉於政治，但衆意以為此次之事，總由大阿哥而起，現尚留居宮中，中外人民頗多疑揣，即交涉上亦恐多增障礙。如能遣出宮外居住，則東西各强國皆稱頌聖明，和約必易就範。臣在湖北時，張之洞亦如此說，命臣奏明皇太后皇上，並言此中曲折，聖慮必已洞燭，不必多陳。第恐事多遺忘，但一奏明提及，皇太后定有區處。」太后稍凝思曰：「爾且謹密勿說，到汴梁即有辦法。」予遂叩頭起立，默計這一張無頭狀子，已有幾分告准也。[30]

---

[30] 庚子西狩叢談，卷四，頁九三至九七。

「方家園雜詠記事」，則謂張之洞爲廢儲事，特遣梁文忠至西安行在說慈禧。其言曰：

> 文忠由豫入陝，程愈近而心愈懼，籌思措詞之難，夜不成寐。因清律臣下言立太子廢太子皆大辟也。一日至潼關，登山遠眺，仍自心口相商，推敲字句，心忽開朗，口中自語曰：「不如我們自己料理呀」！默自諦審不誤，是夕始能熟睡。至西安召對，歷述本國臣民及外人傾服皇上之情，且云：「臣自南方來，聞洋人在上海已先議決，除殺端王外，尚有專條干涉立大阿哥事，倘至洋人提出時，傷我中國體面太大。以臣愚見，不如我們先自己料理呀！」太后正陰懼洋人追索本身，聞此連連點頭。文忠出，密告榮（祿）、王（文韶）諸大臣，不數日而廢溥儁之議遂定。[31]

足證張之洞對於大阿哥之罷黜有促成之力焉。辛丑回鑾駐蹕開封期間，十月二十日，清廷乃藉口載漪爲拳亂禍首，頒撤去大阿哥名號之詔。略曰：

> 已革端郡王載漪之子溥儁，前經降旨立爲大阿哥，承繼穆宗毅皇帝爲嗣，宣諭中外。慨自上年拳匪之變，肇釁列邦，以致廟社震驚，乘輿播越，惟究變端，載漪實爲禍首，得罪列祖列宗。既經嚴譴，其子豈宜膺儲位之重。溥儁亦自知惕息惴恐，籲懇廢黜，

---

31 「方家園雜詠記事」其十，頁十九。

自應更正前命，溥儁著撤去大阿哥名號，並即出宮，加恩賞給入八分公銜俸，毋庸當差。至承嗣穆宗毅皇帝一節，關繫甚重，應俟選擇元良，再降懿旨，以延統緒，用昭愼重。[32]

是日溥儁由榮祿扶之出宮，涕淚滂沱，狀頗淒切。乃移居八旗會館，慈禧給銀三千兩，命豫撫松壽派佐雜三員隨身照料。

同年十一月二十八日，兩宮返京，慈禧以聯軍已撤，大局粗定，復顢頇如故。「崇陵傳信錄」記拳亂後德宗之宮中生活曰：「歸自西安，尤養晦不問事，寄位而已。左右侍閹俱易以長信心腹，上苦坐無聊，日盤辟一室中。」[33]羅惇曧「庚子國變記」亦稱：「帝既久失愛於太后，當逃亂及在西安時，尚時詢帝意，回鑾後乃漸惡如前，公使夫人入宮有欲見帝者，召帝至，但侍立不得發一言。帝不得問朝政，例摺則自批之，蓋借庸闇以圖自全也[34]。當爲信實之言。

---

32 清德宗實錄，卷四八八，頁十二。

33 引自「中國近百年史資料初編」，下冊，頁四八六。

34 同上書，頁五三四至五三五。

七、結語

戊戌政變後，因外人之反對廢立，促成清廷之縱拳排外。樞臣榮祿爲慈禧所親暱，足以影響其決策。疆吏劉坤一致榮祿書雖有保全德宗之表示，但語婉而氣怯。至於榮祿之悚然變計，建議立儲，乃權衡内外形勢之不利，非坤一所能左右。

庚子對外宣戰之機，乃起於聯軍要求慈禧歸政之傳說，實由榮祿所促成。其後因拳民之術不驗，榮祿始暗中保護使館，以圖減輕其災難。及聯軍入京，復恐各國不容於己，乃命其黨代纂「景善日記」以求洗刷。外人信之，榮祿遂得脱漏於禍首之外。

辛丑廢儲，張之洞多有推動之功，而慈禧乃藉以求諒於國人。至於德宗，西狩期間地位雖略爲改善，回鑾之後慈禧仍厭惡如前，依然不得有所發舒。

（臺北，故宮文獻第一卷第四期，民國五九年九月，頁一至一二。）

一九　清季山東之教案與拳亂

一

庚子拳亂，爲我國近代史上之奇禍，其肇因雖非一端，而以國人仇視西教爲最著。按天主舊教之正式傳入中土，始於十六世紀之末利瑪竇（Ricci Matteo）之來華。然自康熙四十三年（一七〇四）教皇頒布禁止中國教徒敬祖，祀孔、祭天教令之後，以不容於中國數千年之風俗禮教，大召上層社會所不滿，而爲清廷所嚴禁。十九世紀之初，耶穌新教復行輸華，然以國人拘於積習，教務開展至爲困難。迨雅片戰後，道光二十四年（一八四四）中法黃浦條約中，法使喇萼尼（Theodose M. M. J. de Lagrene）堅請教士得在五口地方設置禮拜堂醫院，中國教禁從此弛放❶。咸豐八年（一八五八）之中英、中法天津條約，復准許英法教士自由至內地傳教，地方官應力爲保護，教民不得稍受凌虐❷。咸豐十年（一八六〇）之中法北京

---

❶ 道光條約，卷五。
❷ 咸豐朝籌辦夷務始末，卷二十八。

條約，更規定法國傳教士有在各省租買田地建造房屋之特權❸。光緒二年（一八七六）之中英煙台條約，關於領事裁判權方面，設立會審制度，每遇教案發生，外國公使得派員觀審或會審❹。民教之糾紛既多，外國公使每藉口中國違約進行交涉，教士亦多恃條約爲護符，干涉訴訟，袒護教民。教士教民中奉公守法份子固多，而不肖之輩往往依靠教勢，作奸犯科，欺壓善良。地方官基於懼外心理，不能持平判決，非教民受屈怨憤，遂致激發事端，此教案發生之由來也。

甲午戰後，中國問題捲入世界漩渦，各國競相劃分勢力範圍，而民教之衝突益趨激烈。拳亂之起，論者咸歸罪於歷任魯撫李秉衡、毓賢之縱使，而袁世凱則以能驅逐義和團於山東見稱於當時。此一觀念似成定案，向爲治史者所依據。殊不知此說多有歪曲之處，證以史料，甚不可信。蓋拳亂起因於教案，而教案尤多教士教民所逼成，茲討論其事，以辨李秉衡、毓賢之無罪，而證袁世凱之撫拳重於剿捕也。

二

初庚子八國聯軍之禍既作，中外輿論雖咸不值拳民之所爲，惟以大難之起，教士教民亦

---

❸ 咸豐朝籌辦夷務始末，卷六十七。
❹ 清季外交史料，卷七。

不能盡辭其咎責。同年十月，奧國弭兵社男爵蘇德乃（Suttner）曾致書中國駐俄使臣楊儒，詢以中外啓釁之故，楊儒覆書略曰：

> 此次中國亂事，實因民教之不和。查教士來華，原欲勸人爲善，其意甚佳。無如中國善良之輩，均不願捨己從人，其不可强之奉西教，猶各國人民不可强之奉孔教也。大凡入教者多係無賴莠民，皆恃教爲護符，爭訟攘奪，欺壓平民，積怨成仇，匪伊朝夕，一旦憤發，不可遏抑。❺

楊氏之言，蓋係由感而發，固非無中生有之詞也。德國挾殺使之恨，而國內多有同情華民之言論。柏林民報嘗以「論中國拳時情勢」爲題社評曰：

> 現在中國之事，可見中國人決不甘心各國瓜分，辦東方事之人可以明白，此事並非容易。外國人至中國，無非吮華民之血，食華民之肉，此係中國神人共憤之事。中國有中國之教，何以必欲使從西教？歐人所傳之教名爲耶穌，而所爲之事與國家勸善本意大相逕庭。爲何分人之國？爲何强華人購買西人之物？❻

---

❺ 引自光緒二十六年十月十一日上海中外日報。

❻ 引自呂海寰「庚子海外紀事」，卷四。

其前任駐華公使巴蘭德（Von Brandt）所著之「中國拳禍論」言之更切：

六十年前，歐洲以强力逼中國通商。至四十年前，教士陸續至東方，分佈各處，直欲將中國素所信奉父母神佛，一概欲湔除之。六年前又强逼中國建造鐵路，又紛紛傳說瓜分中國，歐人之逼迫中國如此，華人所以亟思自强以與歐人抗也。❼

其說均不無可取。按拳亂初起於山東，原名大刀會，以仇教爲宗旨，甲午戰後始漸顯著。其與教民衝突事件見於記載者，爲光緒二十二年（一八九六）五月碭山之役。乃教民劉藎臣搶割平民龐三田中麥禾所引起❽。龐三被欺不平，乃求助於大刀會首領劉士端。士端遣其黨彭桂林、智效忠等率千餘人至碭山，焚毀教堂，乘勢搶掠馬良集店舖，擾及曹縣、單縣一帶。事後經兩江總督劉坤一、山東巡撫李秉衡派兵會剿，將劉士端等拿獲正法，其黨始解散❾。李秉衡之上奏，對民教衝突之由來論列甚詳。略曰：

民教之所以積不相能者，則以平日教民欺壓平民，教士袒護教民，積怨太深，遂至一

---

❼ 原刊載德國孚斯報，引自「庚子海外紀事」，卷四。

❽ 義和團檔案史料，錄副摺包，光緒二十二年六月二十四日山東巡撫李秉衡摺。以下簡稱史料。

❾ 史料，電報檔，光緒二十二年五月二十五日兩江總督劉坤一電報。

發而不可制。其釀亂之由，有不可不亟圖挽救者。自西教傳入中國，習其教者率皆無業莠民，借洋教爲護符，包攬詞訟，凌轢鄉里，又或犯案懼罪，藉爲逋逃之藪。而教士則倚爲心腹，恃作爪牙，凡遇民教控案到官，教士必爲間說，甚至多方恫喝。地方官恐以開釁取戾，每多遷就了結，曲直未能胥得其平。平民飲恨吞聲，教民愈志得意滿。久之民氣遏抑太甚，積不能忍，以爲官府不足恃，惟私鬥尚可洩其忿，於是有聚衆尋衅，焚拆教堂之事，雖至身罹法網，罪應駢誅，而不暇恤，是愚民敢於爲亂，不啻教民有以驅之也。❿

秉衡且認爲每遇教案發生，外人輒以教堂被毀勒索巨額賠款。而教堂實建於通都大邑，其偏僻村鎮皆由教士就教民之稍能識字者任爲牧師神父，因其住宅爲講道之所，名爲教堂，實則破屋數間而已。一遇事故，教士張大其詞以告主教，主教復張大其詞以告各國公使，而公使遂向總署百端要挾，非達目的決不終止。徒長奸猾教民訛詐之風耳⓫！

光緒二十三年（一八九七）十月七日，山東曹州府鉅野縣張家莊德傳教士二人被害，乃大刀會所爲。巡撫李秉衡已緝捕兇犯，分別治罪，德政府竟藉口於同月二十日出兵强佔膠州灣。德國公使海靖（Heyking）復向總署提出要求多端：㈠革山東巡撫李秉衡職。㈡曹州、鉅

---

❿ 史料，錄副摺包，光緒二十二年六月二十四日山東巡撫李秉衡摺，附片。

⓫ 同上。

野及張家莊各建教堂一所，由官撥地各十畝，每處各給銀六萬六千兩。另給損失物件費三千兩。㈢鉅野、荷澤、鄆城、單縣、武城、曹縣、魚臺七處，各建教士住宅一所，共銀二萬四千兩，作爲償衅之用。㈣懲辦失察地方官吏。㈤保證今後永無此類事件發生。㈥明發諭旨，盡力保護教士。㈦今後山東若開辦鐵路及鐵路附近礦務，應儘先交德人籌辦。㈧准德國修築由膠澳至濟南之鐵路。㈨賠償德國辦理此案費用數百萬元⓬。膠州灣雖未列入，德人實無交還之意。除賠款外，總署盡允之。德教士生命之代價可謂大矣！明年二月十四日，雙方議定膠澳租借條約⓭，山東全省遂置於德國勢力支配之下，教會勢力日張，華民無端被殺案件接踵而起。

光緒二十四年（一八九八）春，膠州德人夤夜潛入華民李象風家，圖謀不軌，被李象風所殺。山東巡撫李秉衡殺李象風以相抵償，其事始已。二月，膠州德人復無端槍殺華民，於是「遠近洶洶，民懷怨憤。」御史胡孚宸奏請朝廷向德人嚴重交涉，認爲「德人橫暴，我民隱忍，隱忍不已，終必潰決。」⓮而總署竟不能追究。是時山東大刀會排外跡象並不顯著，而德主教危言聳聽，德公使復誇大其辭抗議於總署。諭命新任山東巡撫張汝梅切實派兵彈壓。閏三月二十八日汝梅奏稱：

⓬ 清季外交史料，卷一二八。
⓭ 清季外交史料，卷一三〇。
⓮ 史料，錄副摺包，光緒二十四年二月十日御史胡孚宸摺。

荷澤、定陶、曹縣、單縣、武城、鉅野、鄆城七屬，往往有入教莠民憑藉教堂欺壓良善情事。民間雖積怨甚久，究未敢顯與教堂爲難。……竊以教士遠涉重洋，其傳教原是勸人爲善，惟入教之始，不細加選擇，入教之後，遇事多所偏袒，於是搶劫之犯入教者有之，命案之犯入教者有之，負欠避債因而入教者有之，自揣理屈恐人控告因而入教者有之。甚至有父送忤逆，子投入教，遂不服傳訊者有之。一經入教，遂以教士爲護符，凌轢鄉黨，欺悔平民，睚眦之仇，輒尋報復。往往造言傾陷，或謂某人毀謗洋教，或指某人係大刀會匪，教士不察虛實，遽欲怵以兵威。不知教士之勢愈張，則平民之憤愈甚，民氣遏抑太久，川壅則潰，傷人必多，其患有不可勝言者。[15]

汝梅之論，略同於光緒二十二年（一八九六）六月李秉衡之摺。是秉衡對教士教民之批評非盡誣衊之詞也。光緒二十五年（一八九九）二月，毓賢代張汝梅爲山東巡撫，是時拳衆之勢漸張，德兵藉口魯民仇教，强據沂州所屬日照縣，分兵擾及附近蘭山縣各村落，屢有焚燒房屋，攆逐居民事件發生[16]，人心益爲浮動。起初清廷但求地方之安謐，於山東民教衝突案件，屢旨魯撫切實公平議結。光緒二十五年（一八九九）二月二十五日諭稱：

---

[15] 史料，錄副摺包。

[16] 史料，電寄檔，光緒二十五年二月二十六日軍機處寄山東巡撫張汝梅電旨。

近來山東民教不和，屢屢滋衅，亦實不免有虐待教民情事，以致彼教銜恨，藉事生風，此種情形，總由地方官平時不善開導，遂至睚眦報復，積怨成仇，口角細故，致釀巨案。著該撫諄飭各州縣，即行剴切曉諭士民，須知入教之人，同係朝廷赤子，與爾民生同里閈，自應誼篤睦婣，不必因其習教，故存嫉惡之心。庶彼此相安無事。遇有詞訟，無論教不教，地方官總應一律持平辦理，毋得稍涉歧視，以期消患無形。⓱

另由總署擬定地方官接待教士章程五條：㈠如主教其品位既與督撫相同，准其請見總督巡撫。倘主教因事回國，或因病出缺，其代理之司鐸，應享同等之權利。其餘司鐸按其品秩，得請見司、道、府、廳、州、縣各官。㈡主教應將所派負責與地方官交涉之各司鐸姓名、教堂、住處，開單報明督撫，以便飭屬照章接待。㈢若主教居住外府，不必遠赴省城請見督撫。遇有事故，得向督撫修書或寄遞名刺。㈣各省如有教案發生，所在之主教、司鐸，須轉請教皇專託保護天主教之國之公使或領事，商同總理衙門或地方官辦理了結。㈤地方官應隨時曉諭約束所在平民，務與教民一視同仁，不得挾嫌搆釁。主教司鐸亦應勸誡教衆，專心嚮善，以保教中聲名，俾令平民悦服⓲。惟各公使與主教，囿於成見，拒絕接受與商討。

毓賢之爲人，誠然固執排外，但其於山東巡撫任内對於教士教民亦盡其保護之責，對於

⓱ 史料，硃批奏摺。
⓲ 光緒朝東華續錄，卷一五二。

義和團顯無縱容之意圖。斯泰葛爾（G. N. Steiger）於其所著之「中國拳亂始末」(China and the Accident; the Origin and the Development of the Boxer Movement) 中已言之甚詳：

> 毓賢的地位異常困難，他處置這次的事變既然和中國的法律和習慣相符合，他自然怨恨傳教士的批評，和北京外交團對他的攻擊。……外人居住的地方，他卻派衛隊保護，對於傳教士們不幸的事變，他也盡力的防護。如果這些愛國的民團同教民爲難，一定是因爲教民爲社會一般人士所不喜。而且事實上證明教士在實力充足時，常常無緣無故的侵犯義和拳。

按是書所依據之材料，多爲外國之檔案和當時外國傳教士之報告，以及聯軍將領之筆記，其可靠性甚大。是時魯西直隸東南一帶，因黃河氾濫，連年災荒之故，拳勢發展至爲迅速。然其最初目的，充其量不過想强迫外國教士退出中國，對於基督教徒之恐駭勒索，無非促使其脫離教會，而無傷害之企圖⑲。光緒二十五年（一八九九）三月二十一日毓賢奏稱：

> 東省民教不和，由來已久，緣入教多非安分良民。……邇來彼教日見鴟張，一經投教，即倚爲護符，橫行鄉里，魚肉良民，甚至挾制官長，動輒欺人，官民皆無可如何？斷

⑲ G. N. Steiger: China and the Accident; the Origin and the Dovelopment of the Boxer Movement.

無虐待教民之事。每因教民肆虐太甚，鄉民積怨不平，因而釀成巨案。該國主教祇聽教民一面之詞，並不問開衅之由，小則勒索賠償，大則多端要挾，必使我委曲遷就而後已。⑳

同年五月十九日，毓賢會同兗沂道彭虞孫，與德主教安治泰（Anzer），將沂屬教案議結，共卹德人七萬七千八百二十兩，華民受虧而償款，群情爲之激動。事後毓賢奏稱：

東省民教積仇，已非一年，辦教案者多畏洋人，不能持平，是以平民受教民欺辱無可控訴，柔弱者甘心受辱，剛强者激而思逞，與教民爲難，非得已也。奴才現已嚴飭地方官認眞彈壓，剴切勸諭，務使民教相安無事，或有以紓巨患而靖民心。㉑

六月，毓賢糾參山東諸城縣在籍降補中允臧濟臣，前聊城縣教諭臧俞臣，私立會團，自稱團長，强使人民捐獻錢穀，恃衆滋鬧。旋奉旨，著即行革職，交地方官嚴加管束㉒。是毓賢抑制拳衆之明證。九月初九日御史張元奇以德主教安治泰縱容包庇教民，欺壓善良，奏請總署

⑳ 史料，硃批奏摺。
㉑ 史料，錄副摺包，光緒二十五年六月初十日山東巡撫毓賢摺。
㉒ 光緒朝東華續錄卷一五四。史料，夏季檔。

王大臣，按約據理照會駐京德使與之力爭㉓。未幾平原教案發生，拳亂因之擴大，毓賢竟以此而罷職。

三

平原教案起因於連歲歉收，貧民無所得食，而教民恃教士之勢，借教士之財，囤積居奇，高抬糧價，以致群情積憤，致思報復㉔。光緒二十五年（一八九九）八月十三日，平民李長水等搶教民李金榜家，金榜控於平原縣，縣令蔣楷於十八日差縣役陳得和前往拘拏李長水等，獲從犯六人，而長水在逃。以陳得和之乘機訛詐，鄉民多切齒。乃相邀赴縣署保釋六人，並請治得和之罪，而蔣楷不許。長水乃於九月初乞援於拳首朱紅燈。紅燈初活動於高唐、茌平、長清間，至是乃率衆往，拒敵官軍。毓賢命候補知府袁世敦前往彈壓，擊斃拳衆數十人，誤殺平民四名，梱縛尤多，人心益不服。其後濟南知府盧昌詒奉命到縣調查原委，監禁陳得和，釋放無辜良民，拳勢仍不衰㉕。毓賢剿撫並用，一面參革蔣楷、袁世敦，並於十月二十日擒獲朱紅燈，並其黨僧人心誠、于清水等，誅之於濟南曹市。高唐拳首王立言代之，分黨搶掠

㉓ 史料，錄副摺包。
㉔ 史料，錄副摺包，光緒二十五年十二月初五日御史高熙喆摺。
㉕ 蔣楷：平原拳匪紀事。

韓莊教堂，教士高鳳儀設伏敗之，拳衆死十餘人，教民無傷者[26]。清廷以外國公使壓力，於十一月四日命毓賢來京陛見，改以袁世凱署理山東巡撫，毓賢乃大恨外人。

先是自光緒二十三年（一八九七）冬，至光緒二十四年（一八九八）春，列強競相奪取中國港灣，劃分在華勢力範圍，朝野憂懼，不可終日。會戊戌政變之後，以外人反對廢立，慈禧憾之更深。光緒二十五年（一八九九）冬，意大利要索三門灣甚急，派兵艦游弋煙台等處。十月十九日奉上諭：

現在時勢日艱，各國虎視耽耽，爭先入我堂奧。以中國目下財力兵力而論，斷無釁自我開之理，惟是事變之來，實偪處此，萬一强敵憑陵，脅我以萬不能允之事，亦惟有理直氣壯，敵愾同仇，勝敗情形非所逆計也。近來各省督撫，每遇中外交涉重大事件，往往預梗一和字於胸中，遂至臨時毫無準備，此等錮習，實爲辜恩負國之尤。茲特嚴行申諭，嗣後儻遇萬不得已之事，非戰不能結局者，如業經宣戰，萬無即行議和之理。各省督撫必須同心協力，不分畛域，督飭將士，殺敵致果，和之一字，不但不可出於口，並且不可存諸心，以中國地大物博，幅員數萬里，人丁數萬萬，苟能各矢忠君愛國之誠，又何强敵之可懼？正不必化干戈爲玉帛，專恃折衝樽俎也。[27]

---

[26] 同上。

[27] 光緒朝東華續錄，卷一五六。

其對外不惜一戰之心表露無遺。毓賢迎合上意，偏袒拳民之態度始行顯著。其十一月初四日到京之奏摺云：

> 東省民教不和，實由近來教堂收納教民，不分良莠，奸民溷入教內，即倚教堂爲護符，魚肉良懦，凌轢鄉鄰，睚眦之嫌，輒尋報復。又往往造言傾陷，或謂某人將糾衆滋擾教堂，或謂某人即是大刀會匪。教士不察虛實，遂開單迫令地方官指拏，地方官或照單拘拏懲責，百姓遂多不服。結怨既久，仇釁愈深，外匪乘機構煽，以報怨復仇爲名，因以鬧教生事，其中固難保無被誘之拳民，然亦有拳民絕不與聞者，固不能概誣拳民以鬧教之名也。㉘

是時朝臣窺太后意旨，多有同情毓賢主張者。十一月一日，廣東道監察御史王綽彈劾平原縣令蔣楷，聽由教民賄串蠹役，激生事端㉙。十一月二十四日，翰林院侍講學士朱祖謀之奏，認爲自李秉衡罷魯撫之後，從此山東地方官吏基於懼外心理，一惟庇教而抑民。以致「良懦者赴愬無門，狡黠者蓄謀潛煽。」義和團乃隨之而起。然其初「始止私相傳習，徒侶無多。近因教堂肆虐，官不爲理，乃藉仇教爲名，廣爲糾結。小民以自衛無術，往往入拳會以

㉘ 史料，硃批奏摺。
㉙ 史料，錄副摺包。

求保護。」此拳勢之所以擴大也㉚。十一月二十五日，福建道監察御史黃桂鋆之奏，指稱山東義和團並非謀亂，只因「平日受侮教堂，久已痛深骨髓，自德人佔據膠澳，教燄益張。宵小恃為護符，藉端擾害鄉里，民間不堪其苦，以致釁端屢起。地方官不論曲直，一惟庇教而抑民，遂令控訴無門，保全無術，不得已自為團練，藉以捍衛身家。」請求朝廷善為安撫，不可專護教堂，激而生變㉛。此種言論足以代表當時之輿論，要亦非盡無中生有之詞也。

袁世凱對膠州德人之橫暴，各地傳教士之不法，亦素表不滿。其以工部右侍郎銜駐兵天津期間，於光緒二十五年（一八九九）五月二十七日抵京之奏摺稱：「德夷窺伺山東，蓄志已久，分佈教士，散處各邑，名為傳教，實勘形勢，而搆釁之由，亦即陰伏於此。」請求朝廷「妥為防範，以杜藉口，而戢戎心。」㉜及奉署理魯撫之命，乃率所部，於十一月二十四日抵達濟南。十一月二十七日朝命「相機設法，慎之又慎。」「不可一意剿擊，致令鋌而走險，激成大禍。」㉝十二月初五日世凱電奏曰：

> 東省民教積不相能，仇隙甚深，匪徒乘以煽惑，故附和甚衆。推原其故，實由官吏不

㉚ 史料，錄副摺包。
㉛ 史料，錄副摺包。
㉜ 史料，錄副摺包，總統武衛右軍袁世凱摺。
㉝ 史料，電寄檔，軍機處寄署理山東巡撫袁世凱電旨。

諳約章，辦案多未能持平，一意將就教民，釀而成此。[34]

於是四處張帖告白，對省內各地非教民寄以深厚之同情。略曰：

照得拳會借仇教爲名，推原禍始，實由教民狐假虎威，日事欺凌。以致怨毒莫解，一決橫流，勢所必至。（下略）[35]

另派兵保護各地教士教民，對乘機滋事之拳衆，予以嚴重之警告。其示略曰：

本署撫部院，欽承恩命，建節東來，統率重兵，彈壓鎭撫。……倘再目無法紀，恃衆抗官，大軍一臨，玉石俱碎。[36]

並命令各州縣地方官吏勸導各地教民，儘速出教，以免無辜遭殃，其文略曰：

---

[34] 史料，錄副摺包。

[35] 袁世凱「致各地反教飛咨」底稿。

[36] 袁世凱「查禁義和團告示」底稿。

> 維彼教民，本吾赤子，但爲洋人所誘，故爾走入迷途。倘能更張，仍是聖朝百姓，從此解怨釋念，即可各保身家。用特遵諭查照，並飛飭所屬各州縣，凡境內教民即日悉數勒令反教，務須取保，永遠再不習教。……所有教堂房屋器具一律歸官。㊲

此一計劃迅即引起煙台各領事之抗議。世凱參撤代帖告示青州知州李芳柳，調署臨邑縣璥璐，而寢其事。

同年十一月二十八日，肥城教案發生，英牧師卜克師（Brooks）被害，爲自山東拳亂發生以來外人死難之第一人。斯泰葛爾（G. N. Steiger）「中國拳亂始末」（China and the Accident; the Origin and the Development of the Boxer Movement）記其事如下：

> 卜克斯的被擄與被害，是六人所做的事情，其中三人只行搶掠不管別事，在悲劇未終的時候，就離群而去。案件的主動者竭力排外，因爲他的兄弟和家中其他的人在最近拳衆與官軍衝突時都喪失了生命。在卜克斯被捕後，他們曾攜此俘虜遊行了幾個鐘頭，絲毫沒有想到如何作第二步的處置。最後卜克斯向他們建議到鄰近的村舍，那兒住有基督教徒，可以拿錢來贖他。卜克斯斷其束縛，企圖逃脫，但隨即拿獲，而在追趕中途，他已被殺害了。

㊲ 袁世凱「致各地反教飛咨」底稿。

事後袁世凱之奏報，略同於上書，而言之更詳。謂是日肥城、思縣農民孟洸汶、吳方城、吳明經等多人，因出外趕集，路過張家店，途遇英教士卜克斯騎驢自泰安轉回平陰教堂。孟洸汶以近來教民欺訛平民，疑係教士所主使，乃攔其去路，與之論理。卜克斯欲先發制人，奪孟洸汶刀向孟亂刺。吳方城等遂助孟用腰帶將卜克斯捆住，牽至下井子地方。因時已傍晚，卜克斯許至大官莊託人調解，孟等應允。在途中卜克斯乘機掙脫逃走，失足倒地，乃被殺死㊳。是卜克斯之遇害，顯非事先所預謀。

事上聞，十二月四日，諭命袁世凱嚴緝兇犯，參處失於防範地方官吏㊴。是時山東教案迭起，十二月十三日袁世凱抵京之摺，謂自秋冬以來濟東各屬焚劫大小教堂十處，搶掠教民三百二十八家，傷害教民二十三名，蔓延十數州縣。而魯西禹城、思縣、平陰等地，民教仇殺案件，據報已有十九起，共二十八家㊵。煙台各國領事，不與山東地方當局妥議安定秩序辦法，但欲乘機牟利，要求賠償。所開受損教民花名，或竟多至千家，或數百家不等㊶。光緒二十六年（一九〇〇）二月，肥城卜克斯案審結，英領事秘書甘伯樂（Samuel Couling）曾參予審判，結果二人處死刑，一人終身監禁，一人充軍十年，一人充軍二年，其餘一人在審判未終之前已死獄中。附近四村保亦受鞭韃之刑，革職永不任用，另豎立一值銀五百兩之紀

㊳ 史料，錄副摺包，光緒二十六年二月十五日署理山東巡撫袁世凱摺。
㊴ 光緒朝東華續錄，卷一五七。
㊵ 史料，錄副摺包。
㊶ 史料，收電檔，光緒二十六年正月十七日山東巡撫袁世凱致總理各國事務衙門電報。

念碑，給予地基五畝，並償付九千兩賠款㊷。甘伯樂仍不滿足，「聽信教士簸弄，時常搜括教民案件，節外生枝。」㊸魯民愈不平，從拳益多。

四

先是袁世凱初奉東撫之命，「都下洶洶」，京官多有不滿之詞。十二月初三日，廣東道監察御史熙麟之奏，恐袁氏不受君命，「將義和團匪類盡行剿絕」，請於四大軍其他將領馬玉崑、董福祥、聶士成三人中另簡派一員，以爲代替。俾「民惑可解，然後徐籌開解鎮撫之方。」㊹

同月五日，御史高熙喆之奏，指出教案之迭起環生，全在州縣官之苛待良民，偏袒教民所致。「蓋入教之民皆叛民也，少有人心者不忍爲，而顧甘心爲之者，先有保護教堂之說存於其心，一旦入教即可以無所不爲耳。」認爲義和團乃村民聯莊結會各保身家之組織，「雖其間良莠不齊，然究無騷擾閭閻情事。」今若「必欲剿會民以快教民之心」，倘若百姓互相煽動，「必至禍起燎原，不可收拾。」㊺

同月六日，山東道監察御史許祐身之奏，謂已革山東候補知府袁世敦，前於平原教案帶

㊷ China and the Accident; the Origin and the Development of the Boxer Movement.

㊸ 史料，錄副摺包，光緒二十六年二月十五日署理山東巡撫袁世凱摺。

㊹ 史料，錄副摺包。

㊺ 史料，錄副摺包。

兵彈壓，誤傷民命，而袁世凱係袁世敦之弟，雖「長於治軍，而情性太剛，殺戮過重，似於辦理教案不甚相宜。」請求朝廷乘兩廣總督李鴻章請訓南下之時，「或道出濟南就近與袁世凱商辦，或暫緩到任，即在京中與該國使臣（按：指英國使臣。時方英教士卜克斯在肥城被害之後，案懸未結。）商議。」[46]

同月九日，吏科給事中王培佑以籍隸山東，奏稱山東士民聞袁世凱受命東撫，「各邑人心皇皇。鬨傳袁世敦既慘殺多命，伊弟袁世凱復將大加誅剿。比户夜驚，訛言四起。其弱者或賄洋保險，强者則將劫質教士，以救死須臾。」且謂京官衆議，「或謂其張皇喜功，難膺專閫，或謂其深憾伊兄被議，將誅剿洩忿。或竟謂其欲激成事變，證實百姓叛逆之罪，爲伊兄開復地步。」請求朝廷，或嚴旨予以申誡，或另派素孚民望大臣妥爲查辦。附片中復痛詆教士教民曰：

> 自洋勢日張，教堂肆虐，奸民一入其中，便荼毒鄉鄰，挾制官府。凡稍知大義不肯入教之良民，皆恣其魚肉。及至不堪荼毒，而官又不爲申理，始憤不顧身，與之爲難，而教案出焉。地方官不能善爲解釋，一概目爲匪徒，請兵剿戮。及至用兵，則又舍滋事之人而戮良懦，勢不盡驅入教不止。」[47]

---

46 史料，錄副摺包。
47 史料，錄副摺包。

同日廣東道監察御史熙麟之奏，謂肥城英教士卜克斯之被殺，可疑之處甚多。若「非該署撫有心激成，而因以實其主剿之言，恐天下耳目斷不可掩。」並以袁世凱已有「將在外君命有所不受」痛剿拳民之意，「勢必使朝廷終不出於剿而不能，而山東大事去矣，而京師門户危矣。」[48]

此項言論固多撲風捉影之詞，不盡可信，然對慈禧之思想自必發生重大影響。故同月十二日之上諭，對於義和團之態度至爲溫和：

近來各省盜風日熾，教案疊出，言者多指爲會匪，請嚴拏懲辦。因念會亦有別，彼不逞之徒，結黨聯盟，恃衆滋事，固屬法所難宥，若安分良民，或習技藝以自衛身家，或聯村衆以互保閭里，是乃守望相助之意。地方官遇案不加分別，誤聽謠言，概目爲會匪，株連濫殺，以致良莠不分，民心惶惑，是直添薪止沸，爲淵驅魚，非民氣之不靖，實辦理之不善也。……各省督撫受恩深重，共濟時艱，必能仰體朝廷子惠元元，一視同仁之至意。嚴飭地方官辦理此等案件，祇問其爲匪與否？肇衅與否？不論其會不會，教不教也。[49]

[48] 史料，錄副摺包。
[49] 光緒朝東華續錄卷一五七。

同月二十四日，慈禧立端王載漪子溥儁爲大阿哥，各國公使不朝賀，慈禧大恨之。是時義和團已自山東蔓延直隸所屬棗强、河間、深州、冀縣等地，所在滋生事端。光緒二十六年（一九〇〇）正月，北京公使團迭次照會總署，希望直隸當局能夠切實鎮壓拳亂。正月二十日奉上諭：

上年據山東巡撫電稱：各屬義和拳會以仇教爲名，到處滋擾，並及直隸南境一帶。……此種私立會名，聚衆生事，若不嚴行禁止，恐無知愚民被其煽惑，蔓延日廣，迨釀成巨案，不得不用兵剿辦，所傷實多。……至民教同是編氓，凡遇詞訟案件，該地方官務當秉公審斷，但分曲直，不分民教，不得稍有偏倚，用副朝廷一視同仁之至意。[50]

措辭雖較去年十二月上諭嚴厲，仍未指明義和團之非法。二月十三日，清廷以極端排外之吏科給事中王培佑爲順天府尹。十四日，任命毓賢爲山西巡撫。各國公使仍不滿。再三催請總署轉奏朝廷降旨嚴禁義和團，並將諭旨登載於北京日報（Peking Gazette），英、美、德及義大利兵艦且示威大沽口以爲聲援。清廷不得已於三月十八日諭稱：

[50] 史料，硃批奏摺。

各省鄉民設團自衛，保護身家，本古人守望相助之誼，果能安分守法，原可聽其自便，但恐其間良莠不齊，或藉端與教民爲難。不知朝廷一視同仁，本無畛域，該民人等所當仰體此意，無得懷私逞忿，致啓釁端，自干咎戾。著各該督撫嚴飭地方官隨時剴切曉諭，務使各循本業，永久相安，庶無負諄諄誥誡之意。[51]

是詔雖應各國要求，刊之北京日報，其態度仍甚消極也。內外臣僚咸知非朝廷本意。是時義和團自上月以來已進至北京附近涿州、易州、蘆溝橋等地，四處「散布揭帖，守以殺害教民仇對洋人爲辭。」[52]總署於三月十七日致電直隸總督裕祿趕緊嚴密查辦，免滋事端。裕祿輕其事，次日電覆總署，謂直隸各地安謐如恆，其所報各處教案，「有事出有因者，有全係謠言者，並有教民與鄉民向有嫌隙欲藉此中傷者，亦有彼此相群聚防備者，均經隨時勸諭解散。」認爲似此小事，而教民「張大其詞告知教士，教士據以報其領事公使，甚爲驚惶。」[53]顯係過份之舉。未幾淶水教案發生，直隸拳亂遂形擴大，迨慈禧召義和團進京以排外，遂肇空前之大難。

至於山東境內之義和團，直到大沽口失陷，清廷對外宣戰，勢力並未消滅。光緒二十六

---

[51] 光緒朝東華續錄卷一五九。

[52] 史料，發電檔，光緒二十六年三月十七日總理各國事務衙門致直隸總督裕祿電報。

[53] 史料，收電檔，光緒二十六年三月十八日直隸總督裕祿致總理各國事務衙門電報。

年（一九〇〇）五月，前禮部主事王照，托名北京和尚，行腳山東，據其所記，曾在萊州附近一村中，聽其街談巷議，大抵不外「天滅洋人」，「李鴻章賣江山」，「袁世凱造反」之類言論。五月二十七日王照自直隸折赴德州途中，曾記其事曰：

> 路見村民砍電桿，州牧所派彈壓之人，戴紅纓帽徘徊其間。口稱：「不要砍哪！不要砍哪！」其聲婉轉應節，與砍桿丁丁之聲如一歌一吹，相屬不絕也。至德州，宿南關外兩夜，州人尚多稱義和拳功德。有敗兵來，言聶軍門戰死，人多不信。[54]

袁世凱恐山東波及戰禍，一面加緊剿捕拳衆，一面四處張帖告示，勸誘義和團速離魯省北上抵禦聯軍。其文略曰：

> 眞正義和團，現聚在京津，有志效用者，均宜往北行。功成邀重賞，切勿再留停，逗留在本省，假托與冒充。焚燒圖搶掠，顯見是匪人，呼之爲黑團，毫無忠義心。爾等好百姓，各自要留神，一經被誘脅，不能算良民。官兵剿捕時，玉石斷難分，身家最要緊，莫誤假爲眞。極早宜猛省，浮言勿輕聽，安分保家室，思亂是禍根。行爲同土

---

[54] 王照：行腳山東記（見小航文存卷一）。

匪，立即正典刑，本司特諄諭，軍民共懍遵。[55]

袁氏不遣軍北上援救京師，但圖義和團離開轄境，既不開罪朝廷，復可保全實力，其坐以觀變之用心，至明顯也。

五

綜合上述，知李秉衡、毓賢當拳亂初起時，於山東巡撫任內尚肯認真查辦教案，雖同情魯民之排外，實無縱拳之明證。而外國公使及教士每藉口教案無端勒索，助長教民之驕燄，更增平民之惡感。毓賢於庚子二月出任山西巡撫後，仍無排外之計劃，至其屠殺教士教民則始自庚子六月，是時清廷已對外宣戰，以奉有朝命，非獨行其事也。袁世凱初蒞魯撫之任，於民教衝突案件，仍以安撫和解爲首務，直至聯軍陷大沽口，山東仍有拳衆出没，惟其主力因清廷之召用，北走京津一帶，不甚影響山東社會治安而已。

當拳亂起於山東時，清廷屢次諭命剿辦，可知慈禧無縱拳之意。但以鴉片戰後數十年來，中國對外交涉之屢受損辱，朝野積憤，已非一日，迨山東教案屢作，樞臣疆吏之奏請，無不以雪恥圖强爲詞。慈禧受此影響，態度日變。故雖無戊戌政變之餘恨，清廷利用義和團以排

---

[55] 袁世凱「鋤暴乃可安良告示」底稿。

外，規模大小容或不同，亦難保其不發生也。拳民之愚昧無知固不足論，而教士教民之肇釁於前，亦不能辭其咎責也。

（臺北，幼獅學報第三卷第二期，民國五十年四月，頁一至二〇。）

二〇　八國聯軍期間慈禧歸政德宗之交涉

一、引言

自戊戌政變後，慈禧三度垂簾聽政，德宗言行大受限制。庚子清廷縱拳民開釁外人，各國咸知非德宗意，故當京師淪陷前後，輿論多有主張乘機歸政德宗者。聯軍且有公開之要求，國內外尤以德、英、日諸國進行最力。甚且反對奕劻、李鴻章充任議和大臣，並有非改組政府不開和議之說。慈禧既憂懼不見諒於國人，對聯軍之要求至感惴恐也。此一問題向爲治史者所忽視，茲討論其事，以見當時聯軍要求慈禧歸政之真象，與掌握實力東南各疆吏之對策也。

二、歸政要求之提出

先是庚子四、五月間，京師初演拳亂，各國但求早日平息事端，並不願干涉中國之內政。清廷對外宣戰前，英外相沙斯伯里（Lord Salsbury）曾告中國駐英大臣羅豐祿，謂英政府

「絶無乘機强令中國變易政體家法之意」。另由英駐廣州領事，將此意轉告兩廣總督李鴻章❶。迨清廷對外宣戰，德國因挾殺使之恨，始對慈禧首表不滿。六月初，駐德大臣呂海寰，致電東南各督撫，告以德政府主張慈禧歸政之意。同月九日，湖廣總督張之洞乃分電兩江總督劉坤一、兩廣總督李鴻章、安徽巡撫王之春、湖南巡撫俞廉三、山東巡撫袁世凱曰：「此電（德）外部語多離奇，萬不可轉總署，必干朝廷震怒，且東南大局更將決裂矣！」❷另將此意電覆呂海寰，告以「（德）外部若詢問，只可渾沌語答之耳！」❸同月十九，李鴻章收駐英大臣羅豐祿電稱：德外相畢魯已通告聯軍各國，德國將「助中國真正國家定亂保法。」❹實暗指歸政德宗而言。故同日李鴻章致電張之洞，認德人「欲助中國真正國家定亂保法，含蓄頗大。」❺同月二十日，駐德大臣呂海寰致鴻章之電，稱畢魯之聲明，乃欲「使中國之人實有治國理民之能者重整一切，並籌一善法，保不再亂。」❻其欲使德宗重握政權之意圖至爲明顯也。

英國進一步意不承認滿清政府，但爲保持其長江流域利益，明認劉坤一、張之洞爲其對

❶ 李文忠公全集，電稿二十二。
❷ 張文襄公全集，卷一六一，電牘四十。
❸ 同上。
❹ 李文忠公全集，電稿二十三。
❺ 同上。
❻ 呂海寰「庚子海外紀事」卷一。

華交涉對象。七月二十日，駐南京英領事致函坤一曰：「我英夙重兩江總督及湖廣總督，自專恃二人主議，威重望隆，智深慮遠，得不惟命是聽耶！」❼其推重之情可見。

自庚子六月下旬李鴻章離粵北上，至十月底聯軍正式提出約稿，數月之間爲歸政運動之高潮。時值兩宮西狩期中，各國力作回鑾之請。蓋回鑾如獲實現，則德宗在聯軍保護之下，即可恢復其自由。因此回鑾與歸政成爲不可分割之一件事，此固慈禧及守舊黨人之所不肯接受也。瓦德西（Waldersee）於「拳亂筆記」中記曰：

> 中國皇室如一日不到北京，則該皇室一日立於各種（排外徒黨）勢力之下，爲我們在此無從加以監督者。而且據余之意，可以令人信任幾分之中國實際政府，因此亦復一日不能成立。

瓦氏復稱，當時除俄國外，「其餘各國目的可與吾國一致者，則各國均不希望過於急速議和，恰與吾人主張先行平定亂事，恢復國內秩序，承認一個新組政府，要求保證將來一切者完全相同。」八月四日，以聯軍要求歸政醞釀日漸成熟，劉坤一致電盛宣懷曰：「迭有人傳說，此次激衅由於各國請歸政之謠，亦早有所聞。議款內如能先將不干預其家事一節聲明，他事當

---

❼ 愚齋存稿，卷三十九，電報十六。

易就緒。」❽並以事機緊迫，同日再電李鴻章、盛宣懷，速至南京面商一切，共籌補救辦法❾。同月十五日，盛宣懷致電劉坤一、張之洞曰：

昨和（荷蘭）**使**（按：荷蘭駐京公使爲克羅伯 F. M. Knobel）由京來滬，密告傅相（按：指李鴻章），**各使欲請歸政，嚴辦庇匪諸人，始肯開議。相答以皆非臣下所敢言**❿

是聯軍欲以荷使爲媒介，向鴻章表示其歸政德宗之要求也。

三、東南疆吏對歸政之態度

拳亂既起，維新黨人以機不可失，除藉報紙爲工具，如上海之「中外日報」、新嘉坡之「天南新報」等，力作歸政之鼓吹外；以兩江總督劉坤一前曾反對廢之，拳亂之起對慈禧多有不滿之詞，遂爲運動之目標。五月底，維新黨人陳三立等，曾邀江蘇士紳張謇，密謁坤一，勸其迎鑾南下，主持歸政大計，坤一意頗動而不能決。三立係前湖南巡撫陳寶箴之子，乃維

---

❽ 愚齋存稿，卷四十，電報十七。
❾ 同上。
❿ 張文襄公全集，卷一六五，電牘四十四。愚齋存稿，卷四十，電報十七。

新派之中堅。謇爲翁同龢門生，其言論思想多受同龢所影響。而同龢係德宗師傅，於戊戌政變之後以遭太后之忌而獲罪者也⓫。會坤一遣幕僚施炳燮至滬與盛宣懷議商東南互保，宣懷幕僚何嗣焜、沈瑜慶等固皆維新黨人，何等乃力陳不去慈禧中國之無望，炳燮深受感動。八月初炳燮遂邀張謇再至南京，合力促坤一「退敵迎鑾」⓬，坤一竟允諾。乃派人至鄂與張之洞密商，之洞力斥其非計。坤一復示意於李鴻章，鴻章反對更力，認爲此舉不僅慈禧所不肯，更非一般頑固守舊大臣所樂從也⓭。坤一受此影響，態度再變，其後言行竟受張之洞所左右。

張之洞雖不滿意於頑固諸臣之縱拳，但竭力主張保護慈禧之安全。五月二十九日之洞致電日本留學生監督錢念劬曰：「欲存中國總以慈聖安穩爲第一義，不然中國斷不能久存矣。」⓮蓋之洞鑒於早年同情維新之故，於政變之後幾遭不測，恐此次歸政不成反被大禍，故其反對至爲積極也。六月十七、十八兩日，上海「中外日報」刊登常州士民孫保維上張之洞書，力斥慈禧及頑固諸臣之無知，請求之洞能奮起主持大計，促成歸政之實現。江寧電報局委員廖壽熙以孫書分電各省督撫以爲聲援，之洞驚懼之餘，於六月二十七日分電各省督撫，認爲孫書「議論狂悖，直欲激成不測之禍。」而寥壽熙「膽敢爲之推波助瀾，冒昧妄瀆，通電

⓫ 張謇「嗇翁自訂年譜」卷一。

⓬ 同上。

⓭ 劉厚生「張謇傳記」。

⓮ 張文襄公全集，卷一六〇，電牘三九。

各省。……若非喪心病狂，何荒謬至此。」務請劉坤一、盛宣懷嚴查撤參⑮。復因上海租界「同文滬報」、「字林西報」屢次刊登有關歸政文字，且指稱爲之洞所同意。之洞致電盛宣懷及上海道余聯沅，以此項文字「顯係康黨捏造誣罔之詞，適足以激成奇禍，勢必累及南方。」命其會商英、日領事，婉切勸阻⑯。並以英人首倡歸政之議，疑係保皇黨人運動之結果，乃撰一致上海英總領事照會，力爲慈禧辯護，以證其實無縱拳之過⑰。甚且以保護東南英人商業利益爲條件，希望英政府放棄其固有政策，嚴禁上海、香港及南洋各埠英人報紙，不得再有語涉毀謗慈禧之舉⑱。六月二十八日，之洞電邀李鴻章、劉坤一共同署名，鴻章拒之。二十九日，乃合坤一聯銜發出。

李鴻章雖不值慈禧及頑固諸臣之所爲，但對德宗及維新黨人亦無好感。觀其一生留戀權勢，迎合現實，並無過人之勇氣與魄力。先是五月二十一日聯軍陷大沽砲臺，二十二日諭命兩廣總督由德壽署理，電召鴻章迅速來京主持對外交涉。鴻章坐觀風色，故意遲其行。及六月十二日接奉補授直隸總督之命，同月二十一日始離粵北上，於二十五日抵滬。是時鴻章以清室國本飄搖，對　孫中山先生領導之革命事業，曾間接表示擁護。及革命黨派人與其接洽

⑮ 愚齋存稿，卷三十七，電報十四。
⑯ 愚齋存稿，卷三十八，電報十五。
⑰ 張文襄公全集，卷一六二，電牘四十一。愚齋存稿卷三十七，電報十四。
⑱ 同上。

兩廣獨立時，竟復猶豫不能決[19]。鴻章過香港，晤英總督卜氏（Blake），卜氏曾表示英國極盼歸政德宗之意，故鴻章抵滬後，六月二十八日接張之洞來電邀其聯名致上海英國總領事保全慈禧照會時，次日遂覆電加以拒絕。其對慈禧之不滿溢於言表，至稱其「冒暑腹疾，須俟北信再行。」[20]顯係藉口拖延，以待大局之澄清也。及閏八月鴻章北上後，知慈禧仍有控制全國能力，而各國對歸政主張並不堅持，始復改變態度，續繼對慈禧加以擁護。

盛宣懷因辦理洋務較久，接觸多外人，對大局稍有眼光，爲庚子東南互保之主持者。當時各省疆吏及駐外使臣往來電報，多由宣懷所轉發。宣懷雖有意促成歸政之實現，但以名位權勢遠出鴻章、坤一、之洞下，不足有決定性之影響也。五月十四日宣懷曾致電北京軍機大臣榮祿、路礦總局大臣王文韶曰：「各西人皆電請本國添兵，如中國不能自辦，只得代中國執兵政，如埃及故事。」[21]同月二十九日另電李鴻章、劉坤一、張之洞曰：「全局瓦解，即在目前，已無挽救之法，逆料蕭牆之內，必有變局。」[22]六月二日再電鴻章、坤一、之洞曰：「請傅相（按：指李鴻章）仍遵前旨，迅速起程；並電慰帥（按：袁世凱字慰亭）即由山東提兵，由保定進京，以清君側護兩宮爲要義。峴帥（按：劉坤一字峴莊）、香帥（按：張之洞字

---

[19] 馮自由「中華民國開國前革命史」，第一册頁五九。
[20] 張文襄公全集，卷一六二，電牘四十一。
[21] 愚齋存稿，卷三十六，電報十三。
[22] 同上。

香濤）主持東南，以鎮民心，保護疆土爲要義。」㉓宣懷認爲，若袁世凱能帶兵至京定亂，則德宗無形中可恢復其自由。李鴻章依其建議，電達袁世凱，六月十一日得世凱覆電曰：「凱擅率兵北上救各使，恐中途先敗，實難照辦。」㉔固爲推托之詞也。若謂其素有訓練之新軍，剿滅數萬烏合之拳衆力不能及，實不足信。以其既能驅之於山東，何難翦之於直隸耶！其所以不願爲之者，以早年戊戌政變已結怨於德宗，自不肯復開罪於舊黨。故由其內心弱點觀之，世凱之反對歸政，實過於任何督撫，惟以聲望地位關係不便明言耳！

四、各督撫議商對策

聯軍既提出歸政要求，八月十五日鴻章電告駐俄大臣楊儒曰：「各使欲請太后歸政，嚴辦端（按：端王載漪）、莊（按：莊王載勛）、剛（按：大學士剛毅）庇匪諸人，始可議和。」㉕鴻章素親俄，而楊儒爲鴻章門生，乃欲恃已往中俄之同盟，希冀俄人支持慈禧，並聯絡德、法，並同對抗英、日也。

張之洞素親日，則主張同時聯絡日人以爲我用。使英人勢孤，無能爲害。同月十六日，

㉓ 李文忠公全集，電稿二十三。愚齋存稿，卷三十六，電報十三。

㉔ 李文忠公全集，電稿二十三。

㉕ 愚齋存稿，卷四十，電報十七。

之洞分電李鴻章、劉坤一、袁世凱、盛宣懷，建議進行步驟如下：

> 欲圖轉機，惟盼俄極力排解，日乘機協助。俄、日究係從前多一番聯絡，故與他國稍有不同耳！楊使託俄勸德，俄主若允，當可有益。……望傳相速電日李使（盛鐸）、俄楊使（儒），密詢外部（按：指日、俄外部而言），並屬人在滬密叩小田（按：日駐滬領事），詢其最重最難大端，言明須告我，方好籌商了事之法㉖

明日坤一電覆之洞（兼致李、袁、盛諸人），對其建議極表贊成，亦認為「由俄、日兩國入手，探詢意指，自是善策㉗。」鴻章、世凱、宣懷，咸同意之洞主張。惟均認為必能先嚴懲肇禍諸大臣，始可減輕慈禧過失。同日鴻章致電西安行在軍機大臣榮祿，說明議和之困難曰：

> 德新使（按：德新使為穆默 Freiherr Mumm Von Schwartzenstein）到滬，並不來拜，其繙譯葛爾士晤杏蓀（按：盛宣懷字杏蓀）兩次。……德王吩咐有必欲辦到之事，李中堂能請於朝，方能開議。……昨和（荷蘭）使克羅伯(F. M. Knobel)出京，密稱：「各公使欲請歸政，嚴辦庇匪諸人，始肯開議。」答以：「太后訓政兩朝，削平大難，臣民愛戴，此次

㉖ 同上。

㉗ 愚齋存稿，卷四十一，電報十八。

拳匪發難，只恐禍起肘腋，不得已徐圖挽救，各督撫皆奉過密旨。現在京城失陷，乘輿播遷，其所以致此奇禍，中外髮指，太后聖明決斷，將來必有辦法。」和（荷蘭）使云：「我是小國，但聽各大國心懷忿怒，必欲辦到而後止。」[28]明日復電張之洞、劉坤一曰：「各國主意要我換政府不自今始，今更挾持有具，非一董（福祥）所能謝過也。」[29]

八月十九日，袁世凱分電李鴻章、劉坤一、張之洞、盛宣懷曰：「如聯合痛劾諸禍首，不但可謝各國臣民，尤可為兩宮剖白（按：實為慈禧一人），以昭聖德。」[30]明日宣懷電覆世凱曰：「和（荷蘭）使密告傅相，各使皆以攻使館係官兵，欲請歸政，嚴辦庇匪諸人，始肯議和。如第二節出於慈禧意，乃可刪第一節云。會奏事，李（鴻章）、劉（坤一）均請張（之洞）主稿（按：請嚴懲禍首），恐未必成。」[31]

張之洞以禍首諸臣皆慈禧所親信，自不肯冒然從事。八月二十一日，分電李鴻章、劉坤一、袁世凱、盛宣懷，認為此事若由疆臣言之，不如請鴻章以議和全權大臣身份，謂係出自各國要求，上達朝廷，「既合分際，亦有力量。」甚且聲稱：近見一旗籍守舊之人，所致湖北

---

[28] 同上。
[29] 同上。
[30] 同上。
[31] 同上。

同寅舊人之函，痛詆東南督撫，皆目之爲維新黨人。並聞京官旗籍亦多有此項言論，不可不慮㉜。顯係聳言聽聞之詞。

八月二十八日，駐日大臣李盛鐸致電張之洞，謂日外部近告之曰：「中國須將舊政府大臣更換，另選大臣立一新政府，各國方能調和等語。」㉝之洞不願因涉及此事而被禍，閏八月初七日覆電盛鐸，請盛鐸將此消息直接電告李鴻章㉞。同月十七日盛鐸遂托請盛宣懷將日政府所來國書，代轉北京議和代表奕劻、李鴻章，並兼致行在軍機處㉟。消息傳出，袁世凱首感恐懼不安。同月十九日，世凱分電劉坤一、張之洞、盛宣懷，明知「日主所勸亦各國共意，如再不理，危亡立見。」竟認另立政府困難甚多，且聯軍未退，更不能遽行回鑾。目前要圖，「只有表過爲最好」㊱。充分表露其憂慮德宗重握政權之私心。九月十八日，世凱再電劉坤一、張之洞、盛宣懷曰：「諸謬誤國殃民，罪有應得。欲存宗杜，必懲諸謬；欲存諸謬，必危宗杜。大廈傾頹，同受覆壓，諸謬又何能存?利害相懸，較然易曉。」㊲十月二日復電西安行在軍機大臣榮祿（兼致劉、張、盛諸人）曰：「現今要計，惟在保存宗社安全。兩宮當師勾踐

㉜ 同上。
㉝ 同上。
㉞ 愚齋存稿，卷九十五，電報補遺七十二。
㉟ 王希隱「西巡大事記」卷二。愚齋存稿，卷四十三，電報二十。
㊱ 同上。
㊲ 愚齋存稿，卷四十五，電報二十二。

屈以求伸，何可以宗社兩宮之重，下殉諸謬。」㊳明日又電榮祿（兼致劉、張、盛諸人）曰：「諸謬徒逞私忿，輕敵列邦，以宗社至尊爲孤注，自古無此謬人，棄之復何足惜？」㊴其內心之焦急可知。窺其用意，在藉懲辦禍首以轉移各國要求歸政之目標。其後奕劻、李鴻章與聯軍交涉，遂以懲辦肇亂大臣爲首務。劉坤一、張之洞、袁世凱、盛宣懷等助之。是懲辦禍首雖由聯軍所提出，而東南諸疆吏早有協議於前也。

五、交涉之經過

閏八月十八日李鴻章入都，奕劻則早於八月十日抵達北京。是時聯軍方力促回鑾，不欲與清廷達成和議。日本佐原篤介、浙西漚隱同輯之「八國聯軍志」，載八月二十七日德政府致聯軍專電稱：「德政府已決意不與李中堂議和。」同書復載閏八月初七日北京專電云：「聞各國駐華公使各致慶親王一書，聲請皇上回京。」另據日本佐原篤介、浙西漚隱同輯之「拳亂紀聞」閏八月十三日載稱：「聞某國已有公文致中國政府，聲言必須請皇上復辟，親裁大政，如中國不從所請，則將別有辦法。」所謂某國，當指德政府而言。「八國聯軍志」更載有日本神户海辣特訪事來書，謂聯軍統師瓦德西初抵天津時，曾接見記者云：

㊳ 愚齋存稿，卷四十六，電報二十三。
㊴ 同上。

中國政府於此時，如欲保存現在之中國，則當急與各國聯合以定和局。若能令光緒皇上脫離其被困之境，則時局又甚易布置矣。……若幸而光緒皇上竟能迎還北京，則尤宜選舉新黨中能識大體之臣，以助輔之，爲第一要義。

張之洞深知各國要求回鑾之目的，故於九月三日分電劉坤一、袁世凱、盛宣懷曰：

上此時決無回鑾之意，且實不可回鑾，恐各國強我以必不能行之事耳！德報議論，各國多有同者。第一難行之事，英、日似可設法婉商，第二難行之事，外意內意皆難商矣。[40]

所謂第一難行之事，係指懲辦禍首而言。第二難行之事，則寓言歸政也。另據「拳亂紀聞」九月二十三日北京來函云：「又聞各國同聲，必俟禍首十三人全數交出，皇上回鑾歸政，懲辦滿漢縱庇拳匪大小官員數條全數辦到，方能議和。」又十月二十二日上海「字林西報」消息：

近日謠傳聯軍因兩宮不願回京，有欲立恭王孫某爲新君之意。然念上爲中西物望所歸，

---

[40] 張文襄公全集，卷一七六，電牘四十六。

聯軍之言或即激令皇上，俾決計早日回京未可知也。如今上復辟不爲人所制，天下無不擁戴之者㊶

蓋是時各國要求歸政公開進行已久，故有此項傳說也。

聯軍除公開向中國議和代表表示其歸政主張外，以張之洞、劉坤一掌握實力，活動更爲積極。先是五月十八日上海英代理總領事華倫（Pelham Warren）曾電告英外相沙斯伯里曰：「英國政府如果與北京政府決裂，最好能與湖廣、兩江總督立刻取得諒解。」彼深信張之洞、劉坤一如能得到英政府之有力幫助，「必能盡力維持轄境內之良好秩序。」旋得沙斯伯里覆電，認爲華倫所提建議，「是維持長江秩序最可取之法。」並授權華倫向劉坤一提出保證，復命華倫轉告漢口英領事，向張之洞提出同樣之承諾㊷。其後中國局勢急轉直下，英國對劉坤一、張之洞之期望更爲殷切。一九〇〇年（光緒二十六年）英國藍皮書（議會文件）第五册內，載有同年十月（閏八月）漢口英領事福利士（Frith）策動張之洞主持歸政之事甚詳，其大意如下：

十月六日（閏八月十三日），漢口總領事福利士君致沙侯備述鄂督張香帥之言曰：「洋兵

㊶ 引自日本佐原篤介、浙西漚隱同輯「拳亂紀聞」。

㊷ Correspondence Respecting the Affairs of China. 1900 No. 3

一日在京，兩宮一日不能回鑾。緣皇太后深恐一經回鑾，其權或爲聯軍所削奪也。」香帥又多方爲太后辨別云：「太后於一千八百六十年所爲，以及屢次削平大難，華人莫不傾心，即洋人亦多有稱之者。況聽政三十年，從無仇視洋人及憎厭西法之意。故宮殿中所用之物亦皆以洋式者爲多，且頗欲與外國婦女爲友，觀於一千八百八十九年歸政於光緒皇上，出於心之所願，是可知其非攬權之人矣。

同書復載十一月八日（九月十七日），英皇曾致電清廷曰：「朕惟望大皇帝早日能復回實權，將不法者無論其官職小大，一律置之重典，並另設善後之法，以杜後患。」可爲英人態度之說明。

是時聯軍各國以日本爲首，除積極策動歸政外，復欲使東南各省另立一新政府，而置於外人勢力支配之下。閏八月初一日，盛宣懷收轉駐日大臣李盛鐸來電，謂日外務部曾告之曰：「中國須將舊政府大臣更換，另選大臣立一新政府，各國方能調和等語。」[43] 九月三十日，中國議和全權大臣奕劻、李鴻章致西安行在軍機處電，謂接駐俄大臣楊儒電稱，俄戶部大臣微德（Witte）曾邀其密談，聲稱：「議若不成，各國有開春截秦運道，或另立政府之謀。」且故露同情之態曰：「所議成否全在中國，俄愛莫能助。」[44] 十月五日袁世凱亦致電西

43 李文忠公全集，電稿二十六。

44 清光緒朝中日交涉史料，卷五十八。李文忠公全集，電稿二十八。

安行在軍機大臣榮祿曰：「各國又有另立政府之說，使中國自相殘殺，無一寸淨土，計甚兇狡。」㊺十月二十五日，盛宣懷分致劉坤一、張之洞、袁世凱之電，言之更詳。謂聯軍各公使，聞順天府尹何乃瑩有奏請幸蜀之議，特面告中國全權議和大臣奕劻、李鴻章曰：「如不回鑾，擬另立明裔。」鴻章聞之甚懼，急派侯選知府楊來昭，赴西安行在面詢榮祿，請諫止其行。宣懷之消息係得自保定電員張毓樹，及署臬司孫鍾祥，毓樹、鍾祥之消息乃楊來昭於赴陝途中過保定時所面告㊻，應屬可信無疑。坤一據之，翌日逕電西安行在軍機大臣榮祿曰：

> 接探電，各國聞何乃瑩奏請幸蜀，有如不回鑾另立明裔之說，聞之驚怛。近來康黨票匪正反清復明（？）煽惑人心，若各國再有此議，天下騷然，不可收拾。㊼

是時距明亡已二百餘年，而孫中山先生所領導之革命事業正方興未艾，民權思想已深入人心。清廷且不能久存，況明裔耶！所謂另立明裔之說，聯軍不過藉以促成早日回鑾，達成歸政之目的耳！坤一所稱票匪，乃指唐才常所領導之自立軍而言。才常以「勤王保國」，擁護歸政相號召，實無「反清復明」之意圖也。

㊺ 西巡大事記卷三。
㊻ 愚齋存稿，卷四十七，電報三十四。
㊼ 劉忠誠公遺集，電信一。

十月底，聯軍將提出約稿，東南各疆吏對和約多有推測之詞，惟恐牽涉有關中國內政條款。十月二十八日，張之洞致電劉坤一曰：「楊來昭係何處人？何以膺此要差？杏翁（按：盛宣懷字杏蓀）必知。……立明裔是恫喝。但聞愈增愈多，愈想愈狠。並聞忽有萬難行之事（按：此指歸政之言），惟俄不願云。」[48] 明日坤一覆電之洞曰：「所謂萬難行之事，當係訛傳。果有此，則不能和矣。」[49] 於此可見當時張之洞、劉坤一擁護慈禧之決心。

惟張之洞、劉坤一，或以早年同情維新，或以反對廢立，慈禧頗疑之。故自閏八月之後，調動江、鄂二督之說甚熾。是時西安行在軍機處，仍由頑固諸臣所持，尤以鹿傳霖爲最甚。傳霖每語人曰：「端（按：端王載漪）、剛（按：大學士剛毅）爲國忠臣，爲洋人所逼以至如此，他日得志，必當起復昭雪。」對於回鑾及歸政反對尤力[50]，以坤一倡東南互保之約，實權在握，所居又爲國中財富之區，且曾隸居其下（按：鹿傳霖原任江蘇巡撫），憾之尤深。

閏八月十六日，張之洞以傳聞李鴻章有薦其入軍機之意，特電鴻章懇辭，由盛宣懷代轉[51]。同日因駐日大臣李盛鐸來電，謂日外務部次官及伊藤博文均曾面告，希望張之洞、劉坤一至京主持大計。之洞電覆盛鐸，求罷此議[52]。同日再電盛鐸，以不能離長江爲詞，務望

---

48 愚齋存稿，卷四十七，電報三十四。
49 同上。
50 日本橫濱吉田良太郎口譯，大清吳郡詠樓主人筆述「西巡回鑾始末記」卷三，附錄「鹿尚書事略」。
51 張文襄公全集，卷一六五，電牘四十四。愚齋存稿卷四十一，電報十八。
52 張文襄公全集，卷一六五，電牘四十四。

善爲解說[53]，其內心之焦急可知。

同月十七日，之洞另電劉坤一曰：「要二人至京奇甚，斷斷不可。……此舉恐非各國意，或係亂黨之謀，煽惑當道，欲令富有匪遂其擾亂長江之計耶！」[54]九月三日，再電行在軍機大臣鹿傅霖懇辭[55]。

是時軍機處以榮祿居首輔，之洞不逕電榮祿懇辭，而致電鹿傅霖，其希求解嫌之用心可知。惟聯軍德、英、美諸國，實無要求調動劉、張之意，反而欲依之保護東南外人商業利益。李鴻章有無薦之洞入軍機之意不可知，至於日本之態度，想係受保皇黨人所影響。而各國於聞悉之後，多表不滿，紛向中國議和代表提出抗議。九月三日，奕劻、李鴻章自北京致西安行在軍機處電曰：

頃各使來詢，據滬領事電云：「聞中國欲將江、鄂督更換。有此事否？」鴻答以：「兩督奉便宜行事之旨，現正會商要務，倚畀方深，此必訛傳。」伊云：「如果易此二督，則和議難望有成。」[56]

---

[53] 同上。
[54] 同上。
[55] 張文襄公全集，卷一六七，電報四十六。
[56] 西巡大事記，卷三。

同月二十九日，奕劻、李鴻章再電西安行在軍機處曰：「前美康使（按：美使康格 Conger）照稱，劉坤一、張之洞有撤任之說，當覆以並無此事。嗣英薩使（按：英使薩道義 Ernest Satow）面詢，又告以勿聽謠言。頃德穆使（按：德使穆默 Freiherr Mumm Von Schwartzenstein）來晤，謂各國將來意欲議和，則江督、楚督萬不可動。」[57] 各國支持張之洞、劉坤一態度之積極於此可見。

十月五日，盛宣懷收轉西安行在軍機處電覆奕劻、李鴻章曰：「劉、張兩督前經奉旨會商款議，畀以便宜行事。現在東南大局正賴扶持，款議尤賴兩督妥爲參酌，朝廷倚畀方殷，豈有撤任之理。」[58] 各國聞之始已。

六、歸政之失敗

庚子秋，方聯軍各國積極進行歸政交涉時，獨俄國以佔領滿洲之故，欲取得他日清廷承認其在東北之特權，盡量支持慈禧，對於歸政首表反對，而於李鴻章之出任議和代表至表歡迎者也。

先是五月二十八日，駐俄大臣楊儒致電鴻章曰：「昨與（俄）户部維脱（Witte）談，甚

---

[57] 光緒朝中日交涉史料，卷五十九。李文忠公全集，電稿二十八。

[58] 愚齋存稿，卷四十六，電報二十三。李文忠公全集，電稿二十八。光緒朝中日交涉史料，卷五十九。

矜念中國。伊夙佩吾歸威望，喜聞入覲，謂非師不勝此艱鉅。……刻下已成聯俄之局，捨此恐無良策。」[59]及聯軍陷京師，八月中各國將領會議進軍方略，俄將領故意缺席[60]，俄使且單獨出京，俄軍亦撤往天津，以表示其媾和之誠意。瓦德西「拳亂筆記」載八月二十五日（八月一日）德皇自柏林來電（按：是時瓦氏初抵波賽）稱：「據我所知，除俄國外，他國政府尚無接受李鴻章之請求者。」法以與俄同盟之故，其外交政策趨勢多受俄國所影響。法駐京公使畢盛（Pichon）頗同意俄國之主張，但以各國反對，法軍未能隨同撤出[61]

閏八月中，瓦氏已抵天津，計劃派兵南下佔領保定。其十月五日（閏八月十二日）給德皇之報告曰：「俄國公使格爾斯（Giers）亦於斯時抵北，並來謁余。……彼對攻取保定之計劃，曾作警告。因彼恐（中國）太后更將愈向內地逃遁，而和議亦將因此遲鈍，尤有不能預料者。」[62]一九〇一年元月二十三日（光緒二十六年十二月四日）瓦氏之日記復載曰：「關於撤兵一事，必須先將禍首處死之後始能道及。……但是所有一切行動，只須稍有强硬趨勢，立即遇著俄國方面之困難。」可爲俄人支持慈禧之有力證明。

俄政府以此次要求歸政，以英、德爲主魁，遂以運動德國爲目標，以離間其與英國之關係。英、德在遠東之外交政策於拳亂初期原本一致。一九〇〇年八月二十五日（光緒二十六

[59] 李文忠公全集，電稿二十二。
[60] 日本佐原篤介、浙西漚隱同輯「拳匪記事」，卷四「八國聯軍志」。
[61] Papers Relating to the Foreign Relations of the United States 1900.
[62] 拳亂筆記。

年八月一日）德皇自柏林致聯軍統帥瓦德西（按：瓦氏初抵波賽）來電曰：

（上述各國進兵情形）在政治方面俄國願與李鴻章議和之希望現已表露於外。……余與（英國）皇子威爾斯親王（Von Wales）及（英國駐德公使）Lascelles，曾在 Wilhelms Höhe 宮內晤談，對於拒絕李鴻章之事，以及楊子江流域政策，已得其諒解。……皇子威爾斯及 Lascelles 甚望英國將李鴻章拘執，以作人質。[63]

九月二十一日（八月二十八日）德皇之來電（按：是時瓦氏已抵上海）復稱：「在中國未交出北京禍首，處以相當刑罰以前，決不與之開始談判。俄國撤兵條陳，僅可得著法國方面贊成，但法國亦非出自心甘情願。至於英國政府，則已拒絕俄國之請，正與余同，只是較余更爲嚴厲一點。」[64] 十月十二日（閏八月十九日），中國駐德大臣呂海寰代遞德皇致清廷國書[65]，仍亟亟以懲兇回鑾相要脅，可知德、英之對華政策，初無二致也。

俄政府爲達成遊說德國之目的，特派皇子 Engalitschew 上校隨瓦德西東來。瓦氏「拳亂筆記」所記沿途與 Engalitschew 上校談話甚多，對於德國之對華政策多所影響也。例如八月

---

[63] 同上。

[64] 同上。

[65] 呂海寰「庚子海外紀事」卷一。劉忠誠公遺集，電奏卷二〇

二十六日（八月二日）瓦氏在 Sachsen 船上之報告，謂 Engalitschew 上校聲稱：「十年或二十年以後，滿洲將如已熟之果，落在我們手中。」希望德國「當有佔據山東以至運河之意」。而對於日本在朝鮮勢力之擴張，深表憂慮也。十月七日（閏八月十四日）在天津之報告復云：「俄國方面甚願直隸一省能劃入彼之永久的獨有勢力範圍，該皇子以爲俄、德兩國之間，對於該地勢力範圍問題，當不難協商諒解，蓋從前彼此曾結條約，以黃河爲兩國勢力範圍之天然界限也。至於俄、英之間，則關係大不相同。英國頻年以來，不斷努力，在直隸省内建築鐵道，開辦礦業，從事各種貿易，以便培植自己勢力。此種情形，將使俄國直到一種不堪忍耐之境。」瓦氏繼云：「該上校復用許多甜言密語」，甚且坦率直言，「倘若德國對中國欲施以有力壓力，最好是遣派大批軍隊，直接向長江流域而進，必能如願以償。」Engalitschew 上校旋又論及英、俄關係，告瓦氏曰：「余（瓦氏自稱）到北京，將與竇納樂（Sir Clande Macdonald 英前任駐北京公使）相見，彼爲仇俄最甚之人，彼之行動常使俄國受損。」其用心蓋欲以承認德國在華特權以換取雙方之諒解也。

瓦德西抵京後，其十二月十二日（十月二十一日）之「筆記」載稱：「大凡每次協議之中，（俄使）格爾斯與（英使）薩道義兩人之意見，總是十分互相背馳。」十二月十七日之日記復載稱：「李氏（鴻章）稱病之消息，全係得自（俄國上校）Engalitschew。今日該上校復向余將英人之罪惡長篇講演一次，彼謂英國嘗暗中與李鴻章交涉云云。」俄人之用心可謂無所不用其極矣！

由於俄人運動之結果，瓦德西一反過去態度，對英人之印象日漸惡劣。其十二月九日

(十月十八日)之「筆記」記曰：

(英德之間)彼此互相惑疑之心，未嘗一日稍衰。其主要關係當然是在楊子江流域。……至於我們與英國之間，或可維持永久友誼一事，余固始終未嘗信及。現在更使余之此項意見愈益加强。余寧肯偏向與俄親善之一途，在德、俄兩國元首之間盡管有所隔閡，而我們之政策，卻不妨與俄國政策相輔而行。反之我們與英國之間，因我們所抱世界政策之故，彼此時常發生衝突機會。說得切實一點，我們與英國乃係一天然之仇敵，而且勢將永遠如此下去。

十二月十日(十月十九日)之「筆記」復記曰：「假如余在昨日曾經發生一種感覺，似乎我們與英國方面，近來不甚相洽，則現在此項感覺，更是愈趨强顯。穆默先生(按：德駐北京公使)亦正與余之觀察相同。」一九○一年二月十二日(光緒二十六年十二月二十四日)之「筆記」再記曰：「英國政策之主要思想，無非專謀自己而已。余實毫無一刻疑惑，英國衷心欲在長江流域痛打我們嘴巴。」

由於瓦德西對英人印象之不良，其一九○一年五月二十七日(光緒二十七年四月十日)給德皇之報告，竟主張步俄國後塵早日撤兵北京。「彼相信撤兵一事可以促進皇室回鑾之舉，對於中國局勢之安定，當有極良影響。」(66)瓦氏爲德皇近臣，其言論及建議對德國之外交政策自當發生重大作用。故自庚子閏八月瓦氏抵北京後，德國官方一再公開表示不干涉中國之內政。及聯軍約稿提出，雙方交涉期間，德政府復屢次發表聲明，以圖見好於清廷。一九〇一年三月（光緒二十七年正月），德相畢魯於德國國會演說中國近事時，重申其不干預中國內政主張(67)。蓋是時德人知中國實權仍操慈禧之手，張之洞、劉坤一尚反對歸政，其他疆臣可想而知。其所以明白表示支持中國舊政權，乃欲達到日後需索之目的也。

先是庚子六月二十六日，俄政府藉口東北排外，遣大軍强渡黑龍江，閏八月初八日佔領瀋陽，兩月之內東北盡被所陷。九月二十八日奉天將軍增祺擅自遣已革道員周冕與俄方簽定「奉天交地暫且章程」，而中俄之交涉遂起。各國多不值俄人之所爲，英、日尤感惴惴不安，對於中國內政問題漸不熱心。英國當拳亂期間因南非之布爾戰爭（Boer War）吸引其大部兵力，其遣華之遠征軍，多恃在上海、威海衛臨時召募之華勇以爲之助(68)。其歸政主張既不得德國之支持，張之洞、劉坤一等復不爲其所用；加以同年十一月三日（一九〇〇年十二月二十四日）英女王維多利亞逝世，國內多故，但求和約從速訂定，不涉及歸政要求矣。中國疆吏則認爲此時爲聯絡英人之惟一良機。同月初十日劉坤一致電西安行在軍機處，認爲「修好

(66) 拳亂筆記。

(67) 庚子海外紀事卷四。

(68) Barnes, Arthur Alison Stuart, On Active Service With the Chinese Regiments, A Record of the Operations of the Ferst Chinese Regiment in North China from Marchto October 1900. London, 1902.

釋嫌，機不可失。」請即發國電唁慰，另派專使弔賀[69]。旋奉旨命議和全權大臣亦劻、李鴻章，關於英國奠唁致賀國書，由其備妥，然後請用御寶，寄交駐英大臣羅豐祿致送[70]。張之洞於聞悉之後，亦於十二月十一日致電西安行在軍機處，請太后單獨專電弔唁，並請將來於國書致賀外，太后亦加專電致賀[71]。之洞用心可知。辛丑二月四日劉坤一致電西安行在軍機處曰：「英瀾候謂，俄約仍以緩允爲要，英國在中國保商外無他圖，當始終以全力相助。日外部謂，中國能確意拒俄，可泯各國藉口之端。」[72]

日本對華外交政策多追隨英國，其對滿洲之重視，尤有切身利害之感。故其仇俄甚於英國。庚子八月二十一日張之洞分電李鴻章、劉坤一、盛宣懷曰：「頃聞日本人密告述日本外部語云：議和大旨，剛、董治罪，某王（按：當指端王載漪而言）罷黜，管束賠款，改政四事。未提歸政，不必回鑾，不欲割地。」[73]惟此時日本對於慈禧之惡感仍深，迨九月底「奉天交地暫且章程」訂立後，東北已在俄人勢力支配之下，日本忌恨之餘，對華態度始形轉變。十月三十日，駐日大臣李盛鐸密電張之洞、劉坤一曰：

---

[69] 清李外交史料卷一四五。

[70] 同上。

[71] 張文襄公全集，卷八十一，電奏卷九。

[72] 劉忠誠公遺集，電奏卷二。

[73] 愚齋存稿，卷四十，電報十八。張文襄公全集，卷一六五，電牘四十四。

昨詢（日）外部，條款内有無歸政一節，彼答無此款。然各國深願以後皇太后頤養深宮，皇上專政，庶辦事劃一，彼此無猜。鐸謂即如此說，萬勿列入款内，有礙中國顏面，外部唯唯。[74]

其用意在於聯絡清廷，共同抵制俄人，且預留作日後爭取在華特權之餘地也。

美國於拳亂期間對華之外交政策，仍本門户開放機會均等之原則。庚子七月三日（七月二十八日）美國務卿海約翰（John Hay）曾照會聯軍各國曰：

現在北京情形，一切毫無紀律，其政權責任均在各疆臣及地方官掌握，如中國能竭力平定團匪，並設法保護西國人民產業，則吾美以中國爲國，自可息兵爭而結邦交矣[75]。

固不關心中國之内政問題。劉坤一於探悉美國官方態度後，特致電李鴻章、盛宣懷，謂美人但「使中國永保承平安固，並保護中國土地朝政。」[76] 而無他圖也。京師淪陷後，美政府恐中國全局瓦解，命駐滬美總領事電告劉坤一曰：「敝政府辦法，全視貴國百姓不與外國爲難，

[74] 西巡大事記，卷四。張文襄公全集，卷一六九，電牘四十八。
[75] Pepers Relating to the Foreign Relations of the United States 1900.
[76] 李文忠公全集，電稿二十四。

且敝國極重貴國皇太后皇上明見卓識。」[77] 七月二十九日美外部再告中國駐美大臣伍廷芳曰：「美廷仍願會商停戰，惟須北京各處安靜，顯明政府確有自能停戰之權，美方派員與中國實在任事秉權之政府所派大員會同各國和商。」[78] 均不涉及歸政事。而俄人則惟恐美國將來與英、德、日各國採取一致行動，亦盡其煽惑之能事。八月初，俄政府曾照會美國曰：「中國皇太后已願保護各國商務利益，並設法平定土匪，使地方永遠安靖。」[79] 以代慈禧剖辯，似多餘事也。

八月三十日，駐日大臣李盛鐸致電盛宣懷，兼轉各省督撫將軍，謂得自倫敦消息：「德廷商各國，欲中國交出主謀之人（按：當指以慈禧爲首之頑固派），方可開議，美廷甚不以爲然，復稱不能照辦云。」[80] 閏八月初二日李盛鐸再電盛宣懷兼轉各省督撫將軍曰：「倫敦續電，美廷駁斥德人之意，以首禍人須請中國自懲，不宜令交出，有妨中國體面。」[81] 其後李鴻章電請駐美大臣伍廷芳向美外部「諷以黜陟內政，不必干預。」[82] 美政府固無積極表示也。

閏八月二十五日，張之洞致電盛宣懷，謂美公使柔克義(W. W. Rockhill)曾來武昌晤談。

---

[77] 同上。

[78] 同上。

[79] 八國聯軍志轉載西曆八月三十一日路透電。

[80] 李文忠公全集，電稿二十七。愚齋存稿，卷四十一，電報十八。

[81] 愚齋存稿，卷四十二，電報十九。

[82] 李文忠公全集，電稿二十七。

柔氏「禮和意厚」，曾云：「須令拳黨遠離聖上之側，令人看管，不干預政事，不與朝廷通聲氣，如此當可開議。」柔氏臨行並稱，將來到滬或到京，必爲中國辦成一事。且謂：「我之言語即是英國言語」。之洞詢以聯軍各國對於歸政之態度，柔氏「微露而不深說」[83]。美國對華之政策可知。蓋美國深知在當時情況下，如不承認中國現政權，勢必演成中國之混亂，促使聯軍各國在華之武裝衝突也。

法國既爲俄國之與國，其對華政策多受俄國所左右。八月初法外交部長發表聲明曰：「聯軍之往中國，所以救各使臣。留駐北京，所以求賠款，並使中國認保後來無土匪之患，此外實無他意。無論各國所懷之意如何，總不可向中國有所他求」[84]。閏八月三十日（十月四日）經法俄協議，由駐北京法國公使畢盛（Pichon）向聯軍各國發出下列通牒：

> 列強派遣軍隊來華，營救公使爲其首要任務。幸賴各國合作無間，將士忠勇用命，使此項目的順利完成。目前問題在向任命奕劻、李鴻章爲全權代表之中國政府，追索以往合理賠償，取得未來切實保證。……如經各國認可，即可以此爲基礎，與中國政府立即開議[85]。

---

[83] 愚齋存稿，卷四十三，電報二十。
[84] 八國聯軍志轉載，西曆八月三十日巴黎來電。
[85] Papers Relating to the Foreign Relations of the United States 1900.

明白表示其鞏固中國現政權之態度。惟是時歸政仍在醞釀之中，各國固無確切之表示。待十月以後，德國既不能堅持初衷，英、日因本身有所顧忌，表示趨於冷淡，美國更不願多事，其他小國殊無影響力量，歸政之舉乃歸於失敗。其後聯軍公使遂依法使所提基本原則，與中國議和全權大臣奕劻、李鴻章商定媾和條約。

七、結語

由上所述，可知庚子拳亂期中，由於聯軍之藉端要脅，德宗確有重握政權之可能。其時掌握實力之東南疆吏，張之洞、劉坤一、李鴻章、袁世凱、盛宣懷等，爲各國策動之主要對象，各人對歸政德宗之態度最初並不一致。劉坤一、盛宣懷頗同情各國之主張。李鴻章則舉止曖昧，模稜兩端。惟張之洞、袁世凱反對最力。其後坤一、宣懷受之洞影響，態度轉變。鴻章知慈禧仍有控馭全國能力，復表示積極擁護。加以俄國自始力主維持中國現政權，各國復因利害衝突，不能堅持初衷，雙方談判乃由回鑾歸政演爲懲辦肇禍大臣與賠款之交涉。遂使此一運動不獲實現。舊日維新黨人，以鼓吹歸政不成，改以要求立憲相號召。欲圖以憲法國會促成清政之改良。而稍有眼光者，則知清室之不可救藥，遂紛紛加入革命陣營。以故八國聯軍之後，同情保皇黨人之勢日戢，而響應排滿起義者固所在多有也。

（臺北，大陸雜誌第二十三卷第七、八期，
民國五〇年十月，頁十一至十四，二十三至二十九。）

二一　李鴻章遺摺薦袁世凱繼任直隸總督辨

一、引言

清季漢人非科第出身，而能外膺疆寄，內值軍機者，早年爲左宗棠，晚年爲袁世凱。世凱以權術起家，作風類曹操、劉裕，而氣魄遜之；加以缺乏道德觀念，思想不能迎合時代，雖在民初一度盜竊國柄，而終不免於敗亡。

世凱之初露頭角，始自朝鮮壬午（光緒八年、一八八二）事變，甲申（光緒十年、一八八四）韓亂之平定，大得北洋大臣李鴻章所器重，而漸見知於樞廷。甲午戰後，世凱以浙江溫處道銜奉命練兵小站，因緣時會，日步青雲，六年之間遂繼鴻章總督直隸。晚近史家多謂世凱受鴻章之知遇，襲淮軍之餘緒，乃能成爲晚清政治上之關鍵人物，李劍農「中國近百年政治史」記曰：

> 當辛丑和約的悲劇閉幕時，李鴻章辭世了。李於臨逝前一日，口授于式枚草遺疏，薦袁世凱繼任直督說：「環顧宇內人才無出袁世凱右者」。這是因爲在拳亂中李鴻章看見

他的行動與衆不同，所以特別賞識了他。西太后得了李的遺疏，想了一想，徐掉袁世凱也找不到第二個人，因爲從前對於他已有相當的信任，現在又祇有他所部的軍隊還可以鎮住北方，於是就把直督兼北洋大臣一席授與他了❶。

蕭一山「清代通史」，則謂鴻章之薦世凱自代語，乃載於遺摺附片中，且謂係出於其幕僚于式枚之手筆，原文如下：

（李鴻章）遺疏附片薦袁世凱督直謂：「環顧宇內人才，無出袁世凱右者。」實則世凱運動其幕僚于式枚爲之也。（世凱有致于式枚函云：「節相騎箕，天下共慟，弟識陋望淺，何敢作此替人？乃承示以疏稿，竟過許環顧宇內人才，無出世凱右者。此雖出節相之口授，實亦由足下之玉成，弟當詔示子孫，永銘大德。茲隨函奉上骨董八件，戔戔之物，聊表謝忱。」）又力請回鑾，保外人無他，電達行在（時方駐蹕滎陽），太后及帝哭失聲，立授袁直督。……世凱之得襲湘淮餘蔭，而爲晚清中國之筦樞人物，率由於此。鴻章雖不喜世凱爲人，但在當時之環境中，惟彼有訓練之新軍，似亦無可如何耳！❷

❶ 李劍農「中國近百年政治史」，上册，頁二一六，商務印書館民國四十六年五月版。

❷ 蕭一山「清代通史」，第四册，頁二二四九，民國五十二年二月台灣商務印書館版。

此種說法，均屬無稽。影響所及，竟爲一般人所深信不疑，實有辨駁之必要。姑討論其事，以就正於方家。

二、袁世凱見信於李鴻章

光緒十一年（一八八五）七月二十八日，鴻章首建議總署，派世凱常駐朝鮮。認爲世凱「才識開展，明敏忠亮。」「兩次帶兵救護朝王，屢立戰功，」爲朝鮮君臣士民所深敬。❸世凱遂以道員銜，總理朝鮮交涉通商事宜。日人離間中韓關係，韓王頗爲所惑，迭請清廷調世凱回國，另派妥慎可靠之員以爲接替。光緒十四年（一八八八）七月二十二日，鴻章爲此致函總署曰：

> 該道（按：指袁世凱而言）素有血性，駐韓三載，能任勞怨；惟少年氣銳，初到時間有涉於疏略及過當之處，鴻章一再告誡，近來歷練較深，尚能慎重自持。往年二次遣兵定亂，該道身在行間，爲彼中士民所信服，旋經派往專駐，遂覺久而愈親。韓王之心日離，其政亦日紊，該道隨宜糾正，所補救者頗多，而爲韓王及各西員所畏忌亦正坐

---

❸ 李文忠公全集，譯署函稿卷十七，頁五十八。

此。❹

同年十一月十六日，鴻章復函總署曰：「九月杪接准朝鮮國王來咨，以袁世凱駐東既久，終難相濟，亟望更派以維時局，與咨會鈞署原文相同，曷勝詫異。……袁守持正認真，爲韓王所忌，即此已可概見。此事關係頗重，固未便徇韓王之請。袁守久駐彼都，有無窒礙？現應如何辦理？希函示等因。」❺ 光緒十五年（一八八九）六月初五日，鴻章再致函總署曰：「袁道駐韓四年，遇有韓與他國交涉，尚能悉心襄助，隨事調護，案據具在，未始無裨大局，自不能因韓王及各國嫉忌，輕於撤回，致墮敵謀，而失大體。」❻ 同年八月，朝鮮駐津官員成岐運迭向鴻章建議，以馬建常昔日駐韓期間，「老成練達，諸臻妥協。」仍請派往以代替世凱，鴻章嚴詞拒之❼。十一月，韓廷再遣金嘉鎮來華，懇求於總署，總署函商於鴻章，希望將世凱保奏引見，另派他人更代，鴻章竟藉口目前「實無妥愼可靠之員」❽，以延緩其事，由此可見鴻章對世凱愛護之不遺餘力。

光緒十八年（一八九二）閏六月初八日，鴻章奏保世凱曰：「該道膽略兼優，血性忠誠，

❹ 同上書，譯署函稿卷十九，頁二十。
❺ 同上書，譯署函稿卷十九，頁二十四。
❻ 同上書，譯署函稿卷十九，頁二十九至三十。
❼ 同上書，譯署函稿卷十九，頁二十五至二十六。
❽ 同上書，譯署函稿卷十九，頁五十。

先後奏保，近日察其器識，尤能深沈細密，歷練和平，洵屬體用兼備，置之交涉繁劇之區，必能勝任。」❾光緒十九年（一八九三）四月十五日，鴻章復奏保世凱曰：「查袁世凱派駐朝鮮以來，內戢藩服之僭，外杜強鄰之窺伺。」❿是爲此後世凱事業發展之端機。

三、李鴻章之鄙棄袁世凱

世凱於甲午中日宣戰前返國，時論以中日釁端世凱不能辭其咎，而鴻章仍庇護之。王伯恭「蜷廬隨筆」記其事曰：

> 中日和約既定，恭王一日問合肥云：「吾聞此次兵釁悉由袁世凱鼓盪而成，此言信否？」合肥對曰：「事已過去，請王爺不必追究，橫豎皆鴻章之過耳！」⓫

王氏於光緒八年（一八八二）曾隨馬建常至朝鮮，後入宋慶幕，所記應非無據。而世凱以戰後鴻章罷直督，已失權勢，不惜出賣鴻章，改投樞臣翁同龢、李鴻藻之門。翁文恭公日記光

---

❾ 李文忠公全集，奏稿卷七十四，頁四十六。
❿ 同上書，奏稿七十六，頁三十。
⓫ 王伯恭「蜷廬隨筆」，頁九，文海出版社近代中國史料叢刊本。

緒二十年七月十六日記曰：「袁世勳（按：世勳字敏孫）爲袁慰亭事來見，慰亭奉使高麗，頗得人望，今來京不得入國門，李相飭赴平壤，欲求高陽（李鴻藻）主持，因作一扎予之。」光緒二十一年（一八九五）五月二十九日復記曰：「溫處道袁世凱來見，此人開展而欠誠實。」同年八月十一日再記曰：「袁慰亭來辭，談洋務事，點心去，此人不滑，可任也。」⓬是爲此後世凱奉命練兵小站之張本。吳永「庚子西狩叢談」所記世凱受翁同龢指示，誘陷鴻章之經過曰：

公在直督時，深受常熟（按：翁同龢籍江蘇常熟）排擠，故怨之頗切，而尤不慊於項城。在賢良寺時，一日項城來謁，予亟避入旁舍（按：吳永時在鴻章幕中）。項城旋進言：「中堂再造元勛，功高汗馬，而現在朝廷待遇如此涼薄，以首輔空名隨班朝請，跡同旅寄，殊未免過於不合。不如暫時告歸，養望林下，俟朝廷一旦有事，聞鼓鼙而思將帥，不能不倚重老臣，屆時羽檄徵馳，安車就道，方足見老成聲價耳！」語未及已，公即厲聲呵之曰：「止！止！慰亭，爾乃來爲翁叔平作說客耶！他汲汲要想得協辦，我開了缺，以次推升，騰出一個協辦，他即可安然頂補，你告訴他，教他休想，旁人要是開缺，他得了協辦，那是不干我事，他想補我的缺，萬萬不能。武侯言：『鞠躬盡瘁，死而後已。』這兩句話我也還配說，我一息尚存，決不無故告退，決不奏請開缺，臣子

⓬ 翁文恭公日記，乙未年，頁八十二。

對君上寧有何種計較？何爲合與不合？此等巧語休在我前賣弄，我不受爾愚也。」項城祇得俯首謝過，諾諾而退。項城出後，公即呼余相告曰：「適纔袁慰亭來，爾識之否？」余曰：「知之，不甚熟。」曰：「袁世凱爾不知耶！這眞是小人，他巴結翁叔平，來爲他作説客，説得天花亂墜，要我乞休開缺，爲叔平作爲一個協辦大學士，我偏不告退，教他想死。⑬

此後世凱復投靠榮祿，以傾陷翁同龢，與鴻章之音問遂稀。「容庵弟子記」記其事曰：

二十二年三月，御史胡景桂論列小站兵事，有尅扣軍餉誅戮無辜之奏。公之御軍也，懲舊營營官領餉侵挪積壓之弊，於放餉獨爲認眞。每月發餉，令餉局按名冊分包數千分，平色必準，居時傳派營務官一二員，前往各營監視發給，兵丁直接領餉，百弊不生。胡景桂初未深究，政府派榮相到營察視，並考查訓練有無進步。公櫜鞬相迓，請榮相閱操。校閱既畢，榮相大驚異，蓋未料成軍纔百餘日，而隊伍之精整，陣法之變化，竟擅曲端縱鴿之奇也。回京之後，據實稱譽，遂蒙溫諭。德宗並擬恭奉孝欽后蒞津親自校閱。⑭

---

⑬ 吳永口述、劉治襄筆記「庚子西狩叢談」，卷四，頁一三七至一三八，文海出版社近代中國史料叢刊本。

⑭ 沈祖憲、吳闓生「容庵弟子記」，卷二，頁七至八。

迨戊戌政變時，世凱出賣新黨，告密於榮祿，雙方關係益加密切。

四、庚子拳亂李鴻章之臨危受命

庚子拳亂期間，鴻章方督兩廣，以關係國家存亡，與各省疆吏及駐外使臣時有電報往來。世凱時任魯撫，復與鴻章通消息。鴻章生性倔强，雖遇逆境而安之若素。庚子難作，以慈禧及頑固諸臣平白構此奇禍，每談時事，常淚含於眶，已無當年之豪邁氣慨。同年五月二十二日電諭，兩廣總督著廣東巡撫德壽兼署，命李鴻章迅速來京主持和議。六月十二日，復命直隸總督著李鴻章補授，兼充北洋大臣，無分水路星夜兼程至京。鴻章遂於六月二十一日離粵北上。裴景福（伯謙）「河海崑崙錄」記其事曰：

庚子六月，文忠奉詔入京，二十一日將午發廣州，將軍巡撫以下送至天字碼頭日近亭。既登舟，待潮未行，余與番禺令錢君璞如候水次。（按：景福時任南海縣令）未初，公復延余入見。是日公衣藍絺短衫，著魯風履，倚小籐榻，余至杖而起，坐定，公曰：「廣州斗大城中緩急可恃者幾人？爾能任事，取信於民，爲地方弭患，督撫不若州縣也。能遏内亂，何至招外侮，勉之！」先是五月十九日總税務司來電告急，公轉達榮相，力言國釁不可開，神拳不足信，此後京電遂絕，惟日得東撫袁慰亭電，報京中消息。……余曰：「公看京師如何？」公曰：「論各國兵力，危急當在八九月之交，但聶功亭（士成）已陣亡，馬（玉崑）、宋（慶）諸軍零落，牽制必不得力。日本調兵最速，英國助之，恐七八月已不保矣。」言至此，公含淚以杖觸地曰：「內亂如何得止？」默然良久。……余復問：「萬一都城不守，公入京如何辦法？」公曰：「必有三大問題，剿拳匪以示威，糾首禍以洩憤，先以此要我，而後索兵費賠款，勢所必至也。」余曰：「兵費賠款大約數目」。公曰：「我不能預料，惟有竭力磋磨，展緩年分，尚不知作得到否？我能活幾年，當一日和尚撞一日鐘，鐘不鳴了，和尚亦死了。」言次涕出如縻，余亦愴然，遂辭出。⓯

可爲鴻章當時心境之寫照。鴻章於光緒二十七年（一九〇一）七月辛丑和約簽字後，復與駐京俄使從事東北撤兵之交涉，憤俄人之欺詐，日在憂鬱焦慮之中，遂於九月二十七日，以七十八歲之高齡歿於賢良寺。

五、李鴻章之遺摺

鴻章逝世時，慶親王奕劻方南下迎鑾，先一日鴻章知將不起，電奏行在曰：

⓯ 裴景福「河海崑崙錄」，卷三，頁二二五至二二七，文海出版社近代中國史料叢刊本。

臣病十分危篤，京師根本重地非慶親王回京不足以資鎮懾，敬乞天恩，電飭慶親王奕劻，無論行抵何處，迅速折回，大局幸甚，現已電令藩司周馥來京交代一切矣。⑯

是日鑾輿駐蹕河南汜水縣城。奉懿旨電：「慶親王奕劻計將行抵磁州，即著迅速來汴毋延。」⑰二十七日，兩宮駐蹕滎陽縣城，同日直隸布政使周馥電稟，直隸總督李鴻章本日午刻出缺，其遺摺不見於「李文忠公全集」，茲就「西巡大事記」錄其全文如下：

奏為臣病垂危，自知不起，口占遺疏，仰求聖鑒事。竊臣體氣素健，向能耐勞，服官四十餘年，未嘗因病請假。前在馬關受傷，流血過久，遂成眩暈。去夏冒暑北上，復患泄瀉，元氣大傷。入都後又以事機不順，朝夕焦思，往往徹夜不眠，胃納日減，觸發舊疾，時作時止。迭蒙聖慈垂詢，特賞假期，慰諭周詳，感激零涕。和約幸得竣事，俄約仍無定期，上貽宵旰之憂，是臣未終心事，每一念及，憂灼五中。本月十九夜，忽咯血盌餘，數日之間遂至沈篤，群醫束手，知難久延。謹口占遺疏，授臣子經述恭校寫成，固封以俟。

伏念臣受知最早，蒙恩最深，每念時局艱危，不敢自稱衰病；惟冀稍延餘息，重覲中

---

⑯ 王亮「西巡大事記」，卷十，頁四十五。

⑰ 同上書。

興。賚志以終，歿身難瞑。現値京師初復，鑾輅未歸，和議新成，東事尚棘，根本至計，處處可虞。竊念多難興邦，殷憂啓聖，伏讀迭次諭旨，舉行新政，力圖自强。慶親王等皆臣久經共事之人，此次復同更患難，定能一心勰力，翼贊訏謨，臣在九原，庶無遺憾。至臣子孫皆受國厚恩，惟有勗其守身讀書，勉圖報效。屬纊在卽，瞻望無時，長辭聖明，無任依戀之至。謹叩謝天恩，伏乞皇太后皇上聖鑒。謹奏。⑱

是摺乃李經述所校錄，並無薦舉何人繼任等語，其非出自于式枚之手筆可確定無異。

六、袁世凱繼任直隸總督

鴻章逝世之日，清廷命王文韶署理全權大臣，袁世凱署理直隸總督兼北洋大臣，未到任前著周馥暫行護理。另以張人駿補授山東巡撫，未到任前著胡廷幹暫行護理⑲。蓋是時北方惟袁世凱實力全在，爲接防京津之所賴；加以戊戌告變，已獲慈眷，兼有榮祿之奥援，世凱之繼任直督乃水到渠成之事。

---

⑱ 同上書，卷十一，頁十一至十二。

⑲ 同上書，卷十，頁四十六。

鴻章之遺摺係十月三日鑾輿回抵開封之日，由慶親王奕劻遞上⑳，距清廷之任命世凱繼任直督已有六日之久。至於附片雖不能斷其必無，其與世凱之繼任直督無絲毫關係則敢斷言。今觀鴻章殞前之電奏，及遺摺內容，僅推重慶親王奕劻一人。十月六日懿旨，特恩著奕劻在紫禁城內乘坐二人肩輿㉑，是清廷之器重奕劻，固由於和議之功，豈多少與鴻章之遺摺有關歟？而世凱繼任直隸總督後，復施展其慣技，結納奕劻，以實現其政治之野心。

（臺北，中國歷史學會史學集刊第三期，民國六十年五月，頁七九—八六。）

⑳ 庚子西狩叢談，卷四，頁一四三。
㉑ 西巡大事記，卷十一，頁十二。

二二 革命黨人排滿之聯合與歧見

——一九〇五——一九一一——

一、前言

清季最早的革命團體興中會，其目標遠大，旗幟鮮明，惟活動方式仍沿襲傳統之秘密會社。以後革命聲勢之壯大，留日學生有不可磨滅之貢獻。一九〇三年起源於東京之拒俄義勇隊，所演變之軍國民教育會，奠定下華興會和光復會成立之基礎。

一九〇五年中國同盟會成立於日本東京，包括部分興中會和華興會分子，以及原無會籍而傾向革命的留學生，稍晚復增加一些光復會會員。在整個革命過程中，國內外尚有數以百計的革命團體，或與同盟會互通聲氣，或單獨發展，此伏彼起，相互間殊少統屬關係，思想難免歧異，是以目標雖然一致，實行方法則有所區別。論者多認爲辛亥革命無法動員足夠群衆，徹底推翻舊勢力，係一不徹底之革命，此固由於促成份子之複雜，除革命黨人外，包括實力軍人、官僚、改良派和投機政客。況同盟會奮鬥的主旨，在推翻專制，建立共和，既要顧慮到亡國滅種的危機，又要面對幅員廣闊民智未開的東方傳統社會，是以其本身組織不夠嚴密，步調難趨一致，此種歧見不僅削弱革命勢力，妨礙革命進行，更影響到民國以後之政局。

二、興中會——革命之火炬

興中會發軔於一八九三年冬，廣州廣雅書局內南園抗風軒之集會❶，正式於一八九四年十一月二十四日創立於檀香山，由孫中山先生所領導，截至翌年元月，在當地入會有姓名可考者共計一百二十六人。會員包括畜牧家、農業家、銀行家、教育家、公務員、稅關通事、報界、宣教師、商人、工人等❷，其後以香港爲活動之樞紐。

輔仁文社發起於一八九〇年，正式成立於一八九二年二月十五日，以交換知識、研究學術爲目的❸。地點設香港百子里一號二樓，由楊衢雲任社長。衢雲福建海澄縣人，初學習機械於香港國家船廠，因失慎斷右手中三指，乃改習英文，先後任職香港灣仔國家書院教員、

❶ 馮自由，「興中會首任會長楊衢雲補述」，革命逸史（臺北，臺灣商務印書館，民國五十四年十月版），第五集，頁九。另見馬小進，「香江之革命樓臺」，中華民國開國五十年文獻（臺北，中華民國開國五十年文獻編纂委員會，民國五十二年十月版）（以下簡稱開國文獻），第一編第九冊，頁五一〇——五一一。

❷ 馮自由，「興中會會員人名事跡考」，革命逸史（臺北，臺灣商務印書館，民國五十四年十月版），第四集，頁二五——三七。

❸ 羅香林，國父之大學時代（臺北，臺灣商務印書館，民國六十一年七月版），頁二九。

招商局總書記，及沙宣洋行副總經理等職❹。社員初僅十六人，重要分子有謝纘泰、周超岳、陳芝、羅文玉、黃國瑜、劉燕賓、胡幹芝等。纘泰廣東開平縣人，生長澳洲雪梨埠，父日昌在澳洲有商店曰「泰益號」，經營進出口貿易數十年，少屬洪門會籍，夙以反清復明爲宗旨。纘泰幼承庭訓，恆以繼述父志爲務。年十六隨父歸香港，肄業於皇仁書院，遂與楊衢雲結識❺。其餘諸人，包括洋行職員、西校教師等，多通曉英文，關心時事，而富有愛國思想。其時風氣閉塞，未敢公然抗清，僅同志開會秘密商談而已。會孫中山先生方就讀於西醫書院，與尢列、楊鶴齡、陳少白等大倡革命，輔仁文社社員羅文玉與尢列善，乃由尢介紹，遂與輔仁文社發生接觸。

一八九三年冬，中山先生懸壺廣州，設「東西藥局」，藉醫術結納於官紳之門，用作革命之掩護。與港粵同志經常聚會於廣州城南廣雅書局內南園之抗風軒，討論組織革命團體，經常參加者有陸皓東、鄭士良、尢列、程耀宸、程奎光、魏友琴等，雖未及制定會名，已決定以「驅除韃虜，恢復華夏」爲宗旨，是爲興中會之發軔❻。其時在中山先生上書李鴻章前數月，中日戰爭尚未爆發，足證興中會之組織，既非李鴻章拒絕中山先生改革建議，更非受清廷戰敗之影響。

❹ 馮自由，「楊衢雲事略」，革命逸史（臺北，臺灣商務印書館，民國五十四年十月版），初集，頁六。
❺ 馮自由，「老興中會員謝纘泰」，革命逸史（臺北，臺灣商務印書館，民國五十四年十月版），第二集，頁二三。
❻ 同註一。

一八九五年一月，中山先生自檀香山返抵香港，立約舊友陳少白、鄭士良、楊鶴齡、九列、區鳳墀、陸皓東諸人會商，決定擴大興中會組織，聯合國內外志士共策進行。中山先生親訪輔仁文社社長楊衢雲商合作，衢雲欣然從之❼。經其介紹入會者有謝纘泰、黃詠商、周昭嶽、余育之、徐善亨、吳子材、朱貴全、丘四等數十人。乃租定香港中環士丹頓街十三號爲香港興中會總會會址，二月十八日門口開始懸出「乾亨行」招牌爲掩飾，二月二十一日舉行正式成立大會，衆決議仍用興中會名稱，並一律舉右手對天宣誓：「驅除韃虜，恢復中華，創立合衆政府，倘有貳心，神明鑒察。」當時會員有文獻足徵者共四十九人，其中十人爲知識份子，七人爲官吏，八人爲商人，三人爲工人，十四人屬秘密會黨，七人職業不詳❽。

興中會香港總會成立之初，由黃詠商任會長，「乾亨」名號即黃所訂。黃香山縣人，父名勝，任香港議政局議員，與名律師何啓有戚誼。及準備廣州起義，十月十日總辦之選舉，楊衢雲雖獲勝，已種下雙方之裂痕❾。故首次廣州起義前後，興中會之領導趨於二元化，孫、楊兩派似不能和衷共濟，楊名義上任會長，中山先生則負全面策畫之實責。

輔仁文社之社綱爲「盡心愛國」❿，興中會的誓辭雖然揭櫫「創立合衆政府」，但卻未有

❼ 馮自由，華僑革命組織史話（臺北，正中書局，民國四十三年六月版），頁四。
❽ 吳相湘，孫逸仙先生（臺北，文星書店，民國五十四年十一月版），第一册，頁一〇五。
❾ 佚名，楊衢雲略史（香港，民國十六年版）；馮自由，「興中會初期重要史料之檢討」，革命逸史，第四集，頁六九。
❿ 馬小進，「香江之革命樓臺」，開國文獻，第一編第九册，頁五〇九。

任何文字說明此一制度之內涵。黨中觀念中所謂的「革命」，只是推翻異族統治，和會黨的反清思想並無太大區別。至於如何改良中國惡劣政治，從其宣言中所謂：「集會衆以興中，協賢豪而共濟，抒此時艱，奠我中夏。」[11] 以觀察其表面宗旨，和當時改良派的主張，並無什麼不同。因此他們所進行的只是地域性的抗暴活動，起義口號亦只限於「除暴安良」[12]，不僅參加起義之會黨無法真正明瞭一八九五年十月廣州之役之崇高目標，即是孫中山先生最接近同志陳少白，直到事敗隨中山先生逃抵日本橫濱，看到當地報紙所刊「中國革命黨孫逸仙」新聞，才恍然大悟自己所從事的工作，是「革命」而非「造反」[13]。此種革命觀念的模糊不清，不僅使一八九五年以後的興中會成爲一個有名而不具體的革命團體，更導致領導者的分途發展。孫中山先生繼續鑽研西方的政治思想，著意於興中會的組織和發展，主要精力用在革命同志的網羅，革命經費的籌募，以及革命理論的建立，行踪由日本而檀香山，而美國，而英國，及歐洲大陸，最後與崛起於日本留學界的革命勢力相匯合。楊衢雲則流落南非，繼續向華僑鼓吹種族革命。楊後返香港，雖曾參預一九〇〇年惠州之役後方之籌畫，已不佔重要地位。次年一月十日楊遇刺殉難，謝纘泰、李紀堂等輔仁文社派，遂與中山先生分手，利用洪全福擁護容閎爲總統，以「大明順天國」爲號召，而有一九〇三年一月二十八日廣州起義之

---

[11] 國父全集（臺北，中國國民黨中央黨史委員會，民國六十二年六月版），第一冊，頁七五五。

[12] 馮自由，中華民國開國前革命史（臺北，世界書局，民國四十三年四月版），第一冊，頁一八。馮自由，革命逸史，第四集，頁一一。

[13] 陳少白口述、許師慎筆記，興中會革命史要（臺北，中央文物供應社，民國四十五年六月版），頁一二。

失敗⓮。

一九〇〇年以後，中國留日學生始漸增多，仇滿意識日益激昂，政治活動始趨積極，革命刊物如雨後春筍相繼發行。彼等擬從西洋政治思想中凝結出革命排滿的理念，謀建立一個以國民爲主體的民族國家，而鼓動起一波又一波的革命風潮。其中一九〇三年拒俄義勇隊所演變而成之軍國民教育會，關係尤爲鉅大。軍國民教育會成員約在二百人左右⓯，從此革命活動從言論進入行動階段。各省會員紛紛返國活動，黃興、劉揆一等回湘，遂有華興會之組織⓰。而龔寶銓等則往上海成立暗殺團，逐漸發展成日後的光復會⓱。

三、華興會

一九〇三年以前，從日本返國的留學生，大多數停留在鼓吹革命階段，尚未著手計畫採取實際革命行動。如一九〇三年吳祿貞歸國後，嘗假武昌花園山李廉方所賃居所，與武漢有志之士談論革命，而無具體組織❶。萬聲揚在上海發起「昌明公司」，購買幻燈機及影片，運

⓮ 馮自由，中華民國開國前革命史，第一册，頁一一八——一二五。

⓯ 王輔宜，「關於軍國民教育會」，辛亥革命回憶錄（北京，中華書局，一九六一至一九六三年陸續出版），第六册，頁五二。

⓰ 馮自由，革命逸史（上海，商務印書館，民國三十四年十二月版），初集，頁一二五。

⓱ 沈應民，「記光復會二三事」，辛亥革命回憶錄，第四册，頁一三一。

❶ 李廉方，辛亥武昌首義記（臺北，中國國民黨中央黨史史料編纂委員會，民國五十年十月影印版），頁二。

回武漢放映，以激發革命思潮❷。胡漢民在梧州任教，向學生講演革命之必要❸。陳獨秀與安徽學界組織「愛國會」，作爲抗俄之團體❹。蔡元培、章炳麟、吳敬恆、黃宗仰、章行嚴等，組織中國教育學會於上海，擔任蘇報編輯，撰文宣揚革命思想，並收容南洋公學及南京陸師學堂退學生，成立愛國學社，鼓動革命風氣，因鄒容「革命軍」一書，而引發震動中外之「蘇報案」❺。

華興會係以湖南人爲主體之革命團體，一九〇三年黃興自日返湘後，任教胡元倓在長沙所創辦之明德學堂，一面在學界宣傳革命，一面積極籌畫起義行動，遂於是年十一月四日討論成立華興會革命組織於長沙彭淵恂住宅，到會者二十餘人。正式成立大會則召開於次年二月十五日❻，由黃興任會長，秦毓鎏任副會長，除周震鱗、宋教仁、譚人鳳外，他若劉揆一、陳天華、吳祿貞、柳繼楨、周維楨等，多係留日學生，並隸籍軍國民教育會。或謂先後參加

---

❷ 楊玉如，辛亥革命先著記（北京，科學出版社，一九五八年一月版），頁一〇——一一。
❸ 「胡漢民自傳」，革命文獻，第三輯（臺中，中國國民黨中央黨史史料編纂委員會，民國四十二年十月版），頁九——一〇。
❹ 鄧玉如，陳獨秀年譜（香港，龍門書店，一九七四年九月版），頁八——九。
❺ 蘇報案記事（一名「癸卯大獄記」）（臺北，中國國民黨中央黨史史料編纂委員會，民國五十七年九月影印版）。
❻ 黃一歐，「回憶先君克強先生」，引自左舜生，黃興評傳（臺北，傳記文學出版社，民國五十七年三月版），頁一六〇。

者五百餘人❼，或謂實際有姓名可考者不過九十餘人❽。乃以長沙連陞街爲機關部，原計畫一省發難，各省響應，因派員分途活動，於是呂大森、曹亞伯、劉靜庵（劉敬安）、宋教仁、胡瑛等，於一九〇四年六月，組織科學補習所於武昌，推呂大森爲所長，胡瑛爲總幹事❾。周維楨入四川接洽會黨，陳天華赴江西遊說防營，章行嚴（士釗）往來長江一帶聯絡同志，萬聲揚與楊守仁則以上海英租界眉壽里昌明公司爲革命機關，黃興親自往來湘、桂間，積極活動。黃興復在長沙南門外設立「華興公司」，表面訂立會章，招集股本，凡屬重要同志，都給以股東名義，以便參與起義機密。黃興除聯絡學界外，另設「黃漢會」，專門負責運動軍隊。創「同仇會」以招徠會黨，馬福益部會黨加入者二萬餘人，安源煤礦工人亦作好響應準備❿。決定一九〇四年十一月十六日慈禧太后七十生辰全省大員聚集萬壽宮行禮時，預伏炸彈以轟斃之，然後趁機起義⓫。其後雖然謀洩而失敗，次年會黨領袖馬福益復被捕遇害，然一九〇六年龔春臺所領導萍瀏醴之役，實長沙之役之餘波。

黃興等於事敗後先後逃避上海，別設「愛國協會」以招納志士，推楊守仁（篤生）爲會

---

❼ 馮自由，中華民國開國前革命史（臺北，世界書局，民國四十三年四月版），第一册，頁一六五。

❽ 張玉法，清季的革命團體（臺北，中央研究院近代史研究所，民國六十四年二月版），頁二七七——二八二。

❾ 革命文獻，第四輯（臺中，中國國民黨中央黨史史料編纂委員會，民國四十二年十二月版），頁四。

❿ 周震鱗，「關於黃興、華興會，和辛亥革命後的孫黃關係」，引自左舜生，黃興評傳，頁一七七——一七八。

⓫ 劉揆一，黃興傳記（臺北，帕米爾書店，民國四十一年四月版），頁四。

長，章行嚴（士釗）爲副會長，蔡元培、陳獨秀、蔡鍔等咸參加行列[12]。因受皖省革命志士萬福華謀刺安徽巡撫王之春之累，黃興、章行嚴等十餘人先後在英租界被捕，旋被開釋，均逃亡日本。影響所及，長江流域風氣因之大開，其後武昌之革命團體，實由科學補習所演變而來。他若江西鄒永成、吳任等所領導之「自强會」，安徽程家檉、萬福華等所領導之「武毅會」等，均與華興會有所連絡[13]。

黃興、宋教仁等既至日本，創辦「二十世紀之支那」雜誌，繼續鼓吹革命。一九〇五年七月，孫中山先生自歐洲抵日，聯絡革命同志，華興會人士乃與之接觸。宋教仁七月二十八日日記記云：「孫逸仙約余今日下午至二十世紀之支那社晤面。」「言中國現在不必憂各國之瓜分，但憂自己之內訌，此一省欲起事，彼一省亦欲起事，不相聯絡，各自號召，終必成秦末二十餘國之事。」[14] 二十九日記云：「先是孫逸仙已晤慶午（黃興），欲聯絡湖南團體中人，慶午已應之，而同仁中有不欲者，故約今日集議。」「各有所說，終莫能定誰是，遂以個人自由一言了結而罷。」[15] 惟八月二十日中國同盟會成立時，「二十世紀之支那」雜誌社社員，半數已加入爲會員。

---

[12] 章士釗，「與黃克强相交始末」，引自左舜生，黃興評傳，頁一二一。

[13] 馮自由，中國革命運動二十六年組織史（上海，商務印書館，民國三十七年版），第十九年甲辰，及補遺，頁二九〇。

[14] 宋教仁，我之歷史（臺北，文星書店，民國五十一年六月影印版），第二，頁六八。

[15] 同前書，頁六九。

四、光復會

光復會爲長江下游蘇、浙、皖一帶之革命團體，富有濃厚之會黨色彩，而以暗殺爲主義。其起源可追溯至一九〇二年四月二十六日章炳麟在日本東京所發起之「中夏亡國二百四十二年紀念會」，和一九〇三年夏之「拒俄義勇隊」、「軍國民教育會」，以及一九〇二年章炳麟、蔡元培、吳敬恆等在上海所創辦之「中國教育學會」與「愛國學社」。一九〇三年七月，因鄒容「革命軍」一書，引發震動中外之蘇報案，章炳麟、鄒容入獄，蔡元培、吳敬恆分別走避，蘇報、愛國學社被查封，革命活動一時停頓。浙籍黨人陶成章、龔寶銓、魏蘭等繼之，在滬大倡革命。陶成章等原爲軍國民教育會暗殺團員，一九〇四年秋回國，在浙江各地聯絡會黨，進行暗殺活動，並與兩湖地區華興會相聯絡，計畫另組革命團體，用暴力發動武裝起義❶。其所訂章程極爲嚴密，值蔡元培自青島歸上海，因受俄國虛無黨影響，與楊守仁、鍾憲鬯秘密研製炸藥，亟謀暗殺滿清官吏。既覘知龔等計畫，乃要求合作，於是龔、蔡等決定擴大組織，取名光復會，又名復古會，於一九〇四年十一月成立，推蔡元培爲會長❷。光復會以

---

❶ 馮自由，革命逸史（臺北，臺灣商務印書館，民國五十四年十月版），第五集，頁六一——六二；沈瓞民，「記光復會二三事」，辛亥革命回憶錄，第四冊，頁六。

❷ 陶成章，「浙案紀略」，辛亥革命（上海，人民出版社，一九五七年七月版），第三冊，頁一六——一七。

「光復漢族，還我河山，以身許國，功成身退」爲誓詞，會員以金牌爲徽章，中鏤一「復」字篆文，旁刻真楷❸。光復會在滬初設聯絡站於新聞路仁和里，由王廉主持。後遷四馬路益智社樓上浙江旅滬學會，改由沈祖緜負責。再遷三馬路寶安里，會務日漸開展。陶成章旋偕魏蘭於一九〇五年一月赴東京，與浙學會留學生成立東京光復分會，推王嘉榘爲連絡人，入會者有蔣尊簋、孫翼中、黃鴻煒、許壽裳、周樹人等❹。

光復會成立後，蔡元培以嘉興士紳敖嘉熊素負重望，曾親往邀之入會，敖嘉熊許以有事相助，婉拒參加。一九〇五年一月，徐錫麟至上海，見蔡元培於愛國女校，遂亦入會。秋瑾則於一九〇六年爲反對日政府取締留學生規則事自東京歸國後，由徐錫麟介紹入會❺。一九〇五年八月，中國同盟會成立於日本東京，僅有蔣尊簋等極少數光復會份子參加，光復會始終自成一系統。其會員之加入同盟會，或在同盟會成立之後，如蔡元培一九〇六年在上海參加，旋留學德國，直到中華民國成立始歸國，出任教育總長。章炳麟之加入在一九〇六年六月在滬服刑期滿到東京時。或本爲同盟會員，返國復始加入光復會，如秋瑾。

光復會的起義計畫實以浙江會黨爲主力，並與安徽軍警學界革命志士相聯絡。陶成章曾於一九〇四年任教蕪湖公學，曾與該校教員陳獨秀、柏文蔚、劉師培、蘇曼殊等成立「岳王

---

❸ 陳魏，「光復會前期的活動片斷」，辛亥革命回憶，第四冊，頁一二七。

❹ 沈瓞民，「記光復會二三事」，辛亥革命回憶錄，第四冊，頁一三四——一三六。

❺ 馮自由，革命逸史，第五集，頁六二。

會」，以新軍學生爲運動對象，係光復會之外圍組織。一九〇八年在安慶率砲隊起義之熊成基，即同隸光復、岳王兩會❻。

光復會於一九〇五年九月二十三日在紹興開辦大通學校，作爲培養幹部之機關。金華、處州、紹興各府之會黨來學者絡繹不絕。規約係由陶成章所釐定，凡大通學校畢業者，即受該校辦事人員之節制，凡入大通學校就讀者，即爲光復會會員，六個月畢業，文憑由紹興知府發給，上蓋紹興府及山陰、會稽兩縣縣印，及大通學校校鈐，而於背面記以秘密暗號。其開學及卒業時，悉請本城官吏及著名士紳到校行開學及卒業式，設燕饗之禮，照團體相，送府縣及各學校留念❼，從此紹興成爲光復會活動中心。光復會成立之初，除少數旅居上海知識分子外，大部爲由秋瑾所聯絡之浙江、江蘇一帶之秘密會黨，其中包括農民及市井無業游民。以後在陶成章、李柱中（燮和）等人活動下，勢力發展到南洋華僑工商界。辛亥革命前蘇、浙一帶新軍亦有參加者。武昌起義後，李柱中（燮和）在吳淞成立光復軍，自稱吳淞都督，所部即由部分新軍及無業游民所組成。

光復會的活動雖不如華興會在國內曾引起軒然大波，其所影響地區亦僅限於蘇、浙、皖等省的單獨行動，且中國同盟會成立之初參加人數不多，但其組織極爲嚴密，爲日後革命活動建立深厚之基礎，且富有鐵血的革命精神。其著者如一九〇六年九月二十四日，吳樾之刺

---

❻「辛亥前安徽文教界的革命活動」，辛亥革命回憶錄，第四册，頁三八〇——三八一。

❼革命逸史，第五集，頁六五——六六。

滿清出洋考察憲政五大臣之壯烈犧牲。一九〇七年七月六日，徐錫麟射殺安徽巡撫恩銘，爲清季滿清疆吏中被革命黨人所誅掌握實權地位最高者，錫麟且因之而成仁。同年七月十四日，秋瑾從容就義於紹興。一九〇八年十一月十九日，熊成基率砲隊起義於安慶，一九一〇年春，在哈爾濱謀刺清海軍大臣載洵不中，同年二月二十七日在長春遇害。一九一一年四月八日，溫生才狙斃清廣州將軍孚琦，十五日慷慨從容死。

五、革命陣營的大聯合

一九〇〇年惠州之役失敗後，孫中山先生逐漸認識到會黨不足成大事，並與維新派劃清界限。深覺革命需要有完善的計畫與組織，是以不再積極吸收興中會會員。一九〇三年將東京革命軍事學校誓詞「創立合衆政府」，改爲「創立民國」，並於「駁保皇報」文中，提出「民主立憲」主張❶。同年八月，其所發表之「支那保全分割合論」，明白揭示民族革命見解，並警告西方列強，勿與四萬萬漢人爲敵❷。一九〇四年秋，中山先生在美，用英文所發表之「支那問題之真解決」，重申民族革命之主張；並強調惟有經由排滿革命，才能推翻「韃族統治下的二百六十年」的中國，「在中國革命目的達到之後，那時不單是吾們燦爛的國家開一新

❶ 國父全集，第二册，頁六二——六七。

❷ 同前書，頁五六——六一。

紀元，就是全人類也得到一個光明的局面，全世界的和平，必定將要跟著中國的革命實現出來。」❸與留日學界的「民族革命」主張不謀而合。

一九〇三至一九〇四年間，中山先生並未直接參與留日學界的革命運動，一則當時留日學界因拒俄義勇隊事件演變爲「軍國民教育會」時，中山先生方居河內，策畫西南各地起義；再則當時「軍國民教育會」的革命活動，係革命黨人分別回原籍進行，受到地域觀念的限制。長沙之役前後，中山先生則遠在檀香山、美洲大陸與保皇黨大開筆戰，清理地盤，重整旗鼓。旋於一九〇五年春赴歐，由劉成禺之函介，分別與中國留歐學生集會布魯塞爾、柏林、巴黎，號稱「歐洲同盟會」，加盟者數十人，以「驅除韃虜，恢復中華，建立民國，平均地權」爲誓詞，是爲日本中國同盟會之嚆矢❹。

一九〇五年七月十九日，中山先生抵日，得識黃興、宋教仁、陳天華等於東京「二十世紀之支那」雜誌社，得到華興會主要份子之支持，三十日在東京赤阪區檜町三番黑龍會召開中國同盟會籌備會，到會人數各家記載不一，田桐謂四十餘人❺，馮自由謂六十餘人❻，宋教

---

❸ 同前書，頁七四。

❹ 朱和中，「歐洲同盟會紀實」，革命文獻，第二輯（臺中，中國國民黨中央黨史史料編纂委員會，民國四十二年七月版），頁一一二——一三〇；馮自由，「留歐學界與同盟會」，革命逸史，第二集，頁一三二——一四一。

❺ 田桐，「同盟會成立記」，革命文獻，第二輯，頁二。

❻ 馮自由，革命逸史，第二集，頁一四八。

仁、鄒魯謂七十餘❼。至少來自十省區，以湖北、湖南、廣東籍爲最多，足見華興會與鄂籍留日學生之支持發生很大作用。中山先生初主張定名「中國革命黨」，黃興以此名一出，黨員行動反而不便，經討論後定名「中國同盟會」❽。是爲革命陣營的大聯合。

八月二十日，中國同盟會舉行正式成立大會於東京赤阪區靈南日人阪本金彌宅，加盟者三百餘人，中山先生被推爲總理，其組織係採中國會黨與西方結社之混合體，入會誓詞所用「天運」年號，以及同志相見之握手暗號與秘密口號，乃中山先生從洪門三合會借用而來❾。先由黃興宣讀所擬定之章程，設執行、司法、評議三部。會員中有不以爲然者，間有所增減，是以同盟會既帶有秘密會社的色彩，又具有政治結社的規模，乃留日學界革命陣營的大團結。留日革命各派系，大者如華興會，小者如「橫濱三合會」，至是乃聯合一起❿。以推翻滿清，建立民國爲共同目標，以東京同盟會本部爲統籌機關。將華興會之「二十世紀之支那」改稱民報，作爲宣傳品，借重中山先生之聲望與閱歷，以及其對西方世界的認識，共奉爲領袖。

同盟會的創立，實以華興會爲骨幹，而以留日學生爲主要成份所組織之新的革命團體，光復會會員參加者極少。至於舊興中會，本是地域性的革命組織，以下層社會爲主要群衆的

---

❼ 宋教仁，我之歷史，第二，頁七〇；鄒魯，中國國民黨史稿（臺北，臺灣商務印書館，民國五十四年十月版），頁三六。

❽ 田桐，「同盟會成立記」，革命文獻，第二輯，頁二。

❾ 馮自由，革命逸史，第三集，頁二〇九。

❿ 王時澤，「回憶秋瑾」，辛亥革命回憶錄，第四册，頁二二四——二二六。

反清結合，幹部中只有馮自由，因曾參與留日學界革命運動，被列名為評議員。是以同盟會與興中會相比，會務發展極為迅速。興中會十一年間所招會員總共不超過五百人，其所設會所祇檀香山、香港、橫濱、臺北數地，皆旋即消散，直到一八九九年底始由陳少白在香港創辦「中國日報」為言論機關，初因「大遭時忌」，繼因「經營不善」，而「維持絕難」⓫。同盟會成立一年餘，會員即達一千人，一九〇五至一九〇六年間，所設支分會可考者，海外九處，遍及南洋、歐、美諸大洲。國內十一處，分佈華南、華中、華北、東北各地。各支分會先後創辦報社、學堂，以為革命宣傳活動據點⓬。

至於國內各地原有的反清組織，及其他秘密會社，有率全體加入同盟會者，如安徽之「岳王會」⓭，福建之「漢族獨立會」、「旅滬福建學生會」⓮。有改組為同盟會分會者，如武昌「日知會」⓯，有部分同志加入同盟會者，如浙江之「光復會」⓰。有因領導人加入同盟會，而所領導之團體遂成為同盟會之外圍組織者，如四川大竹縣之「孝義會」⓱。有同情革命，隱奉

⓫ 陳少白口述、許師慎筆記，興中會革命史要（臺北，中央文物供應社，民國四十五年六月版），頁六二——六三。
⓬ 「中國同盟會成立初期（乙巳、丙午兩年）之會員名冊」，革命文獻，第二輯，頁一八——七七。
⓭ 「辛亥前安徽文教界的革命活動」，辛亥革命回憶錄，第四冊，頁三八〇——三八一。
⓮ 「福建辛亥光復史料」，引自開國文獻，第一編，第十二冊，頁七二——七三。
⓯ 馮自由，中國革命運動二十六年組織史，第十九年甲辰。
⓰ 沈瓞民，「記光復會二三事」，辛亥革命回憶錄，第四冊，頁一三七。
⓱ 「辛亥革命前大竹書報社的革命活動」，辛亥革命回憶錄，第三冊，頁三〇一——三〇二。

同盟會爲圭臬者，如奉天之「公益會」[18]。一時之間，革命志士、激進青年，皆紛紛投効於同盟會旗幟之下，參與偉大之革命行列。

六、同盟會之潛在危機

中國同盟會既爲各派革命黨人所聯合組成，是以組織十分鬆懈，革命思想並不一致，領導中心亦不鞏固。其後革命的挫折，以及領導人物間的失和，使各派別之間的歧見日益加深，而終引發聯合陣線的破裂，造成革命行動的分途發展。

同盟會雖兼具政黨與會黨的特質，但並未善加利用此兩種組織的特長，以强固本身的功能。雖然效法西方民主國家，採取三權分立制，以釐清權責，卻徒具形式，從一開始即實行三部聯席會議，司法、評議二部從未曾獨立行使職權。其後除庶務、書記二部外，其餘各部皆因任事者之先後歸國，一九〇六年後，形同虛設[1]。同盟會祇從會黨學習一套暗語暗號，用來辨別同志，而未能採用會黨的嚴厲法規和鐵的紀律，講求「義」、「禮」、「孝」、「戒淫」

---

[18] 寧武，「東北革命運動史述要」，前編，引自開國文獻，第一編，第十二冊，頁四〇八——四一〇。

[1] 田桐，「同盟會成立記」，革命文獻，第二輯，頁四——五；馮自由，「中國同盟會史略」，革命逸史，第二集，頁一五一。

等禮教❷。是以同盟會成立後，雖注意到各省之聯絡，各派之合作，尚未顧及到黨的紀律和組織之形式。

同盟會總理職權最重，總攬一切事務，節制各部，兼統執行部。其次爲執行部中庶務科長，總理不在時得代行一切事權。庶務科長爲黃興，總理之秘書爲胡漢民，掌理秘密文件，黨內大事悉秉承於總理❸。評議、司法部則形同虛設，不足以維持紀律與裁判。僅靠總理之威信與各派領袖間之合作，以維繫會員之向心力，協調彼此間之歧見，一旦總理不在，或其威信受損，同盟會內部之團結即發生疑問。

同盟會各派雖然皆認同「驅除韃虜，創立民國」的民族革命思想，但由於教育背景與革命歷程的不同，以致在革命見解上存在著觀念上的差異。孫中山先生因出身及經歷，代表最具西化傾向的一派，對歐美政治制度頗有好感。華興會重要份子黃興、宋教仁、陳天華等，曾在國內接受傳統教育，及受日本民族主義所薰陶，僅認爲革命最終的目的，在爭取國家民族的自由與獨立。光復會一派的章炳麟、陶成章等，自幼受中國傳統文化洗禮，雖然不滿意專制政體，抨擊封建制度，但對西方代議政體及其文化則持懷疑態度。章、陶等十分關心耕

---

❷ 戴魏光，洪門史（上海，五洲出版社，民國三十六年五月版），第一章：「洪門的色彩與主義」；另見開國文獻，第一編，第二册，頁三五九——三七一。

❸ 「胡漢民自傳」，革命文獻，第三輯，頁一四。

地分配問題，章炳麟的革命思想，且富有虛無主義色彩❹。

一九〇六年春，日本徇滿清公使之請，頒佈取締留學生規則，引起同盟會黨人意見之紛歧，陳天華憤懣「朝日新聞」醜詆中國留日學生「放縱卑劣」，憤而投日本大森海灣自盡❺，胡瑛、宋教仁、易本義、田桐、秋瑾等，主張退學歸國，從事實際革命工作。而汪兆銘、胡漢民、朱執信等，則主張忍辱負重，專心向學❻。時中山先生正在西貢籌款，黃興甫離日赴港潛入內地從事活動；同盟會既主持無人，兩派互相辯爭，幾瀕破裂，同盟會經此風潮，內部極為渙散，財政尤為困難。

同盟會內部第二次爭執發生在一九〇七年二月底，起因於黃興對孫中山先生以己意所製國旗之不滿，中山先生固執不改，黃興怒而表示退會。宋教仁對中山先生亦多誤解，乃辭去庶務幹事之職❼。惟此次衝突延續時間甚短，三月四日中山先生以日政府之驅逐，被迫偕黃興、胡漢民等離日赴南洋，取道香港，設機關部於安南河內甘必達街六十一號，籌畫進行起義，於是革命活動區域，乃偏重於滇、粵、桂三省邊陲。宋教仁亦於三月二十三日離東京赴

---

❹ 太炎，「官制索隱」，民報，第十四號，頁一——二一；太炎，「答鐵錚」，民報，第十四號，附錄，頁一——一〇。

❺ 馮自由，「陳天華事略」，革命先烈先進傳（臺北，中華民國各界紀念國父百年誕辰籌備委員會，民國五十四年十一月版），頁三〇——三一。

❻ 「胡漢民自傳」，革命文獻，第三輯，頁一八——一九。

❼ 宋教仁，我之歷史，第六，頁三一九——三二〇。

遼東聯絡馬俠❽，雙方誤會乃告冰釋。

同盟會內部第三次爭議，爲中山先生離日時，日本政府以贐儀五千元相贈，東京日證券商鈴木久五郎亦餽贈一萬元，藉示好感。中山先生留二千元作爲民報費用，章炳麟、張繼、譚人鳳等，遂以中山先生接受日政府餽金，未經衆議，而大起非議。章炳麟尤爲憤激，竟將民報社所懸中山先生肖像取下。手批「賣民報之孫文應即撤去」，並將有批語照片郵寄香港，以羞辱中山先生。衆人多數要求罷免中山先生同盟會總理職務，日人北一輝復從中推波助瀾❾。

一九〇七年夏，潮州、惠州軍事失利消息傳至東京，黨人更不愜於中山先生之領袖地位。章炳麟、張繼、劉師培等提議召開大會，罷免中山先生總理之職，而以黃興繼任，獨劉揆一顧全大局，力排衆議，認爲：「萬一因總理二字有誤會，使黨軍前途頓生阻力，非獨害孫、黃二公，實不啻全體黨員之自殺。」因與張繼在民報社互相揪打，事後張繼認錯，揆一感其磊落，爲之淚下❿。乃移書旅居香港之馮自由、胡漢民，引「萬方有罪，罪在一人」之譬語，請勸告中山先生向東京本部引咎謝罪，以平衆憤。中山先生覆函，謂：「黨內糾紛惟事實足以解決，無引咎之理由可言。」黃興亦來書：「革命爲黨衆生死問題，而非個人名位問題。孫

---

❽ 同前書，頁三二九。

❾ 吳相湘，孫逸仙先生傳（臺北，遠東圖書公司，民國七十一年十一月版），上册，頁六二五。

❿ 劉揆一，黃興傳記（臺北，帕米爾書店，民國四十一年四月版），頁一六。

總理德高望重，諸君如求革命得有成功，乞勿誤會，而傾心擁護，以免陷興於不義。」⓫ 會衆多欣然受之，獨章炳麟仍舊銜恨，從此與中山先生日益交惡。

同盟會黨人第四次爭議發生在一九〇七年八月，中山先生以王和順所領導防城之役接濟不至，而歸罪於章炳麟以明碼發電而洩漏機密，並責及東京本部。平情而論，此役運械計畫已拋棄，炳麟不諳軍事常識，冒昧發電誠不可原諒，若加以洩漏秘密破壞軍事計畫之罪，則容有未當⓬。

從此之後，同盟會內黨人形成意氣之爭。一九〇八年中山先生派汪兆銘、鄧子瑜至南洋荷屬籌款，因受當地光復會員之排擠，收效甚微⓭。同年十月，「民報」被日本政府封禁，黃興擬移往美國出版，未能實現，乃創立「勤學舍」於東京，圖謀團結黨人。終因人心渙散，加以經費不足，於一九〇九年冬，宣告解散⓮。

一九〇九年二月，汪兆銘秘密將「民報」復刊，免去章炳麟編輯職務，並拒絕其投稿，⓯ 益引起章炳麟之不滿。時陶成章奉炳麟命，在南洋名義爲民報籌款，實則準備恢復光復會，將徐錫麟、秋瑾起事經過，編成「浙案紀略」，在仰光「光華日報」發表。李柱中（燮和）並

⓫ 同前書。
⓬ 革命逸史，第二集，頁三八。
⓭ 馮自由，中華民國開國前革命史（臺北，世界書局，民國四十三年十月版），第二冊頁三一。
⓮ 譚人鳳，「牌詞」，中央黨史委員會庫藏資料。
⓯ 新加坡「中興日報」，己酉十月十八日，第一版，「章炳麟與劉光漢關係歷史」。

糾合江、浙、湘、鄂、閩、粵、川七省在南洋部分華僑，散佈攻擊中山先生文件，誣稱中山先生以革命之款爲私用，對廣東以外各省人士有偏見，對「民報」未予任何資金，雙方關係越發不能相容⑯。

七、革命陣營的分裂

一九〇七年四月，部分留日同盟會黨人，不滿意中山先生專力於南方革命，忽略長江流域，偏重武裝起義，放鬆會黨工作；不耐於東京本部之渙散與迂緩，另發起組織「共進會」，雖仍尊重「同盟會」爲革命運動之主流，並奉中山先生爲領袖，以示不另成系統，但改「總理」爲「會長」，改「平均地權」爲「平均人權」，以免收攬會黨多費口舌，特別强調滿漢之宿怨，專以聯絡各省秘密會黨爲職志。開成立大會於清風亭，推川人張伯祥爲會長。（按：張爲四川孝義會領袖，部衆甚多。）贛人鄧文輝副之，其重要幹部鄂人有居正、劉公、羅杰、楊時傑等，川人有熊克武、李肇甫等，湘人有覃振、楊晉康等，贛人有彭素民、黃格鷗等，浙人有陶成章、張恭等，粵人有夏重民、聶荆、熊越珊等，桂人有譚嗣黃、劉玉山等，滇人有

⑯ 新加坡「中興日報」，己酉十月十八日載：「爲章炳麟叛黨事答覆投書諸君」。

王武、張大義等，皖人有孫作舟、方漢成等❶。初以居正、羅杰寓爲臨時會所，後遷於青山區華群學會。其宣言爲求會員了解，極通俗淺顯。其入會資格不若同盟會之嚴格，手續亦無同盟會之繁重，用天運甲子紀年，徽章旗幟採十八錐交錯形，取十八行省鐵血聯合之義，實係一九〇六東京同盟會本部討論國旗時之另一主張，亦即武昌首義時所用者。會員相見時另有隱語，大率以「中華民國」四字分析嵌用爲準，有時亦參用同盟會之握手禮。所定官制，襲用同盟會之三等九級❷。焦達峰於共進會成立前，曾以其事告黄興，黄興以爲不可，與之駁辯多次。及聞其成立，而中山先生方在南洋籌劃軍事，未便商討，遂亦置之。

一九〇八年，張伯祥因回國離職，改選鄧文輝繼任會長。未幾文輝亦去，由劉公繼之，居正任參謀，彭素民任文牘，何慶雲任交通，潘鼎新任黨務。未幾孫武自國内逃日，亦加盟爲會員，重新組織，孫武任軍務部長，聶荆任内務部長，彭漢遺任外務部長，焦達峰任參議部長，袁麟閣任理財部長，陳兆民任調查部長，溫爾烈任糾察部長，復移會所於大森體育會首和田屋❸。一九〇九年一月，孫武偕焦達峰抵漢口，四月設總機關於法租界長清里，後遷俄租界寶善里十四號，於是遂有湖北共進會之產生。焦達峰則回長沙，組織湖南共進會❹。

---

❶ 張難先，湖北革命知之錄（上海，商務印書館，民國三十五年五月版），頁一七九——一八九；李白貞，「共進會從成立到武昌起義前的活動」，辛亥革命回憶錄，第一册，頁四九八。

❷ 馮自由，革命逸史（上海，商務印書館，民國三十四年十二月版），初集，頁二四九。

❸ 革命文獻，第四輯，頁一一。

❹ 李白貞，「共進會從成立到武昌起義的活動」，辛亥革命回憶錄，第一册，頁五〇二——五〇四。

自一九〇七年中山先生離日後，因與東京本部發生裂痕，於防城之役後，十月十九日致函宮琦寅藏，委託由其一人力任其難，秘密行事，全權辦理關於日本之革命活動，不特日本同志不使聞知，即「本部中人及民報社中人，亦不必與之商議。」❺從此中山先生傾全力於西南邊境之革命活動。自同年十二月初，迄翌年四月底，連續發動鎮南關、十萬大山（按：亦稱欽廉之役）、河口三次武裝起義。其本意或欲以實際行動平息東京本部的非議，不料卻因一連串的軍事挫敗，更招致本部同志的不滿，中山先生不得已乃轉而致力於南洋各地籌款及宣傳活動❻。

一九〇九年十一月，中山先生取道歐洲離英赴美，鑒於東京同盟會本部已爲章炳麟、陶成章等所把持，組織渙散，不足有所作爲，力謀重組革命團體。同月二十五日，自紐約致函旅居倫敦之吳敬恆云：「美洲東方一帶，自弟抵埠以來，似覺漸有動機，或能有漸入佳境之望也。」「弟擬從新組織團體，若有成效，當另詳報，以便在歐洲亦可仿行而擴張勢力也。」❼

十二月初，中山先生爲此復連寄吳敬恆多函，內有：

近得東京來信，章太炎又發狂攻擊，其所言之事，較陶更爲卑劣，眞不足辯。陶之志

---

❺ 國父全集，第三册，頁四六——四七。

❻ 同前書，頁七五——七六。

❼ 同前書，頁九六。

猶在巨款，不得，乃行反噬；而章之欲，則不過在數千，不得，乃以罪人。陶乃以同盟會爲中國；而章則以民報社爲中國，以民報之編輯爲彼一人萬世一系之帝統，故供應不適，則爲莫大之罪。❽

是以中山先生在美所組織之同盟會，不僅將誓詞改爲：「廢滅韃虜清朝，創立中華民國，實行民生主義。」更將盟書內「中國同盟會會員」改爲「中華革命黨黨員」。❾ 翌年七月，中山先生在南洋檳榔嶼重新整頓黨務，八月二十四日致函鄧澤如曰：「其前之中國同盟會員字樣，今改爲中華革命黨黨員，以得名實相符，且可避南洋各殖民地政府之干涉。」❿ 於是議定分會總章，並依照美洲及檀香山之例改良盟書，其格式如下：

聯盟人〇〇省，〇〇府，〇〇縣，〇〇名，當天發誓，同心協力，廢滅韃虜滿清，創立中華民國，實行民生主義，矢信矢忠，有始有卒，如或渝此，任衆處罰。

中華革命黨黨員〇〇押

主盟　　介紹人

---

❽ 同前書，頁九八。

❾ 馮自由，華僑革命開國史（臺北，臺灣商務印書館，民國六十四年八月版），頁六六——六七。

❿ 國父全集，第三冊，頁一一二五。

天運　年　月　日立⓫

顯見中山先生已決定放棄東京同盟會本部之領導地位，於是南洋各支部遵照實行，東京同盟會本部及國內外各地分會，則均未接到通告⓬。

當中山先生積極改組革命團體時，陶成章亦正準備擴大光復會組織。一九〇八年陶成章曾赴南洋籌款，因不獲中山先生支持，而與之結怨。翌年，陶再度赴南洋，與舊光復會員南洋文島中華學校教員李柱中（燮和）商議整理會務。陶對外聲稱已取得江、浙、湘、楚、閩、粵、川七省僑居南洋同志支持，發表「七省同盟會員」匿名書，要求改選總理，企圖破壞革命組織。因東京本部多數同志以黃興爲首，俱顧全大局，持正不阿，陶計劃未能得逞。及返東京，乃與章炳麟議曰：「逸仙難與圖事，吾輩主張光復本在江上，事亦在同盟會先，曷分設光復會。」炳麟然之⓭，遂於一九一〇年初於東京成立光復會本部，以章炳麟爲會長，陶成章爲副會長，李柱中（燮和）爲南洋群島執行員。炳麟嘗告成章云：「粵人好利而無兵略，湘中朴氣衰矣，亦未必屬孫、黃也。君以光復爲號召，所謂自靖自獻，成敗利鈍，誰能知之。」⓮於是凡南洋群島經李柱中（燮和）在各地創設之同盟會支部，一律改稱爲光復會支

⓫ 同前書，頁一三四——一三五。
⓬ 馮自由，華僑革命開國史，頁六七。
⓭ 太炎先生自定年譜（香港，龍門書店，一九六五年十一月版），頁十三。
⓮ 同前書，頁一四。

部，同時發售江、浙、皖、閩、贛五省革命軍債券，從事集款工作，駸駸有取代同盟會之勢⑮。

由於光復會之立異，海外革命勢力因之分裂，對同盟會引起極大之創傷，以致一九〇九年中山先生在美之活動，遭到意想不到之困擾。同年十一月十二日其所致留居倫敦吳敬恆之函曰：「聞美西金山等處，華人思想頗開，惟被陶（成章）布散傳單，新得革命思想之人，對於弟之感情大不善，非多少時日，未易解釋此種疑惑。」⑯一九一〇年冬，黃興至南洋籌募廣州三月二十九日起義軍餉，藉湖南同鄉之誼，商得李柱中（燮和）、陳方度等支持，方募得三萬餘元⑰。中山先生鑒於革命黨人之分裂，曾於一九一〇年六月，潛返日本，謀聯絡及統一各省革命團體，卒無成效。

先是居正在緬甸仰光宣傳革命，爲英殖民地政府所逐，於一九一〇年五月轉至日本。見本部以全力集中南方革命，各同志精神渙散，乃與譚人鳳、宋教仁、陳其美等，以及新自南洋來之趙聲，共同商議，企圖有所振作。宋教仁乃建議三策，取決於衆。上策爲中央革命，聯絡北方軍隊，以東三省爲後援，一舉而佔領北京，然後號令全國。中策在長江流域各省同時大舉，設立政府，然後北伐。下策在邊隅之地，設立秘密機關於外國領地，進據邊隅以爲

---

⑮ 錢基博，「辛亥江南光復實錄」，辛亥革命（上海，人民出版社，一九五七年七月版），第七冊，頁三九。

⑯ 國父全集，第三冊，頁九五。

⑰ 馮自由，革命逸史，第二集，頁二三五。

根據，然後徐圖進取。其地則或爲東三省，或雲南、兩廣。僉謂上策運動較難，下策已行之失敗，且足引起外國干涉，釀瓜分之禍。故決採中策，遂推譚人鳳邀集十一省區同盟分會長，開會於小石區陳猶龍寓[18]。宋教仁主張組織中部同盟會，以謀長江革命，期以三年。趙聲謂太遲緩，主張急進。衆人遂決議，引用同盟會總章第十六條，改組東京本部爲中部支部，而以上海爲總樞紐[19]。乃推譚人鳳赴香港，與黃興、趙聲商洽變更起義地點，黃、趙正謀廣州起義，未遑顧及。東京黨人乃推鄒永成、張鎮衡，在漢口組織廣惠鑛務公司，以經營其事。並派譚人鳳至南京、九江各處聯絡，商定結合新軍之法及一切方略[20]。由於財務上困難，東京本部之改組計畫並未立即實現。宋教仁、陳其美等返國後，乃積極進行籌設中部同盟會工作。

一九一一年四月二十七日，廣州「三二九」之役失敗後，留守東京本部同志籌設同盟會中部總會之意益堅，遂於是年七月三十一日假上海北四川路湖北小學，成立中部同盟會，出席列名者二十九人，以後陸續參加者數十人[21]，以長江流域各省黨人居多數。宣言、章程分

---

[18] 張難先，湖北革命知之錄，頁二〇九。

[19] 楊玉如，辛亥革命先著記，頁三一。

[20] 居覺生先生全集（臺北，居覺生先生全集編輯委員會，民國四十三年版），下册，頁四七四；居覺生，辛亥劄記、梅川日記合刊（臺北，中央文物供應社，民國四十五年八月版），頁二——三。

[21] 「中國同盟會中部總會原始文件」，開國文獻，第二編，頁一——二；湖北革命知之錄，頁二一一——二一二，列會員名單爲四十九人。

別出自譚人鳳、宋教仁手筆，無領袖，採評議制，無視中山先生的總理地位，聲明「虛位以待賢者」。總會章程第一條規定：「本會由中國同盟會會員之表同意者組織而成。」第三條規定：「本會以推翻清政府，建立民主的立憲政體爲主義。」第五條規定：「凡中國同盟會會員，依本會法律入會者，皆爲本會會員。」㉒明白表示中部同盟會乃同盟會之更新組織。宣言中並强調過去同盟會「有共同之宗旨，無共同之計畫」，「有切實之人才，無切實之組織」，主張「舉義必由總部召集各分會決議，不得懷抱野心，輕于發難。」特別强調「聯絡各省」與「合議」之精神。甚至批評過去中山先生所發動之多次起義，係「惟挾金錢主義，臨時召募烏合之衆，攙雜黨中，冀僥倖以成事。」但明認「奉東京本會爲主體，南部分會爲友邦」㉓。

中部同盟會對光復會之抨擊，更是不遺餘力。其宣言云：「如章太炎、陶成章、劉光漢輩，已入黨者也，或主分離，或事攻擊，或如客犬，非無共同之計畫，有以致之乎！」「如徐錫麟、溫生才、熊成基輩，未入黨者也，一死安慶，一死廣州，一死東三省，非無切實之組織，有以致之乎！」㉔革命陣營至是終告分裂。

同盟會中部總會與共進會同爲長江流域革命之主要推動機關，均係同盟會所分出，以其綱領接近，活動區域相同，許多同志互兼兩會會員，彼此行動乃趨於一致。一九一一年後，

㉒ 開國文獻，第一編，第十二册，頁三一七。

㉓ 同前書，頁三二〇——三二一；湖北革命知之錄，頁二〇九——二一〇。

㉔ 同前書，頁三二〇。

東京同盟會本部形同虛設，共進會全力在湖北軍界發展組織，與文學社攜手，計劃起義武昌。光復會則繼續活躍於浙江會黨與軍隊間，中部同盟會遂以上海爲根據地，積極籌劃長江下游各省之革命活動，同盟會南方支部武裝起義既迭遭失敗，乃轉而從事於暗殺之行動。

八、革命理論的差異

一九〇五年十一月十七日，同盟會之黨報「民報」第一號出版，中山先生於發刊詞上揭櫫民族、民權、民生三大主義，以爲革命實踐之依據。略云：

> 余維歐美之進化，凡以三大主義：曰民族、曰民權、曰民生。羅馬之亡，民族主義興，而歐美各國以獨立。洎自帝其國，盛行專制，在下者不堪其苦，則民權主義起。十八世紀之末，十九世紀之初，專制仆而立憲政體殖焉。世界開化，人智益蒸，物質發舒，百年銳於千載，經濟問題繼政治問題之後，則民生主義躍然動，二十世紀不得不爲民生主義之擅揚時代也。是三大主義皆基於民，遞嬗變易，而歐美之人種皆治化焉。❶

此三大主義遂成爲革命陣營形式上的共同綱領，爲日後革命派與保皇派論爭的焦點。一

---

❶ 民報（臺北，中國國民黨中央黨史史料編纂委員會，民國五十八年六月影印版），第一號，頁一——三。

九〇六年十二月二日，中山先生於「民報」一週年紀念會，以「三民主義與中國民族之前途」爲題，發表演講，提出「五權分立」的精神，於行政權、立法權、裁判權之外，增加考選權和糾察權。認爲：

> 這不但是各國制度上所未有，便是學說上也不多見，可爲破天荒的政體，兄弟如今發明這基礎，至於那詳細的條理，完全的結構，要望大衆同志盡力研究，匡所不逮，以成將來中華民國的憲法。❷

這只是「五權憲法」的構想，直到一九〇九年「民報」發行第二十六號停刊，竟未再有一篇文章討論到「五權分立」之細則，與新政體之組織，此種建國藍圖之所以匱乏，實由於革命理論不夠完備所致。是以自一九〇七年保皇黨之「新民叢報」停刊後，同盟會黨人間思想之差異，乃日趨顯著。

共進會講求實際行動，不重視革命理論，首任會長張伯祥係四川孝義會領袖，曾將同盟會的「平均地權」主張，改爲「平均人權」。或謂其目的爲便於會黨工作進行順利，恐「平均

---

❷ 國父全集，第二冊，頁一九九——二〇七。

地權」陳議過高，不易爲會黨中人所接受❸。曾參與發起組織的吳玉章則認爲：「由於會黨中的上層分子有不少是地主階級出身，或與地主階級有著密切聯繫的人，所以共進會把同盟會綱領中的平均地權改爲平均人權，以便他們容易接受。」❹在湖北加入共進會的江炳靈卻解釋：由於「滿人壓迫漢人，人權不均，所以要平均人權。」❺此種公然刪改革命綱領，只重視民權革命，置同盟會社會革命於不顧的行動，同盟主要分子，除黃興、譚人鳳等少數人士外，並不表示反對。有不置可否者，如宋教仁；有極力贊成者，如章炳麟；有加入其行列者，如陶成章❻。

同盟會成立前，光復會份子及少數過激思想的革命黨人，已有虛無主義與暗殺主義之存在，如楊守仁、吳樾等，但基於手段上的考慮，尚無學理之探討。一九〇六年七月，章炳麟自上海出獄至日，主編同盟會黨報「民報」，言論驟趨激烈。一九〇七年一月，章於民報第十一號，發表「人無我論」，自是無政府主義陡然崛起❼。同年六月一日，劉師培及其妻何震，受日本社會主義分子影響，創辦之「天義報」出版，以宣揚「無政府主義」爲宗旨。六月二

---

❸ 楊玉如，辛亥革命先著記，頁三七——三八；「蜀北軍政府成立始末調查記」，辛亥革命回憶錄，第三冊，頁二八八。

❹ 吳玉章回憶錄（北京，中國青年出版社，一九七八年十一月版），頁四九。

❺ 「座談辛亥革命」，辛亥首義回憶錄（武漢，人民出版社，一九五七年六月版），第一輯，頁二。

❻ 楊玉如，辛亥革命先著記，頁一四——一五。

❼ 民報，第十一號，頁一——一七。

十二日，張人傑、李煜瀛、吳敬恆等創刊「新世紀」於巴黎，彼此遙相呼應。同年七月，劉師培復與張繼組織成立「社會主義講習會」，公開演講無政府主義。劉既「外恨黨人，內懼豔妻，乃叛離革命陣營」，旋於一九〇八冬內渡，入兩江總督端方幕，充任耳目，專以刺探黨人信息爲職志，黨人受其害者甚多❽。

一九〇七年九月，民報第十六號，章炳麟發表「五無論」，流露出其對革命的失望與悲觀，認爲：「孫、黃一意南服，不甚顧東京同志，溥泉（張繼）以言社會主義（無政府主義）爲日本法官逮捕，劉師培欲引北輝次郎、和田三郎爲幹事，謀改組東京本部，北輝、和田即爲無政府主義者。」章炳麟與陶成章既因謀恢復光復會而與中山先生等公開決裂，徐錫麟則拒絕加入同盟會，並不重視中山先生之領導地位，雙方之歧見因之日深。

一九〇八年十月十日，民報第二十四號出版，會唐紹儀被清廷派爲專使訪問美國，道經日本，藉口民報所載鄒伯夔（按：湯增璧之筆名）所撰「革命之心理」一文，有「激揚暗殺，破壞治安」之嫌，嗾使駐日公使胡維德，要求日本政府查禁民報❾，日本警視廳乃於十月十九日下令將「民報」查禁。

同盟會期間，由於本身缺少理論基礎，形成革命黨人間的歧見。在遠程目標下，僅是同中求異，仍無改於民族主義的主流地位。誠如革命刊物「湖北學生界」所說：「席二百萬平

---

❽ 革命逸史，第二集，頁二三二——二三三。

❾ 吳玉章回憶錄，頁五〇。

方里之地，率四萬萬同種之民，一舉而戰勝於政治界，再舉而戰勝於經濟界。使我國民自由獨立之國旗，高颺於燦爛莊嚴之新世界。」❿直到一九一〇年二月二十八日，中山先生在舊金山對華僑演講，雖力求廣收功效，其內容仍不脫離民族主義之範疇。略云：

一種族與他種族之爭，必有國力爲之後援，乃能有濟。我中國已被滅於滿洲二百六十餘年，我華人今日乃亡國遺民，無國家之保護，到處受人苛待。同胞之在南洋荷屬者，受荷人之苛待，比諸君在此受美人苛待，尤甚百倍。故今日欲保身家性命，非實行革命，廢滅韃虜清朝，光復我中華祖國，建立一漢人民族的國家不可也。……中國今日何以必需革命乎？因中國今日已爲滿洲人所據。而滿清之政治，腐敗已極，遂致中國之國勢亦危險已極，瓜分之禍已岌岌不可終日，非革命無以救重亡，非革命無以圖光復也。⓫

足見當時中山先生亦認定欲救亡必先排滿，排滿只是手段，革命最終目的在於建立民族國家以圖自强。是以有些日本史學家，往往根據當時同盟會黨人對三民主義著眼點不同，分之爲三派：以章炳麟爲代表係狹義的民族主義者，以宋教仁爲代表係熱衷於民主立憲者，以

❿ 湖北學生界（月刊）（臺北，民國五十八年六月影印版），第三期，論說，頁一二。
⓫ 國父全集，第二冊，頁二〇七——二一〇。

孫中山先生爲代表係堅執民生主義者。甚至誣譏孫中山先生一派因主張民族、民權、民生，是爲三民主義。宋教仁一派對民生主義無認識，是爲二民主義。章炳麟一派，只固執於民族大義，是爲一民主義。⓬

九、革命戰略之不同

中國同盟會成立後，部分同志顧慮革命可能導致混亂，主張「先之以開明專制，以爲興民權，改民主之預備」。❶ 其中陳天華即爲代表人物，認爲革命「必出之以極迂拙之手段，不可有一毫取巧之心。」因此反對「內用會黨」，「外恃外資」，而主張「今日惟有使中等社會，皆知革命主義，漸普及下等社會。」以宣傳主義爲重，以武裝起義爲次，一俟人人皆知革命之真理，則「天發難，萬衆響應，其於事何難焉。」❷ 宋教仁亦顧慮到「破壞時代固無時不爲建設謀。」❸ 多數革命同志則採取激烈主義，認爲革命「可以杜瓜分之禍」，「中國國民必能有爲共和國民之資格」，應傾全力於武裝起義，俟推翻異族專制政體後，即能建立民主共和，轉弱

⓬ 野澤豐，孫文上中國革命（東京，一九六六年版），頁一二六——一二七。

❶ 思華（陳天華），「中國宜改民主政體」，民報，第二號，頁五〇。

❷ 陳天華，「絶命書」，開國文獻，第一編，第十一册，頁三六七。

❸ 徐血兒，「宋先生教仁傳略」，引自葉楚傖等編，宋漁父（臺北，文星書店，民國五十二年七月影印版），頁三。

爲強。此種忽略「革命方略」而只重視武裝起義的傾向，乃晚清革命運動的普遍現象❹。

不過真正導致革命陣營之主要戰略歧見，則是武裝力量之運用，與起義地點之選擇。革命初期，無論興中會、華興會、光復會，均認爲利用會黨力量最爲便捷。華興會組織前，劉揆一爲此嘗語黃興云：

> 種族革命，固非運動軍學界不爲功，而欲收發難速效，則宜採用哥老會黨。以彼輩本爲反對滿清，而早有團結。且其執法好義，多可贊歎。比如湖南會黨有戴某者，違犯會規，其頭目馬福益，星夜開堂，判處死刑。當其泣送河間自剖胸腹時，路過山徑狹隘處，死者猶回顧馬福益曰：大哥好走，須防失足跌下坑去。馬亦嗚咽應而慰之。❺

惟如何運用問題，彼此之間則有不同之見解。孫中山先生興中會時代之連絡會黨，認爲「不過爲初期之播種，實無大影響革命之前途。」❻同盟會時代，一九〇八年夏雲南河口之役，即深感會黨之「人自爲戰，散漫無紀」。❼是則當時之利用會黨，只在用其力量以發動起義，

---

❹ 王永康，「談談關於辛亥革命的性質問題」，周康燮主編，辛亥革命研究論集（香港，崇文書店，一九七一年十月版），第一集，頁四。

❺ 劉揆一，黃興傳記，頁二。

❻ 「孫文學説」，第八章：有志竟成，國父全集，第二册，頁四九三。

❼ 同前書，頁五〇〇。

並未加以教育和訓練❽。光復會中堅分子徐錫麟、秋瑾、陶成章等，則認爲會黨固然可資利用，但必需加以組織和思想薰陶，紹興大通學堂之創辦，即爲此一構想之實踐❾。由於此種運用會黨方式之不同，兩派之革命活動各行其事。中山先生、黃興、胡漢民等，僅在海外宣傳籌餉，派人至西南邊區聯絡當地會黨，資以餉械，適時發動。既失敗，則另選他地，徐圖再舉。光復會份子徐錫麟、陶成章、秋瑾等，則深入內地，與會黨聯成一氣，並爲之建立起嚴密組織與軍隊編制，是以一九〇七年徐錫麟安慶之役失敗後之供詞，自稱「革命黨大領袖」，「我只拿定革命宗旨，一旦乘時而起，殺盡滿人，自然漢人强盛」。❿無一語涉及與中山先生及同盟會之關係。

至於與同盟會分離之共進會，利用會黨之態度，則介於上述兩派之間，雖不滿意於中山先生等之武裝起義辦法，希望把全國會黨聯合起來，一致從事革命行動，在會黨中進行頗爲積極。惜會黨之散漫無紀律仍舊，各派間自立堂號，無統一集中之領導機關。不過共進會之努力並未白費，畢竟華南各省絕大多數會黨，在反清旗幟下聯合起來，使同盟會增加一個群衆基礎較爲廣泛的外圍組織，有利於武昌首義和各省之響應⓫。

經過多次起義失敗後，同盟會黨人始共同認識到會黨受先天條件所限制，不僅分子複雜，

---

❽ 陳錫祺，同盟會成立前的孫中山（廣東，人民出版社，一九五七年十二月版），頁二〇。

❾ 馮自由，「浙江之秘密會黨」，革命逸史，第五集，頁四八——五三。

❿ 陳雄，民族革命文獻（臺北，反攻出版社，民國四十三年五月版），頁二四一——二四二。

⓫ 吳玉章回憶錄，頁五〇。

志在財物，況且思想封建，武器簡陋，不足以成大事。於是留日習陸軍黨人，乃相繼返國，任職清廷陸軍部、軍諮府，及各地新軍中，以從事革命之活動。

一九〇八年十一月，光復會員熊成基率砲隊起義安慶，岳王會員范傳甲、薛子祥等與之通聲氣，實受徐錫麟發難失敗之影響。一九〇九年十月，同盟會南方支部成立，由胡漢民、黃興主持，訂有「運動軍事章程」，乃以運動軍隊爲目標。同年底，廣州新軍加盟者已三千餘人，至有一九一〇年二月倪映典所領導之廣州新軍之役。湖北共進會，以及自華興會外圍組織科學補習所相繼演變而來之日知會、公益社、湖北軍隊同盟會、群治學社、振武學社等革命團體，咸以運動新軍爲目標，不啻爲獨立經營之地域性革命團體，與同盟會本部幾乎無直接之關係可言。

關於起義地點之選擇，因受到當時客觀形勢所限制，黨人間之爭執常在軍事行動失敗之後。同盟會成立前已有若干黨人主張中央革命，如楊守仁、吳樾等。惟因北方各省滿清控制嚴密，乃組織「北方暗殺團」，致有一九〇五年九月，吳樾刺殺滿清考察憲政五大臣之壯舉⑫。惟此係個人之鐵血行動，不足以動搖全局。是以同盟會成立後，起初黨人甚少言及中央革命者。一九〇六年萍瀏澧之役受挫後，黨人已無在華中大舉發動之勇氣，是以中山先生所主張邊區起義之戰略，遂爲惟一可行之途徑，黨人並無公開反對者。一九〇五年八月，同盟會成立數日，中山先生曾與黨人討論起義地點。據程潛回憶，中山先生主張在邊省發難之

⑫ 馮自由，革命逸史，第二集，頁一二六——一二七。

動機：

北京爲中國首都，如能攻佔，那麼登高一呼，萬方響應，是爲上策。武漢綰轂南北，控制長江上下游，如能攻佔，也可據以號召全國，不難次第掃蕩逆氛。南京虎踞東南，形勢所在，但必需上下游同時起義，才有成功希望。至於廣州則遠在嶺外，僻處境徼，只因其得風氣之先，人心傾向革命，攻佔較易，並且港、澳密邇，於我更爲有利。以上四處，各有千秋，只看那裏條件成熟，即可在那裏下手，不過從現實的情況看來，仍以攻取廣州，較易爲力。⑬

可見中山先生並非不知北京起義爲上策，乃衡量當時情勢，以廣州易得到海外餉械之接濟，不幸失敗得有港、澳爲逋逃之所。黨人趙聲亦持同樣見解，認爲：「廣東地方富庶，民氣開通，交通便利，易與海外取得聯繫，優點特多，將來首先發難，其在百粵乎？」⑭一九〇八年後，以西南邊區起義迭遭挫敗，反對者始日漸增多。晉籍黨人景梅九從太平天國失敗教訓中認識到北方革命的重要：

---

⑬ 程潛，「辛亥革命前後回憶片斷」，辛亥革命回憶錄（北京，中華書局，一九六一年十月版），第一冊，頁七一。

⑭ 趙啓驂，「趙聲革命事跡」，辛亥革命回憶錄，第四冊，頁三〇一。

洪、楊倡義南方，雖說據了天下一半，北方到底沒有一省響應，所以清政府能緩緩的用北方財力兵力去平滅他。我們今日第一要事，就是專從南響北應下工夫，極而言之，北響南應亦無不可。⓯

晉籍黨人楊少石亦認爲：「革命軍若從南方舉義，不知幾時才能到北京。我們從山西、陝西下手，出來一支兵出井陘，截取京漢鐵路的中心，一支兵出函谷直據洛陽，與南師握手中原，天下不難立定。」⓰共進會即在此種背景下成立，其中以中部各省同志居多，其主要份子孫武、焦達峰、譚人鳳等，遂以中山先生「專力廣東，經略不遠，皆不悦。」⓱乃主張在長江流域另圖發展，於是相繼潛返內地，從事長江上游之革命行動，而與南方革命黨人作分途之發展。

同盟會中華興會派，對列强多懷有戒心，所採革命戰略，處處顧慮到瓜分之禍，是以宋教仁「主張革命地點應居中不宜偏僻，革命時期應縮短，不可延長，戰爭地域宜狹小不可擴大。」⓲陳天華亦有同樣之感受，認爲：「中國今日而革命也，萬不可蹈劉（邦）、項（羽）

⓯ 景梅九，「罪案」，辛亥革命（上海，人民出版社，一九五七年七月版），第二册，頁二四四。

⓰ 同前書，頁二四六。

⓱ 章炳麟，「前長江巡閲使譚君墓誌銘」，張難先，湖北革命知之錄（上海，商務印書館，民國三十五年五月版），頁二一三。

⓲ 徐血兒，「宋先生教仁傳略」引自葉楚傖等編，宋漁父，頁二。

之覆轍，而革命之範圍必力求其小，革命之日期必力促其短，否則亡中國者革命之人也，而豈能遂其家天下之私心耶！」[19]

一九一〇年五月，宋教仁居東京，見西南起義迭遭挫敗，乃集同志曰：「在中央革命爲上策，然運動不易。其次爲長江流域，邊地實下策也。」衆僉以爲然，乃推譚人鳳定期邀集十一省區同盟分會長，開會於小石區陳猶龍寓，教仁提議組織中部同盟會，以謀長江革命，期以三年，逐漸推進至河北，趙聲謂太緩，諸同志咸主急進。人鳳乃提出事權統一，責任分擔，而不限時間，衆皆贊成。即由人鳳赴港，以此事就商於黃興，黃興正謀進攻廣州，未遑顧及[20]。居正則於是年冬自動至長江流域調查，於一九一一年春抵武昌，與各同志積極進行，是爲武昌起義之伏機，亦爲七月三十一日（閏六月初六日）上海中部同盟會成立之前奏。

十、革命活動的分途進行

中國同盟會成立後，最初在各地所成立之支會分會，大部分係利用當地舊有之反清組織。一九〇五年十月初，首先成立之香港分會，即由興中會老黨人陳少白、鄭貫公、馮自由等爲

[19] 思黃，「中國革命史論」，民報，第二號，頁七。
[20] 譚人鳳，「牌詞」中央黨史委員會庫藏資料。

骨幹，推陳少白任分會長❶。（一九〇九年十月，同盟會南方支部成立於香港，由胡漢民任支部長。）一九〇六年，同盟會湖北分會成立，由俞誠（劍儕）任會長，即以日知會舊址爲會所，凡日知會員一律加盟於同盟會，對外仍稱日知會如故❷。同年成立江蘇分會，係承上海教育學會及愛國學社之餘緒。同年成立福建支會，係由福州之漢族獨立會改組而成，並由原會長鄭權任會長，全體會員依同盟會誓詞，加入爲同盟會❸。同年成立江西支部，係以南昌蔡復靈所領導之易知社爲基礎❹。一九〇七年成立浙江支部，由光復會主要幹部夏超、顧乃斌爲正副會長❺。一九〇八年成立貴州分會，乃沿用自治學社名義，仍由社長張伯麟任分會長，全體自治學社社員均改稱同盟會員❻。

以上各團體，表面雖擁護東京同盟會本部爲領袖，隸屬關係並不顯著，彼此之間更缺乏連絡，對外號召方式各不相同。例如貴州分會，即沿用自治學社舊名，以公開政黨方式參預立憲之推動❼。湖北分會成立之初，爲便於活動起見，對外仍以基督教組織之日知會相號召，

---

❶ 馮自由，革命逸史，第三集，頁二二九。
❷ 馮自由，革命逸史，初集，頁三五四。
❸ 開國文獻，第一編，第十二册頁八一。
❹ 同前書，頁一九三。
❺ 鄒魯，中國國民黨史稿（臺北，臺灣商務印書館，民國五十四年十月版），頁八八〇。
❻ 開國文獻，第一編，第十二册，頁一一八。
❼ 周素園，「貴州民黨痛史」，開國文獻，第一編，第十二册，頁九二——一一六。

每星期必有集會講演，秘密印刷革命書報❽。浙江支部始終仍依光復會之宗旨單獨進行革命活動，會員中兼具同盟會者並不佔多數❾。是以同盟會在國內各地所建立之革命勢力，組織並不夠堅强，無法收到以身使臂之效。

一九〇六年十一月，龔春臺所領導之萍瀏澧之役，實以會黨爲主力，歷時三月，牽連數省，湘、鄂、贛、蘇諸地黨人犧牲慘重，所有革命機關橫遭破壞，劉道一之死難尤爲壯烈❿。一九〇七徐錫麟安慶之役、秋瑾紹興之役，純係光復會之個別行動，與同盟會不發生直接關係，是以勢單力薄，從此光復會無再舉之能力。自一九〇七年至一九〇八年，中山先生以香港、河內爲根據地，連續在滇、桂、粤三省發動六次起義，暹羅、緬甸、荷屬各埠同盟分會紛紛成立，南洋會務日趨發達，乃設立南洋支部以統之，積極從事海外之宣傳與籌餉活動。可惜未嘗在內地積極發展組織，甚少重視灌輸革命思想於廣大群衆，故起事易而成功難，所集會黨旋聚旋散，功效不彰，故對清廷不足構成威脅。

一九〇七年共進會在東京成立後，長江流域會員張伯祥、鄧文翬、焦達峰、孫武等，相繼返國，在四川、江西、兩湖等地發展組織。以張伯祥爲四川孝義會領袖，乃先自會黨入手。同年，熊克武、余英等連續在瀘州、成都、隆昌發動三次起義，相繼失敗⓫。焦達峰、孫武、

---

❽ 李廉方，辛亥武昌首義記，頁六。
❾ 沈瓞民，「記光復會二三事」，辛亥革命回憶錄，第四册，頁一三七。
❿ 馮自由，中華民國開國前革命史，第一册，頁二四五——二六八。
⓫ 熊克武，「辛亥前我參加的四川幾次武裝起義」，辛亥革命回憶錄，第三册，頁七——一五。

居正等，乃在漢口設立總機關，並於武昌、長沙等地成立組織。焦達峰改訂名稱，釐定章程，總統長江流域各派會黨於共進會內，聲勢頗盛，孫武則與武昌群治學社相結合⑫。

自一九〇五年同盟會成立，至武昌起義前夕，革命黨人在各地起義及暗殺事件達三十餘次，除中山先生在西南主持之八次革命行動外，其餘乃係黨人之個別起義，與同盟會總部不發生直接關係，彼此之間亦不相聯屬。如一九〇五年九月二十四日，吳樾之炸滿清考察憲政五大臣⑬。一九〇六年九月，李實起義於四川江油⑭。一九〇七年六月十一日，劉思復在廣州謀炸清水師提督李準⑮。一九〇八年冬，葛謙、嚴國豐，在廣州散發「保亞票」，聯絡軍中哥老會員，密謀起義，事洩就義⑯。一九〇九年三月，余英、熊克武等起義於四川廣安，事敗潰逃⑰。一九一〇年七月，許仲山、柯漢資等，糾眾二千餘人，謀起事於廣西柳州⑱。一九一一年一月，溫朝鍾、王克明等起義於四川黔江，事敗死之⑲。

---

⑫ 李廉方，辛亥武昌首義記，頁一七。

⑬ 馮自由，中華民國開國前革命史，第一冊，頁二一一。

⑭ 革命人物誌，第一集（臺北，中國國民黨中央黨史史料編纂委員會，民國五十八年一月出版），頁四五四——四五五。

⑮ 馮自由，中華民國開國前革命史，第二冊，頁八四——一〇一。

⑯ 鄒魯，中國國民黨史稿，頁七七二——七七四。

⑰ 周開慶，四川與辛亥革命（臺北，四川文獻研究社，民國五十三年九月版），頁二五——二七。

⑱ 馮自由，中國革命運動二十六年組織史，頁二一九。

⑲ 周開慶，四川與辛亥革命，頁二七——二八。

至於與同盟會無直接關係之國內革命團體，其著者如華北之「共和會」、寧波之「國民尚武會」、甘肅之「大同會」、山東之「黃縣農會」等。其中尤以湖北軍界所組織之「文學社」最具規模。先是一九〇四年華興會長沙之役失敗後，在武昌所設之外圍組織「科學補習所」亦遭查禁，牧師劉靜菴（敬安）、胡蘭亭等，乃假基督教聖公會附設之日知會繼續活動。一九〇六年萍瀏澧之役，日知會實與之互通消息。及遭破壞，公益社代之而起。一九〇八年演變爲「湖北軍隊同盟會」，爲避清吏耳目，旋易名爲「群治學社」。一九一〇年，改稱「振武學社」，一九一一年春，復重組爲「文學社」，推蔣翊武爲社長，社員增至三千餘人，決議與共進會結合以厚植實力。[20]

辛亥年廣州三月二十九日（一九一一年四月二十七日）之役，爲西南革命之結束，事後譚人鳳至武漢，勸共進會、文學社合併，和衷共濟，相輔而行，乃按照同盟會章程重新組織，而湖北中部同盟會遂得成立，擬定兩湖發難策略，是爲武昌起義之主要動力。

十一、結語

清季愛國志士受內憂外患之刺激，紛紛組織革命團體，欲圖採取西方革命途徑，挽救國家於危亡。一九〇五年中國同盟會成立時，除孫中山先生、黃興等具有識見，中山先生所提

[20] 張難先，湖北革命知之錄，頁八〇——一五九。

倡的三民主義，可以概括整個革命宗旨外，其他份子，或由於地域關係，或由於出身之不同，理想難免有所區別。加以多爲缺乏實際政治經驗之青年，如胡漢民二十七歲，宋教仁二十四歲，汪兆銘二十三歲，朱執信二十一歲，固咸具愛國之熱忱與冒險犯難精神，卻不知如何鞏固組織與發展力量。雖受西力衝激，而嚮往歐美政治理想，但無法全部加以吸收和消化，配合中西所長，提出一套建設新中國的完備革命理論。

同盟會會員間思想的不一致，無法調和各派之歧見；加以組織的缺陷，妨礙各派之精誠團結。西南邊陲起義的挫折，造成革命陣營之分裂與內爭，就當時而言影響並不嚴重，一則在革命未成功前，民權和民生主義並無太大意義，排滿仍爲一致之目標。再則除光復會外，其他各派並無與同盟會一爭短長之意，革命理論的分歧，個人的恩怨，並不影響推翻滿清政權的合作，但卻在辛亥革命成功後，產生不良之惡果。真所謂「共患難易，共安樂難」。從此黨人分途發展，彼此利害發生衝突。華興會中宋教仁一派，專力於民主憲政，思以憲法國會約束袁世凱之行動。光復會章炳麟一派，則組織「中華民國聯合會」，結合清季之立憲派和舊官僚組織之「預備立憲公會」，成立統一黨，以打擊同盟會爲己任。共進會、文學社中之湖北人士孫武、蔣翊武一派，則組織「民社」，擁護黎元洪爲黨魁，敵視同盟會，均置革命理想於不顧。袁世凱從中漁利，操縱政局，造成民國初年國家動亂之根源。孫中山先生有感於此，嘗於一九二三年十月十一日，在廣州國民黨黨務討論會中概然而言曰：

> 光復時有一種謬說，謂革命軍起，革命黨消，此說倡自熱心贊助革命之官僚某君，如

本黨黨員黃克强、宋漁父、章太炎等，咸起而和之，當時幾視爲天經地義，故改組國民黨，本黨遂完全變爲政黨，革命精神由此消失。❶

大致而論，清季之革命團體，興中會的主要群衆是華僑、會黨和知識份子。同盟會組織之初係以知識分子爲核心，華興會人士實居多數。光復會分子參加者極少，自始至終保持其原有組織。三派黨人最初均以聯絡會黨爲目標，但方法則有所不同，以後始漸及於新軍。共進會係華興會部分黨人之個別組織，由於與武昌革命團體文學社的聯合，爆發了武昌起義。但因推動辛亥革命分子複雜，除革命黨人外，尚包括立憲派、官僚、政客和實力軍人，以其立場互異，在共同目標下，只能結合於一時，卻無法持之於久恆。所以辛亥革命不能算是徹底的革命，不過畢竟使中國在走向近代民主道路上向前邁進了一大段歷程。

（臺北，中華民國建國八十年學術討論集，第一冊，民國八十年十二月，頁八〇——一一一。）

---

❶ 國父全集，第二冊，頁五三四——五三六。

二三 清季留日陸軍學生與辛亥革命

提要

國父孫中山先生倡導國民革命，曾以日本爲活動根據地，並得到日本志士之同情與協助。清光緒二十六年（一九〇〇），八國聯軍之役，係中國近代史上重要關鍵，在此以前 國父主持之革命起義係以會黨爲主力；在此以後乃注意革命幹部之培養和策動新軍工作。

滿清於甲午戰後，爲拯救其國運，開始訓練新式陸軍，八國聯軍後更大量遣送學生留學日本，人數多時竟高達萬餘人，其中學習陸軍者甚衆。首先進入成城學校、振武學校接受預備教育，然後升入陸軍士官學校深造。留日學生受 國父精神感召，及民主自由思想薰陶，紛紛參加革命行列，其重要組織有勵志會、拒俄義勇隊、軍國民教育會、丈夫團、武學社等團體。

國父曾於光緒二十九年（一九〇三），在東京青山創辦革命軍事學校，以訓練軍事幹部，取名「中華革命軍」，學生入校誓詞有：「驅除韃虜，恢復中華，創立民國，平均地權，如有反悔，任衆處罰」等語，爲中國同盟會基本宗旨之早期説明。開辦雖僅一期，已肇開革命黨培植軍事幹部之端緒。黃興別於光緒三十四年（一九〇八），在東京組織大森體育會，以訓練革命黨人之軍事技能。

清廷有鑒於留學生之革命潮，特別與日本政府交涉，禁止中國私費留學生學習陸軍，並頒佈取締留學生規則，限制中國留學生從事政治活動，派監督常駐日本，管理全國陸軍學生留學日本事務。然革命情緒益高，革命聲勢益壯，更加速清廷之滅亡。

中國同盟會成立後，中國留日學習陸軍學生紛紛參加，學成歸國後，或任職於滿清陸軍部及軍諮府，或被各省督撫延攬訓練統率新軍，無不以排滿爲活動目標。任職於陸軍部軍諮府者，運用其影響力，設法淘汰舊式軍人，更換有革命思想之留日士官生；服務於地方者，則暗中成立各種革命組織，團結同志，以謀大舉。其中湖北之革命團體，先後有科學補習所、日知會、湖北軍隊同盟會、群治學社、振武學社、共進會、文學社、蘭友社等，爲武裝起義之主要力量。

辛亥革命之成功，各地軍人響應之功居多，先總統　蔣公之光復杭州厥功至偉；而留日歸國學生在上海所組織之中部同盟會，對長江流域各省之獨立，尤有發縱指示之功效。　國父二十餘年之奮鬥，卒收燦爛之成果。

一、前言

國父孫中山先生倡導國民革命，早期起義係以會黨爲主力，以其暮氣已深，組織渙散，且忘其宗旨，多不能完成使命。故光緒二十六年（一九〇〇）惠州之役失敗後，乃轉注意對新軍之活動，從培養幹部著手，進而推派同志加入新軍行列，宣傳革命主張，激發民族意識，革命聲勢因之大張，革命行動接踵而起。

清廷於甲午戰後，爲挽救其國運，竭天下財力從事新軍之編練。初試辦「新建陸軍」於天津，至光緒二十九年（一九〇三），設立練兵處，計畫全國成立三十六鎮，練兵範圍乃擴及於各省。陸軍部及各省疆吏紛紛派遣學生赴日本學習陸軍，諸生留日期間受　國父孫中山先生精神感召，各以獻身革命爲志趣；返國之後，服役軍中，遂以聯絡同志爲目標。故晚清留日陸軍學生之派遣，不僅未能鞏固其政權，反有助於革命事業之發展，爲辛亥革命成功之一重要因素。

二、清廷留日陸軍學生之派遣

晚清建立新軍期間，陸軍部及各省疆吏，爲培植軍中幹部，紛紛派遣學生赴日學習軍事。光緒二十四年（一八九八），浙江巡撫廖壽豐首派吳錫永、陳其采、舒厚德、許葆英等四名學生赴日學習軍事❶。同年各省陸續派遣赴日學習軍事學生計有湖廣總督張之洞兩次派遣之譚興沛、徐方謙、段蘭芳、蕭星垣等二十四名❷，加上南北洋大臣各派之二十名，浙江巡撫劉樹棠再派之八名❸，全部達七十餘人。辛丑和約簽訂後，爲順應時勢需要，各省派日學軍事學生益多。例如光緒二十八年（一九〇二）九月，北洋大臣袁世凱奏派武衛右軍隨營學堂歷

❶ 日本振武學校編「振武學校沿革誌」內，對支功勞者傳記編纂會「對支回憶錄」，下卷頁七二二。
❷ 實藤惠秀「中國人日本留學史」，頁六五。
❸ 張文襄公全集卷一五九，電牘三八，頁三。

屆畢業學員五十五名，由監督率領前往日本入陸軍學堂學習❹。光緒二十九年（一九〇三）十二月，署理湖廣總督端方，派遣之武備學生五十名，（其中高振聲一名爲自費），光緒三十年（一九〇四）七月，山西巡撫張曾敭派遣之武備學生二十名❺。

中國早期赴日學習軍事學生，首先須進入成城學校，接受預備教育。截止光緒二十九年（一九〇三）成城學校停收中國留學生止，計先後畢業該校者達一七五人之多❻。同年，日本專門爲中國武備學生實施預備教育，創設振武學校，將成城學校肄業中之中國武備學生一律移入。成城學校時代學生肄業期限一概爲十六個月，振武學校則數有變動。創立之初爲十五個月，光緒三十一年（一九〇五）九月，改爲十八個月。光緒三十二年（一九〇六），再改爲兩年。旋再改爲三年，直至廢止未再更改❼。

光緒三十年（一九〇四）四月，清廷練兵處奏定「選派陸軍學生分班游學章程」，依此章程凡志願赴日學習陸軍學生，先由各省督撫咨送練兵處，再經練兵處考選及格者始能派遣。同年十一月，練兵處即選定學生一二三人（練兵處官生一〇四人，其餘十九人爲附送之直隸省官生），送入日本振武學校肄業，派趙泰理爲監督，清廷對於武備學生之派遣，始有統一固

---

❹袁世凱「養壽園奏議輯要」卷十四，頁三五九至三六一。

❺在本邦清國留學生關係雜件——陸軍學生之部，日本外務省藏。

❻成城學校留學生部編「留學生部出身者」，頁一至六，東京，一九三七。

❼「振武學校沿革誌」附表。

定政策❽。

中國留日學生振武學校畢業後，大部份志願進入日本陸軍士官學校，多數學生於完成士官教育即行返國，或服務於清廷陸軍部及軍諮府，或被各省督撫所延攬，督練新軍及擔任軍事學堂教官。

清廷派遣學生赴日學習軍事之目的，原期慕日本陸軍教育「係以忠君愛國，順服長官爲宗旨。並無侈言自由，與政府反對之弊。」❾以培養軍事人才，延長其國運。但因潮流所趨，國內革命與改良派人士相繼亡命日本，連絡同志，發展組織，發行宣傳書報，使留日學生因之特別留心國是，紛紛參加革命活動。清廷有鑒於留日學生之革命潮，特別於光緒二十八年（一九〇二）與日本政府交涉，禁止中國私費留日學生學習陸軍❿。光緒三十一年（一九〇五），復頒佈取締留學生規則，限制中國留學生從事政治活動⓫。光緒三十四年（一九〇八）夏，清廷陸軍部再頒佈就學日本陸軍學生章程三十六條，其總則如下：「前練兵處奏定，自光緒三十年起考選陸軍學生送赴日本就學，專派監督一員，常駐日本，管理全國陸軍學生留學日本事務。」另訓諭十則：

---

❽ 清光緒朝中日交涉史料卷六八，頁三一。

❾ 同上書，頁八至九。

❿ 胡漢民自傳，引自革命文獻第三輯，頁八至九，民國四十二年十月，黨史史料編纂委員會出版。

⓫ 馮自由「中華民國開國前革命史」第一冊，頁一九八，民國四十三年四月世界書局影印版。

（一）牢記尊君親上，毋得誤聽邪説。（二）恪遵監督約束，毋得陽奉陰違。（三）居心樸誠爲主，毋得稍涉浮夸。（四）謹遵堂隊規則，毋得違犯禮法。（五）程功必須循序，毋得喜新躐等。（六）爲學務求心得，毋得徒襲皮毛。（七）勤學尤貴好向，毋得私心自用。（八）起居務宜節儉，毋得沾染浮華。（九）待人須極謙和，毋得稍形傲慢。（十）同班務相敬愛，毋得自相齟齬⑫。

惟此種措施，一無效果之可言。留學日本陸軍學生之革命團體，先後有勵志會、拒俄義勇隊、軍國民教育會、丈夫團、武學社等組織。

三、東京青山革命軍事學校

惠州之役失敗後，國父孫中山先生大多數時間居住橫濱，各省留學生程家檉、劉成禺、時功玖、李書城、胡毅生等，經常自東京前來謁談時事⑬。光緒二十八年（一九〇二）夏，有江蘇、浙江、江西三省自費留學生九人，願入成城學校學習軍事，滿清駐日公使蔡鈞拒絶咨送，適吳敬垣奉兩廣總督陶模命，率學生沈剛、沈覲恆、吳慶修等二十六人赴日本留學，

⑫ 東方雜誌第五年第八期，法令類，頁三八至四二。
⑬ 馮自由「革命逸史」初集，頁一三三，民國三十四年九月，商務印書館版。

吳敬恆素富革命思想，乃擬長函，託赴日考查之京師大學堂總教習吳汝綸轉達蔡鈞，建議由在校學生五人互保一人，保證書留存公使館備案，蔡鈞仍堅持不允。六月二十四日，吳敬恆乃率學生親往公使館理論，與蔡鈞大起衝突，爭持至晚十一時，蔡鈞招日警趕吳敬恆等出。七月二日，吳敬恆遂被驅逐出境，由日警押送神户返國。翌日啓程時，吳敬恆憤極，預留遺書，過城濠時，投水自殺，幸日警救速，得不死⑭。留日學生聯電清外務部，要求撤換蔡鈞，而清廷竟悍然不顧，粵籍學生胡漢民復領導同學向日本文部省提出要求，日本始稍緩其事。胡漢民憤同學畏禍，遂單獨提出退學書歸國，從之者數人而已⑮。

國父孫中山先生鑒於中國留日自費學生有志於軍事者，無入學門徑，加以爲培養革命軍幹部，決定自創軍事學校，以爲軍事學之研究。由犬養毅介紹騎兵少佐小室友次郎，及步兵大尉日野熊藏任教官。小室爲退職軍人，與　國父有舊，素有志贊助中國革命。日野則爲現役軍人，供職於東京兵工廠，嫻英語，研究波亞（Boar）戰術極有心得，爲著名之軍事家，且精於兵器學，有日野式手槍之發明。乃商定由參加學生共賃一屋同寓，日間自習普通學及日語，夜間則教授戰術及兵器學。初賃屋於東京牛込區，後以其距日野居所過近，來往時易引起日警注意，乃遷至青山練兵場附近，俾每日得就近參觀近衛師團各項兵種之教練，夜間

---

⑭ 吳敬恆自述蘇報案之前後，引自「國父年譜」上册，頁一四七至一四八。增訂本，民國五十八年十一月，黨史史料編纂委員會出版。

⑮ 胡漢民自傳，引自革命文獻第三輯，頁九。馮自由「革命逸史」第五集，頁四〇至四一，民國五十四年十月，商務印書館版。

則輪派二人至日野家，聽授講義，歸而述之。規定八個月結業，學科有普通兵事學，及製造手槍礮類火藥諸門，尤注重波亞散兵戰術，及以寡敵衆之夜襲法。第一期學生有黎仲實、胡毅生、翁右業、鄭日功、伍嘉杰、盧少岐、盧牟泰、區金鈞、劉立群、饒景華、桂少偉、李錫青、郭健霄、李自重等十四人，學生入學除聲明服從　國父領導及本校校規外，並宣讀誓詞：「驅除韃虜，恢復中華，創立民國，平均地權，如有反悔，任衆處罰」等語。取名「中華革命軍」，對外絕對保密⑯。胡毅生記其事曰：

> 初居牛込區時，推翁（右業）、鄭（日功）二君教授數學，（二君實爲清華學校教師，而劉（立群）、饒（景華）二君則爲清華學生），故翁、鄭食宿費用由衆供之。其後翁、鄭應湖南實業學堂之聘回國，而推余承其乏。
>
> 既遷青山，又以人數減而費用大，故由諸人各就所知介紹入社。由伍嘉杰介紹盧少岐（伍、盧皆由成城學校退學加入），黎仲實介紹盧牟泰、區金鈞，盧、區二君雖未塡盟書，由伍、黎負責保證將來補塡。⑰同年八月，　國父離日本赴檀香山，青山革命軍事學校繼續至六個月，內部各樹派系，迭起爭執。廖仲愷欲介紹黃潤貴、關虔甫入校，以廖

---

⑯ 參照馮自由「革命逸史」初集，頁一三三至一三四；革命逸史第四集，頁二二，民國三十五年八月，商務印書館版。

⑰ 胡毅生「同盟會成立前二三事之回憶」，引自革命文獻，第二輯，頁一〇七至一一一，民國四十二年十月版。

本人當時尚未加盟，無權介紹而止。劉立群、饒景華得同鄉黃某之助，補得官費生，入成城學校，可望轉入士官學校，藉端請求退出，遂至全體議決解散。胡毅生居間盡力斡旋，終無法挽回。小室友次郎見毅生受激過甚，乃挽之居於其家者兩月，同學諸人各散東西，至光緒三十一年（一九〇五）中國同盟會正式成立，學生中加盟雖僅胡毅生、黎仲實、劉立群、饒景華四人，已肇開革命黨培養革命幹部之端緒[18]。

四、留日軍界之革命潮

光緒三十年（一九〇四）前後，爲中國留日學生之顛峰，亦爲革命浪潮之激蕩時代。國內革命團體華興會、光復會份子前後東渡日本，合舊有興中會份子，促成革命青年之大團結。國父孫中山先生隱爲共同之領袖，清廷所遣留日學生既日漸增多，接觸頻繁，耳聞目覩，思想隨之而轉變。據當時滿清駐日大臣楊儒估計，光緒三十年（一九〇四）中國留日學生已超過三千人，光緒三十二年（一九〇六）竟高達八千人以上[19]。茲舉山西官費旅日士官生閻錫山爲例，其自述參加革命之經過曰：

---

[18] 革命文獻，第二輯，頁一〇八至一〇九。

[19] 清光緒朝中日交涉史料卷六八，頁二四，出使日本大臣楊樞請做日本設法政速成科摺。另據「東方雜誌」第五年第一期，雜俎，頁三，統計爲一萬七千八百六十餘人。「新民叢報」第四年第十四號，記載，頁八，統計爲一萬三千六百二十人。當係因部份學生有二重三重學籍之故。

清政府選送日本學習陸軍，山西那一次共去了二十個人，其中我和姚以价、張維清三人是北京清廷給以公費，其餘十七人是省給以公費。當出國之前，山西之巡撫張曾歇等所謂五大憲，對留日學生諄諄告誡：到日本後千萬不可接近革命黨人，以免誤入歧途，提到　孫中山先生，尤其極盡詆毀之能事。……但逐漸由所聽到的話與所看到的書中，感到清政府誤國太甚。……益認清廷之腐敗無能，清官吏所吩咐千萬不可接近革命黨人的話，至是在我腦中全部消失，遂決心加入推翻滿清政府的革命。……斯時正值　孫中山先生在海外倡導革命，我聞其所，奮然興起，即由結識而參加其所領導之革命運動。翌年（清光緒三十一年，公曆一九〇五年）中國革命同盟會（簡稱同盟會）（按：爲「中國同盟會」之誤）在東京成立，我們參加革命運動之同志，均爲同盟會員。我開始參加革命運動距我到日之初僅僅三個月，而我個人對革命事業之背向，則自覺判若兩人。我由此深深感到爲政不可落後了時代，如落後了時代，則所培植之人才，皆爲崩潰自己之力量。清政府選送日本士官學校第六批之留學生二百六十餘人，超過前五批的總和，不能說不注重留學生了，但參加推翻清政府的革命運動的，也多是我們這六批留學生，這完全是清政府領導失敗所致。⑳

光緒三十一年（一九〇五）七月，中國同盟會成立後，中國留日學習陸軍學生加入者益

⑳「閻錫山早年回憶錄」，頁四至六，民國五十七年十月，傳記文學出版社出版。

多。僅就士官學校第四、五、六、三期士官生而言，宣誓入同盟會者即不下百餘人。其中兩湖學生尤居多數，黃興則爲主要之聯絡人，湖北黨人李書城記其事曰：

一九〇二年，湖廣總督張之洞從兩湖、經心、江漢三書院選派學生三十多人，赴日本東京弘文學院學速成師範，定期八個畢業，學成回國後，充任學堂的師資。黃先生（按：指黃興）和我分別從兩湖書院和經心書院被派出國。……弘文學院同學每晚都在自習室討論立憲和革命的問題，最初頗多爭論，以後主張排滿革命的占了多數。……當日俄戰事爆發，東京留學生組織義勇軍時，我曾參加，受過軍事訓練。我深感革命須靠武力，希望進日本陸軍學校，但陸軍學校不收自費生，須由清廷駐日公使保送，而駐日公使保送須由清政府或各省督撫造送名冊，恰巧浙江撫臺保送名冊中，有一永嘉縣「丁人俊」的名額，是預塡的一個假名，準備留給革命同志頂替入校的，我就頂替了「丁人俊」名入振武學校，尋升入陸軍士官學校，爲中國第五期士官生。……孫中山先生不常在日本，自日本政府禁止　孫先生入境以後，同盟會總理職務即由黃先生代理，黃先生是留日學生，又長住日本，因此國內外同盟會會員多與他直接商討問題或通信聯絡，他和同志間的感情也就深厚起來。特別是黃先生與軍人的關係，由於有一段特殊原因而更加密切。黃先生在日本代理同盟會總理時，中國陸軍留學生的人數特別多，第四期陸軍士官生有七十五人，第五期陸軍士官生有五十七人，第六期陸軍士官生有一百九十八人。其中加入同盟會的陸軍士官生不下百餘人，我所能記憶的：第四期有張世膺、周承菼、張承禮、蔣作賓、吳鐘鎔、金永炎、覃師范、王家駒、高佐國、吳經明、何澄、劉一清、劉毅、翁之谷、成桄、史久光、周斌、劉維燾、曾繼梧、劉繩武、鄧質儀等；第五期有王孝鎮、黃愷元、何成濬、陳乾、李浚、陳之驥、姜登選、李書城、袁華選、全恕、石陶鈞、王凱成、吳和宣、殷成瓛、楊源濬、朱先志、齊琳、高霽雲等；第六期有尹扶一、李兆祥、劉組武、孫棨、吳藻華、陳强、歐陽武、張華輔、趙復祥、李根源、林爽、尹昌衡、胡萬泰、劉存厚、盧啓泰、劉宗紀、胡學伸、官其彬、黃國樑、劉汝贊、羅佩金、閻錫山、孔庚、李鴻祥、葉荃、楊曾蔚、李敏、高聲震、仇亮、朱樹藩、姚以价、程子楷、張開儒、紀堪頤、李乾璜、耿覲文、張鳳翽、黃毓成、顧品珍、朱綬光、溫壽泉、唐蟒、唐繼堯、童錫梁、孫方瑜、趙恆惕、田遇東、李烈鈞、程潛、劉洪基、華世中等，此外還有陸軍測量學校的黃郛、曾昭文等，其餘的人記憶不起了。

黃先生以為陸軍學生須在回國後掌握兵權，不可暴露革命的眞面目。因此，他囑陸軍學生中同盟會員不可到同盟會總部往來，陸軍學生的入黨證，也由黃先生一人獨自保管。並商議由陸軍同學在同盟會會員中選擇一批堅貞可靠的同志另組織一個團體名曰「丈夫團」，以孟子所說的「富貴不能淫，貧賤不能移，威武不能屈」，作爲團員應具的品德。據我了解，當時加入這個組織的有李根源、李烈鈞、程潛、李書城、趙恆惕、黃郛、尹昌衡、黃愷元、葉荃、溫壽泉、曾繼梧、華世中、劉洪基、程子楷、孫方瑜、曾昭文、耿覲文、李乾璜、仇亮、楊曾蔚、陳强、孫棨、高霽、楊源濬、殷承瓛、袁華選、陳之驥、姜登選、李浚、王孝鎮、何澄、王家駒等。黃先生還鼓勵家有資財的同志出貲捐官，俾將來獲得兵權可更大更快些。團員中黃愷元用銀一萬兩捐得道臺，陳之驥用銀六千兩捐得郎中。辛亥武昌起義後，在南北各省舉兵響應，充任都督及軍、師、旅、團長的人，多屬丈夫團的同志，都是黃先生所熟知的人。因此革命軍人與黃先生有特別深厚的感情，他在革命軍人中具有極高的威信。㉑

復據李烈鈞自傳，謂「丈夫團」實由李烈鈞、黃郛等數人所發起，而李烈鈞推動之功甚大。李氏述及該團之成立及取名之經過曰：

> 士官學校中另有小組織，爲余與黃郛數人所發起者。郛學測量，當時頗激昂，常謂衆人曰：滿洲政府非我族類，其心必異，國人應起而推翻之，古人嘗謂「當仁不讓」。又曰，本校（指陸軍士官學校）人數甚多，良莠不齊，應有嚴密組織小團體之必要。當時贊同其說者頗衆，於是商議命名，衆皆默然，郛笑謂衆人曰，孟子不云乎：「富貴不能淫，貧賤不能移，威武不能屈，此謂之大丈夫。」我輩既以推翻滿清爲責任，必須具有不屈不撓之精神，不移不淫之毅力，革命乃克有濟。衆皆服其說，遂命爲丈夫團，而

㉑ 李書城「辛亥前後黃克强先生的革命活動」，引自左舜生「黃興評傳」，頁一二九至一三二，民國五十七年三月，傳記文學出版社出版。

推郛為首，召開成立大會。㉒

除丈夫團外，留日陸軍學生又有「武學社」之組織，創辦者振武學校學生楊曾蔚，楊亦丈夫團團員，李烈鈞記其成立之經過曰：

余既正式加入同盟會，仍繼續學業。是時有武學社應運而生，創辦者為振武同學楊曾蔚。楊君亦同盟會同志，與景定成（梅久）交甚密，二人在銳意佈置河南、山西兩省革命事務者。加入武學社之人物，大都北洋三傑（即王士珍、馮國璋、段祺瑞）之學生，內有華世忠（字朗泉）、何子奇、杜幼泉三人，以其聰慧多謀，有北洋小三傑之稱。惟華等回國後，僅在北方充任教官各職，幼泉後且以鬱恨自投玄武湖死，惜哉！當時之士官學生分南北兩派，余因加入武學社，乃並屬於此派焉。㉓

光緒三十四年（一九〇八），黃興有鑒於桂滇邊境河口諸役失敗之教訓，深知培養革命軍事幹部之重要，在東京重組大森體育會，延聘日籍教官任教練，以訓練革命黨人之軍事技能。加入此一組織者有七、八十人之多。其中後來起義武昌之孫武、起義長沙之焦達峰、起義四

㉒「李烈鈞將軍自傳」，頁六，文海出版社近代史資料叢刊本。
㉓同上書，頁七。

川之夏之時，均爲其會員。

五、歸國留日陸軍學生之革命活動

留日陸軍學生歸國後，或服務於滿清陸軍部或軍諮處，或被各省督撫延攬督練新軍，無不以排滿爲活動目標。安徽合肥籍革命黨員吳暘谷（春陽），早年留學日本，習陸軍，爲同盟會之主要份子。光緒三十一年（一九〇五）冬返國，在江、淮各地運動新軍，據「吳烈士暘谷革命事略」記載：

丙午（光緒三十二年、一九〇六）春，烈士至金陵，聯合南洋第九鎭軍人倪先烈映典，趙先烈伯先，柏君文蔚，龔君鎭鵬等，暨陸師將校，兩江師範各學堂同志，密會於鷄鳴寺，得加入黨者數十人，是爲烈士組織南洋革命黨員第一步。是年冬，安徽創辦新軍，烈士復來皖投身三十一混成協，以砲營及馬步工輜各弁目養成所，爲運動基礎，而漸及各營將士。砲營管帶吳君介璋首先入黨，由是測繪陸軍各學員相繼加入。時省中志士有熊先烈承基、范先烈傳甲，袁君子常，常君恆芳，管君鵬等。而倪先烈映典與烈士之兄性元，亦先後來皖。烈士遂得潛通聲氣，密爲組織，加入本黨者百數十人，而安

徽之潛勢力以固。㉔

是時袁世凱掌握北洋六鎮，大招滿人之嫉視。滿親親貴良弼、鐵良等皆爲留日士官生，乃思引用留日返國之士官生排擠袁世凱，於是留日返國之革命黨人得以在京畿從事活動。吳祿貞、藍天蔚等在北方新軍中散播革命種子，未始不由於此。據湖北黨人蔣作賓追憶，其返國之初，任職保定軍官速成學校教官，灌輸學生革命思想，秘密組織革命團體。以後任職陸軍部軍制司，聯合部中革命同志，極力主張整編軍隊，分赴南北各地校閱，設法汰盡舊式軍人，而更替爲有革命思想之留日士官生。至辛亥革命前，所有袁世凱之爪牙，舊督撫之鷹犬，已汰除泰半。如北洋將領雷震春、倪嗣沖、段芝貴等，均前後被參革。曹錕要求保一頭品頂戴而休致，張彪、何宗蓮亦正設法撤換，段祺瑞調充江北提督，新軍中革命思想蔓延日廣。蔭昌、壽勳等爲剪除袁世凱羽翼，頗以蔣氏之言爲信。蔣作賓認爲，倘無武昌起義爆發，二、三年後再由新軍主持，發動革命，則一切稍有準備，其後袁世凱之禍國，或可減免㉕。

其次，各省督撫爲博取推動新政之令譽，和培植自身勢力，對留日士官生更爭相延攬，給予較高職位，充當新軍之協統、標統、管帶，或督練公所之督辦、總教習等，甚至有竟擢

㉔ 國父百年誕辰籌備委員會編「革命先烈先進傳」內「吳暘谷（春陽）傳」，頁二一一至二一五，民國五十四年十一月版。

㉕「蔣作賓回憶錄」頁三〇，民國五十六年九月，傳記文學出版社出版。

升爲統制者。由於留日士官生充任新軍較高職位，是故對革命黨人之活動可以加以掩護。例如丈夫團成員之一閻錫山畢業回國後，在山西新軍中任職，升至標統，與溫壽泉、張瑜、喬照等發起「山西軍人俱樂部」，表面上是研究學術，實際上是團結革命同志，暗中鼓動革命㉖。辛亥太原光復，即得力於閻錫山等人之策劃。又如蔣尊簋於日本士官學校畢校後，返浙任弁目學堂監督，平日訓話，多感懷往事，暗示革命，並以民族大義，教誨學生㉗。浙軍之成爲光復會溫床，並辛亥之際努力於浙江光復，於此不無關係。再就辛亥武昌首義後雲南之光復而言，參與起義的四十名新軍高級官員中，二十二名即爲留日士官生。由此可知，留日士官生之領導新軍，對於民國之締造，實功不可沒。

先總統　蔣公於光緒三十三年（一九〇八）由滿清陸軍部全國陸軍速成學堂，被保送至日本學習陸軍，初肄業振武學校，由陳其美介紹加入同盟會。時日政府承清廷意旨，反對革命，取締留學生極嚴，然　蔣公仍奔走革命不遺餘力。每逢星期日必聚集黨中同志秘密會議，籌議革命之進行，而以江浙籍會員爲多，其著者若蘇玄瑛、張恭、章梓、龔未生、周日宣、莊之盤等。每逢暑假必告歸省親，淹留上海，與諸同志集會，一面秘謀擴充黨勢，一面營救入獄同志，從事於革命實際行動。

宣統元年（一九〇九）冬，　蔣公卒業於振武學校，升入日本高田野礮兵第十九聯隊爲

㉖ 「閻錫山早年回憶錄」頁一五。

㉗ 陳肇英「八十自述」，頁十一。

士官候補生，革命活動益加積極。宣統三年（一九一一）夏，託故歸國，與陳其美在滬秘密組織革命機關，計劃起義於長江下游，並營救黨人張恭，旋復返日回聯隊。迨武昌革命軍起，乃偕同伍生張群、陳星樞等微服走長崎，登輪回國。九月九日抵滬，奉陳其美命主持浙江軍事。同月十四日杭州之光復，貢獻至偉焉㉘！

至於其他獨立各省，多以新軍將領爲骨幹，除第六鎮統制吳祿貞，第二十鎮統制張紹曾，第九鎮統制徐紹楨，以及協統藍天蔚等，分別在石家莊、灤州、南京、瀋陽密謀革命要脅清廷外，任光復各地都督者，有長沙之焦達峰、西安之張鳳翽、九江之馬毓寶、山西之閻錫山、雲南之蔡鍔、南昌之吳介璋、貴陽之楊藎誠、鎮江之林述慶、福州之孫道仁、重慶之張培爵等。

六、武昌新軍之革命化

中國同盟會成立前，革命黨人在華中一帶之活動，係以運動會黨爲目標，畢永年之貢獻尤爲顯著㉙。迨光緒二十六年（一九〇〇）唐才常所領導之自立軍失敗，湖北黨人知會黨之

㉘ 參照毛思誠「民國十五年以前之蔣介石先生」，頁二二至二七，一九六五年十一月，香港龍門書店影印版。

㉙ 馮自由「中華民國開國前革命史」第一冊，頁一五九。馮自由「革命逸史」初集，頁七四至七五。

不足恃，認爲「革命非運動軍隊不可，運動軍隊非親身加入行伍不可。」㉚

光緒二十九年（一九〇三），吳祿貞自日本士官學校畢業歸國，湖廣總督張之洞委爲訓練新軍教官，先後執教湖北將弁學堂，及武昌普通學堂，乃假武昌花園山孫凱臣所有之孫森茂花園，設立秘密機關，從事革命之活動。往返最密者有李書城、程明超、曹亞伯、時功玖、朱和中、李廉方、呂大森、胡瑛、張難先等數十人。朱和中、呂大森特組織一活版印刷公司，專翻印「猛回頭」、「警世鐘」等革命書籍。留日鄂籍學生劉成禺、藍天蔚、但燾等，亦在東京發行「湖北學生界」雜誌，輸入鄂省，以相鼓吹㉛。張難先、胡瑛等，先後投入工兵營，充當士兵，散發革命書刊於隊中，時在操場講演有關革命故事以相激勵，湖北軍學各界，多受其宣傳之影響㉜，是爲革命黨人運動湖北新軍之由來。

其後武昌新軍中之重要革命團體，先後有科學補習所、日知會、湖北軍隊同盟會、群治學社、振武學社、共進會、文學社、蘭友社等，革命聲勢日漸浩大。知識青年無不以投效新軍，從事革命爲職志。黨人胡祖舜爲武昌首義重要份子，時在第八鎮步兵第十六協第三十一標第三營當兵，胡氏記其事曰：

㉚ 張難先「湖北革命知之錄」，頁五五，民國三十五年五月，商務印書館出版。

㉛ 胡祖舜「武昌開國實錄」，引自「革命文獻」第四輯，頁三，民國四十三年十二月黨史委員會出版。

㉜ 湖北革命知之錄頁五五。

當其時也，鄂省新軍初建，軍容改觀，募兵制雖仍沿舊，而新兵入伍類多考試，文盲已居少數。張之洞猶創設陸軍特別小學堂，由營隊士兵考選入校。……一時文人學子，爭相投効，每一營隊，濟濟多士，革命思想潛移默化，革命小組秘密滋生。其最著者，除共進會自東京輸入外，厥爲文學社之前身——群治學社，純爲軍中士兵所秘密組織。時有漢川蓮子湖畔人趙士龍者，有志士也，與余同伍中沔陽人除邦俊友善，時相過從，或研究學術，或縱談國事，久之暱如昆季。一日談及群治之組織及宗旨，余甚韙之，相與密議從事革命小組之組織。士龍極表同情，遂即介紹其同鄉之四十一標兵士張振翮，由邦俊介紹新入伍之同鄉劉國禎，由余介紹塘角混成協輜重隊士兵羅一安。一安在余居鄉時與鄰村同學之程鏡清，三人曾結爲異姓兄弟者，遂以此六人爲基幹，組織蘭友社，是爲余從事革命運動之始，時紀元前三年事也。㉝

宣統三年（一九一一）三月二十九日廣州之役失敗後，黨人益知長江流域革命之重要。黃興於考慮全國形勢後，亦認爲起義地點以武昌最相宜㉞。香港統籌部乃派譚人鳳攜款於五月初抵武漢，與共進會人物居正、孫武，文學社人物蔣翊武、劉堯澂等會商起義辦法。促勸兩派合併，和衷共濟，相輔而行。黨人精神爲之一振。黨人吳醒漢記其事曰：

㉝ 胡祖舜「六十談往」第一輯，引自「開國文獻」，第二編第一册，頁一三六至一三七。

㉞ 辛亥年八月十四日黃興致馮自由函，載「革命逸史」初集，頁三五一至三五三。

當辛亥廣州三月二十九日失敗後，譚石屏（人鳳）於五月下旬（按：應爲上旬之誤）到漢，與各同志會商，決定以武漢爲發難地。各同志即積極進行，新軍中各有組織，二十九、三十兩標同志，組織一將校團及下士班，專爲運動下級幹部及兵士，成效最著，其主幹人爲蔡濟民、吳醒漢、張廷輔、王憲章、王文錦、徐達明等。其他各方面，工程營熊秉坤、方興等，砲隊孟華丞（臣）、徐萬年等，輜重營胡祖舜等，各分組小團體甚多，因時勢緊迫，由查光佛、劉堯澂爲之斡旋，併合爲一。[35]

其時四川保路運動已經劇烈展開，於是人鳳沿江東下，於閏六月十六日合宋教仁、陳其美等二十餘人組織中部同盟會於上海北四川路湖北小學，作爲長江流域革命之發縱指示機關。於是中部各省分會相繼成立，湖北由居正主持，湖南由焦達峰主持，南京由章木良（梓）主持，安徽由范光啓、鄭贊丞主持，皆直接受上海總機關統轄，以聯絡長江流域軍隊爲目標。時東京本部吳永珊、張懋隆來滬，即派赴蜀，設立四川分會，於是革命中樞自南方移至長江流域，而以武漢爲重心，此乃武昌首義全國迅即響應之一大原因[36]。

---

[35] 吳醒漢「武昌起義三日記」，黨史會庫藏油印本，引自湖北文獻社編「辛亥武昌首義史」下冊，頁一〇七一至一〇七二，民國六十年十月，臺灣中華書局版。

[36] 譚人鳳「牌詞」，黨史會庫藏史料，引自「開國文獻」第二編第一冊，頁二至一四。

七、結語

光緒二十六年（一九〇〇），義和團之亂，滿清基礎爲之動搖。光緒三十一年（一九〇五）日俄戰後，滿清政權遂有朝不保夕之勢。清廷爲挽救其國運，大量派遣學生赴日本學習陸軍，企圖以新建陸軍壓制革命浪潮，作爲鞏固政權之工具。時中國同盟會已成立於東京，奉國父孫中山先生爲革命導師，留日青年耳濡目染無不以獻身革命爲職志，故在校期間參加各種革命團體，若拒俄義勇隊、軍國民教育會、丈夫團、武學社等，以爲革命之準備；返國之後四處散佈革命種子。服務於中央陸軍部、軍諮府者，運用其影響力，設法淘汰舊式軍人，而代以有革命思想之留日士官生；任職於地方軍中者，則暗中組織各種革命團體，糾合同志，以謀大舉。其中湖北之革命團體，若科學補習所、日知會、湖北軍隊同盟會、群治學社、振武學社、共進會、文學社、蘭友社等即其著者。

武昌首義乃文學社、共進會共同合作之表現，中部同盟會對長江流域各省之光復，尤有發縱指示之功效，國父二十餘年之奮鬥，卒收燦爛之成果。

（日本橫濱，辛亥革命七十週年紀念，「三民主義與中國」學術會議論文，一九八一年十月，頁一—一四。）

二四　趙聲與清季革命

一、前　言

晚清追隨孫中山先生革命人物衆多，或壯烈犧牲，永垂青史，或立勳民國，中外稱頌。惟趙聲才氣橫溢，老謀深算，竟大志未伸，以三十一歲英年，飲恨而終，名乃不顯於後世。其實聲雖終其生未能盡展其才，無緣與清軍一決於戰場，然在軍中援引革命同志甚多，長江流域和嶺南新軍中之革命風氣實聲所培植，關係國民革命全局甚大。

二、幼年與學習軍事

趙聲字伯先，別號雄愁子，以先世爲宋王室後，亡命時嘗易姓名爲宋王孫。靖康末遠祖渡江南遷京口（今鎮江），再遷同邑之大港鎮，遂爲鎮江籍。父蓉曾，字鏡芙，廩生出身，以理學聞名，兩次鄉試皆不第，乃絕意於仕途。退隱講學於鎮江圖山之麓，門弟子多達數百人，成業者甚眾❶。子三人，聲居長，次磐字念伯，再次馨，字光。

聲生於清光緒七年二月十七日（一八八一年三月十六日），幼聰慧，性純樸。初從父學，八歲能文，有神童之譽。九歲應童子試，本可名列前茅，因書法縱橫溢格而落第。聲於文章外，好作詩，愛古歌，酒酣揮筆，俄頃而就，不假修飾，每成佳作。聲體格魁梧，有神力，喜習武藝，而見義勇爲，疾惡如仇。十四歲時有惡吏枉逮市民入獄，市民母哭訴於聲父蓉曾，蓉曾尚在躊躇，聲已奔向獄中，破囚械挾市民出，邑人爲之驚駭。十七歲聲入邑庠，親友咸來道賀，聲曰：「大丈夫當爲國宣力，區區一秀才，何足言。」❷光緒二十七年（一九〇一），聲至南京，投考江南陸師學堂，未被錄取，正自無聊謀歸去，適有候補知縣沈韻鏘聞其名，聘之爲西席。沈思想冬烘，聲輕之❸。其弟子復不好學，是以聲任教僅三月即辭館，慨然曰：「有文事必有武備，吾當爲班定遠，豈能于墨汁中求生活？」❹乃以第一名考取江南水師學堂。既入校，因才學出眾，深受同學愛戴，被推爲代表，向學校監督要求修改不良規章，因言語衝突，聲乃自請退學，寄居寺廟讀書。廟旁爲江南陸師學堂，因代該校某生課藝文捉刀，爲監督俞明震窺出，大爲稱賞，特許聲插班入學，聲乃得償宿願。其時革命思潮瀰漫全

❶ 柳詒徵〈趙伯先傳〉，載《國史館館刊》，創刊號，頁九三，民國三十六年十二月出版。

❷ 〈趙聲傳〉，引自《革命先烈進傳》，頁五六〇，民國五十四年十一月，中華民國各界紀念　國父百年誕辰籌備委員會出版。

❸ 東世澂〈趙聲傳記考異〉，載《建國月刊》，第十五卷，第五期。

❹ 同上書。

國，聲乃心折於孫中山先生所倡之民族民權主義，以革命事業自任。聲嘗告同學曰：「我輩今日刻苦求學，豈爲高官厚祿，乃預備他日手拯神州於茫茫巨浸中，使之重覩青天白日。」❺聞者爲之動容。

光緒二十八年（一九〇二）底，聲畢業於陸師學堂。翌年春，東渡日本考詢軍政，在舟中語友人曰：「生平最佩服孫文。」❻及抵東京，得識黃興、宋教仁等革命志士，心胸爲之舒展。留日數月，深感革命非可徒托空言，貴乎實行，乃束裝歸國，另覓實行途徑。初在本鄉創辦閱書報社、小學堂、體育會，致力啓發民智工作；旋應兩江師範之聘，任該校教習；於是內結員生，外聯同志，聲勢日張。乃秘草「七字唱本」，號稱「保國歌」，辭氣慷慨，全長一百三十四句，大量印刷，廣爲散發，一時長江上下游，散兵游勇，人手一紙，而不知爲聲之手筆也❼。

是時俄人於拳亂期間强佔東三省，迄未撤兵，方威迫清廷簽訂喪權辱國條約。留日學生有拒俄義勇隊之組織，準備回國殺敵。上海革命同志亦發行「俄事警聞」雜誌，以鼓吹反俄。聲乃藉抗俄事，於是年秋召集學生大會於南京之北極閣，登壇演說革命，慷慨陳詞，聲淚俱下，聽者爲之感動。事爲南京劣紳繆荃孫舉發，清江蘇巡撫署理兩江總督魏光燾聞訊，欲置

---

❺ 〈趙聲傳〉，引自《革命先烈進傳》，頁五六〇。

❻ 〈趙聲傳記考異〉。

❼ 章士釗〈趙伯先事略〉，引自張難先《湖北革命知之錄》，頁二二九，上海商務印書館，民國三十五年五月出版。

聲於死地，同志得訊，勸聲走避，聲乃出走湖南，任長沙實業學堂史地兼體操教員。湘省有志之士爭慕向之，革命思想磅礴一新❽。

聲以學堂久居無所發展，與同志密謀曰：「學堂只能造就人才，不能挽救目前危局，我本是軍人，應趁此良機，投効軍中，俾爲日後革命實力基礎。」❾聞直隸總督兼北洋大臣袁世凱擴充新軍，乃辭職北至保定，謁袁求職。袁素聞聲有革命思想，使其下榻於督署樓上，表面委其經辦文書，月給贍家銀五十兩，而置守衛任監視，以軟禁之，使聲與外界隔絕。聲去時原與長沙同志約有秘密通訊之法，後久無消息，同志皆茫然不知其故。聲知中計，百般設法逃往北京。默察清廷虛實，一度出山海關，觀看邊塞形勢❿。其時皖籍黨人吳樾正在北京，謀刺滿清權貴以振奮人心，兩人遂締交，互傾肝膽，乃成莫逆之交。聲南歸，瀕行語吳曰：「我此行遇君，誠爲不虛。」及抵家，致吳詩曰：

淮南自古多英傑，山水而今尚有靈；相見塵襟一瀟灑，晚風吹來太行青。雙擎淚眼看天下，偶遇知音一放歌；杯酒發揮毫氣露，笑聲如帶哭聲多。一腔熱血千行淚，慷慨淋漓爲我言：『大好頭顱拼一擲，太空追攫國民魂。』臨時握手莫咨嗟，小別千年一剎

---

❽ 柳詒徵〈趙伯先傳〉，載《國史館館刊》，創刊號，頁九三。

❾ 〈趙聲傳〉，引自《革命先烈進傳》，頁五六一。

❿ 〈趙聲傳記考異〉。

那；再見卻知何處是，茫茫血海怒翻花。⓫

吳接詩後，反覆誦讀，竟至心酸淚下，覆書曰：「某爲其易，君爲其難。」⓬蓋以程嬰、杵臼之誼相勗勉⓭。光緒三十一年（一九〇五）八月二十六日（九月二十四日），吳竟以炸彈炸清廷所派出洋考察憲政五大臣於北京前門車站，不中身殉。聲得訊大哭曰：「天喪吾良友，我誓報此仇！」整日未食，而謀實行益急。

三、任職新軍時之革命活動

光緒三十一年（一九〇五）九月，滿清常備軍大會操於河南湯陰東南，聲趁機潛入某鎮爲隊官，相機策動革命。以新軍思想錮塞，難以實行，失望南歸。惟在秋操中得到不少經驗，事後對人曰：「余自學陸軍以來，至此始確有心得，乃知學校中所學，不實地練習，未可盡恃。」時周馥初授兩江總督，正謀擴充新軍，聲經人介紹，至南京入督練公所任參謀官，因策

⓫ 錄自何元輝《碧血黃花史話》，臺北人文書店，民國四十四年三月出版。另見《中華民國開國五十年文獻》，第一編，第十四冊，頁四三〇，中華民國開國五十年文獻編纂委員會，民國五十三年三月出版。

⓬ 尚秉和《辛壬春秋》，第三十七，〈民黨死事記〉，頁一，「趙聲傳」，民國五十一年六月，臺北文星書店影印版。

⓭ 〈趙聲傳記考異〉。

劃多中，深受周馥所器重。曾派至北洋調查新軍編制及教練方法，歸後改任江陰新軍教練。有道員郭人漳者，以新學自詡，喜與革命黨人往來，和黃興、張繼、陳天華、章行嚴（士釗）等均有接觸。與聲彼此傾慕已久，乃與聲結成異姓兄弟。後人漳調赴廣西，任巡防營統領，約聲同往，任新軍管帶。聲除日夕灌輸士兵反清革命思想外，以廣西爲太平天國策源地，士人中多有太平天國領袖後裔，乃藉機對眾論太平天國之得失曰：「洪王定了金陵，不乘機席捲，直搗幽燕，而乃安坐謀議，袖手待困，遂至反客爲主，情勢一變，豈不可嘆！」⓮聽者爲之嗟漢感奮。經年餘之籌劃，原擬就此發動革命，以廣西巡撫張鳴岐防範嚴密，無法得逞。會南京創辦新軍，擬採行徵兵制，聲應友人陶駿保之約，復返南京。第九鎮統制徐紹楨素同情革命，乃委聲招募新軍全責。時異論紛起，阻力百出，應徵者頗少。聲奔走鄉里，苦口勸喻，鎮江府屬青年投効者始眾，聲以功任暫編南洋陸軍第九鎮十七協三十三標二營管帶。第九鎮將校中日後負盛名者頗不乏人，多由聲所援引，如柏文蔚、林述慶、顧忠琛、冷遹、熊成基、倪映典、薛哲等。

光緒三十二年（一九〇六）春，聲在南京加入同盟會。當時滬寧一帶入會之四十九人，誓詞電碼密件，均由在上海負責黨務之蔡元培保管。聲乃設閱書報社於營中，貫輸士兵革命思想。某日假野外大演習之名，親率隊伍，出南京朝陽門，謁明孝陵，猝然詢士兵曰：「汝等知否此爲明太祖寢陵乎？」士兵有知有不知，雜然相應。聲及慷慨而言曰：「明太祖逐胡

⓮〈趙聲傳〉，引自《革命先烈先進傳》，頁五六二。

虜，重奠漢業，功業之高無與倫比，至崇禎時又亡於胡虜；於是閩浙被陷，滇黔遭劫，吾輩亡國民，應如何報太祖於地下？」衆皆感動，奮然曰：「願服從主將命令。」聲大喜，從此誘導更力，所部士兵多感染革命思想⓯。未半載，統制徐紹楨擢聲任三十三標標統，聲見事有可爲，乃組織一俱樂部於標本部，以爲聯絡聲氣進行機關，全鎮士兵各校學生及黨人，受其指揮者達兩萬之衆。方期運動蘇、皖、贛各地軍隊成熟，便可大舉發動，而端方於同年七月調任兩江總督，同志勸聲乘端方到任時狙殺之以起義，聲以蘇、皖、贛各地軍隊尚未連絡妥當，南京巡防水師兵艦亦未達成協議，軍裝子彈又不敷應用，認爲不可輕舉妄動。答曰：「今佈置未就，冒然發動，第九鎮根本勢必遭到破壞，將演成漢人湔血慘劇。」及端方到職，對聲心存疑忌，會新軍在後湖（玄武湖）火焚廟中所懸曾國藩掛像，詈曾爲戕害同種諂媚滿清之罪人，端方知幕後係聲主使，欲藉機大興黨獄，語人曰：「三十三標都是革命黨，可用砲消滅之。」清將領舒清阿復從旁慫慂，一時革命同志驚駭自危，幸賴徐紹楨竭力維護，僅撤免聲職了事。

聲未離職前，十月十九日，革命黨人龔春臺等在瀏陽縣屬高家頭、金剛頭，萍鄉縣屬高家臺等地發難，醴陵黨人隨即響應，數日之內集衆數萬，控制附近數縣地面。端方派徐紹楨率部前往會剿，紹楨乘機要求聲復回原任，端方不許。紹楨乃委聲爲中軍官，偕倪炳章（映典）、熊成基等先行入贛。聲等謀抵萍鄉後，即與革命軍合流，先期派人報萍鄉。惟聲等到達

⓯ 同上書。

萍鄉時，革命軍已爲清軍所敗，首領龔春臺、蕭克昌、蔡紹南等多人遇害，聲等相救不及，暗中抱憾。是役係會黨自動發難，非奉有東京同盟會本部命令，惟留日黨人聞悉紛紛回國赴難，在各地成仁被囚者多人。孫毓筠繫獄南京，在端方嚴詢下，盡供出此次黨人起義内幕，發現營弁中私通革命嫌疑者多人，端方乃急調徐紹楨返防，嚴加戒備。聲知在南京不能立足，乃南走廣東。頻行所部官兵列隊相送，有泣下者。聲撫慰曰：「大丈夫勿作兒女態，共事之日正長，幸各自勉，勿忘我言。」⑯ 言訖，淚珠奪眶而出，一慟而別。

四、欽州防城之役

光緒三十三年（一九〇七）春，聲至廣州，粵督周馥先任聲督練公所籌運科提調，未幾改任第二標第三營管帶，升第二標新軍標統，聲仍在軍中宣揚革命思想不稍止。聲登廣州城北越秀山越王臺（按：漢初南越王趙佗因山築臺而得名），有〈感賦詩〉曰：

七雄兼併眞無謂，劉、項紛爭祇自殘；獨向天南開版籍，能將文化服夷蠻。公眞矍鑠威古名，我尚飄零姓氏慚；今日登樓憑北望，中原雲霧正漫漫。⑰

---

⑯ 同上書，頁六三。

⑰ 陳雄輯《民族革命文獻》，頁四二七，反攻出版社，民國四十三年五月出版。

時欽州所屬那黎、那彭、那思三墟人民，因苦捐稅繁重，推舉代表，向欽州知府請求減免，不料欽州知府不察實情，竟將三墟代表拘禁入獄，引起墟民公憤，由劉思裕爲首，組織萬人團，持械破牢，劫囚而去。清軍追擊，鄉民被殺者數十人，團結益固。時孫中山先生、黃興方在河內，正計畫策動華南起義，聞訊乃派鄺敬川等至欽州，激劉思裕以大義，思裕欣然同情革命。而欽州知府竟指良民爲匪，飛報粵督（按：本年四月，粵督周馥開缺，岑春煊接任。七月，岑病免，張人駿接任。）求援。聲見良機不可失，乃請命於周馥，率步兵一營，砲四門，即日乘船赴北海。當時防軍統領郭人漳，轄有練軍一營，巡防隊三營，亦請命前往，佐以總兵何長清，會同進剿。

聲至廉州，知同盟會同志在劉思裕部下者數十人⑱，會孫中山先生派黃興赴欽州聯絡郭人漳，胡毅生赴廉州幫助趙聲。聲與胡毅生接洽後，乃請胡毅生約黃興同至郭人漳營策動反正，並與劉思裕密相結納。惜人漳心存利祿，係騎牆份子，表面敷衍黃興，黃興不慮有詐，盡將所謀告人漳，人漳刻意防範，陰圖破壞，乃告密於周馥。聲知事機洩露，事已不可爲，而思裕亦下材，不足言大計，乃馳告黨中同志使各散去，並於陣中單騎往諷思裕急避，思裕不聽。⑲致被郭人漳部管帶林虎所殺，餘衆由其侄劉顯明接統。

王和順字德馨，號壽山，廣西邕寧人，原爲劉永福部哨官，繼入洪門會，有光復之志。

---

⑱《辛壬春秋》，第三十七，〈民黨死事記〉，頁一，「趙聲傳」。

⑲章士釗〈趙伯先事略〉，引自張難先《湖北革命知之錄》，頁二三〇。

光緒二十八、九年間（一九〇三—一九〇四），曾與陸西發起義於柳州、南寧，事敗逃香港。是年春，孫中山先生由新加坡至河內，道經西貢，和順往見之，並加入同盟會，中山先生委以聯絡桂越邊境會黨之責。劉思裕被害後，王和順聯絡其部下，繼續發展，並派梁少廷、梁建葵爲代表，請援於同盟會越南總部。中山先生見民氣可用，遂決定在欽州發動起義。趙聲表示堅決支持，郭人漳則誑稱：「若有堂堂正正革命軍起，彼等必反戈相應。」⑳中山先生一面派日人萱野長知帶款回日購械，並親在越南招集同志，復延聘法國退伍軍官多人，擬約期進佔防城至東興沿海一帶，以便自安南獲得接濟㉑。六月六日，中山先生爲籌款事致函新加坡同志張永福曰：

日來潮起於東，欽、廉應於西，全省風動。尚有數路次第俱發，當合廣、韶、惠、潮、欽、廉諸軍，以聯爲一起，則粵事機局宏遠，大有可爲也。各埠同志聞此消息，皆非常踴躍。星埠風聲較捷，團體較大，望兄導掖諸人，力作義務，以相協助，是所至望。㉒

---

⑳〈孫文學說〉，第八章，〈有志竟成〉，引自《國父全集》第一冊，頁四九九，黨史委員會，民國六十二年六月出版。

㉑劉揆一《黃興傳記》，頁一五～一六，帕米爾書店，民國四十一年四月出版。

㉒《國父全集》，第三冊，頁三九～四〇。

王和順化名張德興，隨胡毅生往見趙聲，聲委爲軍事委員以爲掩護。和順因得入三那，三那父老郊迎。與梁建葵、梁少廷、劉顯明等鄉團會合，復運動防城清軍哨官劉輝廷、李耀堂等爲內應。於七月二十四日糾合民軍千人，槍百桿，起義於欽州所屬王光山，一舉大破清軍。二十七日進攻防城，劉、李二哨官如約反正，防城光復，生擒知縣宋鼎元及其幕僚數十人，以其不明大義，誅之以徇衆。和順乃以中華民國南軍都督名義，移檄遠近。其四言告示曰：

革命軍起，驅逐滿清，茲將大義，布告人民。自彼滿洲，奪我中國，人民無依，慘受暴虐。租稅抽剝，刑罰苛繁，貪官污吏，毒如豺狼。內則肆虐，外則召侮，割地棄民，旦夕不保。嗟我同胞，死傷憔悴，同心合力，弔民伐罪。萬衆一心，各省分起，立軍政府，合群共治。義師所指，我武維揚，驅彼韃虜，還我河山。維我父母，與諸昆弟，激發忠義，除舊佈新。戰士奮勇，閭閻饋糧，拯民水火，取彼凶殘。以申天討，風氣雲從，其各自勗，成此大功。㉓

各地人民無不燒燭燃炮，歡迎革命軍。壯年鄉民相率投効，數日之內即達二萬餘人。越南

㉓ 錄自香港《中國日報》，光緒三十三年八月二十一日，第二頁。

《法蘭西新報》論之曰：「此處革命軍不知用何戰術，能一戰而去敵四分之三，可稱奇捷。」㉔革命軍聲勢爲之大振。

和順於克復防城後，原計畫獲得械彈補充即長驅北進，不意東京同盟會本部黨員忽起風潮，章炳麟等聞萱野所購槍械係不可用之廢物，竟以明碼電文拍發香港中國日報，遂致事機敗露，而接濟不至㉕。和順不得已，率所部進迫欽州，於距城四十里之涌口紮營，冀郭人漳之響應。黃興在城中聞訊，密令郭軍林虎營中同志王德潤、陶表封、曾傳藩等緊急布置，準備內應。復請郭人漳實踐諾言。郭見革命軍接濟斷絕，加以久戰之後，疲憊不堪，竟藉詞搪塞，不肯響應革命軍。既而遝派人告和順曰：「欽城不必進攻，晚來即得。」又曰：「城中有欽廉道王瑚及所部多營爲梗，不便行動。」黃興知郭無誠意，翌日以出巡爲名，率兵士六十名至王和順處，商議用夜襲攻城之策，內外合作。事爲王瑚探悉，入晚親自巡城，嚴加戒備。和順已引兵至城外，黃興密告城中防守情形，並建議和順採聲東擊西之策，轉攻南寧。和順率眾千人，八月三日趨靈山，久攻不克。乃選死士二百人，攀登竹梯而上，已登城垛數十人，梯折而廢。初五、初六兩日，分兵連破南寧府屬之橫縣、永淳，原擬進攻南寧，以彈藥匱乏，而清軍大至，力薄難進。乃南退向廉州，冀趙聲之援助。途經獅子山，與清將宋安樞部遭遇，激戰一晝夜，革命軍衆寡不敵，竟致潰敗，和順率幹部二十餘人退入安南，餘衆由梁建葵率

㉔《國父全集》，第三册，頁四三。
㉕陳春生《丁生防城起義記》，黨史會庫藏史料。

領退入十萬大山㉖。黃興察人漳變節，乃設計出走。

趙聲在廉州，知革命軍攻欽州，正謀響應，忽聞改趨靈山，且已潰敗，王和順退入越南，馳救不及，內心至爲懊惱，不得已遵粵督張人駿令頒師回省。在廉州南門海角亭，設宴款待同袍將校，酒至半酣，感慨叢生，賦詩以寄懷。詩曰：

臨風吹角九天聞，萬里旌旗拂海雲。八百健兒多踴躍，自慚不是岳家軍！決戰由來堪習膽，殺人未必便開懷。寶刀持向燈前看，無限淒涼感慨來！㉗

其心中之鬱憤由此可見。後聲知人漳負約始末，殊爲不平。又知人漳借故殺死軍中傳遞消息哨弁王得潤以滅口，在知府柴維桐座上痛斥之，從此與人漳絕交。

光緒三十四年（一九〇八）冬，粵督張人駿改調趙聲爲新軍第一標統，郭人漳則不時向人駿進讒言，同時兩江總督端方密電人駿曰：「聲才堪大用，顧志弗可測，毋養虎肘腋，致自貽後患。」㉘人駿遂遠聲，未一月降調爲督練公所提調。聲知在粵無望，悲憤壯志難伸，其

㉖ 參照馮自由《革命逸史》，第二集，頁二一八～二一九，重慶商務印書館，民國三十二年二月出版。馮自由《中華民國開國前革命史》，第二冊，頁一七五～一七八，世界書局，民國四十三年四月影印版。鄒魯《中國國民黨史稿》，頁七四四～七四五，臺灣商務印書館，民國五十四年十月出版。

㉗ 《民族革命文獻》，頁四二九。

㉘ 〈趙聲傳〉，引自《革命先烈先進傳》，頁五六五。

〈己酉初度寄友〉詩曰：

百年已過四分一，事業茫茫未可知；差幸頭顱猶我戴，聊持肝膽與君期。欲存天職寧辭苦，夢想人格亦太癡；再以十年天下事，得歸當臥大江湄。㉙

遂於宣統元年（一九〇九）二月，棄職回江蘇鎮江故里。三月，端方下令緝捕聲，聲夜半間道走避杭州西湖。翌日密探至，偕縣役巡防營圍聲宅，搜索不得，聲家中騷擾不寧者達兩月之久。至五月端方改調直隸總督，事乃平息。久之聲始潛歸，杜門謝客。

五、廣州新軍之役

聲離粵前，皖省革命志士倪炳章、方楚囚等，因助熊成基起義安慶，事敗被緝，來粵投聲，聲薦倪新軍砲隊排長，易名映典，以避人耳目。宣統元年（一九〇九）九月，同盟會成立南方支部，謀策動廣州新軍起義，由胡漢民任支部長，重要幹部有林時爽、胡毅生、洪承點、林直勉、李文甫、莫紀彭、朱執信、李海雲等。內分軍事、民軍、宣傳、籌餉四組，乃設機關於廣州天慶里寄園，後遷高第街宜安里，由方楚囚主持。胡毅生、朱執信負責運動各

㉙《碧血黃花史話》。另見《中華民國開國五十年文獻》，第一編第十四冊，頁四三〇。

屬民軍，姚雨平、何克夫等助之。籌備數月，漸有頭緒。倪映典建議南方支部，請聲前來參預大計，聲得訊南來，群情振奮，乃推聲為謀主。決定於宣統二年（一九一〇）元宵節前後發難，由胡毅生率會黨攻城，倪映典率新軍夾擊，於是黃興、譚人鳳等先後自東京趕來香港，共圖壯舉。

十二月中，倪映典自廣州來港報告，廣州新軍加入同盟會者已三千餘人，胡毅生等聯絡防營及民軍亦已成熟。黃興以軍事人材不敷使用，特於十二月二十五日致函宮琦寅藏，請其急由東京徵聘軍事幹部來援㉚，籌備已次第就緒，因中山先生約匯之款尚未寄港，胡漢民、胡毅生皆主稍緩；而黃興力持如期發動，議未決而廣州新軍騷動事起。

先是廣州新軍革命運動既已成熟，以發難有期，殺敵在即，不免志驕氣昂。其參加同盟會之證書，不慎為一標三營隊官羅嗣廣查獲，報告協統張哲培，事乃聞於粵督袁樹勛，袁遂於二十九日下令將標營子彈一律收繳於督練公所，新軍同志咸感不安。聲以事勢如此，應俟標營開操後，再定辦法㉛，不料三十日除夕，二標二營士兵胡（吳）英元先期向城隍廟前繡文齋定刻圖章，託同營士兵華宸衷代取，圖章逾期，強減價款，因與店員發生口角，警察干涉，遂起衝突，風潮因之擴大，新軍同志乃主立即發動。映典急赴香港機關部告變，且曰：「此所謂小不忍則亂大謀，余料新軍運動已成熟，經此事故，無論如何殆難抑制，應提前改

㉚《黃克強先生全集》，頁七一～七二，黨史委員會，民國五十七年十月出版。
㉛鄒魯《中國國民黨史稿》，頁七七九。

期，勿待元宵。」㉜聲及黃興、胡漢民等，復決定改為明年正月初六日發動，並即通知省城各部分同志負責準備。計畫屆時黃興率一軍出湖南，倪映典率一軍出江西，聲等留鎮廣州，胡漢民綜理民政。於是映典乃返廣州，從事佈置。適初一日港輪不開，次日晚始成行，而廣州方面已成不可收拾局面。

先是自除夕日廣州軍警發生衝突後，曾有士兵為警局所拘留。翌日元旦，新軍放假三日，第三標士兵入城，又與警察發生衝突，先在育賢坊與警察第一分局警察毆打，繼復攜械戰鬥，搗毀第五、六兩分局。粵督袁樹勛聞變，立飭軍警馳往彈壓，協統張哲培及第一標統劉雨沛，復取消初二、初三兩日假期，改開運動會，藉免士兵外出滋事。士兵聞訊，譁然鼓譟，劉雨沛受傷，張哲培潛逃，於是全標震動，嚴裝以出。及映典初三日趕回省城，情勢已不可收拾。清廣東水師提督李準，命巡防新軍統領吳宗禹會同協統張哲培督隊進攻新軍，映典覩狀嘆曰：「半生心血，敗於一朝，若守師期，君等無噍類矣！勇者其從余來。」㉝乃當機立斷，即刻起義。先至第一標殺反對革命之管帶齊汝漢，然後號令部眾，宣佈革命。眾推映典為司令，合兵千餘人進攻省城。映典著藍袍，手持青天白日滿地紅國旗，縱馬馳驅，督隊前進，至橫枝岡，遇清軍前鋒衛隊管帶童常標，幫帶李景濂。童固映典故交，李嘗加入同盟會。映典告常標曰：「今為我革命軍起義之日，君當助我以光復漢族。君如許我，則誼益親，吾黨亦必

㉜ 〈胡漢民自傳〉，引自《革命文獻》第三輯，頁三二，黨史委員會，民國四十二年十月出版。
㉝ 胡毅生《倪烈士殉義記》，黨史委員會庫藏稿本。

推重，建立功業此其時矣，請速圖之。」並告景濂曰：「君非某某介紹入吾黨者耶？今以眾來，奈何不響應義師？」景濂紿之曰：「嚮者吾謂軍隊爲無意識之舉動耳！不然吾何以至此，吾馳歸，請以眾從。」[34] 映典信之，而童、李歸報李準，從速分道進攻。映典出不意，被清軍伏兵射擊，彈中頭部，受傷墮馬，被擒遇害。餘眾雖勇，終以指揮無人，傷亡枕藉，最後潰散。

當事變發生時，聲正在城內，無法接應，後賴同志何侶俠之助，始得脫險。至南海上淇村，遇胡毅生，兩人抱頭痛哭，聲尤憾映典之死，當即揮書稟告老父曰：「大事去，良友死，無面目見人矣！乞恕不終養之罪。」是夜馳往順德，思運動當地會黨發難，以志趣不同，未獲實現。粵督袁樹勛以此次舉動聲乃主謀，懸五萬元購聲，偵騎四出，卒無所獲，聲名愈振[35]，同志乃力促其赴香港暫避。

聲到香港，從者仍數十人，聲慮易散難集，又貧無所得食，乃變更姓名，租田躬耕捕魚於九龍沙港鄉，自食其力，並以食同人，彌月所獲，恆不敷其所用，於是變計賣文於某日報館。聲本豪於文，下筆輒千言，而該報吝付稿酬，故聲雖朝荷鋤，夜執筆，收入仍難以糊口[36]。因受刺激過深，遂生鬱氣病，時痛時隱，乃成痼疾。

---

[34] 徐維揚編、鄧慕韓校訂《庚戌廣東新軍舉義記》，引自《中華民國開國五十年文獻》，第一編，第十三冊，頁五〇八～五一七。

[35] 〈趙伯先傳〉，載《國史館館刊》，創刊號，頁九五。

[36] 〈趙聲傳記考異〉。

宣統元年（一九〇九）十二月，熊成基謀刺清貝勒載洵於哈爾濱車站，被逮死難。聲在南京時，成基曾隸部下，嘗於光緒三十四年（一九〇八）十月，起義安慶，失敗後走日本，至是得償宿願。聲固不以國士期成基，至是乃嘆息曰：「昔在南京，俊士如雲，若成基者，殊碌碌，今所成已如是，吾輩何面目見天下士！」[37]聞者為之泣下。及聞汪兆銘、黃復生刺清攝政王載灃於京師，不中下獄，益憤勵。

聲居港數月，聞中山先生已由美抵日，乃偕胡毅生、林文等專程至東京謁見，表達多年欽慕之思，中山先生深為器重，力加慰勉，並允代籌運動費[38]。按：中山先生係本年五月初四日自檀香山抵日本橫濱，十九日離日本赴新加坡，籌劃再次發動起義，聲與中山先生會見日期當在此兩週之內。中山先生離檀香山前，四月一日致函美國同志荷馬利（Homer Lea），告其廣州新軍之役失敗後中國革命現狀曰：

我今日剛收到中國來訊，第一標餘衆約七千人已安全返抵家鄉高州（Kanchow），該地在法租借地廣州灣附近。他們立即開展宣傳，並已獲得一萬人的信徒，他們已從鄉裏收集到步槍約一千支，每支有子彈二百發。一標其餘部分亦各自回籍，除了高州人外，人數以返惠州府沿海兩縣海豐和陸豐為最多。他們亦在各自鄉里活動，並獲得一萬餘

[37] 〈趙伯先事略〉，引自《湖北革命知之錄》，頁二三〇。
[38] 〈趙聲傳記考異〉。

名追隨者，高州和惠州人隨時皆可投入戰鬭。廣州新軍未被遣散的兩標兵將被派往高州府（Kanchowfu）駐防，他們至今尚未得到發還武器，但派出駐防時必定會將武器發還給他們，我們應善於利用這些人員和武器。我黨香港負責人胡先生（漢民）偕黃先生（興）、趙先生（聲）（前任廣州軍隊標統），最近已前往星加坡（按：聲實居香港，當係傳聞之誤）。我遺憾的通知你，我的一名秘書汪精衛先生及另一些人在北京被捕，汪先生已被判監禁終身，現今他的唯一希望在於我軍攻下北京。㊴

中山先生離日前三日，五月十九日再函荷馬李，告以決赴新加坡，計畫年終再行大舉。函曰：「抵日已兩週，北京政府用盡方法逐我離日，日政府頗困擾，幸獲軍部支持，得以暫住。我告知我的同志，你們主張時機未熟，暫緩全面起義，他們均表同意，並允轉告各省立即停止舉義。我認起義可等本年冬季爲之，俾我們有數月時間活動。我將準備離此，若在我行止未定之前，你的工作有成，即請電告香港某地。」㊵按：中山先生曾於四月十六日在檀香山致函荷馬李，商討承購軍火事宜㊶。中山先生與聲當有南洋相會之約定，聲與胡毅生之離

㊴《國父全集·補編》，頁三二一，黨史委員會，民國七十四年六月出版。
㊵黃季陸《國父軍事顧問—荷馬李將軍》（初稿），頁三七～三八，自印本。
㊶《國父全集·補編》，頁三二二。

日日期難稽，惟當在中山先生離日之前後，理應得到中山先生之資助。

六、三二九廣州之役

中山先生於宣統二年（一九一〇）六月五日自横濱抵新加坡，十三日往檳榔嶼，即約黨人趙聲、黄興、胡漢民等來晤，以商捲土重來之計畫。時當新敗之餘，革命黨人亡命海外者極衆，衣食且不繼，衆咸主張暫緩，獨聲主速發。且慨然曰：「如欲再舉，必當立速遣人攜數千金回國，以接濟某處之同志，免彼散去。然後徐圖集合，再設機關以謀進行。吾等亦當繼續回香港，與各方接洽，如是日内即需川資五千元，如事有可爲，則又非數十萬大款不可。」㊷籌商再三，乃於十月十二日在檳榔嶼四間街得昌號中山先生寓所開秘密會議，除趙聲、黄興、胡漢民、孫德彰外，當地華僑同志黄金慶、吳世榮、熊玉珊、林世安，以及怡保代表李孝章，芙蓉代表鄧澤如等均出席。中山先生勗以大義，衆皆感動。會中決定仍在廣州發難，各同志分頭籌款，以十萬元爲目標。英屬、荷屬殖民地各五萬元，暹羅、安南三萬，美洲不計，當時即醵資八千餘元。

至於此次大舉，仍以新軍爲主幹，但鑒於從前運動軍隊及會黨難於擇一處發難，乃決定遴選同志五百人爲選鋒，任發難之責，以爲領導，決傾全黨人力物力以赴之。計畫廣州一得，

㊷〈孫文學說〉，第八章〈有志竟成〉，引自《國父全集》第一册，頁五〇二。

由黃興統一軍出湖南趨湖北，聲統一軍出江西趨南京。因黃興曾在湖南創立華興會，部衆甚多，聲曾任南京新軍標統，與當地新軍感情甚爲融洽㊸。

十二月底，聲乃黃興、胡漢民等先後抵香港，長江各省及閩、粵、桂、日本同志紛來會合，乃組織統籌部於香港跑馬地三十五號，衆推黃興爲部長，聲副之，兼主交通。姚雨平、胡毅生、胡漢民、陳炯明、李海雲、羅熾揚、洪承點，分任調度、儲備、秘書、編輯、出納、調查、總務等課。至起義時則由聲任指揮，黃興副之㊹。

宣統三年（一九一一）正、二月間，負責同志紛紛至廣州從事佈置，然因廣州租房不易，既須店鋪擔保，復須偕眷同住。統籌部乃先在海旁西街及育賢坊開設二米店，以爲租房擔保之用，同時可藉米包儲送軍械。至於眷屬除有姊妹妻女者外，則由女同志僞飾家眷及傭婦，以爲掩飾。計城廂內外共設機關三十八處，另旗下街預備放火機關九處。然機關多而女同志少，故女同志多往來數處。機關則標公館名，尤多嫁娶等事，以便借肩禮轉運武器。彼此各不相知，恐一處洩漏，累及他處。計自暹羅、安南、日本等地購來最新式槍械八百餘枝，自製炸彈三百枚，白刃三百柄，以備選鋒之用。嗣以五百選鋒不足，乃增至八百人，由各同志分頭約集可信任者充擔。佈置既有頭緒，乃於三月十日開發難會議於機關部，決議十路進攻計畫：㈠黃興率南洋及福建同志百人攻總督署。㈡趙聲率蘇皖同志百人攻水師行臺。㈢徐維

㊸ 鄧澤如〈庇能會議〉，引自《中國國民黨二十年史蹟》頁三七～三八，正中書局，民國三十七年六月出版。

㊹ 鄒魯《廣州三月二十九革命史》，頁三～四，帕米爾書店，民國四十二年三月出版。

揚、莫紀彭率北江同志百人攻督練公所。㈣陳炯明、胡毅生率民軍及東江同志百餘人，防截旗滿界，及佔領歸德、大北兩城樓。㈤黃俠毅、梁起率東莞同志百人攻警察署，廣州協署，兼守大南門。㈥姚雨平率所部百人占飛來廟，攻小北門，接應新軍入城。㈦李文甫率五十人攻旗界、石馬槽軍械局。㈧張六村率五十人占龍王廟。㈨洪承點率五十人破西槐二巷礮營。㈩羅仲霍率五十人破壞電信局㊺。

至發難日期，原定三月二十五日，因三月十日南洋華僑溫生才刺殺廣州將軍孚琦事件發生，廣州戒備森嚴，粵督張鳴歧一面將新軍槍械收回，一面下令搜查黨人居所，黨人因嫌疑被迫遷出者多處。黨人見謀已洩，有提議解散再圖者，興曰：「網羅已佈，散無可散，戰也亡，不戰也亡，不如先發，事即不成，也可謝天下激後人。」㊻復決定不計成敗，孤注一擲。以聲在粵久任軍職，胡漢民係粵籍，均為人所熟，不宜公開活動，黃興乃於二十五日親赴廣州主持一切。

三月十日，黨人吳鏡運炸彈失慎被捕，清吏戒備日嚴。時有陳鏡波者，乃李準之耳目，託身革命有所偵探，乃將頭髮船內運進之槍械百餘支，子彈一批，報知清水師提督李準，因被破獲㊼。於是兵警日夕列隊，佈防街頭，檢查益密。二十日後，黨人聚集漸多，風聲更惡，

㊺ 同上書，頁三四～三五。
㊻ 〈趙伯先傳〉，載《國史館館刊》，創刊號，頁九六。
㊼ 黃興〈民國元年南京黃花岡烈士紀念演説詞〉，引自《黃克强先生全集》，頁一八。

清吏已如大敵之當前。

黃興至廣州，下榻小東營五號機關部，因預計西貢、日本所購之槍械二十八日始到，復改發難日期爲二十九日。時粵督張鳴岐謀之李準，調防勇二營回省，以三哨保守龍王廟高地，並令旗兵運砲上城，加發警察槍彈，且收繳部分新軍武器。黃興乃於是夜電胡漢民曰：「省城疫發，兒女勿回家。」胡毅生則告黃興曰：「必有奸細混跡黨中，爲敵偵探，以余所聞，陳鏡波其一也。今敵有備，應行改期。」㊽陳炯明及聲之代表宋玉琳和之，姚雨平則反對甚力。於是黃興變更計畫，將在廣州之同志分爲四路：第一路由黃興親自率領，攻兩廣總督衙門。第二路由姚雨平率領，攻小北門，佔飛來廟，接應巡防營及新軍入城。第三路由陳炯明率領，攻巡警教練所。第四路由胡毅生率領，守大南門。約定二十九日下午五時半同時發動。黨人以白布纏臂爲標誌，吹螺角爲訊號，足著黑面樹膠鞋。遂電香港統籌部曰：「母病稍痊，速購通草來。」（按：命黨人悉來之暗語）時香港方面尚儲存荷花槍三百枝，聲主張由赴省同志隨身帶往，上岸時倘被發覺，即行開槍攻擊。胡漢民則認爲彼此未能接洽妥當，必致誤事。因一面電廣州請求延期一日，並推譚人鳳、林直勉等，搭二十九日早輪赴廣州，餘人則俟晚輪啓行。而陳炯明竟據香港請緩之電，至昭平書院告胡毅生，謂已改期三十日，均不作出發之準備。姚雨平至機關部取械彈，城門緊閉，所部在嘉屬會館，因無武器，屆時亦未發動。

三月二十九日，下午五時二十五分，黃興率黨人林文、李文甫、林覺民、方聲洞等一百

㊽《廣州三月二十九革命史》，頁三九。

七十餘人，直撲兩廣總督衙門，搜張鳴歧不得，乃分道接應新軍，攻督練公所，激戰終夜，以兵力懸殊，革命軍復無重武器，加以與巡防營中同志溫帶雄部發生誤會，自相衝突，乃致潰敗。黨人死傷纍纍，被執者咸從容就義，共計死難達八十六人。後由黨人潘達微收葬於黃花岡，即通稱所謂七十二烈士者。黃興於激戰時傷右手，斷二指，易服潛出，雇小艇避河南溪峽機關部，女同志徐宗漢爲之裹傷，得免於難。

聲及胡漢民等於深夜聞革命軍發動，盡率留港同志李恢、鄭烈等二百餘人，分登二輪來省。三十日晨至，分頭上岸，始知事敗，以城門嚴扃不得入，漢民乃率黨人回港。聲自往順德，欲促當地民軍譚義、陳江、張炳等踐約攻廣州，方欲渡河南，遇同志莊六自溪峽機關部來，代黃興購止血藥，得知黃興已負傷逃出，乃引至與興相晤。二人相抱而哭，均暈絕，經徐宗漢灌醒，興奮欲裹創渡河，與清吏一拼，聲及宗漢力阻之。興知聲受刺激過深，亦不令其赴順德。當夜聲病大作，由莊六送其歸港。黃興改裝，由宗漢陪同旋亦至。

七、病逝與感想

聲歸港後，痛大志未伸，黨中精英喪亡，悲憤之下，病更加劇。初猶急欲離港，拒絕醫治，及聞順德民軍亦受創於李準，不能大有作爲，則益縱酒狂歌，哭笑無常。四月八日，腹劇痛不止，經醫生診斷爲盲腸炎，須速行開刀手術，黃興、胡漢民扶其入日人經營之馬島醫院，延至十七日動手術，因誤時太久，已成腸癰，腐處不知痛楚。十八日喀黑血，入昏迷狀態，尤時時狂呼「黃帝」、「岳武穆」。十九日午後稍清醒，哭誦杜甫詩：「出師未捷身先死，長使英雄淚滿襟。」並對侍候同志曰：「吾負死友，吾等當爲死者雪恨。」延至十九日下午一時逝世，年僅三十一歲。消息傳出，海內外同志無不悲悼。其妻嚴氏聞耗自裁，幸家人救護得不死。聲無子，以弟光之長子俊庠爲嗣㊾。

聲死後，遺體初葬香港茄菲公園之側，同志題其墓曰：「天香閣主人之墓」。民國元年元月，南京臨時政府成立，臨時大總統孫中山先生緬念舊勛，追贈爲上將軍，由其弟磬扶遺櫬歸葬鎮江原籍。四月一日，鎮人舉行追悼會於琴園，翌日安靈，送殯者逾十萬人。即日隆重安葬縣城南郊竹林寺。民國十六年，國民政府奠都南京，黨中同志於鎮江爲其建園立像築祠，名爲「伯先公園」。

聲身頎碩，目光炯炯，有英颯之姿。書法奇崛，爲人豪邁爽直。尚道義，重然諾，尤孝友，自幼立志革命，傾心孫中山先生，爲老謀深算傑出之革命黨人。治軍剛柔並濟，賞罰嚴明，有儒將之風。位雖僅止於標統，抑塞蹭蹬，而所至士卒愛戴如父兄。奈壯志未酬，病卒於香港。

晚清朝廷練新軍謀延長國運，然革命思想實蓬勃於新軍，爲武昌起義各省響應之主動力。新軍將領中同情革命者固衆，若吳祿貞、徐紹禎等，然在辛亥革命前即追隨孫中山先生，活躍於軍中者，則莫過於趙聲。光緒三十一年（一九〇五）八月，吳樾炸滿清考察憲政五大臣，

㊾〈趙聲傳〉，引自《革命先烈先進傳》，頁五六九。

實實受聲所鼓勵。光緒三十二年春，聲在南京加入同盟會。同年十月龔春台所領導之萍鄉、醴陵之役，聲馳援不及，先期潰散。光緒三十三年（一九〇七）七月，王和順所領導之防城之役，聲復謀接應，以事已無濟，被迫還師。宣統二年（一九一〇）正月，廣州新軍之役，聲實爲謀主，失敗後變易姓名走避九龍，貧無所食，乃躬耕捕魚以自給。旋至東京謁見中山先生有所請示。同年十月，中山先生集合革命幹部於南洋之檳榔嶼，商討捲土重來大計，聲預焉，力排衆議，獨主速發。宣統三年（一九一一）三月二十九日，黃花岡之役，衆推聲任指揮，聲未至前，黃興率黨人先期發難，激戰終夜，死傷纍纍，被執者咸從容就義。聲痛黨中精英喪亡，憤懣之餘，齎志以歿。聲卒後僅四月，而武昌革命軍興，四海鼎沸，中華民國遂以建立焉！計聲從事實際革命行動，六年之間，走遍南北，再接再厲，而志不稍懈。果聲不死，民國後當有所成就，革命黨人在軍中之影響力或有所不同也。

（臺北，中央研究院第二屆國際漢學會議論文，民國七十五年十二月，頁八三三—八四七。）

二五　同盟會時代湖北新軍之革命活動

一、前言

甲午戰後，中國國勢墜落，革命呼聲漸高，清廷爲拯救其政權，竭天下財力從事新軍之編練，初試辦「新建陸軍」於天津，至光緒二十九年（一九〇三）設立練兵處，計劃成立常備兵三十六鎮，練兵範圍乃擴及於全國。各省疆吏紛紛派遣學生赴日學習陸軍，在轄區內創辦各類軍事學堂，風氣既開，在校學生多以獻身革命爲志趣，既參加軍中工作，仍以連絡同志爲宗旨。清廷新軍之編練，不僅未能達成鞏固其政權之目的，反有助於革命事業之發展。

湖北居中國堂奧之區，張之洞久任湖廣總督，對於新軍之編練不遺餘力，其軍容之盛聞名全國；是以新軍中革命團體相繼而出，若科學補習所、日知會、湖北軍隊同盟會、群治學社、振武學社、文學社、共進會等，影響所及，導致武昌起義，促成各省光復，爲辛亥革命成功之關鍵所在。

二、張之洞與湖北新軍

(一) 湖北新軍之創建

光緒二十年（一八九四）夏，中日戰爭爆發。十月，清廷命兩江總督劉坤一來京備顧問，旋授爲欽差大臣，督辦東征軍務，調湖廣總督張之洞署理兩江總督，防範海疆。是時北洋海陸軍相繼敗績，總理各國事務衙門王大臣召德將漢納根（C. Von Hanneken）諮詢戰守事宜。漢納根力主速買智利出售戰船，加練新軍十萬人，除在天津召募四萬外，餘自山東、山西、河南招足，六個月訓練完成❶。十月十八日，諭命廣西按察使胡燏棻會同漢納根悉心籌畫，稟明督辦王大臣立予實行❷，是爲清季創建新軍之發端。

光緒二十一年（一八九五）正月，清廷以漢納根練兵之議所費甚鉅，中止不行，張之洞則建議，調漢納根在徐州練兵一萬，以備北方緩急。總署以漢納根尚有經手購辦槍砲船隻等事，未加接受❸，於是督練新軍之責，遂由胡燏棻所擔負。燏棻利用天津南七十里新農鎮（小站）淮軍盛字營（因淮軍將領周盛波、周盛傳弟兄而得名）舊壘，籌餉募勇，號稱「定武

❶ 清光緒朝中日交涉史料，卷二三，頁二至三。
❷ 清德宗實錄，卷二五二，頁六至七。
❸ 張文襄公全集，卷七七，電奏五，頁七至八。

軍」。同年十月，清廷以胡燏棻督辦蘆漢，乃以袁世凱繼其任，改稱新建陸軍，直至光緒二十四年（一八九八）新建陸軍改編爲武衛右軍，其實力約七千餘人。

先是光緒二十一年（一八九五）閏五月二十四日，原任兩江總督欽差大臣劉坤一，於籌議變法練兵用人理財摺中，主張南北應分別雇用洋弁，採用西法，訓練新軍，逐漸推及於各省❹。同月二十七日，署理兩江總督張之洞於籌辦江南善後事宜摺中，仍主張急練陸軍一萬人，營制、餉章略仿德國，並爲速收成效起見，不妨即以德國將弁爲營哨官。乃一面電商署理北洋大臣王文韶，調與北洋訂有合同之德弁十六人南來；一面電商駐德大臣許景澄，添募德國陸軍官佐二三十人來華教習，預計前半年先練四五千人，半年後添練至萬人，年需軍費一百餘萬兩，在自借洋款項下撥支❺。同年七月，北洋原募德弁及駐德大臣許景澄所聘德國陸軍官佐共計三十五人，陸續到達南京，之洞先就衛隊護軍等營內選擇營勇操練，十一月始定額暫成軍二千八百六十人，是爲「自強軍」之由來❻。

光緒二十二年（一八九六）正月十七日，之洞交卸兩江總督篆務，頻行奏請將江督所轄護軍前營調至湖北，教練洋操。二十八日之洞回任武昌湖廣總督本任，即將該護軍前營擴編爲前後兩營，及工程隊，另募新勇添足額數，聘德人貝倫司多爾夫充總教習，以天津廣東武

❹劉忠誠公遺集，奏疏卷二四，頁十四至十五。
❺張文襄公全集，奏議三八，頁一。
❻同上書奏議四一，頁一至二。

備學堂學員充教習，「專肄習西法馬步槍各隊陣式，技藝槍礮藥彈裝卸運用機器理法，營壘橋道測量繪圖事宜」❼。肇開創建湖北新軍之序幕。

之洞認爲舊伍一時不易盡除，新軍無法驟然擴充，乃採循序漸進辦法，除陸續添募素質較佳新兵，增加護軍外，並著手裁汰整頓防綠各營，命其一律改習洋操。數年之間，規模漸具，至光緒二十八年（一九〇二），湖北已有護軍左右兩旗，計步隊八營，馬隊一營，砲隊一營，工程隊一營；武建軍左右兩旗，計步隊八營；武愷軍步隊四營，武防軍步隊四營，及護軍鐵路營步隊四營，共計員弁九千五百餘名，月支餉銀五萬七千二百餘兩❽。

光緒二十七年（一九〇一）七月三十日，清廷鑒於八國聯軍之禍，諭命各省將軍督撫「將原有各營嚴行裁汰，精選若干營，分爲常備、續備、巡警等軍，一律操習新式槍礮，認真訓練，以成勁旅。仍隨時嚴切考核，如再沾染積習，窳惰廢弛，即行嚴參懲辦」❾同年八、九月間，之洞爲提高各防營營哨官弁素質，命分批輪派各學堂，聽洋教習講授軍制戰法、地形、測算、繪圖等學，並於武備學堂、防營將弁學堂，各添設教練隊一營，暫就武防軍中酌撥，每三個月更換一次。受訓時教練營保持舊有規制，營中事學堂不得干涉，惟調訓時則歸學堂節制，藉資歷練❿。

---

❼ 同上書，奏議四四，頁十三至十四。
❽ 同上書，奏議五七，頁二二至二五。
❾ 清德宗實錄，卷四八五，頁二一。
❿ 張文襄公全集，卷一〇四，頁二一至二五。

光緒二十八年（一九〇二）秋，之洞參照日本陸軍師團兵制，將武昌省城步隊編作常備軍左右兩翼，每翼步隊兩旗，每旗各分四營，每營員弁兵夫二百九十八人。另礮隊一旗，分作三營，共員弁兵夫四百二十六人。馬隊一營，員弁兵夫一百四十九人，馬一百三十六匹。工程隊一營，員弁兵夫四百零七名。輜重隊一營，員弁兵夫一百零二名。計左右兩翼各統三千五百一十六名，月支餉銀三萬六百餘兩⓫。鄂省軍隊編制已具規模。清廷以之洞訓練湖北新軍著有成效，同年十一月命江蘇、安徽、江西、湖南等省，選派將弁頭目，赴湖北學習操練，俟練成後即回各原省，令其管帶新兵，認真訓練，以資得力，而期畫一⓬。

光緒二十九年（一九〇三）十一月，清廷設立練兵處，以慶親王奕劻爲總理，北洋大臣袁世凱爲會辦，主持全國編練新軍事宜。光緒三十年八月初三日，練兵處會同兵部奏定全國兵額，就其形勢分爲三十六鎮，除近畿直隸分配六鎮外，分配二鎮以上者有湖北、廣東、雲南、四川、江蘇、甘肅六省。⓭ 其組織如下：

軍——設總統官，下轄兩鎮至三鎮。

鎮——設統制官，下轄步隊兩協，馬隊、步隊、礮隊各一標，工程、輜重各一營，軍樂一隊。

⓫ 同上書，奏議五七，頁二五。

⓬ 光緒朝東華續錄（九），頁四九四六，文海出版社影印本。

⓭ 東方雜誌第一年第一期，軍事類，頁四七至四八。

協——設統領官一員，每協步隊兩標。

標——設統帶官一員，每標三營，馬步砲隊同。

步隊營——設管帶一員，每營分前左右後四隊，每隊三排，每排三棚，每棚目兵十四名。

馬隊營——設管帶一員，分前左右後四隊，每隊二排，每排二棚，每棚目兵十四名。

礮隊營——設管帶一員，每營分中左右三隊，每隊三排，每排三棚，每棚目兵十四名。

工程隊營——設管帶一員，每營分前左右後四隊，每隊三排，每排三棚，每棚目兵十四名。

輜重隊營——設管帶一員，每營分前後左右四隊，每隊三排，每排三棚，每棚目兵十四名。

軍樂隊——設隊官一員，排長一員，一等樂兵二名，二等樂兵六名，三等樂兵十二名，學習樂兵二十四名⑭。

於是張之洞在湖北積極展開新軍編練工作。光緒三十年（一九〇四）七月，張之洞奏陳擬編湖北新軍兩鎮，就湖北現有新軍營制，參以北洋辦法，按之物力人才，招募定居本籍之農民子弟，逐年編成⑮。同年十一月，兵部侍郎鐵良奉命至江南各省視察常備兵訓練情形，

⑭ 同上書，第二年第二期，軍事類，頁七六至八五。

⑮ 張文襄公全集，奏議六二，頁二四至三五。

認爲湖北成績最優。至其「武備學堂之規模宏富，條理精詳，成材多而功用著」，尤足爲各省之表率。明年正月，鐵良奏稱：

> 湖北省駐紮省城之常備軍，分第一第二兩鎭，每鎭馬步兵兩協，每協分一二三三旗，每旗分甲乙丙丁四營，又每鎭附礮兵甲乙丙三營，騎兵甲乙兩營，工程輜重各一營，現在兩鎭僅有左協，其右協均未招募。騎兵僅募一營，兩鎭官弁兵匠現共一萬一千四百八十九員，馬二千一百八十八匹。此係減練辦法，各營兵丁有係三十年八月由左右翼改編者，有係新募成軍者，總兵張彪充第一鎭鎭統，兼左協協統，游擊黎元洪充第二鎭左協協統，兼護鎭統。除守營患病外，計到操官兵一萬零五百十八員名。所用鎗礮多係漢廠製造，馬鎗間有用德購者，佩帶零件如背包、食袋、水壺、鍬钁、雨衣、裹骸、皮鞋等項，應有盡有。操法兼採德日所長，步兵單人、小隊、中隊、大隊、散隊、身法、隊法、鎗法、手法，一切如式，間有小疵，不足爲累。礮兵所操各礮，極爲光潔，上下砲機，亦稱捷速。且各能自識職守，惟瞄準未能一律合度。騎兵操縱轉折，奪隘衝鋒，及擊刺各法，秩然有序，馬匹亦壯，惟嫌白色稍多。工程兵於應盡責成，頗知講求。步操甚整，惟輜重隊器具尚未全備。各營體操亦孔武有力，兵房高敞潔淨，經用各物均有一定位置，有條不紊。
>
> 查該軍兵丁新陳相間，編練未久，軍容焜耀，已壯觀瞻，洵可爲沿江各營伍之冠。詳加簡閱，操法雖未能絲絲入扣，然官長均係出洋或武備畢業生，兵丁識字者甚多，將

來可望漸成勁旅。惟所操行軍布置未盡周密，攻守亦欠講求。再該軍官兵滿漢並用，內有官二十餘員，兵八百餘名，皆係荊州駐防。其餘兵工廠及護鐵路各軍隊，亦皆一律精壯。⑯

光緒三十一年（一九〇五）九月五日至八日，常備軍大會操於河南湯陰東南，以山東駐軍之第五鎮，南苑駐軍之第六鎮，直隸駐軍之第四鎮，及京旗之第一鎮，各抽撥精銳合爲北軍，由段祺瑞充總統官，湖北新軍及河南之混成協爲南軍，由張彪充總統官，兩軍將佐弁兵共計三萬三千九百餘人，此外兩軍接濟、架橋、衛生、軍樂、電信等隊，及礮械、車輛、服裝，均配置相等。清廷命兵部尚書鐵良會同直隸總督袁世凱認真校閱，朝廷大臣新舊軍將領多往參觀，爲清廷空前之盛舉，亦爲甲午戰後編練新軍成果之表現⑰。

光緒三十二年（一九〇六）九月二十一日，清廷因預備立憲，更改中央官制，設立陸軍部，以鐵良爲尚書。併練兵處於陸軍部，統一規定全國新軍編號，湖北新軍第一鎮改稱第八鎮，轄步兵第十五協（二十九、三十兩標）、第十六協（轄三十一、三十二兩標），馬隊第八標，砲隊第八標，工程第八營，輜重第八營，憲兵第八營。第二鎮改稱十一鎮，暫成立第二十一混成協，轄步隊第四十一、四十二標，馬隊第二十一營，礮隊第二十一營，工程隊第二

⑯ 光緒朝東華續錄（九），頁五二八二至五二八三。

⑰ 袁世凱「養壽園奏議輯要」卷四一，頁七九三至八五〇。

十一營，輜重隊第二十一營。第八鎮統制爲張彪，第十五協統王德勝，第十六協統鄧本拔。第二十一混成協統黎元洪。直至辛亥革命發生，湖北新軍編制大致無所變動⑱。

㈡ 湖北之軍事教育

張之洞深知新軍之編練非有良好之軍官無以致之，是以特別重視軍官之培養。光緒二十二年（一八九六）九月，張之洞首創武備學堂於武昌黃土坡❶，除電出使德國大臣許景澄向德國兵部商派二德員來鄂教習外，並就江南自強軍調借洋員三人❷。自後迄光緒三十三年（一九〇七）七月之洞調軍機大臣，先後在湖北創辦有將弁學堂、武備普通中學堂、武師範學堂、陸軍特別小學堂等。繼任者復續辦陸軍小學堂、荊防陸軍小學堂、陸軍第三中學、陸軍測繪學堂、軍醫學堂等，以配合建軍之所需。光緒末年，武昌各種軍事學堂在校學生人數達一千七百餘人之多❸。茲分述如下：

一、武備學堂　籌備於光緒二十二年（一八九六）九月，十一月正式開學，新堂房舍未完工前，暫借武昌鐵政局上課，以武昌城內大公館爲學生棲宿之所。武備學堂招生資格限制甚嚴。其報考條件：「文武舉貢生員，及文監生暨文武候補選員弁，以及官紳世家子弟，無

⑱ 參照佚名「漢族光復史」，辛亥年十月版。

❶ 張文襄公全集，卷一二〇，公牘三五，頁一七。

❷ 同上書，奏議四五，頁一三。

❸ 清學務部總務司編「光緒三十三年分第一次教育統計表」，民國六二年台北中國出版社影印。

論本省外省，皆准其報名與考。」錄取標準：「文員文生俊秀子弟必須文理暢通之人，武弁武生必文理粗通方堪與選。」年齡必須在四十歲以下，初試時專攻華文，照定額倍取。錄取後再行面試，擇其「精壯樸誠而素行謹飭者」入選。入學三月後，再甄別一次，將不堪造就者剔去，不願學習者亦准其於此三月內請退。」❹由於時局刺激與張之洞之鼓勵，投考文武舉貢生員達四千餘人，結果僅錄取一二〇名❺。吳祿貞、藍天蔚，及兩湖書院學生傅慈祥、劉邦驥等均爲其中之一，足證其素質之高。武備學堂開辦時由王秉恩任總辦，錢恂任提調，姚錫光任總稽查，聘德國軍官爲教習。

光緒二十四年（一八九八）三月，張之洞委武備學堂學生充任各防營副營官，負軍事教育之責，並計劃推廣到省城以外各營，以期逐步改善舊軍。復將該學堂入學員額縮減爲六十名，規定精通漢文、性情悃謹，志趣向上之士始可與考，以提高學生素質❻。光緒二十五年更限定武備學堂只能招收十八歲以下之湖北生員入學。

光緒二十八年（一九〇二）四月，之洞將湖北武備學堂改爲武高等學堂。十二月，清廷諭命加收江蘇、江西、安徽、湖南諸省將弁頭目入學。光緒三十一年（一九〇五）二月，武高等學堂合併將弁學堂，改稱武師範學堂。一年後又改稱陸軍特別小學堂，以培養各鎮下級

---

❹ 張文襄公全集，卷一二〇，公牘三五，頁一四至一五。

❺ 同上書，卷一二〇，公牘三五，頁一七。

❻ 同上書，卷一〇一，公牘一六，頁二二至二三。

軍官。依照練兵處奏定陸軍小學堂章程，陸小爲養成將官之初階，專授普通課程及軍事初級學，學堂學生定額三百名，每年招生一百名，三年畢業後升入省設之陸軍中學堂。招生之對象，以年在十五至十八歲良家官商子弟爲限❼。之洞爲大量培養湖北新軍所需之軍官，認爲此一章程不切實際：（一）名額太少；（二）良家官商子弟不能吃苦耐勞；（三）課目太簡略。乃獨行其是，將原章程修改，單獨實行於湖北。名額自三百名擴充爲三千名，每年招生一千名，三年招滿。三年後若條件許可，再擴充爲六千名，寄普及教育於練兵之中。學生改從湖北陸軍士兵中挑選文理通順、身體健全者，入堂肄業；白天受課，夜則歸營。所授課目，增加兵學之比重，使畢業諸生皆具備豐富之軍事學識，成爲健全之下級幹部。此外，湖北陸軍特別小學堂並附設測繪、經理、軍醫與海軍四科，以選拔各項人才，學堂教習多數爲中國留日士官學校畢業生❽。湖北陸軍特別小學堂既照張之洞之變通辦法辦理，故與各省陸軍小學堂大不相同。光緒三十三年（一九〇七），陸軍部派員考察各省陸小時，發現湖北陸小不合規制，遂於次年勒令停辦。

二、將弁學堂　光緒二十五年（一八九九）八月，張之洞就武昌城綠營公所，設立湖北將弁學堂，輪調湖北防營員弁入學。光緒二十七年（一九〇一）之洞改訂湖北將弁學堂章程，

---

❼ 練兵處奏定陸軍小學堂章程，載東方雜誌第二年第四、六兩期。

❽ 張文襄公全集，奏議七十，頁四至九。

學堂學生定額百名，專限湖北防營中文理通順之官弁隊目入堂肄業⑨。學堂總監督爲竇子廉，學堂原有華人教習三人，皆日本陸軍士官學校畢業生，光緒二十八年（一九〇二）復增聘日本教習五人。湖北將弁學堂設備無法與武備學堂相比，教習學生素質均差，光緒三十一年（一九〇五）二月，合併於武高等學堂，改稱武師範學堂。

三、武備普通中學堂　光緒二十九年（一九〇三）十月，張之洞開辦湖北武備普通中學堂於武昌城內閱馬廠，由黃以霖任監督。學生定額二四〇名，計劃分三年招齊。限文理通順，體格强壯，年在十五歲至二十四歲間之生童入學。學生修習期間爲四年半，其中在堂四年，半年在營當兵⑩。教習十四人，多數係日本陸軍士官學校畢業生，學生成績平庸，惟校舍建築宏偉，爲省内他校所不及。

四、武師範學堂　光緒三十一年（一九〇五）二月，湖北武高等學堂與將弁學堂合併爲湖北武師範學堂，規定肄習一年畢業。考生限現職哨官以下員弁，學成後仍回原營當差。僅爲期一年，復改稱陸軍小學堂。

五、陸軍特別小學堂　由武師範學堂改組而成，光緒三十二年（一九〇六）一月十八日正式開學，依清廷練兵處規定，每年只准招生一百名，三年畢業，學生以年十五至十八歲之

⑨ 同上書，卷一〇四，公牘十九，頁二二。
⑩ 同上書，奏議五七，頁六。

「良家官商子弟」爲限⑪。惟張之洞認爲中國必須精練百萬陸軍，大省最少五六萬，中小省亦非三萬人不可，勢必大量培養下級幹部⑫。於是將學生名額擴大爲三千人，每年擬招收新生一千名，至於報考資格，認爲「良家官商子弟」，不能吃苦耐勞，改爲從湖北陸軍各營中考選文理通順，身體强健，年在二十歲至三十歲之間，在營半年以上之士兵入學肄業⑬。其實歷年招生多未足額，如光緒三十二年（一九〇六）第一期陸軍班學生五百人，及附設測繪班學生六十人。光緒三十三年第二期學生八三〇名（內陸軍班六百人，測繪班五〇人，軍醫班一二〇名，經理班六〇名）。開辦時總辦爲張彪，會辦爲黎元洪，監督劉邦驥，提調白壽銘。教官中除少數日德二國籍外，大半爲中國留日士官學校畢業生，及將弁學堂學生。僅招生二期，光緒三十四年四月清廷限自第二期學生畢業後，不得再續招新生⑭。學生中參加「群治學社」、「共進會」等革命團體者甚多。該學堂停辦後，畢業生參加革命團體者有黃申薌、蔡濟民、張廷輔、蔡大輔、張難先、熊自貞（十力）等人⑮。

六、陸軍小學堂　湖北陸軍特別小學堂停辦後，光緒三十四年（一九〇八）四月，清陸軍部咨令湖廣總督陳夔龍，按照練兵處所奏定之「陸軍小學堂章程」，另設湖北陸軍小學堂。

---

⑪ 東方雜誌第二年，第四期，「陸軍學堂章程」。
⑫ 張文襄公全集，奏議七十，頁四。
⑬ 同上書。
⑭ 辛亥革命回憶錄（二），頁一一〇，一九五十年出版。
⑮ 萬耀煌回憶錄（一），載中外雜誌第十六卷第一期。

八月十六日借湖北武備普通中學開辦，第一期學生一二〇名（內滿人二〇名），開辦時總辦爲恆齡，監督爲鐵忠。宣統元年（一九一〇）五月，第一期學生畢業，宣統二年秋，第二期學生一二〇名入學。校中滿漢學生待遇懸殊，引起漢籍學生不滿，有利於革命思想之傳佈。學生畢業後參加革命組織者有王鴻猷、趙鵬飛、吳醒漢等。辛亥武昌起義時，該學堂學生響應起義者達三百餘人⑯。

七、荆防陸軍小學堂　光緒三十二年（一九〇六）四月開辦，由武威新軍隨營學堂改設，學堂學生定額九〇名，三年畢業。光緒三十三年八月，該學堂第二期學生入學。宣統元年（一九〇九）六月，該學堂第一期學生三十三名畢業。其中十名保送保定陸軍速成學堂肄業，其餘或入湖北省垣中學堂肄業，或編入軍伍。

八、陸軍第三中學　宣統元年（一九〇九）夏，陸軍第三中學開辦於武昌之南湖，總辦李鍾岳，監督范尚品，提調李春膏，二年畢業。該學堂第一期學生三百餘人，合編成一、二兩隊，半年後第二期學生入學，分編爲三、四隊。該校對清季革命運動貢獻甚大。留學東京參加同盟會者有雷洪、蕭宏濟、侯英、曹宗珍、陳瑞頑等人。在武昌參加共進會者有耿丹、王天佑、謝復、席正銘、張宗海、張篤倫、王秉乾等人。教員多同情革命，武昌起義次晨，該校教員易正柏等四人，率領學生五百餘人鳴號進入武昌城，逕赴諮議局軍政府，請求分派

---

⑯ 張難先「湖北革命知之錄」，頁八〇，民國三十五年五月，上海商務印書館出版。

戰鬥任務⓱。

九、陸軍測繪學堂　宣統二年（一九一〇）十二月，利用陸軍特別小學堂右旗後側部份校址設立。開辦時總督爲劉邦驥，監督爲詹貴珊，提調爲阮慕成，後來改由滿人喜源與白興壽主持。清季陸軍測繪學堂學生參加共進會者甚多，武昌起義之夕，該校共有學生一百五十三人，其中八十人由方興率領，在武昌城內響應革命，發生決定性之影響⓲。

十、軍醫學堂　光緒三十二年（一九〇六）開辦，校址設武昌曇華林左衛城隍廟，修業期限爲預科一年，普通科二年，其課程以算學、理化、醫學、英文、實驗、解剖等科爲主。

此外清季張之洞在湖北所設之軍事學校，尚有憲兵學堂、講武堂、將校講習所等陸軍教育機構。故就清季陸軍教育之改革而言，張之洞實有不可磨滅之貢獻，其中尤以武備學堂成效最鉅，其規制爲他省所倣效，畢業學生亦爲他省所樂聘。光緒三十一年（一九〇五）春，兵部侍郎鐵良於巡視長江各省軍事後，奏報湖北各種軍事教育情形曰：

湖北省武備普通中學堂，在武昌省城內閱馬廠，前光緒二十九年十月開辦，學生定額二百五十名，分三年報齊，二十九年十月、三十年八月，已招一百七十二名，分一、二、三班，各項教員十四員，候補知府黃以霖充該當監督，教授部課漢文、外國語、

⓱ 革命文獻第四輯，頁四二至四三，黨史委員會出版。

⓲ 辛亥革命回憶錄（二），頁四三。

歷史、輿地、數學、博物、格致、圖書各門，即係內堂功課。訓育部課術科學科兩門，即外場功課，每門各有子目，分年遞進，四年畢業，升入高等學堂，由淺入深，誠得造就人才之法。中國歷史自上古起已學至晉初，中國輿地，已學湖北、湖南、安徽、江西、廣西、福建六省，算法已學代數幾何第一卷。教員考問時，各生對答間有不合者，鎗操體操均有雄起，疵處亦所不免。查該學堂創立未久，一切課程未能遽臻純粹，惟教員半係日本畢業生，講解尚能明晰。至於講堂齋舍，光潔雄偉，頗具振興氣象。

武備高等學堂在省城內黃土坡，二十二年十一月開辦，原名武備學堂，二十九年改稱今名。速成班學生四十名，係本年九月由將弁學堂撥入。學中班長八名，舊班學生十四名，係本堂原有之生，新班學生三十三名，德教習二員，日本教習二員，軍醫一員，華教習十一員，譯書管理共十三員，布政使李岷琛爲總辦，候補知府黃以霖爲監督，各班學生不及高等程度，現補學普通，係課以修身、漢文、外國語、歷史、輿地、數學、理化、圖畫諸門。軍事學課以戰術、軍制、兵器、築城、地形、馬學、衛生、外國語摘講諸門。每目各有子目，三班學生課程略有不同，以二年半爲卒業，內堂試以測繪、代數、典令、理化諸學，各生所習普通未久，間有理解未清者。外場試以步操、礮操、體操，亦未盡熟悉。

查鄂省武備學堂自創設以來，歷次卒業各生派入軍隊者頗多得力之人，即遣赴東洋各生，大率亦由此中選派。是該堂實爲武力淵藪。……綜計所閱各處，……陸軍則湖北之常備軍最優。……武備學堂之規模宏富，條理精詳，成材多而功用著者當以湖北為最[19]。

張之洞之改編新軍，提倡陸軍學堂教育，目的雖在提高軍隊和將弁素質，卻無形中提供革命活動之據點，變作革命思想傳播站，使革命運動能夠繼續不斷發展，促成辛亥武昌起義之成功。

三、留日陸軍學生之革命潮

(一) 留日陸軍學生之派遣

晚清建立新軍期間，各省疆吏為培植軍中幹部，紛紛派遣學生赴日學習軍事。光緒二十四年（一八九八），浙江巡撫廖壽豐，首派吳錫永、陳其采、舒厚德、許葆英等四名學生赴日學習軍事[1]。同年各省陸續派遣赴日學習軍事學生計有湖廣總督張之洞兩次派遣之譚興沛、徐方謙、段蘭芳、蕭星垣等二十四名[2]。加上南北洋大臣各派之二十名，浙江巡撫劉樹棠再

---

[19] 光緒朝東華續錄（九），頁五二八六至五二八七。

[1] 日本振武學校編「振武學校沿革誌」內，對支功勞者傳記編纂會「對支回憶錄」，下卷頁七二二。

[2] 實藤惠秀「中國人日本留學史」，頁六五。

派之八名❸，全部達七十餘人。辛丑和約簽訂後，爲順應時勢需要，各省派日學習軍事學生益多。例如光緒二十八年（一九〇二）九月，北洋大臣袁世凱奏派武衛右軍隨營學堂歷居畢業學員五五名，由監督率領前往日本入陸軍學堂學習❹。光緒二十九年（一九〇三）十二月，署理湖廣總督端方，派遣之武備學生五十名，（其中高振聲一名爲自費），光緒三十年（一九〇四）七月，山西巡撫張曾敭派遣之武備學生二十名❺。

中國早期赴日學習軍事學生，首先須進入成城學校，接受預備教育。截止光緒二十九年（一九〇三）成城學校停收中國留學生止，計先後畢業該校者達一七五人之多❻。同年，日本專門爲中國武備學生實施預備教育，創設振武學校，將成城學校肄業中之中國武備學生一律移入。成城學校時代學生肄業期限一概爲十六個月，振武學校則數有變動。創立之初爲十五個月，光緒三十一年（一九〇五）九月，改爲十八個月。光緒三十二年（一九〇六），再改爲兩年，旋再改爲三年，直至廢止未再更改❼。

光緒三十年（一九〇四）四月，清廷練兵處奏定「選派陸軍學生分班游學章程」，依此章程凡志願赴日學習陸軍學生，先由各省督撫咨送練兵處，再經練兵處考選及格者始能派遣。

---

❸ 張文襄公全集，卷一五九，電牘三八，頁三。
❹ 袁世凱「養壽園奏議輯要」，卷十四，頁三五九至三六一。
❺ 在本邦清國留學生關係雜件——陸軍學生之部，日本外務省藏。
❻ 成城學校留學生部編「留學生部出身者」，頁一至六，東京，一九三七。
❼「振武學校沿革誌」附表。

同年十一月，練兵處即選定學生一二三人（練兵處官生一〇四人，其餘十九人爲附送之直隸省官生），送入日本振武學校肄業，派趙泰理爲監督，清廷對於武備學生之派遣，始有統一固定政策❽。

中國留日學生振武學校畢業後，大部份志願進入日本陸軍士官學校，多數學生於完成士官教育即行返國，或服務於清廷陸軍部及軍諮府，或被各省督撫所延攬，督練新軍及擔任軍事學堂教官。

清廷派遣學生赴日學習軍事之目的，原期慕日本陸軍教育「係以忠君愛國，順服長官爲宗旨。並無侈言自由，與政府反對之弊。」❾以培養軍事人才，延長其國運，但因潮流所趨，國內革命與改良派人士相繼亡命日本，連絡同志，發展組織，發行宣傳書報，使留日學生因之特別留心國是，紛紛參加革命活動。清廷有鑒於留日學生之革命潮，特別於光緒三十年（一九〇四）與日本政府交涉，禁止中國私費學生學習陸軍❿。光緒三十一年（一九〇五），復頒佈取締留學生規則，限制中國留學生從事政治活動⓫。光緒三十四年（一九〇八）夏，清廷陸軍部復頒佈就學日本陸軍學生章程三十六條，其總則如下：「前練兵處奏定，自光緒三十年起考選陸軍學生送赴日本就學，專派監督一員，常駐日本，管理全國陸軍學生留學日

❽ 清光緒朝中日交涉史料，卷六八，頁三一。
❾ 清光緒朝中日交涉史料，卷六八，頁八至九。
❿ 胡漢民自傳，引自革命文獻第三輯頁八至九。
⓫ 馮自由「中華民國開國前革命史」第一冊頁一九八，民國四十三年四月世界書局影印版。

本事務。」另訓諭十則：

（一）牢記尊君親上，毋得誤聽邪說。（二）恪遵監督約束，毋得陽奉陰違。（三）居心樸誠爲主，毋得稍涉浮夸。（四）謹遵堂隊規則，毋得違犯禮法。（五）程功必須循序，毋得喜新躐等。（六）爲學務求心得，毋得徒襲皮毛。（七）勤學尤貴好向，毋得私心自用。（八）起居務宜節儉，毋得沾染浮華。（九）待人須極謙和，毋得稍形傲慢。（十）同班務相敬愛，毋得自相齟齬。⑫

惟此種措施，一無效果之可言。

㈡ 革命思想之澎湃

光緒三十年（一九〇四）前後，爲中國留日學生之顛峰，亦爲革命浪潮之激蕩時代。國內革命團體華興會、光復會份子先後東渡日本，合舊有興中會份子，促成革命青年之大團結。國父孫中山先生隱爲共同之領袖，清廷所遣留日學生既日漸增多，接觸頻繁，耳聞目覩，思想隨之而轉變。據當時滿清駐日大臣楊儒估計，光緒三十年（一九〇四）中國留日學生已超

⑫ 東方雜誌第五年第八期，法令類，頁三八至四二。

過三千人，光緒三十二年（一九〇六）竟高達八千人以上❶。茲舉山西官費旅日士官生閻錫山爲例，自述其參加革命之經過曰：

> 清政府選送日本學習陸軍，山西那一次共去了二十個人，其中我和姚以价、張維清三人是北京清廷給以公費，其餘十七人是省給以公費。當出國之前，山西之巡撫張曾敭等所謂五大憲，對留日學生諄諄告誡：到日本後千萬不可接近革命黨人，以免誤入歧途，提到孫中山先生，尤其極盡詆譭之能事。……但逐漸由所聽到的話與所看到的書中，感到清政府誤國太甚。……益認清廷之腐敗無能，清官吏所吩咐千萬不可接近革命黨人的話，至是在我腦中全部消失，遂決心加入推翻滿清政府的革命。
>
> 斯時正值中山先生在海外倡導革命，我聞其所，奮然興起，即由結識而參加其所領導之革命運動。翌年（清光緒三十一年，公曆一九〇五年）中國革命同盟會（簡稱同盟會）（按：爲「中國同盟會」之誤）在東京成立，我們參加革命運動之同志，均爲同盟會會員。我開始參加革命運動距我到日之初僅僅三個月，而我個人對革命事業之背向，則自覺判若兩人。我由此深深感到爲政不可落後了時代，如落後了時代，則所培植之人才，皆爲崩潰自

❶ 清光緒朝中日交涉史料卷六八，頁二四，出使日本大臣楊樞請倣日本設法政速成科摺。另據「東方雜誌」第五年第一期，雜俎，頁三，統計爲一萬七千八百六十餘人。「新民叢報」第四年第十四號，記載，頁八，統計爲一萬三千六百二十人。當係因部份學生有二重三重學籍之故。

己之力量。清政府選送日本士官學校第六批之留學生二百六十餘人，超過前五批的總和，不能説不注重留學生了，但參加推翻清政府的革命運動的，也多是我們這六批留學生，這完全是清政府領導失時所致。❷

光緒三十一年（一九〇五）七月，中國同盟會成立後，中國留日學習陸軍學生加入者益多。僅就士官學校第四、五、六三期士官生而言，宣誓入同盟會者即不下百餘人。其中兩湖學生尤居多數，黃興則爲主要之連絡人。湖北黨人李書城記其事曰：

一九〇二年，湖廣總督張之洞從兩湖、經心、江漢三書院選派學生三十多人，赴日本東京弘文學院學速成師範，定期八個月畢業，學成回國後，充任學堂的師資。黃先生（按：指黃興）和我分別從兩湖書院和經心書院被派出國。……弘文學院同學每晚都在自習室討論立憲和革命的問題，最初頗多爭論，以後主張排滿革命的占了多數。……當日俄戰事爆發，東京留學生組織義勇軍時，我曾參加，受過軍事訓練。我深感革命須靠武力，希望進日本陸軍學校，但陸軍學校不收自費生，須由清廷駐日公使保送，而駐日公使保送須由清政府或各省督撫造送名冊，恰巧浙江撫臺保送名冊中，有一永嘉縣「丁人俊」的名額，是預塡的一個假名，準備留給革命同志頂替入校的，我就頂

❷「閻錫山早年回憶錄」，頁四至六，民五七年十月，傳記文學出版社出版。

替了「丁人俊」名入振武學校，尋升入陸軍士官學校，爲中國第五期士官生。……孫中山先生不常在日本，自日本政府禁止孫先生入境以後，同盟會總理職務即由黃先生代理，黃先生是留日學生，又長住日本，因此國內外同盟會會員多與他直接商討問題或通信聯絡，他和同志間的感情也就深厚起來。特別是黃先生與軍人的關係，由於有一段特殊原因而更加密切。黃先生在日本代理同盟會總理時，中國陸軍留學生的人數特別多，第四期陸軍士官生有七十五人，第五期陸軍士官生有五十七人，第六期陸軍士官生有一百九十八人。其中加入同盟會的陸軍士官生不下百餘人，我所能記憶的：第四期有張世膺、周承菼、張承禮、蔣作賓、吳鐘鎔、金永炎、覃師范、王家駒、高佐國、吳經明、何澄、劉一清、劉毅、翁之谷、成桄、史久光、周斌、劉維燾、曾繼梧、劉繩武、鄧質儀等；第五期有王孝鎭、黃愷元、何成濬、陳乾、李浚、陳之驥、姜登選、李書城、袁華選、全恕、石陶鈞、王凱成、吳和宣、殷成瓛、楊源濬、朱先志、齊琳、高霽雲等；第六期有尹扶一、李兆祥、劉組武、孫棨、吳藻華、陳强、歐陽武、張華輔、趙復祥、李根源、林爽、尹昌衡、胡萬泰、劉存厚、盧啓泰、劉宗紀、胡學伸、官其彬、黃國樑、劉汝贊、羅佩金、閻錫山、孔庚、李鴻祥、葉荃、楊曾蔚、李敏、高聲震、仇亮、朱樹藩、姚以价、程子楷、張開儒、紀堪頤、李乾璜、耿覲文、張鳳翽、黃毓成、顧品珍、朱綏光、溫壽泉、唐蟒、唐繼堯、童錫梁、孫方瑜、趙恆惕、田遇東、李烈鈞、程潛、劉洪基、華世中等，此外還有陸軍測量學校的黃郛、曾昭文等，其餘的人記憶不起了。

黃先生以爲陸軍學生須在回國後掌握兵權，不可暴露革命的眞面目。因此，他囑陸軍學生中同盟會員不可到同盟會總部往來，陸軍學生的入黨證，也由黃先生一人獨自保管。並商議由陸軍同學在同盟會會員中選擇一批堅貞可靠的同志另組織一個團體名曰「丈夫團」，以孟子所說的「富貴不能淫，貧賤不能移，威武不能屈」，作爲團員應具的品德。據我了解，當時加入這個組織的有李根源、李烈鈞、程潛、李書城、趙恆惕、黃郛、尹昌衡、黃愷元、葉荃、溫壽泉、曾繼梧、華世中、劉洪基、程子楷、孫方瑜、曾昭文、耿覲文、李乾璜、仇亮、楊曾蔚、陳强、孫棨、高霽、楊源濬、殷承瓛、袁華選、陳之驥、姜登選、李浚、王孝鎭、何澄、王家駒等。黃先生還鼓勵家有資財的同志出貲捐官，俾將來獲得兵權可更大更快些。團員中黃愷元用銀一萬兩捐得道臺，陳之驥用銀六千兩捐得郎中。辛亥武昌起義後，南北各省舉兵響應，充任都督及軍、師、旅、團長的人，多屬丈夫團的同志，都是黃先生所熟知的人。因此革命軍人與黃先生有特別深厚的感情，他在革命軍人中具有極高的威信。❸

復據李烈鈞自傳，謂「丈夫團」實由李烈鈞、黃郛等數人所發起，而李烈鈞推動之功甚大。李氏述及該團之成立及取名之經過曰：

---

❸ 李書城「辛亥前後黃克强先生的革命活動」，引自左舜生「黃興評傳」頁一二九至一三二，民國五七年三月，傳記文學出版社出版。

士官學校中另有小組織，爲余與黃郛數人所發起者。郛學測量，當時頗激昂，常謂衆人曰：滿洲政府非我族類，其心必異，國人應起而推翻之，古人嘗謂「當仁不讓」。又曰，本校（指陸軍士官學校）人數甚多，良莠不齊，應有嚴密組織小團體之必要。當時讚同其說者頗衆，於是商議命名，衆皆默然，郛笑謂衆人曰，孟子不云乎：「富貴不能淫，貧賤不能移，威武不能屈，此謂之大丈夫。」我輩既以推翻滿清爲責任，必須具有不屈不撓之精神，不移不淫之毅力，革命乃克有濟。衆皆服其說，遂命爲丈夫團，而推郛爲首，召開成立大會。❹

除丈夫團外，留日陸軍學生又有武學社之組織，創辦者振武學校學生楊曾蔚、楊亦丈夫團團員，李烈均記其成立之經過曰：

> 余既正式加入同盟會，仍繼續學業。是時有武學社應運而生，創辦者爲振武同學楊曾蔚。楊君亦同盟會同志，與景定成（梅久）交甚密，二人均銳意佈置河南、山西兩省革命事務者。加入武學社之人物，大都北洋三傑（即王士珍、馮國璋、段祺瑞）之學生，內有華心忠（字朗泉）、何子奇、杜幼泉三人，以其聰慧多謀，有北洋小三傑之稱。惟華等回國後，僅在北方充任教官各職，幼泉後且以鬱恨自投玄武湖死，惜哉！當時之士官學

---

❹「李鴻鈞將軍自傳」頁六。

生分南北兩派，余因加入武學社，乃並屬於此派焉。[5]

光緒三十四年（一九〇八），黃興有鑒於桂滇邊境河口諸役失敗之教訓，深知培養革命軍事幹部之重要，在東京重組大森體育會，延聘日籍教官任教練，以訓練革命黨人之軍事技能。加入此一組織者有七、八十人之多。其中後來起義武昌之孫武、起義長沙之焦達峰、起義四川之夏之時，均為其會員。

是時袁世凱掌握北洋六鎮，大招滿人之嫉視。滿親親貴良弼、鐵良等皆為留日士官生，乃思引用留日返國之士官生排擠袁世凱，於是留日返國之革命黨人得以在京畿從事活動。吳祿貞、藍天蔚等在北方新軍中散播革命種子，未始不由於此。據湖北黨人蔣作賓追憶，其返國之初，任職保定軍官速成學校教官，灌輸學生革命思想，秘密組織革命團體。以後任職陸軍部軍制司，聯合部中革命同志，極力主張整編軍隊，分赴南北各地校閱，設法汰盡舊式軍人，而更替為有革命思想之留日士官生。至辛亥革命前，所有袁世凱之爪牙，舊督撫之鷹犬，已汰除泰半。如北洋將領雷震春、倪嗣沖、段芝貴等，均前後被參革。曹錕要求保一頭品頂戴而休致，張彪、何宗蓮亦正設法撤換，段祺瑞改調江北提督，新軍中革命思想蔓延日廣。蔭昌、壽勳等為剪除袁世凱羽翼，頗以蔣作賓之言為信。蔣作賓認為，倘無武昌起義爆發，

[5] 同上書，頁七。

二、三年後由新軍中主持，發動革命，則一切稍有準備，其後袁世凱之禍國，或可減免❻。

其次，各省督撫爲博取推動新政之令譽，和培植自身勢力，對留日士官生更爭相延攬，給予較高職位，充當新軍之協統、標統、管帶，或督練公所之督辦、總教習等，甚至有竟擢升爲統制者。由於留日士官生充任新軍較高職位，是故對革命黨人之活動可以加以掩護。例如丈夫團成員之一閻錫山畢業回國後，在山西新軍中任職，升至標統，與溫壽泉、張瑜、喬照等發起「山西軍人俱樂部」，表面上是研究學術，實際上是團結革命同志，暗中鼓動革命❼。辛亥太原光復，即得力於閻錫山等人之策劃。又如蔣尊簋於日本士官學校畢校後，返浙任弁目學堂監督，平日訓話，多感懷往事，暗示革命，並以民族大義，教誨學生❽。浙軍之成爲光復會溫床，並辛亥之際努力於浙江光復，於此不無關係。再就辛亥武昌首義後雲南之光復而言，參與起義的四十名新軍高級官員中，二十二名即爲留日士官生。由此可知，留日士官生之領導新軍，對於民國之締造，實功不可沒。

四、湖北新軍之革命化

❻「蔣作賓回憶錄」頁三〇，民國五十六年九月，傳記文學出版社出版。
❼「閻錫山早年回憶錄」頁一五。
❽陳肇英「八十自述」頁十一。

(一) 武昌科學補習所與日知會

革命黨人在華中一帶之活動，初以運動會黨爲目標。光緒二十四年（一八九八）冬，國父命畢永年偕日本同志平山周等赴湘、鄂等省視察會黨實力，到處發揮興中會宗旨及國父生平，會黨諸領袖頗爲所動。明年，國父欲在長江流域諸省同時大舉，復命永年二次返國，與會黨龍頭楊鴻鈞、李雲彪、張堯卿等商談合作辦法。會黨諸領袖爲求各埠會黨行動之一致，曾在湖南召開「英雄會」，並推李雲彪、楊鴻鈞、張堯卿、李堃山、何玉琳、王金寶、劉家福等七人爲代表，與興中會接洽一切。同年冬，永年遂偕七人抵香港，與革命黨人陳少白、楊衢雲、史堅如、鄭士良等，歃血爲盟，議定興中、三合、哥老三會合併，仍稱興中會，公推 國父爲會長，並特製總會長印綬，由宮琦寅藏攜往橫濱，上書 國父，表示擁戴。楊鴻鈞、李雲彪等居香港兩月，復由永年導往日本，晉謁 國父請示方略，均由 國父分別禮遣回國，命其候命進止。❶

惟是時會黨暮氣已深，腐化浪費，惟利是視，李雲彪等竟藉口興中會供給不足，漸有不滿之詞。光緒二十六年（一九〇〇）春，康有爲自南洋至香港，欲利用會黨以勤王，贈李雲彪等各百金，李等以保皇黨富有，遂與之發生關係，於是長江流域之會黨，悉歸於自立軍領袖唐才常、林圭、秦力山幟下，而爲保皇黨所驅策，而會黨之宗旨爲之一變，此亦庚子七月

---

❶ 馮自由「中華民國開國前革命史」第一冊，頁一五九。馮自由「革命逸史」初集頁七四至七五。

自立軍失敗之一重要原因。

湖北革命黨人鑒於自立軍之失敗，知會黨之不足恃，認爲「革命非運動軍隊不可，運動軍隊非親身加入行伍不可。」❷會吳祿貞自日本士官學校畢業歸國，湖廣總督張之洞委爲訓練新軍教官，先後執教湖北將弁學堂，及武昌普通學堂，乃假武昌花園山孫凱臣所有之孫森茂花園，設立秘密機關，從事革命之活動。往返最密者有李書城、程明超、曹亞伯、時功玖、朱和中、李廉方、呂大森、胡瑛、張難先等數十人。朱和中、呂大森特組織一活版印刷公司，專翻印「猛回頭」、「警世鐘」等革命書籍。留日鄂籍學生劉成禺、藍天蔚、但燾等，亦在東京發行「湖北學生界」雜誌，輸入鄂省，以相鼓吹❸。張難先、胡瑛等，先後投入工兵營，充當士兵，散發革命書刊於隊中，時在操場講演有關革命故事以相激勵，湖北軍學各界，多受其宣傳之影響❹，是爲革命黨人運動湖北新軍之由來。

光緒三十年（一九〇四）春，黃興、劉揆一等謀起事於長沙，湖北黨人亦計劃佔領武昌響應。同年五月，呂大森、曹亞伯、劉靜庵（敬安）、時功玖、康建唐、劉度成、陳應甲、朱子龍、李勝美、王漢、田桐、孫武、張難先、宋教仁、胡瑛、歐陽瑞華、劉復、朱子陶、易本義等，組織科學補習所於武昌，其宗旨「標明研究科學，實則陰謀革命。」❺以多寶寺爲所

---

❷ 張難先「湖北革命知之錄」頁五五，民國三十五年五月，商務印書館出版。
❸ 胡祖舜「武昌開國實錄」，引自「革命文獻」第四輯頁三，民國四十三年十二月黨史委員會出版。
❹ 湖北革命知之錄頁五五。
❺ 同上書。

址，推呂大森爲所長，胡瑛爲總幹事，時功玖任財政，宋教仁任文書，曹亞伯任宣傳，康建唐任庶務，劉度成負責運動武高等學堂，劉大雄負責運動馬隊，劉靜庵負責運動前鋒營，陳應甲負責運動武普通學堂，朱子龍、李勝美負責運動工程營，歐陽瑞華、劉復負責運動文普通學堂，朱子陶、易本羲駐所辦事❻。是爲武昌最早之革命團體，黨人劉大雄時任第二十一混成協協統黎元洪秘書，知悉湖廣總督張之洞添募新軍之計劃，遂以科學補習所作爲介紹黨人轉入營伍之機關。被介紹入伍者，必先受科學補所密約：「務學成健兒，待時機至，即起而革命，光復漢族。」❼光緒三十年（一九〇四）夏秋間，張之洞所添募之新軍，大半由科學補習所推薦而來。

科學補習所成立後，先後派遣呂大森、胡瑛、宋教仁至長沙，與華興會相連絡。黃興即派胡瑛、曹亞伯主持華興會湖北分部事務，呂大森經營川東及鄂西一帶。同年六月，黃興親至武昌，與科學補習所同志商洽，約定十月十日長沙革命軍起，武昌同時發動。旋以所務進展迅速，多寶寺所址不敷應用。七月間，復由歐陽瑞華賃租魏家巷一號房屋以遷入。乃分派職務，儲購械彈，一、二月内次第就緒，而長沙華興會起義事洩，湘撫陸元鼎偵知武昌科學補習所參予其謀，乃電鄂督張之洞，搜捕武昌黨人。武昌黨人先得黃興電，由胡瑛、王漢潛移槍械於漢陽鸚鵡州，劉靜庵銷燬所中文件册據，張難先通知各同志遠避。故當九月二十二

❻ 武昌開國實錄，引自革命文獻第四輯頁四。

❼ 曹亞伯「武昌革命真史」自序，民國十七年中華書局出版。

日軍警搜查時，一無所獲，但逮其房主以去。清學使鼎芬以此案牽連軍營學校，又無主名，窮究將不利於己，但查封科學補習所，開除歐陽瑞華、宋教仁二人學籍寢事。一時黨人星散，科學補習所活動暫告停止❽。

科學補習所被查禁後，黨人劉靜庵乃假基督教聖公會附設閱覽書報之日知會繼續活動。靜庵原任該會閱報社司理，得牧師胡蘭亭、黃吉亭之協助，藉以宣傳革命思想。每星期開會演說一次，聽者千餘人，以軍學兩界舊日科學補習所會員居多。光緒三十二年（一九〇六）正月，正式成立組織，活動更加積極。未幾東京同盟會總部派余誠爲湖北分會會長，即以日知會爲機關，會務益見開展。假期士兵學生至會所閱讀書報者座爲之滿，陸續填寫誓約者達萬餘人。黨人梁耀漢在學校及軍營中聯絡同志，設立「明新公學」及「群治社」，爲日知會訓練黨員；熊子貞（十力）、劉通、何自新、何子植、邱可珍等設立「黃岡軍界講習社」，聯絡軍中同志；何子植並與武漢下游一帶之「哥弟會」，及黃州水師營士兵聯絡；張聘安、梅鼎州、鍾劍林等先後投營當兵，合設「集賢學社」，至於旅館、書館社、照相館均不在少數，皆與日知會相呼應。季雨霖在新軍第三十一標第三營任督隊官，與該營黨人李楚翹、廖匯川、張佩紳、徐祝平等相結合，積極從事革命之活動❾。

日知會分會中，以黃岡軍界講習社運動軍隊爲最力。該社成立於光緒三十二年（一九〇

---

❽ 湖北革命知之錄頁五六。

❾ 武昌革命真史，前編頁一三五至一三六。

六）春，倡始者熊子貞、熊飛宇、鍾大聲、邱可珍、馮群先、張海濤、張其亞、易介三、涂浩等，皆黃岡籍，初擬將黃岡籍之肄業於武昌各學堂及服役於駐省各軍營者，合爲一體，其後則吸收同志，並無縣界。該社每於星期日作大規模之集會演講，闡發種族思想。軍隊中社員則陰合十人爲一組，各組隨時私聚，更廣佈革命書刊，以爲宣傳。是年，清廷命南北軍會操於河南，熊子貞等欲乘機舉事，因事機洩漏，黃岡軍界講習社亦因之封閉❿。

日知會最大特點，在於以全力宣傳鼓動革命思想，作育湖北革命黨人。演講時常將「救亡」和革命結合在一起，往往「說者大哭，聞者落淚」⓫。

茲引黨人劉大雄在某次幹部會議上之演講詞如下：

中國醒！中國醒！我中華大國，外人要瓜分了！我們同胞又要做兩重亡國奴了！滿清那拉氏常言：寧將中國亡於外人，不可失於家奴，此滿清亦自認中國又要亡了！我漢人四萬萬同胞，被滿清壓迫愚弄，多有不知的。現在禍在眉睫，應該醒來，應該覺悟，早想挽救之法，以免永爲人之奴隸牛馬。⓬

---

❿ 同上書。
⓫ 同上書前編頁十三。
⓬ 同上書，前編，頁十四。

同年十月，革命黨人龔春臺等發難萍鄉、醴陵一帶，日知會實與之互通消息。及萍、醴軍事失敗，湖廣總督張之洞乃懸賞通緝日知會員朱子龍等。十一月十一日，劉靜庵召集日知會幹部會於漢陽之伯牙台，討論發動事宜。有無賴郭堯階者，詐稱六合銻礦公司經理劉小霖，願捐十萬元贊助革命，衆誤信之。堯階遂告密於巡警道馮啓鈞，於二十三日晚誘捕朱子龍於漢陽。二十四日復以劉小霖宴請胡瑛爲名，拏之於漢口名利棧，派兵圍搜日知會會址武昌聖公會，續獲劉靜庵、梁鍾漢、季雨霖、李亞東、吳貢三、殷子衛、張難先等人，日知會被封閉，湖北革命活動受到重大挫折⑬。

劉靜庵等既被捕，靜庵之父及兄弟亦繫獄。檢出黨員名册四本，牽連軍學兩界甚衆。張之洞派武昌知府趙楚江、委員鄭保琛，及江夏縣、夏口廳等，在武昌府衙門五福堂嚴刑取供，靜庵被籐條笞至一千四百下，血肉橫飛，死而復甦者數次，堅不招出同黨，與胡瑛被判永遠監禁。其餘諸人，分別處十五年或十年徒刑不等⑭。

日知會失敗後，湖北革命黨人之秘密組織先後有種族研究會、文學研究社、自治團、蘭友社、益智社、武德自治社、將校研究團、柳營詩社、德育會、數學研究館、振武尊心會、義譜社、神州學社、群英會、競存社、黃漢光復黨、輔仁會、忠漢團等，其名稱雖異，而潛謀革命則無二致。或一人入數團體，更或數團體而合爲一團體，其後之文學社與共進會，大

⑬ 張難先「日知會始末」，引自「湖北革命之錄」頁八一至八三。

⑭ 革命逸史第二集，頁六四至六五。

率以此等社員團員爲基礎⑮。

(二) 湖北軍隊同盟會與群治學社

光緒三十四年（一九〇八）二月，前日知會員任重遠自四川歸武昌，加入湖北新軍四十一標三營前隊爲士兵，屢與黃申薌、郭撫宸、章裕昆等相商，擬以前日知會會員爲骨幹，倡組革命團體，並就商李亞東於漢陽監獄，決定設立「湖北軍隊同盟會」，由任重遠等分途聯絡，歷時兩月，應和者四百餘人。六月二十八日開成立大會於洪山羅公祠，鑒於日知會之失敗，不立章程，舉動自行約束。李亞東特創辦通俗白話報以鼓吹之，鄂省軍人以久受壓抑，突有革命組織，頓呈蓬勃之現象❶。「湖北軍隊同盟會」活動僅五月，因任重遠赴四川，會務停頓。惟其組成於湖北革命團體斷續之時，居有「繼往開來」之地位，亦爲湖北軍界自行組織革命團體之肇端。

光緒三十四年（一九〇八）十月，湖北陸軍與江蘇陸軍會操於安徽太湖，適清慈禧太后與光緒帝相繼死，熊成基謀起事於安慶，與湖北新軍有所聯絡。湖北軍隊同盟會員楊王鵬、郭撫宸、章裕昆等，感於革命時機之迫切，在太湖貓兒嶺宿營地荒塚間，商議進行辦法，決定湖北軍隊同盟會在「外避目標，內策自治」原則下，改名「群治學社」。及返武昌，聞熊成

⑮ 張國淦「辛亥革命史料」頁十六至十八。

❶ 「湖北革命知之錄」，頁一四五。

基失敗亡命，遂由楊王鵬、鍾畸、郭撫宸、鄒毓琳、唐義文、鄒潤猷、張文選、莫定國、萬奇、章裕昆等十人爲發起人❷，推鍾畸起草宣言及社章，其宣言曰：

> 英人常云：大陸之上茍有一二英人足跡，則成爲第二英國，此非誇大之言也。豈盎格魯散遜人其天生之耶？亦曰研究學識而已。我中國四千年來，素號文明古國，然自孟軻而後，不得其傳焉。降而至今，積弱無能，任人欺侮，臺灣朝鮮相繼沈淪，我同胞若非涼血動物，能不痛心。倘不急起直追，則危亡懸於眉睫。同人等有見及此，故發起組織群治學社，研究學識，講求自治，促醒獅之猛醒，挽既倒之狂瀾。同胞！同胞！時乎不再，盍興乎來。❸

文字中雖無公開排滿語句，實暗蘊革命宗旨。另訂簡章如下：

> 第一章　宗　旨
>
> 本社以集合多數人知識，研究學問，提倡自治爲宗旨。

---

❷ 章裕昆「文學社武昌首義紀實」，頁五。

❸ 同上書，頁六。

第二章 名稱

本社爲集合多數同志知識，研究學問，提倡自治起見，故定名爲群治學社。

第三章 組織

本社設社長一人，於社員中選任之。文書二人，會計一人，庶務一人，評議員若干人，均由社員中推任之。

第四章 職責

社長管理本社一切事項，文書員專司本社一切文件冊據保管事項，會計專管理本社捐款收入支出保管事項，庶務專司關於本社一切事務事項，評議員專負指導本社同志研究學問，促進自治之責。凡社員均有介紹新同志加入本社之義務，每月每人須介紹新同志二人以上加入本社。

第五章 經濟

本社社員須繳納入社金一元，社員月捐，就各人所得薪餉十分之一，充本社經費。

第六章 入社

凡加入本社之同志，須得本社社員三人以上之介紹，經本社派員考查，確認爲與本社宗旨相合，願守本社一切規章者，方得爲本社社員。

第七章　附　則

本簡章如有未盡之處，得臨時修改之。❹

十一月二十日，遂在武昌小東門外三里許沙子嶺金臺茶館開成立大會，除通過宣言、簡章外，並議決兩案：（一）本社暫設庶務一人，維持社務進行。其餘各職員俟本社範圍擴大到相當時期再定，並推定鍾畸擔任。（二）本社同志介紹新同志入社時，不得介紹官佐，以防不虞，其餘照簡章進行❺。於是湖北新軍第四十一標姚鈞、李長齡、廖湘雲、王守愚、蔡大輔等，第四十二標祝夢熊、黃依僧等，第三十一標李鑫、謝鶴臣等，第三十二標單道康、孫昌復等，砲隊第八標李慕堯等，先後加入爲社員，並分擔本標之革命運動❻。

宣統元年（一九〇九）六月，楊王鵬升遷至四十二標第一營左隊司書生，與隊官潘康時友契，破例介紹入社，官佐入社者自此開始。未幾潘康時命新投入其隊中工作之社員李抱良擔任群治學社庶務，四十一標一營左隊遂成爲群治學社之機關部。黨人胡祖舜爲武昌起義重

❹「湖北革命知之錄」，頁一四八至一四九。
❺同上書，頁一四七。
❻同上書，頁一四九至一五一。

要份子，時在第八鎮步兵第十六協第三十一標第三營當兵，胡氏記其事曰：

當其時也，鄂省新軍初建，軍容改觀，募兵制雖仍沿舊，而新兵入伍類多考試，文盲已居少數。張之洞猶創設陸軍特別小學堂，由營隊士兵考選入校。……一時文人學子，爭相投効，每一營隊，濟濟多士，革命思想潛移默化，革命小組，秘密滋生。其最著者，除共進會自東京輸入外，厥爲文學社之前身——群治學社，純爲軍中士兵所秘密組織。時有漢川蓮子湖畔人趙士龍者，有志士也，與余同伍中沔陽人除邦俊友善，時相過從，或研究學術，或縱談國事，久之暱如昆季。一日談及群治之組織及宗旨，余甚韙之，相與密議從事革命小組之組織。士龍極表同情，遂即介紹其同鄉之四十一標兵士張振翮，由邦俊介紹新入伍之同鄉劉國禎，由余介紹塘角混成協輜重隊士兵羅一安。一安爲余居鄉時與鄰村同學之程鏡清，三人曾結爲異姓兄弟者，遂以此六人爲基幹，組織蘭友社，是爲余從事革命運動之始，時紀元前三年事也。❼

先是漢口有羅某主辦「商務報」，將綴業，經由黨人劉堯澂（復基）之兄星澂介紹，由詹大悲出資接收。同年冬，黨人宛思演，斥資二千元，由詹大悲任主筆，何海鳴任編輯，梅寶

---

❼ 胡祖舜「六十談往」第一輯，引自中華民國開國五十年文獻第二編第一册，頁一三六至一三七，以下簡稱開國文獻。

璣、查光佛任筆政，劉堯澂任經理，日出兩張，言論激烈，爲漢口報界革命之急先鋒，革命空氣益加彌漫❽。

宣統二年（一九一〇）四月，兩湖發生水災，長沙饑民數千人，焚撫署及教堂，風潮擴大，清廷派湖北新軍第四十一標前往彈壓，並調北洋軍隊前往相助。群治學社社員黃申薌、單道康、黃孝霖、孫長福等欲乘機在鄂發動，派黃孝霖赴湘，林兆棟赴川、鄂邊境分途聯絡，孫長福則密運炸彈至四十一標以備所需。時北洋軍隊已到達漢口劉家廟，而黃等行動被清吏偵知，乃下令戒嚴，派憲警至南湖三十二標捕黃申薌，申薌踰垣逃逸，秘密赴滬。黃孝霖、賀公俠走四川，風聲所播，群治學社之名益著。湖廣總督瑞澂遂飭軍中嚴密搜查，幸李抱良（如六）先將社中文件册據密藏，未被獲得，惟在嚴厲監視下，商務報被查封，工作進行大感困難。

四十一標三營社員彭新振，隨隊駐防下畔湖（潛江境內），日與饑民聯絡，鼓吹革命，被排長黎照讀偵知，科以不守軍紀罪，開除軍籍，雖未株連他人，然已失卻在彼繼續活動之可能矣❾。惟群治學社自成立以來，歷時一年又九個月，對軍界下層革命基礎之貢獻甚大。

(三) 振武學社與文學社

---

❽「文學社武昌首義紀實」，頁十。

❾同上書，頁十二。

宣統二年（一九一〇）七月，湖北新軍第四十一標由湘返鄂，群治學社社員李抱良（六如）、楊王鵬、章裕昆等，在該標一營左隊開會，咸以群治學社既爲外間所注意，不如另成立新組織，乃定名「振武學社」，推楊王鵬起草簡章，大體仍本群治學社精神，惟標明聯絡軍界同袍，講求武學爲宗旨。錄其簡章如下：

一、名稱：本社專以聯絡軍界同袍，講求武學起見，故定名爲振武學社。

二、組織：本社設社長一人，由社員中選充，文書員二人至四人，會計一人，庶務一人，評議員若干人，均由社員中推任之。各標設標代表一人，由各標社員中推任之。各營設營代表一人，由各營社員中推任之。各隊設隊代表一人，由各隊社員中推任之。

三、職責：社長管理本社一切事宜，文書專司本社文社冊據保管事項，會計專司本社捐款收入支出保管事項，庶務專司關於本社一切事務事項。評議專負指導本社同志學問研究，撰擬問題，糾正錯誤之責。標代表同全標同志，研究學問，徵集本標社員，捐款彙送本社會計點收。營代表督同全營同志研究學問，徵集社員，捐款按月送交本代表點收。隊代表亦如之。凡本社社員，有介紹新同志加入本社之責，每月每人應介紹二人以上加入本社。

四、經濟：本社社員，須納入社金一元，社員應繳納月捐薪餉十分之一，充本社經費。按月放餉後五日內由標代表彙送本社會計點收，存放銀行。開會時會計須報告賬目，並銀行存摺帶會驗明，以示公開。

五、入社：凡願加入本社者，須本社三人以上之介紹，經本社派員考查，確認與本社宗旨相合，願遵守本社一切規章者，方得爲本社社員。

六、附則：本簡章如有未盡之處，得臨時更改之。❶

八月十五日開成立大會於黃土坡「開一天」酒館，舉楊王鵬爲社長，李抱良（六如）爲文書兼庶務，並議決標代表方可參加幹部會議，營代表承標代表之命，秘密進行工作，因此不同營之社員，彼此互不相識，組織較前更加嚴密。

上海公學學生蔣翊武、劉堯澂（復基）等，爲便於活動計，由同志黃貞元介紹，投入四十一標三營左隊充士兵。九月九日開標代表會於黃鶴樓之風度樓，參加各單位代表爲：三十一標代表江國光，三十二標代表單道康，砲隊八標代表李慕堯，四十一標代表湘雲，四十二標代表祝夢羆。由楊王鵬任主席，各代表報告社員人數，共計二百四十餘人。此後各社員吸收同志與日俱增，惟風聲頗外洩。第二十一混成協統黎元洪斥責隊官潘康時庇護革命黨，予以撤職，以施化龍接任，於是楊王鵬、李抱良等悉被開除，振武學社社務改由蔣翊武主持❷。

振武學社被查禁時，黃岡人胡爲霖於十一月出銀五百兩，創辦「大江白話報」於漢口歆

❶「湖北革命知之錄」，頁一五二至一五三。

❷同上書，頁一五三至一五四。

生路，由詹大悲任主筆，何海鳴副之。旋胡離武昌，大悲另籌三千元，自任經理，去白話二字，專以鼓吹革命爲職志，黨人何海鳴、黃侃、居正、田桐等，常發表文字於報端，革命精神爲之一振❸。

宣統二年（一九一〇）冬，蔣翊武鑒於革命團體之屢次遭破壞，欲求一完善之保全政策，遂以研究文學爲由，更名「文學社」。宣統三年（一九一一）正月元旦，假藉新軍團拜爲名，開成立大會於黃鶴樓之風度樓，討論進行方法，擬定章程如下：

一、名稱：本社以聯合同志研究文學爲宗旨，故名文學社。

二、組織：本社設社長一人，副社長一人，文書部長一人，評議部長一人，均由社員推舉之。

甲：文書部：（一）文書四人，（二）會計一人，（三）庶務一人。

乙：評議部：（一）評議員若干人，（二）糾察員若干人。

三、職責：社長管理本社一切事項，督同社員，發展本社社務。副社長協助社長發展社務，如社長有事他往時，副社長得代行社長職權。文書部長管理本社一切文件冊籍，保管事項，會計庶務等屬之。評議部長專司指導本社社員研究學識，糾正錯誤。文書協助文書部長，辦理本社一切文件，保管冊籍等事項。會計專司本社

❸ 李廉方「辛亥武昌首義記」，頁十二，民國五十年十月黨史委員會影印版。

社員捐款收入支出保管事項，庶務專司關於本社一切事務事項。評議員協助評議部長專司指導本社社員研究學識之責。糾察員專司聯絡本社社員感情及糾正社員錯誤。標代表管全標一切進行事宜，營代表亦如之。

四、經濟：本社社員繳入社金一元，每月按月薪繳納月捐十分之一。各隊代表收集，於放餉二日內送交營代表。營代表於放餉三日內收集送交標代表。標代表五日內集全標捐款送本社會計點收，存放銀行。開會時會計須報將簿摺交會審查。

五、入社：凡願爲本社社員者，須得本社三人以上之介紹，經本社派員調查，認爲與本社宗旨相合者，方得爲本社社員。

六、附則：本簡章如有未盡之處，得臨時更改之。❹

眾推蔣翊武爲社長，詹大悲爲文書部長，蔡大輔、王守愚爲文書員。劉堯澂（復基）爲評議部長，鄒毓琳爲會計兼庶務，胡瑛亦在獄策畫一切。二月十五日蔣翊武在黃土坡招鶴酒樓招開代表會，復舉王憲章爲副社長，職務分配略有變更，張廷輔爲總務部長，劉堯澂爲評議部長，王華國、楊載雄爲評議員，王守愚、李肇甫任聯絡，龔俠初、陳磊任調查，唐義支、羅良駿任庶務，胡培才、蔡子勝任糾察，鄒毓琳任會計，蔡大輔任文書，唐鼎申任偵探，胡玉珍任懲罰，詹大悲、何海鳴、宛思演、胡爲霖等主辦漢口大江報，梅寶璣、查光佛、黃侃

---

❹「湖北革命知之錄」，頁一五九至一六〇。

等則襄辦筆政。胡瑛於武昌府獄中，亦參預機要❺。並推派章裕昆投入馬隊第八標三營左隊，吸收馬隊份子，旬日之間馬隊第八標入社者四十餘人。時社員已逾八百，官佐不及百分之三。計二十九標代表張喆夫，三十標代表張鵬程，工程隊第八營代表馬榮，第四十一標第三營代表闕龍，砲隊第二十營代表晏柏青，第二十一混成協砲二輜重營代表余鳳齋❻。

方文學社社務突飛猛進之際，適逢三月二十九日廣州之役失敗，各省疆吏防範革命黨甚嚴，文學社常會難以如期召開。劉堯澂恐社員失去聯絡，運動或趨鬆懈，乃請假出營，蟄居閱馬廠文昌閣，每日前往各營探問，藉以溝通消息❼。時大江報對不法軍官攻擊甚力，清吏畏之如虎。第二十九標管帶李襄鄰尅扣軍餉，大江報大書特書，卒至革職查辦❽。

四月十二日，文學社以風潮略平，復在黃土坡同興酒樓開代表會，除原有代表外，已有馬隊代表參加，而社員已增至三千人矣。劉堯澂以社務擴張，提議專設機關辦公，遂決定以武昌小朝街八十五號張廷輔寓樓上爲總機關，由劉堯澂、王守愚、蔡大輔住社辦公，另增設總務部，由張廷輔任部長，並決議與共進會結合以厚實力。五月端陽節，文學社復舉行代表會，以新軍第四十二標分駐漢口與漢陽，乃決議設立陽夏支部，推胡玉珍爲總代表兼支部長，

❺ 胡祖舜「武昌開國實錄」，引自革命文獻第四輯，頁一九。
❻ 章裕昆「文學社武昌首義紀實」，引自「開國文獻」第二編第二册，頁一〇九至一一八。
❼ 「湖北革命知之錄」頁一五八至一五九。
❽ 「文學社武昌首義紀實」，引自「開國文獻」第二編第一册，頁一一六至一一七。

並決議將湖北新軍中其他零星革命團體益智社、將校團、神州學社併入文學社❾。

㈣ 共進會

先是同盟會成立後，於光緒三十三年（一九〇七）春新設十部，其中調查部由焦達峰任部長，專以聯絡各省秘密會黨爲職志。達峰以長江各省會黨領袖頭腦簡單，非另設小團體，委用熟悉會黨情形者，分途招納，不易生效。又以同盟會誓約內「平均地權」四字含意高深，非知識幼稚之會黨所能了解，故約集一部分同盟會員，別組織共進會，專司聯絡會黨任務。且將「平均地權」改作「平均人權」，以免吸收會黨份子時費力。乃於同年秋開成立大會於東京清風亭，選舉四川人張伯祥爲會長，江西人鄧文輝副之。其重要幹部鄂人有居正、劉公、羅杰、楊時傑等，川人有熊克武、李肇甫、喻培倫等，湘人有覃振、楊晉康、馮鼎新等，贛人有彭素民、黃格鷗、湯增璧等，浙人有陶成章、張恭、金鼎等，粵人有聶荊、熊越珊、夏重民等，桂人有譚嗣黃、劉玉山、黃銘等，滇人有趙聲、王武、張大義等，皖人有孫作舟、方漢成等。初以居正、羅杰寓爲臨時會所，後遷於青山區華群學會。其宣言極通俗淺顯，略曰：

> 我們這個會爲什麼叫做共進會呢？這是很有箇意思的。……這共字是共同的意思，單

---

❾「湖北革命知之錄」頁一五九。

就我們立這個團體説，就是在會的人，個個都要同心合意，共做事業，不可一人別懷他樣的異心。就本會以外説，凡與我們同樣地，不論他叫什麼會名，我們總要聯合起來，結成一個大團體，共同去做事業。所以這共字就是合我們全中國各種的會，一同去做事的意思。至於這進字，就是要長進我們各會員的智識，把從前那些做偏了做小的事丢開，尋一個正正大大的題目去做。我們的智識就是要認眞這個題目，把題目認眞了，就趕緊去做，只有進無退，不許有絲毫懈怠的心。那題目好比射箭的垛子，我們的眼睛把那垛子認眞了，把我們的身子當作一根箭，如飛的一般務要釘在那垛子上，若是稍有一點兒躲閃，就半路落下來。所以我們取個進字，前一層是進我們心中的智識，後一層是進我們的身子去做那智識上認定了的事，這是我們取共進二字字面的意思了。

我們中國自從盤古以來，就是漢種人居住，漢種人做皇帝，到了明朝崇禎的時候，那東邊夷狄滿洲的滿種，忽然强起來，趁我中國有難，就乘虛殺進來，把我們漢種人殺得屍骨堆山，血流成河，姦淫擄掠，無所不至，就做了中國的皇帝，把殺不完的漢人，當作他們的奴隸，隨便他虐待。……若是守我們本會正大的宗旨，去驅逐滿人，世界上就稱我們爲革命的英雄。❶

❶ 胡祖舜「武昌開國實錄」，引自革命文獻第四輯頁九至一〇。

其入會資格不若同盟會之嚴，手續亦無同盟會之繁重。其盟書亦用天運甲子紀年，徽章旗幟用十八錐角交錯形，取十八行省鐵血聯合之義，實係光緒三十二年（一九〇六）東京同盟會本部討論國旗時之另一主張，亦即辛亥武昌首義時所用者。會員相見時另有隱語，大率以「中華民國」四字分析嵌用爲準，有時亦參用同盟會之握手禮。擁護同盟會總理　國父孫中山先生爲最高領袖，以示不另成系統，所定官制襲用同盟會之三等九級❷。焦達峰於共進會成立前，曾以其事告黃興，黃興認爲不可在同盟會外另成立組織，與之駁辯多次。及聞其成立，而　國父在南洋籌劃軍事，未便商討，遂亦置之。

光緒三十四年（一九〇八）春，共進會長張伯祥離日回四川，改選鄧文輝繼任會長，旋文輝亦去，由劉公繼任。居正任參謀，彭素民任文牘，何慶雲任交通，馮鼎新任黨務。未幾孫武自國內逃日，亦加盟爲會員，重新改組，孫武任軍務部長，聶荊任內務部長，彭漢遺任外務部長，焦達峰任參謀部長，袁麟閣任理財部長，陳兆民任調查部長，復移會所於大森體育會首和田屋。因顧慮到將來全國各省革命同時發動，避免各樹一幟，力量分散，於是推定聶荊爲廣東都督，劉玉山爲廣西都督，鄧文翬爲江西都督，焦達峰爲湖南都督，劉公爲湖北都督，何其義爲四川都督，孫作舟爲安徽都督，傅亦僧爲江蘇都督，羅浩爲河南都督。❸同

---

❷ 馮自由「革命逸史」第一輯頁二四九，民國二十八年六月商務印書館出版。

❸ 李白貞「共進會成立到武昌起義前夕的活動」，原載「辛亥革命回憶錄」，引自湖北文獻社編「辛亥武昌首義史編」上冊，頁二七三，民國六十年十月出版。

年九月，共進會主要會員孫武、焦達峰等相繼回國，分途進行。於是有湖北共進會之發生。

孫武既抵漢口，以鴻順里三十四號爲機關，湖北同志鄧玉麟、查光佛、劉英、劉玉堂、劉燮卿、李白貞等集會歡迎，決定先成立共進會湖北分會。未成立前先建立下列四個通訊機關：（一）漢口河街新大方棧，派劉玉堂負責。（二）漢口一碼頭湖北日報館，派鄭江灝負責。（三）漢口漢興里七十三號，派劉燮卿負責。（四）武昌磨子橋，派吳肖韓、潘善伯負責❹。分設通訊處於上海公學曾忠恕處，岳州高等小學堂彭蠡處，長沙太平街同福公棧，宜昌潘級陞寓。焦達峰則往來湘、鄂間，互相策應，並與群治學社社員黃申薌、鄧玉麟、查光佛等相結納。時黃申薌在興國、大冶，劉英、宋鎮華在安陸、德安，彭漢遺在黃州，袁菊山在襄陽、樊城，均有所活動。劉玉堂爲長江會黨領袖，營新大方客棧於漢口，對長江會黨頗具影響力，因以黃、劉、彭、袁、劉等五部編爲五鎮：以黃申薌爲第一鎮統制，宋鎮華爲第二鎮統制，其餘三鎮擬以彭、袁、劉等分統之，仍推劉公爲大都督，劉英爲副都督。卒以餉械兩缺，進行困難，而會黨人物尤不受約束。湖南潘平界部之焦逸山，湖北劉英部之龔世英、劉伯旗，黃申薌部之柯玉山等先後暴動，因之全功盡棄，孫武遂離鄂經廣西至香港，與同盟會香港支部同志胡漢民、趙聲等計議一切，湖北共進會會務改由黃申薌所主持。申薌原爲新軍中秘密團體種族研究會之負責人，於是將工作重心移至新軍，成立指揮團，札委一部分新

---

❹同上書，引自「辛亥武昌首義史編」上册頁二七一。

軍同志爲大都尉，而編會黨群衆爲補充隊❺。

宣統二年（一九一〇）秋，共進會員劉公、楊時傑等自東京返國，黨人活動更加積極，以會黨名目紛歧，特改爲「中華山」以統之。宣統三年（一九一一）正月，孫武自香港返鄂，居正亦奉香港統籌部命抵武昌，感會黨之不足恃，乃積極向軍中發展，初設機關於漢口法租界長清里九十五號，及漢興里三十三號，繼設總機關於俄租界寶善里十四號。由鄧玉麟開設同興酒樓於與軍隊接近之黃土坡二十號，專事軍隊之聯絡。凡各標營隊之入會者，將姓名登記於流水賬簿，以錢數記其年齡，正副目記爲一元，以資識別。孫武則賃居於武昌水嶺三十三號，積極活動。以其名武，誤傳爲 國父之介弟，由是加入共進會者約二千餘人，軍界若彭楚藩、楊洪勝（宏勝）、熊秉坤、李鵬昇、金兆龍等，學界若張振武、李春萱、牟鴻勛等，皆加入爲會員焉。共進會與文學社爲武漢革命團體之兩大主流，其來源雖然不同，其宗旨則屬一致。

宣統三年（一九一一）正月二十五日，共進會員譚人鳳奉香港統籌部命抵漢口，進行長江流域聯絡，籌劃響應廣州大起義，「國父年譜」記其活動經過曰：

> 譚人鳳欲在江、浙、皖、湘、鄂等處聯絡軍人，先在各省設立機關，以備響應。一月六日，人鳳至統籌部告黃興、趙聲，謂南京早有所謀，而兩湖居全國中樞，地勢險要，

---

❺「武昌開國實錄」，引自革命文獻第四輯頁十三至十四。

得之足以制清廷之死命。並謂居正、孫武日夕爲武昌謀，惟缺於資，不能設立機關，以張大其勢。湖南同志甚多，亦以缺於資，不能爲進行之部署。誠能予以經濟資助，則兩湖機關一立，勢力集中，廣東一動，彼即響應，中原計日可定也。黃、趙然之，即交人鳳二千金，使向各方進行。人鳳即乘輪北行。是日至漢口，召集居正、孫武、楊時傑、查光佛、劉英等開會，籌商響應計劃。以六百金予居正，二百金予孫武，俾設機關於漢口租界地。人鳳再至長沙，籌備湖南黨務，適謝介僧、劉承烈自日本歸，道其事於同志，同志聞之，極爲熱烈。人鳳即以餘款交由曾伯興、謝介僧等，部署一切，事畢去上海，旋赴香港親自參黃花岡之役。❻

蓋香港統籌部鑒於迭次起義偏於西南，而武漢居全國中樞，得之足以動搖全局，故遣人鳳至鄂活動，武漢黨人士氣爲之大振。同年二月初六日，香港統籌部趙聲、黃興、胡漢民等致函美洲致公堂，報告國內起義進行情形，略曰：「此間諸事俱已著實進行規畫，以兩粵爲主，而江、湘、鄂亦均爲布置。」❼可爲黨人重視兩湖軍事之明證。

---

❻ 黨史委員會編「國父年譜」，增訂本，上冊，頁三二八至三二九，民國五十八年十一月出版。

❼ 「革命逸史」第四集頁二二一至二二二，民國三十五年八月商務印書館出版。

五、湖北新軍與武昌起義

(一) 文學社與共進會之聯合

先是文學社與共進會在湖北新軍中分途擴張勢力，文學社領導人物多爲新軍士兵，共進會領導人物多爲知識份子，因出身之各不相同，爭奪地盤，不免有所嫌隙。文學社社員章裕昆記其事曰：

初馬隊同志尚未正式加入文學社也，至本社召開代表會議時，約派代表參加。共進會亦同時函邀開會，馬隊同志公推黃維漢偕章裕昆前往兩處到會察看，宜加入何者再行決定。黃、章先往共進會謁孫武，見有楊玉如等數人在坐，並非開會，即出志願書二份，囑二人塡寫。章即托故出，復往招黃，而黃已塡就，繼赴文學社開會畢。返營，黃維漢即夕召集馬隊同志開會，報告往文學社、共進會經過情形，衆謂黃君今日乃團體行動，不應個人獨塡志願書，黃默然。熊楚斌謂先決問題是各同志加入何種團體，如願加入文學社，則去函共進會，請取銷之，未始不可。咸主加入文學社，當推黃維漢爲馬隊八標代表，黃冠群、文東明、蕭志和爲營代表，並請黃函共進會取銷所塡志願書，議定，散會。次日黃修函由蕭志和送共進會。陳孝芬旋函章裕昆，謂宜一致行動，不可各樹一幟，致生黨同伐異之嫌。章亦復函謂殊途同歸，決無伐異之事云。一日劉復基至馬隊，以此事相告。劉曰：現在時局逐漸緊張，吾人正宜與共進會結合，黽勉同心，以厚革命勢力，下次開會可提出討論，但勿與外人道也。❶

宣統三年（一九一一）三月二十九日廣州之役失敗後，黨人益知長江流域革命之重要。黃興於考慮全國形勢後，亦認爲起義地點以武昌最相宜❷。香港統籌部乃派譚人鳳攜款八百元至武漢，與共進會人物居正、孫武會商起義辦法。人鳳未至前，共進會已在四月初假武昌胭脂巷二十四號機關部舉行緊急會議，詳商應付策略。決定與文學社一致行動，以武昌新軍與襄、樊一帶會黨爲主力，發動於鄂省，並推楊時傑、查光佛、楊玉如等與文學社聯絡，俾能同舟共濟，以免兩敗俱傷。四月十二日，文學社再開代表大會於黃土坡招鶴酒樓，除原有代表外，並有馬隊代表參加，社員已增至三千餘人。亦接受社員劉堯澂建議，決定與共進會攜手合作，並謀大舉❸。於是共進會代表楊時傑、楊玉如，文學社代表劉堯澂、王守愚等，於次日在武昌長湖西街八號龔霞初寓會商聯絡之策。楊玉如、楊時傑謂孫武有鉅款，可補助文學社，合併後請推孫武爲領袖。劉堯澂則謂文學社決不接受補助，但孫武如有所計劃，在

❶ 章裕昆「文學社武昌首義紀實」，引自開國文獻第二編第一册頁一一四至一一五。
❷ 辛亥年八月十四日黃興致馮自由函，載「革命逸史」初集頁三五一至三五三。
❸ 劉堯澂傳，載「湖北革命知之錄」頁二六二至二六三。

可能範圍内當予贊助，彼此不得猜嫌，互相破壞。此次會議，因共進會頗有合併文學社之議，並無具體成就❹。

五月初，譚人鳳抵武昌，復勸共進會、文學社兩派合併，和衷共濟，相輔而行。劉公以其所寓之雄楚樓十號爲集會機關，並出其預備北上捐官之五千金爲發動費❺，黨人精神爲一振。黨人吳醒漢記其事曰：

> 當辛亥廣州三月二十九日失敗後，譚石屏（人鳳）於五月下旬（按：應爲上旬之誤）到漢，與各同志會商，決定以武漢爲發難地。各同志即積極進行，新軍中各有組織，二十九、三十兩標同志，組織一將校團及下士班，專爲運動下級幹部及兵士，成效最著，其主幹人爲蔡濟民、吳醒漢、張廷輔、王憲章、王文錦、徐達明等。其他各方面，工程營熊秉坤、方興等，砲隊孟華丞（臣）、徐萬年等，輜重營胡祖舜等，各分組小團體甚多，因時勢緊迫，由查光佛、劉堯澂爲之斡旋，併合爲一。❻

其時四川保路運動已經劇烈展開，黃興特寄譚人鳳詩一首，極力主張在長江上下游特別

---

❹「文學社武昌首義紀實」，引自「開國文獻」第二編第一册頁一一四。

❺譚人鳳「牌詞」，黨史會庫藏史料。

❻吳醒漢「武昌起義三日紀」，黨史會庫藏油印本，引自湖北文獻社偏「辛亥武昌首義史編」下册頁一〇七一至一〇七二。

是武漢起義，詩曰：

懷雖不遇粵途窮，　露布飛傳蜀道通。
吳楚英雄戈指日，　江湖俠氣劍如虹。
能爭漢上爲先著，　此復神州第一功。
愧我年年頻敗此，　馬前趨拜敢稱雄？❼

同年六月，詹大悲在大江報著一文，題目「大亂者救中國之妙藥也。」何海鳴著一文，題曰「亡中國者和平也。」清湖廣總督瑞澂聞之，下令捕詹、何二人，查封大江報館，何聞訊走避，僅獲詹大悲。清吏詢大悲，何海鳴安在？大悲謂我報館主筆，願一人負責，清吏不許，仍索何甚急。越三日，何海鳴投案，幸得各報聲援，兩人均判徒刑一年半寢事，外間空氣頓形緊張❽。

時譚人鳳已沿江東下，於閏六月十六日合宋教仁、陳其美等二十餘人組織中部同盟會於上海北四川路湖北小學，作爲長江流域革命之發縱指示機關。於是中部各省分會相繼成立，湖北由居正主持，湖南由焦達峰主持，南京由章木良（梓）主持，安徽由范光啓、鄭贊丞主

❼ 錄自李書城「辛亥前後黃克强先生的革命活動」，載「辛亥革命回憶錄」第一集。
❽ 「文學社武昌首義紀實」，引自「開國文獻」第二編第一冊一一六。

持，皆直接受上海總機關統轄，以聯絡長江流域軍隊爲目標。時東京本部吳永珊、張懋隆來滬，即派赴蜀，設立四川分會，於是革命中樞自南方移至長江流域，而以武漢爲重心，此乃武昌首義全國迅即響應之一大原因❾。

七月初，文學社、共進會兩團體復開聯合會，決議推舉蔣翊武爲革命軍臨時總司令，孫武爲參謀長，劉堯澂、蔡濟民、吳醒漢爲參謀，王憲章、張廷輔、彭楚藩等爲軍事籌備員，鄧玉麟、楊宏勝任傳令通訊，總指揮部份設小朝街八十五號，此外楊玉如、楊時傑任內務，李作梗任敗政，牟鴻勳、查光佛、邢伯謙等分任秘書交際。另在漢口寶善里十四號機關部草擬文告，定製旗幟，趕造炸彈，分由孫武、牟鴻勳等任其事。七月二十二日次第準備就緒，兩團體爲起義事復在雄楚樓十號開聯席會議，推劉公爲臨時主席，會中孫武（共進會）提議兩團體切實合作，即刻發動起義，劉堯澂（文學社）則建議將兩團體名義取消，以武昌革命黨人之身份向滿清宣戰，劉公當衆宣佈願取消湖北大都督之名銜，蔣翊武、王憲章則分別表示願取消其文學社正副社長名義。楊玉如以爲革命不可群龍無首，必須推舉主帥，統一事權，衆表贊成。終由於劉公、孫武、居正、蔣翊武等相互謙讓，無法作成決定。嗣居正提議至香港、上海請黃興、宋教仁、譚人鳳等來鄂主持，乃於二十四日決定請居正、楊玉如赴滬購手槍，並摧黃興、宋教仁、譚人鳳早日來鄂。同時決議二事：（一）就武昌城內擇要多開旅社，

❾ 牌詞。

平時互通聲氣，有事即爲集合點。（二）就漢口租界分租密室，以便於製造爆炸物及旗幟文告等❿。

八月初三日，孫武、劉堯澂等復在武昌胭脂巷十一號分機關部胡祖舜寓，商討首義動員計劃，到會者六十餘人，以蔣翊武赴岳州未返，共推孫武爲主席。首由孫武報告兩團體合作之必要及經過，一致決定以八月十五日爲發難日期，並電知湖南焦達峰同時起兵。軍中組織依照規定以十人爲一分隊，三分隊爲一支隊，三支隊爲一大隊。各隊置大隊長一人，副隊長二人，大隊長由總代表兼任，其他各級隊長副隊長由總代表就營代表中指定，或由隊員互推之，並決定首義計劃如下：

一、混成協輜重、工程兩隊總代表李鵬昇，擔任首先縱火爲號。（以其營房位於草湖門外塘角舊愷字營，地臨江岸，南北兩岸及城內皆可望見。）同營混成協砲隊總代表蔡鵬來，率隊響應，即以一支隊由草湖門佔領鳳凰山砲台，以一支隊佔領青山，迎擊海軍，由輜工兩隊分別派隊掩護之。

二、第八鎮工程第八營總代表熊秉坤，擔任佔領中和門內楚望台軍械所。（因其營房位於楚望台附近）右旗八鎮步隊，第二十九、三十標總代表蔡濟民、方維等，率隊響應，以與工程營會合於楚望台，協同進攻總督署。

---

❿ 李廉方「辛亥武昌首義記」頁七二。

三、南湖八鎮砲隊第八標徐萬年、蔡漢卿等，率砲隊由中和門進城，攻擊總督署，由附近八鎮步隊第三十二標孫昌復、單道康等率隊掩護。

四、南湖八鎮馬隊第八標，及混成協馬隊第十一營留守部隊，由祁國鈞等以一部警戒於城外，以一部進城擔任傳騎隊。

五、第八鎮第三十一標及混成協部隊，第四十一標留守部隊，由趙士龍、闞龍等率領佔領蛇山，掩護砲隊，因其兩部同駐左旗營房，與蛇山相接也。

六、漢口駐軍混成協部隊第四十二標之一部，由代表林翼支等率隊響應，進佔武勝門。

七、漢陽兵工廠駐軍混成協部隊第四十二標之一部，由代表宋錫全等率隊響應，佔領龜山砲台。⓫

是日會議自午前十時起，至午後一時止，情況熱烈，文學社與共進會成員已融合爲一，皆磨拳擦掌，準備待時以殺敵，是爲武昌首義之肇基。

㈡ 事洩與延期

先是南湖八標砲隊三營正目同志梅青福，兵士汪錫玖，爲長官所忌，請假離營，同營同志霍殿臣、孟華臣、張富國、趙楚屏等爲之設宴餞行。八月初三日午後二時許，行令勸酒，

⓫ 胡祖舜「武昌開國實錄」，引自革命文獻第四輯，頁二二一。

慷慨悲歌，喧囂達戶外，排長劉步雲忽來干涉，致激公憤，暴動以起。孟華臣等奪砲出營，意欲攻城，幸附和者少，同志中亦有反省者，恐誤大事，相率自動引去，爲首諸人乃攜械逃逸。第八鎮統制張彪得報，以電話令毗連之馬隊統帶喻化龍派隊彈壓，追捕諸人。因所派馬兵內同志甚多，故意縱之去❶。孟華臣奪砲時手臂負傷，奔胭脂巷機關部，力斥主持者籌備稽延，坐失良機，孫武、鄧玉麟、胡祖舜等婉言相勸，告以居正等未歸，及本日會議之結果，始怏怏而去。事後八標砲隊中下級軍官懼禍，力爲彌縫，開除一二人軍籍寢其事，從此八月十五日首義消息竟致暴露。黨人胡祖舜身歷其境，記其事甚詳，其言曰：

> 午後二時許，南湖八標砲隊三營左隊正目梅青福，兵士汪錫玖請假離營，同志孟華臣、張富國、趙楚屏、霍華臣等設宴餞別，猜拳鬥酒，興高采烈，其排長劉武雲忽來干涉，致激公憤，暴動以起。由霍殿臣、趙楚屏爲首，號召同隊之同志，蜂擁至子彈庫，撞開庫房，拖砲實彈，意欲率砲攻城，幸附和者少，同志中亦有反省者，恐暴動實足誤事，相率自動引去。時張彪得報，乃以電話令毗連之馬隊統帶喻化龍派隊彈壓，並追捕在逃者；惟所派馬兵亦有同志參加，故縱之，未獲一人。其後蔡漢卿、徐萬年等散會歸，得知其情，乃密告爲首之霍殿臣，餘則一概歸營應點，處以鎭定，如官長追問，則委責於霍殿臣之一人，萬一究治多人，乃事非得已，即可立時發動。卒之張彪恐事

---

❶張難先「湖北革命知之錄」，頁二四八。

態擴大，不易收拾，未加深究，事乃得寢。時孟華臣手臂受傷新裹，猶有血痕，面帶怒容，分訪鄧玉麟、胡祖舜，力斥各機關主持者，籌備稽延，令軍中坐失時機，責難備致、鄧、胡等婉言勸慰，告以居正、楊玉如赴滬購械未歸，及本日會議結果，彼始怏怏而去。但自此次事變後，清吏知爲革命黨所策動，加嚴戒備，明察暗訪，而吾黨八月十五日首義之消息，竟致暴露，並見連日各報矣。❷

初清湖廣總督瑞澂易視黨人，以其多少年士兵，類皆知識缺乏，頭腦簡單，必怯弱無大志。及聞砲隊事變，始不自安，特電清內閣請將駐紮保定之陸軍，分撥數營來鄂以資防守❸。十二日召集文武官員會議（文官首縣以上，武官管帶以上），決定調水師統領陳得龍所部巡防隊入守督署及各要道，並令第八鎮統制張彪，第二十一混成協統黎元洪，各派得力部隊日夜巡視武昌城內外，檢查行人，禁止學生出校，收繳可疑新軍武器於楚望臺軍械庫，命工程第八營戍守之。並向漢口德領事切商，請多派兵艦來漢，以爲聲援。一面以雷船遊弋江面，一面置行轅於楚同兵艦，時宿止其上。楚同、楚豫諸艦，均日夜升火架砲，以防不測❹。

孫武等因情勢惡劣，恐及期舉事即遭失敗，因開會決定延期。李廉方所著「辛亥武昌首

---

❷ 胡祖舜「武昌開國實錄」，引自革命文獻第四輯，頁二一三。
❸ 上海民立報，辛亥年八月九日，第三頁，新聞。
❹ 「湖北革命知之錄」，頁二四九。

義記」謂湖南焦達峰亦以籌備不及，請改爲二十五日，武漢方面因居正、譚人鳳、宋教仁等回期不定，無法肯定發動時間，惟最遲當在二十日左右，隨時決定，並非應焦達峰之預約有所期待也❺。而龔霞初「辛亥首義之武昌兩日記」，則謂黃興曾有信來，指示武漢黨人必須遲至九月初旬，與計劃中之十一省同時舉義，方可無虞❻。

按黃興在香港曾於八月十三日以武漢革命軍發動在即，將往策應，需款孔急，急電南洋同志鄧澤如等曰：「四川事尚可圖，鄂軍能反正，需款急，興即往策應，不暇來商，祈公等籌款，盼覆。黃興叩。」❼同十四日，黃興得居正自上海派代表來香港報告，知武漢起義事在必行，鄂中同志有破釜沈舟之志。特函旅居加拿大黨人馮自由，轉電　國父，在美籌募鉅款以爲相助。並云已接受居正要求，不日將親赴長江上游參予起義行動。略曰：

> 鄂代表居正由滬派人來云：新軍自廣州之役預備起事，其運動之進步甚速。……近以蜀路風潮激烈，各主動人主張急進辦法，現殆有弦滿欲發之勢。又胡經武君（按：胡瑛字經武）亦派有人來，胡雖在獄，以軍界關係未斷，其部下亦約千人。……蓋鄂省軍界久受壓制，以表面上觀之，似無主動之資格，然其中實蓄有反抗之潛力。而各同志尤

❺李廉方「辛亥武昌首義記」，頁七四。

❻辛亥首義同志會主編「辛亥首義史蹟」，民國三十五年十月十日武漢日報印行。引自湖北文獻社編「辛亥武昌首義史編」下册，頁一〇六二，民國六十年十月中華書局出版。

❼「黃克強先生全集」，頁一二〇，民國五十七年十月黨史委員會出版。

憤外界之譏評，必欲一申素志，以洗其久不名譽之恥。似此人心憤發，倚爲主動，實爲確有把握，誠爲不可得之機會，若强爲遏抑，或聽其內部自發，吾人不爲之指揮，恐有魚爛之勢，事誠可惜。……今漢陽之兵器廠既歸我有，則彈藥不受缺乏，武器自足與北部之兵力敵，長江下游亦馳檄可定。沿京漢鐵路以北伐，勢極利便，以言地利，亦足優爲。……今既有此實力，則以武昌爲中樞，湘、粵爲後動，寧、皖、陝（前本有陝西人井勿幕君在此運動，今已得有多數，勢亦足自動，熊克武君亦馳赴該處爲之協助。）、蜀亦同時響應以牽制之，大勢不難一舉而定也。……總之，此次據居君所云，事在必行，即無外款接濟，鄂部同志不論如何竭絀，亦必擔任籌措，是勢成騎虎，欲罷不得。吾人當體念內地同志經營之艱苦，急爲設法籌集鉅款以助之，使得有以寬裕籌備，不致艱困從事，歸於失敗，徒傷元氣，不勝切禱之至。❽

清湖廣總督瑞澂恐黨人八月十五日起義，命武漢市民將中秋節提前一日舉行，是日特別戒嚴，不許士兵外出，及見平靜如常，反覺密告之不可信，黨人之不足慮也❾。

八月十八日晨，蔣翊武自宜昌返武昌，由劉堯澂（復基）召集各標營代表會議，討論起事辦法，各標營代表王憲章、席正銘、胡培材、余鳳齋、蔡大輔、彭楚藩、龔霞初、張鵬程、

---

❽ 同上書頁一一六至一一八，又見於馮自由「革命逸史」初集，頁三五一至三五三。

❾ 「辛亥武昌首義記」，頁七五。

張喆夫、江光國、廖湘芸、熊楚斌、李慕堯等先後至，多數主張即速發動，而蔣翊武主張謹慎從事。會甫散，而漢口機關部被破獲之消息傳至，乃不得不決定當晚起義。黨人龔霞初記其事曰：

在武昌首義決定以八月十五日為期的時候，黃克强來了一信，說各省沒有打通，一省不可輕舉。必須遲至九月初旬，與計劃中之十一省同時舉義，方可無慮。(劉)堯澂對此向蔣翊武徵詢意見，翊武沈吟了半響，才道：克强的心裡很有把握，凡事從謹慎一方面去做，自然是萬無一失的。堯澂說：我們這幾個人，雖說可以遲得，無奈各營的同志，都是磨拳擦掌，躍躍欲試，好像一會也等不得，我們必需將他們請到，共同商量。堯澂說完，接著命人到步、馬、工、輜、砲各營，去請一般代表，不一會均陸續到齊，翊武見他們已到，遂把黃克强主張遲緩舉義的信，委婉告訴他們，然後請他們發表意見，各代表都道：此時外面的謠言很大，若不及早動手，恐一旦破壞，大家都束手就擒，那時候還可以悔得轉來嗎？況且軍中同志十占八九，若一旦舉事，三鎮垂手可得，何必以他人為轉移？翊武此時還主張謹慎，堯澂毅然反對，斥翊武為怕死，翊武謝道：既是大家都主張急進，我當然是不能反對的，你們都去準備吧，緩兩天看風頭再作道理，一旦舉事當然有命令的。各代表散去之後，已有十一點多鐘，張廷輔由營裡出來，略略同翊武敍了幾句寒喧，接著便用午飯，飯將用完，忽然見邢伯謙跑來，一進門便慌忙說到，不好了，漢口的機關部已經失事了呢。翊武問底細，伯謙上氣不接下氣的喘著，把寶善里孫武弄炸彈，齊耀琳帶兵拿黨人的話，述了一番，翊武聽了嘆了一口氣，幾乎流下淚來。堯澂道：事已至此，哭也無益，怕也無益，一不做，二不休，到不如今夜起事吧。

這時鄧玉麟適從漢口來，聽著堯澂發此段議論，也就從旁贊成道，好得很，即日舉事，翊武！我們從前是舉過你做總指揮的，就請你即時下道命令。翊武道，我已吩咐他們整備，整裝待命。❿

先是宣統二年（一九一〇）夏，黨人黃復生謀刺清大臣端方未成，將未用之炸藥一包留置漢口長清里機關部，孫武以首義在即，急需炸彈，於十八日上午十時在寶善里十四號機關部樓上用之裝置彈殼，忽劉公之弟劉同口含紙煙從外歸來，登樓旁觀，落煙灰於配藥盆內，霹靂一聲，烟火四射，孫武手面受重傷，倉卒中黨人丁立中傾水救火，一處未已，一處又熾，乃以濕巾裹首，以身撲滅之。而鄰人大譁，汪性唐、陳光楚、李作棟等，以被覆孫武面自後門扶出，送往日人所設之同仁醫院求治。未幾俄巡捕至，黨人相繼逃避，所有旗幟、徽章、印信、文告，及新製中華銀行鈔票，被俄巡捕捆載一空。時劉公在同里別置住宅，爲俄巡捕偵知，遂將其弟劉同及黨人王炳楚、謝坤山、陳文山等三十餘人一併捕去，旋引渡至江漢關

---

❿ 龔霞初「辛亥首義之武昌兩日記」，原載辛亥首義同志會編「辛亥首義史蹟」，錄自「辛亥武昌首義史編」下册頁一〇六二至一〇六三。

署候訊。惟鄧玉麟以購錶外出得免，乃渡江至武昌小朝街八十五號機關部報告其事，黨人張難先復記其事曰：

（劉）堯澂曰：「時勢至此，設再悠悠，恐爲清吏所乘。」翊武驚愕失色曰：「將若何？」堯澂曰：「事急矣！革命當流血，予輩本犧牲精神應付之，奚遲疑爲也。」翊武指炸彈箱問曰：「製就否？」又曰：「方略已擬就，地圖已製好否？」堯澂曰：「炸彈製就者已分發各營，其存者尚未裝成底管。」乃以匣内擬就之方略（同盟會製定之革命方略）及地圖示翊武，翊武稱善。⓫

同日下午五時二十分，蔣翊武以臨時總指揮名義起草作戰命令，派人送至各營，定於當晚十二時發動，令曰：

一、本軍於今夜十二時舉義，興復漢族，驅除漢奴。

二、本軍無論戰守均宜確守紀律，不准擾害同胞及外人。

三、凡馬步砲工輜等軍，聞中和門外砲聲，即由原駐地拔隊，依左列命令進攻。

㈠工程第八營以佔領楚望臺軍械庫爲目的。

㈡二十九標二營由保安門向僞督署分前後進攻，一營前隊出中和門迎接砲隊，

⓫「湖北革命知之錄」，頁二四九。

左隊防守中和門，右隊防守通湘門，後隊助工程營佔領楚望臺。（三營出防鄖陽故不列）

（三）三十標撲滅旗兵後，即向各要地分兵駐守。

（四）三十一標留守兵分駐各城門防守。

（五）四十一標留守兵進攻僞藩署，及保守官錢、善後、電報各局。

（六）三十二標留守兵由保安門進城，協助二十九標二營進攻僞督署。

（七）馬隊八標一營進城後，分配各處搜索。二營向各城門外搜索，以四十里爲止。

（三營及混成協馬隊十一營，因出發襄陽一帶，故略。）

（八）塘角輜重十一營於本夜十二時在原駐地放火助威，藉寒敵膽。

（九）塘角工程十一營掩護砲隊十一營，由武勝門進攻，佔領鳳凰山。

（十）衛生隊於天明時往各處收檢陣亡屍骨，汽球隊於十二句鐘在諮議局前聽遣。

（輜重第八營現在僞督署守衛，諒不可靠。）

四、砲隊第八標於十一句半鐘即拔隊由中和門進城，以一營佔楚望臺，向僞督署及第八鎮司令部猛烈射擊，以二營左右隊佔蛇山，向僞藩署猛烈射擊，中隊留守原駐地。三營佔領黃鶴樓及青山一帶，防守江中兵艦。（我軍佔領時均即射）

五、四十二標一營左隊進攻漢陽城，前右後之隊佔領大別山及兵工廠，以中隊爲援隊。

六、四十二標二營佔領漢口大智門橋口一帶。

七、四十二標三營右後兩隊堵塞武勝關，前左兩隊防守花園、祁家灣一帶。

八、武昌彈藥槍枝暫由楚望臺軍械庫接濟，陽夏暫由兵工廠接濟。

九、凡各軍於十九日上午七句鐘，均至諮議局前集合，但須留少數軍隊防守已佔領地點。（陽夏駐軍不在此例）

十、余十二時前在機關部，十二時後在諮議局。（注意：本軍均以白布繫左膀爲標幟）⑫

此外另有一道命令：「南湖砲隊於是晚十二時鳴礮爲號，城內外各軍聞礮聲一齊動作。」⑬惟以當時滿清軍警戒備森嚴，傳令者受阻，砲隊未接到鳴砲命令，故是晚不及發動。然次晚各軍發動時即遵此命令執行，翊武統籌方略之功，實不可沒也。

(三) 八月十九日

八月十九日薄暮，黨人楊宏勝、鄧玉麟、李濟臣、胡祖寅等，先後用提蓋掩蓋蔬菜，裝運胭脂巷胡祖舜處所藏炸彈至中和門正街楊宏勝雜貨店，及小朝街八十五號樓上，擬伺隙分送各營，通知黨人如期發難。入晚，楊宏勝運炸彈於工程第八營，以行跡可疑，被躡遭擒。黨人居正記其事曰：

楊宏勝退伍後，賃屋于二十九標營門前，作小商，藉避耳目，專任交通及輸送子彈炸

---

⑫ 同上書，頁二五〇至二五一。

⑬「辛亥武昌首義記」，頁七六。

藥品于各標營。十八日宏勝購得子彈百顆，偕鄧玉麟送入工程營，分給熊秉坤、徐兆賓、金兆龍等二十顆，事畢，即赴胭脂巷胡祖舜寓。鄧玉麟、蔡蓬萊等欲將所有炸彈概交宏勝負責分送，宏勝諾之。遂以人力車悉數運至家，以竹籃盛炸彈，外飾青菜，送入各標營。及至工程營時，守衛者非同志，呵宏勝止，嚴查詰。宏勝急奔走，衛兵追躡，宏勝擲彈抵禦，彈片反射，宏勝負傷。馳歸寓，衛兵跡至，搜出炸彈甚夥，遂被執。❶

按楊宏勝之被捕，各書記載頗不一致。胡祖舜「武昌開國實錄」謂宏勝在私寓裝置玻璃管於彈殼內，因心慌手亂，突然爆發，面部受傷，巡警破門而入，因以成擒❷。張難先「湖北革命知之錄」謂黨人李濟臣、胡祖舜等運送彈藥至宏勝寓，甫出門，宏勝竟以疏忽爆炸，被軍警捕去，其下文括號內又稱：或謂宏勝以竹籃盛炸彈，外飾青菜，送入工程營，守衛查詰，宏勝奔走，衛兵追之，宏勝擲彈抵禦，彈片反射負傷，歸寓，衛兵跡至，搜出炸彈甚夥，遂被執❸。李廉方「辛亥武昌首義記」，謂宏勝送信至工程營，被營門守衛盤詰，擲炸彈受

❶ 居覺生「辛亥劄記」，頁四一，民國四十五年八月中央文物供應社出版。
❷ 「革命文獻」，第四輯頁二一六。
❸ 張難先「湖北革命知之錄」，頁二四九。

傷，被捕❹。張鏡影「楊宏勝烈士傳」，謂宏勝被捕於文學社內❺。

夜十二時，武昌小朝街機關部被破獲，黨人劉堯澂、彭楚藩等被捕，發動計劃乃不克實現。張難先記其事曰：

> (晚九時)蔣翊武、彭楚藩、劉堯澂、梅寶璣、龔俠初、陳宏詰等群聚樓上，守候動作。楚藩取囊中私蓄，盡數分給各同志，每人七元，以備發動之急需。並於樓下開留聲機以掩飾之。九時司機去，牟鴻勳奔告曰：外面風聲甚惡，語未畢，聞扣門聲，旋厲，堯澂知有變，持彈起，軍警已破門入，抵樓梯，堯澂持彈擲之，誤中梯身，彈反射，傷面，仆地，軍警亦少卻。翊武、楚藩等越後牆，登鄰居警察高等學堂宿舍，椽塌，群墮樓中，軍警圍捕，堯澂、楚藩、翊武、鴻勳、宏詰、俠初、寶璣俱被逮。並逮張廷輔妻婢岳父及警校學生二十餘人以去。翊有髮辮，衣棗紅馬掛，滿面村氣，軍警因人多，祇注意洋服無辮者，翊武乘間逸。❻

是夜瑞澂委武昌知府陳樹屏會同督練公所總辦鐵忠，及各司道會審，首提彭楚藩，陳樹

❹ 李廉方「辛亥武昌首義記」，頁八三。
❺ 黨委員會編「革命先烈先進傳」，頁二一一〇，民國五十四年十一月出版。
❻ 「湖北革命知之錄」，頁二五一。

屏見其身穿憲兵制服，故意開脫曰：「汝是去看否？」再曰：「汝是去偵察否？」楚藩則破口大罵曰：「我是革命黨，我要殺汝輩這班滿奴漢奸，今我既陷於汝輩賊手，要殺便殺，勿多言！」並指樹屏等而罵曰：「汝輩非黃帝子孫乎？靦顏事仇，可恥孰甚！」復提劉堯澂，亦承認革命不諱，並痛詆滿清之失政，及官僚之罪惡，滔滔不絕。再提楊洪勝，楊傷甚重，堅不吐同志一人。於是瑞澂乃殺三人於督署轅門內之東偏，時八月十九日晨八時也❼。

三烈士審訊畢，武昌知府陳樹屏、督練公所總辦鐵忠，及各司道復提訊其餘所捕黨人，分別取供，直至午後三時始畢，俱發交監候。於是瑞澂、張彪盡悉革命黨人計劃，分派軍警圍搜雄楚樓十號劉公、楊玉如處，巡道嶺九號同興學社鄧玉麟處，胭脂巷十一號胡祖舜處，黨人又被捕者數十人，多數均逃亡。是日城門緊閉，滿街軍警，風聲鶴唳，人心惶恐。瑞澂則意圖掩飾，致電清內閣軍諮府陸軍部請代奏其事曰：

竊瑞澂於本月初旬，即探聞有革命黨匪多人，潛匿武昌、漢口地方，意圖乘隙起事。當即嚴飭軍警密爲防緝，雖時傳有撲攻督署之謠，瑞澂不動聲色，一意以鎮定處之，所轄地方則密派偵探，不敢一刻稍懈。昨夜七點鐘，據偵探報稱，本夜十二鐘，該匪准定在武昌爲變，並探知該匪潛匿各地方，正飭防拿，復據江漢關道齊耀琳電稱，於漢口俄租界寶善里查獲匪巢，並拿獲要匪劉耀璋（按：即劉公之弟劉同）一名，起獲僞印、

---

❼ 胡祖舜「六十談往」第一輯。

僞示、僞照會等件，及銀行支簿、僞用鈔票，並查有製造炸藥形迹。當派荆襄水師巡防隊往提來署審訊，遂與統制張彪、軍事参議鐵忠、巡警道王履康，督派弁勇警兵，前往城內大朝街、小朝街、保安門等處，查明該匪潛匿之地，先後拿獲匪黨計三十一名，並起獲軍火炸彈多件。內有劉汝夔（按：劉堯澂別號）開槍拒捕，抛擲炸彈，楊宏勝私藏軍械，並有演試炸彈面部受傷確據，當即派員提訊，內有彭楚藩一名，語尤狂悖，直供不諱。查彭楚藩係已革憲兵，楊宏勝曾充砲隊及三十標兵目，甘心從逆，與劉汝夔之狂悍，均屬法無可貸，如不即加顯誅，無以彰國憲而昭炯戒。當將該三犯訊供確鑿，恭請王命，即行正法。其餘已獲在訊之匪，一俟研鞫得實，當分別重輕定罪，果情節重大，應請即行立正典刑。在逃各匪，仍飭軍警及各屬地方文武一體嚴密查拿，務獲究辦，一面剴切出示曉諭，如有被脅勉從者，准其首悔，予以自新。❽

鄧玉麟本負有傳達命令之責，以清吏戒備森嚴，無法投遞，乃誤十八日晚舉事之期。迨十九日始偕李作梗繞道漢陽，化裝渡江，中途遇詰查，則由李充教習，鄧充侍役。晚自鮎魚套折至南湖砲營，命令始傳達。黨人以禍機迫於眉睫，於是新軍中砲兵工程諸營黨人，以義無反顧，遂決定夜間第一次點名集合時，實行發難❾。

❽「內閣官報」，第五十號，宣統三年八月二十一日出版。
❾「辛亥劄記」頁四三至四四。

晚七時左右，武昌駐車工程第八營革命黨人熊秉坤等首先發難，佔領楚望台，推舉吳兆麟爲臨時總指揮，進攻清湖廣總督衙門，揭開武昌首義之序幕。熊秉坤記發動時第一槍情形曰：

> （上述工程第八營後隊二排排長陶啓勝欲先發制人，捕排內革命黨人）（陶啓勝）先到金兆龍棚，見金仰臥，即召手笑謂金曰：「余與汝有話談」，金意以爲陶欲加入革命，不之疑，欣然往，甫出棚門，陶本孔武有力，執金雙腕，大喝曰：「汝膽特大，意欲革命造反乎？左右爲我縛之。」而左右不敢應，陶與金互糾成團，正掙扎不能分解間，金情急即呼同志曰：「此時仍不動手，待等何時？」同志程定國即取槍在手，不敢擊，恐傷其他。金即倒轉槍托，向陶頭部猛力一擊，血花四洴，陶呀然一聲，即釋金，捧頭向外樓梯口逃，與坤遇，以槍擊之不中，下樓求逸，代理營長阮（榮發），錯認陶帶兵發難，向陶發三槍，中二，一於腰部，一於臀股。❿

曹亞伯「武昌革命真史」、張難先「湖北革命知之錄」諸書均從熊說，惟均未指出發難時間。近人邵百昌所著「辛亥革命武昌首義戰役圖表」，所記武昌工程第八營發難情形，較熊秉坤所記尤詳，惟內容稍有出入。其言曰：

---

❿ 熊秉坤「辛亥湖北武昌首義事前運動暨臨時發難之著述」，引自開國文獻第二編第一冊頁二八八。

第八鎮工程第八營管帶王永泉，奉派參加灤州永平秋操，管帶職務派由督隊官（副營長）阮榮發代理，該營頗多同志，隊官羅子清、吳兆麟原係日知會會員，頭目學兵多參加文學社或共進會兩革命團體，其他官兵雖非同志，大多同情革命，惟後隊排長陶啓勝，思想頑固，對革命主張獨特異議，其弟陶啓元亦係同志，熊秉坤爲減少革命阻力，兼顧陶氏手足親情，乃囑啓元告之實況，爭取乃兄入社，如無意參加，亦勸其及時趨避，免作無謂犧牲。豈料陶啓勝執迷不悟，更變本加厲，在發難前巡查寢室，見金兆龍、程正瀛（按：程定國別號）擦槍裝彈，即大聲曰：「汝等爲何如此？」金答以「防備不測」。陶厲色大呼曰：「汝欲造反耶？」隨即向前扭金，陶力大，金不敵，程在其後，急以槍托猛擊其腦，陶負痛逃，金躍起猛喊曰：「反」，並發槍擊之（此槍實爲武昌辛亥首義第一槍，亦即工程第八營所發第一槍。）適同志方興在營外擲一炸彈，玻璃破碎，聲震屋瓦，阮榮發聞聲出，發手槍鎮壓，適陶過其前，中彈倒地，同志章盛愷亦波及受傷，衆遂擊阮，阮逃，徐少斌要擊斃之。熊秉坤見事機迫切，即發一槍（此槍應爲第三槍，惟係促衆發動，意義重大，故認爲第一槍亦甚合理。）促衆發動，右隊隊官黃坤庸阻止本隊士兵參加，呂中秋擊殺之，彈貫穿黃身而出，該隊司務長張文濤立其旁，亦中彈死，於是全營騷動，秩序大亂，熊秉坤始令全體整隊向楚望台軍械庫進發。是役計槍殺軍官四人，誤傷同志一人，歷時約半小時，達成革命臨時總司令所賦予該營「首先發難」第一任

務。⓫

邵氏當時以青年參加作戰，所記應有可信之處。而胡祖舜「武昌開國實錄」，則謂武昌首義由武勝門外塘角之混成協輜重營開其端，其營黨人總代表爲李鵬昇，時間爲午後六時零五分。工程營槍起則在八時許，實較輜重營遲二小時。其言曰：

> 十八日代表李鵬昇接胡祖舜通告起事之信後，即派副代表王允中入城至機關部，領取槍彈炸彈及旗幟等物，徹夜未返，群知有異。十九日晨，復派通信員杜昌年前往偵查，晤胡祖舜於沔陽學社，胡促其從速返營，務囑各同志本晚必須依照原定計劃，先行放火發難。十時，王允中亦乘機出城回報，始知城內機關復被破壞，三烈士就義詳情，群情憤激，僉主速動，以免一網打盡。於是李鵬昇、黃恢亞等集合各分隊代表，再三密議，一致決定即晚十時由輜重隊發難，砲工響應，各推定正隊長一人，支隊長各若干人，分擔指揮責任。起事之後，即進攻武勝門，以砲隊佔領鳳凰山、黃鶴樓、高觀山等處，工程隊擔任掩護。輜重隊分編二支隊：一支隊由察院坡攻藩署前門，一支隊由司湖襲攻藩署後圍。議定即派人通信城內各營，屆時以塘角火起爲號。去訖，至六時許，各隊隊官以上在砲隊營開秘密會議，各同志以機不可失，均主提前發動。其時

⓫ 載「食貨月刊」復刊第一卷第七期，民國六十年十月出版。

適當輜重隊第三排接班查隊，各同志恐兵分力薄，遂一致贊成乘機先發。即由李鵬昇派人通知砲工各隊，準備動作，一面密令同志羅全玉首向排長郭某發擊一槍爲號，時午後六時零五分鐘也。全隊同志聞聲奮起，入軍械庫搶子彈一箱，當場分發，並往馬號，以馬草舉火。⑫

李廉方「辛亥武昌首義記」從之。⑬ 另據本月二十一日清湖廣總督瑞澂電奏，本月十九日夜革命黨人之起義，係工程營、輜重營同時所發動，電曰：

十八日夜，革匪創亂，拏獲各匪，正在提訊覈辦，革匪餘黨，勾結工程營、輜重營，突於十九夜八鐘響應。工程營則猛樸楚望台軍械局，輜重營則就營縱火，斬關而入。瑞澂督同張彪、鐵忠、王履康，分派軍警，隨時布置，並親率警察隊抵禦。無如匪分數路來攻，其黨極衆，其勢極猛，瑞澂退登楚豫兵輪，移往漢口，已電調湘豫巡防隊來鄂會剿，並請派大員多帶勁旅赴鄂剿辦。⑭

⑫ 胡祖舜「武昌開國實錄」，引自革命文獻第四輯，頁三一至三二。
⑬ 「辛亥武昌首義記」，頁八六至八七。
⑭ 「宣統政紀」，卷六一頁二四至二五。

據此，塘角距武勝門有數里之遙，輜重營八時入城，則發難必在一二小時之前，是胡祖舜之記載並非無所根據。惟發難起義爲武漢黨人之共同計劃，醞釀佈置，各有職司，而不能以開槍先後爲憑斷。倘無工程第八營發難於武昌城內，開中和門導輜重營入城，則輜重營勢孤力弱，斷難大有所爲。故工程營之發難，實爲全局關鍵之所繫。

當熊秉坤率工程第八營同志進攻楚望台軍械庫時，步兵十五協二十九標蔡濟民、三十標方維等，亦率隊來會，乃派金兆龍赴南湖迎砲隊，附近馬隊同志亦舉槍相應，乃相繼入城，協力進攻督署。自瑞澂、張彪以下清吏盡逃，革命軍乃一鼓攻克督署。居正記武昌督署攻克之情形曰：

> 武昌督署，位於文昌門之城牆附近，右側及後門依城爲要塞，又無街道可道，攻之不得。蔡濟民初由正門進攻，佔領大朝街一帶，而督署兵士衛隊以機槍掃射，我軍稍卻。嗣聞機關槍少息，又復衝鋒，相持數小時之久，濟民正焦急，忽來同志報告云：砲隊已進城，在蛇山佈陣地，正擬發砲轟擊，以黑夜恐多傷人，請派人在督署附近放火，俾目標鮮明。濟民即下令在督署大街敲開雜貨店，索煤油數箱，並囑呼左右鄰屋，有在家者宜速避，我等將在此放火，事成加倍賠償。店主曰：何須賠，煤油在此，請君動手。兵士遂舉火，火勢衝天，照耀督署前門高杆，蛇山礮隊連發命中，大隊繼之，一鼓而克督署，自瑞澂以下全體人員逃走一空。
>
> 先是兵工廠有修理機關槍同志告余云：清帥以機關槍有壞者，命余修理，余故事遲緩，

厥後督促嚴厲，余舉其壞處修理之，而將不壞之處施以暗算，以次及於他槍。故是夜督署之機關槍少擊輒停者，同志先事暗算之力也。張彪見機關槍不響，當瑞澂面以手自批其頰曰：余誤事矣。瑞澂不顧而逃，張彪欲支持至天明，旋見火光起，砲聲作，知大勢已去，乃率馬弁乘兵艦逃漢，糾殘卒于大智門車站，期負嵎，以待北京之援兵。⑮

邵百昌所著「辛亥革命武昌首義戰役圖表」，記革命軍佔領督署，瑞澂、張彪出走經過甚詳，爲其他有關書籍所不備。其言曰：

當革命發動初期，張彪祇知新軍叛變，不明詳情，雖偵騎四出，仍無所獲。……迨瑞澂詢及敵情，祇得含糊其詞答謂：「革命黨作亂僅數百人，不足爲患。」在革命軍發動第一次攻擊時，南北兩路均受小挫，張即誇大其詞，迭報喜信。第二次攻擊開始，張曾往保安門視察，回報略曰：「新軍戰力甚弱，屢戰屢敗，已告示招降矣。」午夜後，火光照督署，仍虛報「民間失愼著火。」迨砲彈命中督署，瑞彪時在簽押房（辦公室），由陳得龍、鐵忠陪侍左右，聞爆炸聲，即驚惶失措。無奈彈如飛蝗，此起彼落，爆炸聲響，不絕於耳。移時，復聞房屋倒塌，傷患呻吟，人聲鼎沸，秩序大亂。適一野砲

⑮ 「辛亥劄記」，頁四七。

彈命中大堂，聲震屋瓦，瑞澂即起立謂陳、鐵二人曰：「此地不可久停，何處安全可避？」陳當答以「兵艦最爲安全。」於是偕陳、鐵等率領教練營一排，啓後院側門倉皇出走。途經文昌巷、吳家巷，搭乘早已昇火待發之小輪，逕駛停泊江心之楚豫兵艦，時約午夜一時許。張彪見瑞澂先逃，表面仍極鎮靜，陰與輜重第八營管帶蕭安國等親信密商脱身之計。決定由該營備船派兵護送寓居平湖門内眷屬先走，迨戰事接近王府口時，仍著平時服飾，由大都司巷司令部，經吳家巷、花堤街，至輜重營略停，隨帶該營全體官兵，分乘小輪，逕駛漢口劉家廟，時約在八月十九日上午三時半左右。當時瑞、張先後均逃，群龍無首，在革命軍攻督署時，營隊主官心知敗局已定，無可挽回，但爲求生本能，不得不繼續掙扎，苟延殘喘，士兵明知督署被圍，險象環生，在長官監督指揮下，祇得繼續抵抗。官兵狡點者，亦有乘機離隊，設法藏匿，故圍攻督署時間甚短，而武昌即告光復。⑯

當是時，武昌城内外，共有新軍二十二營強，除五營已變爲革命軍外，尚有十七營之多。復據李廉方「辛亥武昌首義記」，謂八月十九日之夕，革命軍進攻督署時不過三五百人，而瑞澂、張彪佈置督署附近合計教練隊、輜重營、巡防營、機關槍隊、消防隊，當在三千人左右。

---

⑯「食貨月刊」復刊第一卷第七期，民國六十年十月版。

又有警察約二千人（他處之右旗三十標旗兵及憲兵不與），實力在五千人以上。⑰苟瑞澂、張彪略事鎮靜，則革命前途困難尚多。而瑞澂、張彪竟棄城逃走，革命軍遂得順利光復武昌，奠定下辛亥革命成功之基礎。

六、結　語

國父倡導國民革命，清季迭次發動起義，早期以會黨爲主力，後期以新軍爲骨幹。舉事地點雖偏於西南一隅，聲勢則播及於全國。鄂、湘兩省戊戌變法期間已肇開風氣之先，迨庚子唐才常勤王失敗，自立軍領袖秦力山、吳祿貞等憤被康有爲、梁啓超輩所愚弄，紛紛加入革命陣營。光緒二十九年（一九〇三）九月，黃興、劉揆一、吳祿貞、譚人鳳、張繼等組織革命團體華興會於長沙。明年五月，呂大森、曹亞伯、劉靜庵、孫武、張難先等亦組織科學補習所於武昌，計劃湖南發動，湖北黨人隨之響應。雖因事洩而失敗，而黨人在兩湖之活動並未終止。

清廷於晚年傾全力從事新軍之編練，湖廣總督張之洞尤視擴建新軍爲當前之急務。於是遣學生赴日學習陸軍，歸國後委以管帶訓練新軍之責。惟以東渡員弁受時代影響，在校多以連絡同志鼓吹革命爲職志，歸國紛紛以排滿發動起義爲目標。湖北新軍之軍容僅次於北洋，

---

⑰「辛亥武昌首義記」，頁九四至九五。

軍人之秘密革命團體此仆彼起，組織日趨嚴密，人數逐漸增多。及辛亥四月文學社、共進會合併後，指揮統一，聲勢益壯，卒有八月十九日武昌發難，促成各省之響應，清室因之而傾覆。論者或謂武昌起義導因於川路風潮，督辦川漢、粵漢鐵路大臣端方調湖北駐軍隨同前往彈壓，黨人乘武昌空虛而起義。其實武漢駐軍有張彪之第八鎮一鎮，轄第十五協王得勝，第十六協鄧本拔。有黎元洪之第二十一混成協。端方所帶者僅第十六協第三十一標，（其中尤多革命黨人，十月初七日殺端方於資州。）於武昌之防禦無大損，徒以黨人在武漢歷十餘年之經營，根深而蒂固，規劃周詳，人心所向，衆志成城，故能一舉事而動搖全局，收取燦爛之果，斷非偶然僥倖也。

（臺中，東海學報第十八卷，民國六十六年六月，頁四〇——八〇。）

二六　清季新軍之編練及其演變

一、前言

清代舊式陸軍爲八旗與綠營，承平日久，武備不振，安内禦侮，皆不足恃。加以西勢東漸，中國之刀槍弓矢，不敵洋兵之快礮兵輪；故一敗於鴉片戰爭，再敗於英法聯軍，城下締盟，門户洞開。曾國藩、李鴻章仿綠營之制，編練湘軍、淮勇，收平定太平天國之大功，進而戡定捻、回之亂，論者以爲中國從此强矣！

先是同治初年，李鴻章巡撫江蘇，督率淮軍駐防上海，效常勝軍採用新式武器，聘外人爲教練，肅清長江下游諸地。同治九年（一八七〇），鴻章督直，乃亟亟以經營國防爲目標。於是設軍械局，築礮臺，遣員弁赴歐洲學習陸海軍，力求雪恥圖强。惜其雖有新式武器，而軍隊組織沿習舊制，統率指揮權仍操舊軍將領之手。直至甲午（一八九四）戰後，清廷始感舊軍之不足恃，而編練新軍之議起。

自光緒二十年（一八九四）十月，清廷命廣西按察使胡燏棻主持天津練兵事宜起，至宣統三年（一九一一）辛亥革命，十七年間清廷竭天下財力從事新軍之編練，由南北洋大臣發其端，以留日士官生司其事，初分由各省督撫單獨籌辦，漸收歸軍權於陸軍部。在清廷欲實現中央集權之效，其結果革命思想賴以傳播，革命武力賴以發展，率收顛覆滿清之大功，流弊所及，形成民國初年軍閥禍國之局面。

先是同、光之際，清廷方致力於「船堅礮利」政策時，中國首任駐英法大臣郭嵩燾，鑒於立國之要在於政法制度，於光緒三年（一八七七）春，自倫敦致書李鴻章，舉出日本留學英國學生二百餘人，多學習律法，講求經制，而學兵法者絕少。「蓋兵者末也，各種創制皆立國之本也。」認爲「各省營制萬無可整頓之理」，「治國之要應行者多端，而莫切於急圖內治以立富强之基」❶。嵩燾復致書友人，論仿行西法，指出西洋之富强由於「政教修明，風俗純厚，百姓家給人足，樂於趨公以成國家磐固之基。」❷而源章覆其書竟謂：「鄙人職在主兵，亦不得不考求兵法。」「兵乃立國之要端，欲舍此別圖其大者遠者，亦斷不得一行其志，祇有盡其力所能爲而已。」❸鴻章之志可知矣！此乃甲午戰爭中國之所以失敗也。

光緒二十九年（一九〇三），清廷設立練兵處，綜理全國訓練新軍事宜，計劃全國成立常備兵三十六鎮，練兵範圍始擴及全國。光緒三十年（一九〇四）六月二十八日，上海中外日報以「練兵之原理」爲題論其事曰：

---

❶ 養知書屋文集，卷十一，頁一至十。
❷ 同上書，卷十三，頁三十七至三十九。
❸ 李文忠公全集，朋僚函稿，卷十七頁十二至十五。

夫練兵固爲急務，而今日之事百端交集，亦何一而可緩。顧諸事多未見推行，即行之而亦不力，獨於練兵則皇皇如恐不及焉。以爲防内亂耶？似不致以全神注之如此，以爲禦外侮耶？未必猶有此復仇雪恥之心。以爲有非常之舉耶？庚子以前盛傳此等僞言，今日則固無聞矣。……

夫國之所以必賴於兵者，其義至精，其事至要，而施於今日之中國，尤爲不可緩之舉。本館亦不謂練兵爲非是，然默窺政府之用意，似於練兵而外別無餘事，則其所見不免已誤，而日後之結果，必有還受其禍者。

光緒三十一年（一九〇五），北洋六鎮相繼成立，同年四月八日，上海同文滬報以「論自强不專重練兵」爲題，評論其事曰：

夫國之所以與立者，非立於兵，立於民也，兵特保民者保國家耳！民爲邦本，自古爲然，故凡有國有家者，治民之術與治兵而並重。……今中國於治兵一事，極意講求，固知强國之用；惜其於治民之道未能整頓，猶未得强國之本也。夫中國之人民，亦誠可憫矣！官貪於上，吏污於下，供億煩苛，誅求無厭，呼號宛轉，莫可告訴；而官吏絕不爲保護，一任其流離失業，以致伏莽潛滋，到處皆是，一朝發難，勢極可危，非民心之好亂也，是必有迫之者在也。苟於此而無以休養之保全之，則數年而後，兵氣日益强，民氣日益困；兵勢日益强，民勢日益忿。國家知有兵而不知有民，官吏知重兵而不知重民，民不聊生，難且作矣！

同年九月，新軍大會操於河南湯陰、淇縣間，分南北二軍，實行野戰演習，參加官兵近四萬人，爲清季空前之盛舉。（詳本文第七目）日本「朝日新聞」對中國新軍訓練之成效批評極爲刻薄，其言曰：

九月初五至初七日，中國直豫皖三省兵士操於河南之彰德府，第一日及第二日爲遭遇戰，第三日爲防禦戰與攻擊戰，野戰之能事畢於此矣！然考其內容，則多出人豫料之外，誠不能無憾也。

當第二日演習最盛之時，南軍主力步隊與北軍右翼步隊相衝突，兩軍發槍勢頗激烈，迨至互相接近，將起突擊時，南軍臥地發槍，北軍竟直立如故。嗚呼！使實戰如此，北軍不至全滅者幾希。當此之時，兵之無識固不待言，司令者何亦昧於戰術如此耶！處此平坦之地，絕無他物足以隱蔽，乃以身爲敵標，可謂膽周其身矣。意者中國將校向故爲此以顯其能乎？第三日北軍混成協步隊與南軍步隊一枝相遇，亦同坐此病。不過前日爲北軍，此日則在南軍，南北對照，亦一奇矣！……其發槍之法尤爲雜亂，兵卒一聞令下，無不爭先恐後，肆行轟擊，敏則敏矣，然觀其槍口，非偏而向左，即偏而向右，甚且有仰天者，若實以彈丸，安保其不落於槍口之前，其危險孰甚耶！又有發槍之際，其槍尾不著於肩，而但取其發聲者，其失態類多如此。

至其司令官之動作，但見其率隊直前，兩目注視敵兵，而部下之發槍方法如何？隊容之是否淆亂？兵卒之對敵動作如何？未嘗稍一留意，一若與己毫不相關者；豈彼等之於此役，直視同兒戲，無欲因此以練實戰之想耶！

騎兵之舉動較步兵亦未必遠勝，馬乃華種，身材低小，矧又筋肉之不堅實，足知其飼養之未精，至其所騎之人，操縱非不自如，惜於騎兵所最重之敵情偵察，尤未夢見。……又凡礮兵發射之法，及諸動作均欠靈敏，距離之準測，亦不精確，足以知其訓練之不完全也。

此外尚有缺點者三：曰兵器之不一律，曰火器之無十分效力，曰戰鬥經過失之過早。❹

可爲清季新軍之寫照。宣統三年（一九一一）夏，全國新軍擴充至二十三鎮❺，其中北洋六鎮中之第六鎮統制吳祿貞，及駐防奉天之第二十鎮統制張紹曾，以及各省新軍將領，類多留日士官生出身，曾參加同盟會，均以革命爲目標。湖北黨人蔣作賓記其事曰：

乙巳年（光緒三十一年），總理中山先生由歐洲到日本，余等歡迎來東京主盟，加入同盟會。從此革命思潮風起雲湧，不可遏抑。余等結合學習陸軍同志，如張華飛、程守箴、

---

❹ 引自東方雜誌第四年第一期，軍事類頁三至六。

❺ 參照佚名「漢族光復史」，辛亥年十月版。

王孝縝、黃愷元、劉一清等數十人，計劃畢業回國後，腳踏實地，分途進行，掌握軍權，以爲革命準備。姜明經等赴鄂，在軍中從事革命思想運動。陳裕時、王孝縝、張華輔等赴桂，籌辦陸軍學校，與蔡鍔、陸榮廷密取連絡。張開儒等赴滇，從事新軍規劃。趙康時等赴川，投充新軍官長。其他各省無不有余陸軍同志潛伏其間。余居北方總匯各方之消息，暗中傳達，並密布置同志於各方。❻

辛亥武昌新軍首義後，響應各省，均由新軍將領所發動。第六鎮統制吳祿貞、第二十鎮統制張紹曾，亦分別據石家莊、灤州通電反對內戰。同年九月中，吳祿貞遇害，張紹曾被迫解除兵柄，北洋派軍權遂歸統一，自是袁世凱不復再用留日士官生，僅就北洋舊軍將領中選拔寄以重任。二次革命後，北洋勢力南下，惟西南滇、黔、桂三省，非其勢力所能及，遂爲此後護國軍討袁之主要力量。

二、清季新式陸軍之醞釀

光緒十年（一八八四），中法戰起，日本圖謀朝鮮日亟。同年七月，直隸總督李鴻章始聘德國軍官教練水陸各軍。光緒十一年（一八八五）正月，鴻章設武備學堂於天津，五月五日

❻ 蔣作賓回憶錄，頁二九至三十一，民國五十六年九月傳記文學社出版。

鴻章奏稱：

泰西各國講求軍事，精益求精，其兵船將弁必由水師學堂，陸營將弁必由武備書院造就而出；故韜略皆所素裕，性習使然。聞其武備書院學舍林立，規模閎廓，讀書繪圖有所寄，習藝練技有所專，選世家子弟年少敏幹童而習之，長則調入營伍，由隊目洊充將領，非可一蹴幾也。當其肄業之初，生徒比屋而居，分科傳授，其於戰陣攻守之宜，直視爲身心性命之學，朝夕研求不遺餘力，而鎗礮之運用理法，步伍之整齊靈變，尤爲獨擅勝場。我非盡敵之長，不能致敵之命；故居今日而言武備，當以其人之道還治其人，若僅憑血氣之勇，麤疏之才，以與强敵從事，恐終難操勝算。❶

乃以已革湖北簡用道楊宗濂總理學堂事務，由淮軍各營將領挑選兵弁子弟一百數十名入校肄業，聘德國教官課導，規定二年畢業。所習課程包括「天文、地輿、格致、測繪、算化諸學」，以及「礮臺營壘新法，皆有實用，並時操習馬隊步隊礮隊及行軍布陣分合攻守諸式。」「仍兼習經史以充根柢」❷。截止甲午戰爭發生，武備學堂畢業學生前後共有五期，鴻章一概分發各營爲教習，軍隊之指揮權仍操舊軍將領之手；因之軍隊之本質並無改變。光緒十五年

❶ 李文忠公全集，奏稿五十三，頁四十二至四十四。
❷ 李文忠公全集，奏稿六十，頁四十八至四十九。

（一八八九）十二月十八日鴻章覆奏北洋各軍營規曰：

> 直隸爲畿輔重地，北洋係渤海要區，東西洋各國環伺，隘口既多，地面尤廣，防務倍宜嚴密，以壯聲勢而固根本。是以將淮軍練軍及留防馬步水師各營，分布直隸天津、大沽、北塘、蘆臺、山海關、古北口、多倫、獨石口、庫倫、宣化、大名、正定、保定，並奉天之大連灣、旅順口，山東之威海衛，沿海沿邊內地等處，扼要駐紮，聯絡一氣。屢飭各統領管帶認眞督率，仿照西洋兵法，講求利器，勤加操練，務須一兵得一兵之用，庶幾有備無虞。❸

當是時，袁世凱方以道員銜派駐朝鮮，總理通商交涉事宜，仿照清軍營制營規督練韓軍，大得鴻章之信任。日本處心積慮，離間中韓關係，韓廷頗爲所惑，屢請清廷調世凱離韓。光緒十四年（一八八八）七月二十二日鴻章爲此致函總署曰：

> 該道（按：指袁世凱）素有血性，駐韓三載，能任勞怨；惟少年氣銳，初到時間有涉於疏略及過當之處，鴻章一再告誡。近來歷練較深，尚能愼重自持。往年二次遣兵定亂，該道身在行間，爲彼中士民所信服。旋經派往專駐，遂覺久而愈親，韓王之心日離，

---

❸ 李文忠公全集，奏稿六十六，頁四十二至四十三。

其政亦日紊，該道隨宜糾正，所補救者頗多，而其爲韓王及各西員所畏忌亦正坐此。❹

同年十一月十六日鴻章復函總署曰：「九月杪接准朝鮮國王來咨，以袁世凱駐東既久，終難相濟，亟望更派以維時局，與咨會鈞署原文相同，曷勝詫異。……袁守持正認真，爲韓王所畏忌，即此已可概見。此事關係頗重，固未便徇韓王之請。袁守久駐彼都，有無窒礙？現應如何辦理？希函示等因。」❺光緒十五年（一八八九）六月初五日，鴻章再致函總署曰：「袁道駐韓四年，遇有韓與他國交涉，尚能悉心襄助，隨事調護，案據具在，未始無裨大局，自不能因韓王及各國嫉忌，輕於撤回，至墮敵謀，而失大體。」❻光緒十八年（一八九二）閏六月初八日，鴻章奏保世凱曰：「該道膽略兼優，血性忠誠，先後奏保，近日察其器識，尤能深沈細密，歷練和平，洵屬體用兼備，置之交涉繁劇之區，必能勝任。」❼光緒十九年（一八九三）四月十五日鴻章復奏保世凱曰：「查袁世凱派駐朝鮮以來，內戢藩服之僭越，外杜强鄰之窺伺。」❽是爲世凱見知樞臣之始，亦爲甲午戰後奉命督練新軍之由來。

甲午戰爭期間，清廷鑒於北洋海陸軍相繼敗績，九月底總理各國事務衙門王大臣，召德

---

❹ 李文忠公全集，譯署函稿卷十九，頁二十。
❺ 李文忠公全集，譯署函稿卷十九，頁二十四。
❻ 李文忠公全集，譯署函稿卷十九，頁二十九至三十。
❼ 李文忠公全集，奏稿七十四，頁四十六。
❽ 李文忠公全集，奏稿七十六，頁三十。

將漢納根（C. Von Hanneken）諮詢戰守事宜。漢納根力主速買智利出售戰船，加練新軍十萬人，除天津召募四萬外，餘自山東、山西、河南招足，六個月訓練完成❾，其辦法如下：

計陸軍應練戰兵十萬人，前後分作兩隊，軍制悉照德國良法，一統帥主之，一其號令，一其軍械，一其陣法。……大帥用一洋員爲之師，各營統將亦延一洋員爲之教習，幫同辦事。前隊起紮直省邊界，後隊駐紮京師通途，如有可戰機會，前隊進戰，後隊塡紮前隊之地。如後路無甚緊要，可併赴前敵一同攻戰。❿

十月十八日諭命廣西按察使胡燏棻會同漢納根悉心籌畫，稟明督辦王大臣，立予實行⓫，是爲清季新建陸軍之發端。

先是甲午戰前，淮軍精銳盛字營（按：因淮軍將領周盛波、周盛傳弟兄而命名），駐防屯田於天津南七十里之小站（亦名新農鎮）；周氏弟兄歿後，由衛汝貴接統。平壤之戰，衛部十三營盡覆，小站營壘遂空無一人。十一月十五日，辦理天津團練事宜兵部左侍郎王文錦，奏稱募勇已成十二營，移駐小站，以資防守；繼成各營當陸續飭往，並請添撥礮車礮勇及時訓

❾ 清光緒朝中日交涉史料，卷二十三，頁二至三。
❿ 清光緒朝中日交涉史料，卷二十三，頁十至十一。
⓫ 清德宗實錄，卷三百五十二，頁六至七。

練⑫。明年（一八九五）二月，因天津危急，文錦移營天津歧口、上古林、新開路、雙井一帶，乃設立撥遞，添募衛隊馬隊以資防守⑬。

光緒二十一年（一八九五）正月，清廷以漢納根練兵之議所費不貲，中止不行。署理兩江總督張之洞則建議清廷，調漢納根在徐州練兵一萬，以備北方緩急。總署以漢納根尚有經手購辦槍礮船隻等事，未加接受⑭。於是督練新軍之責，遂由胡燏棻所主持。燏棻利用小站舊壘，籌餉募勇，是爲「定武軍」之由來。

及馬關和議告成，清廷痛定思痛，益感軍備之不可緩。四月初六日總署王大臣邀晤美前任國務卿科士達（J. W. Foster），諮詢富強之道，翁同龢記其事曰：

> 未正赴總理衙門緣狀，晤科士達（亦名法思德從李相定和約者也）。欲見慶邸（按：慶親王奕劻），及李（鴻藻）、孫（毓汶）二公及余，故特邀晤之。……科先敍李相之忠，次云國政首練兵改西法，次造鐵路，次賦稅。其言反覆悚切。謂果實力變更，十年後中國無敵；若仍不改，不可問矣！⑮

---

⑫ 清德宗實錄，卷三百五十三，頁二十八。
⑬ 清德宗實錄，卷三百六十一，頁十五。
⑭ 張文襄公全集，卷七十七，電奏五，頁七至八。
⑮ 翁文恭公日記，乙未年，頁三十四至三十五。

四月十四日，清廷發佈批准和約上諭，略曰：「自去歲倉卒開釁，徵兵調餉不遺餘力，而將少宿選，兵非素練，紛紛招集，不殊烏合，以至水陸交綏，戰無一勝。……嗣後我君臣上下，惟期堅苦一心，痛除積弊，於練兵籌餉兩大端實力研求，亟籌興革，毋生懈志，毋鶩虛名，毋忽遠圖，毋沿積習，務期事事核實，以收自強之效。」⑯清廷之志可知矣！同日胡燏棻奏報「定武軍」已成軍十營⑰，復主裁撤綠營及戰時倉卒招募之營勇。其辦法：擇綠營「年力精壯，粗識之無者，另行創練新軍。其任實缺提鎮參遊如尚堪造就者，即充統領官之任，否則一概裁去；如此一轉移間，化無用爲有用，國無坐食之費，兵有精練之實。」今後新募士兵「必先由本籍地方官查取住址親族，年在十六以上二十以下者方許入營當勇，以杜將來逃亡之弊。到營時先驗身材，不入格者當即剔除。」⑱燏棻聘德人哈蘭肯任教官，所練之定武軍，計步隊三千人，礮隊一千人，馬隊二百五十人，工程隊五百人。「參用西法，步法號令均極整齊，雖未盡中國之長，實足爲前路之導。」⑲是爲北洋陸軍之創始。

三、北洋之新建陸軍

---

⑯ 光緒朝東華續錄，第六册，頁三五七七，民國五十二年九月文海出版社影印版。
⑰ 清德宗實錄，卷三百六十五，頁十二。
⑱ 清朝續文獻通考，卷二百三，兵二頁九五〇八，民國二十五年三月，商務印書館萬有文庫版。
⑲ 袁世凱「新建陸軍兵略錄存」，卷一，頁十九至二十。

甲午戰爭期間，袁世凱以浙江溫處道銜襄助直隸臬司周馥，辦理東征轉運事宜。世凱以知兵自詡，督辦軍務處王大臣亦認其富有軍事天才。故馬關和議後，遂留京在督辦軍務處差委，大得翁同龢、李鴻藻、榮祿之激賞。光緒二十一年（一八九五）八月十一日，翁文恭公日記記其事曰：「袁慰亭來辭，談洋務事，點心去，此人不滑，可任也。」❶同龢等以世凱「家世將才，嫻習兵略，如令特練一軍，必能矯中國綠防各營之弊。」囑世凱於暇時擬步兵訓練章程❷。世凱乃上督辦軍務處稟曰：

> 茲謹參酌時宜，並遵鈞諭，簡練一萬二千人爲一軍之數。擬分練步隊八營，計八千人。礮隊二營，計二千人。馬隊兩營，每營五百人，計一千人。工程隊一營，計一千人。共計一萬二千人，步隊爲主，礮隊輔之，馬隊巡護，工程隊供雜役，似部署可期周密，臨敵亦鮮貽誤。又擬將一軍分爲兩翼，設統領二人管轄。每步隊兩千，礮隊兩千，馬隊一千，更各設分統一人，分領訓練。每步礮工程隊一千，馬隊五百，各設統帶一人，專轄約束。統領以各分統兼充，分統以各營統帶兼充，冀可省官節費。俟訓練有成，再加總統一人，以資督率。……
>
> 惟現值庫帑支絀，似難驟擴規模，擬先就定武軍步隊三千，礮隊一千，馬隊二百五十，

❶ 翁文恭公日記，乙未年，頁八十二。

❷ 沈祖憲、吳闓生「容庵子記」，卷二，頁五，民國五十一年六月文星書店印影版。

工程隊五百，照新軍章制歸併編伍，並加募步隊二千，馬隊二百五十，合爲步隊五千，礮隊一千，馬隊五百，工程兵五百，先行試練；俟訓練就緒，簡拔多材，再隨時添募擴充，增足一萬二千之數。❸

其辦法仿自德國。十月初三日清廷以胡燏棻督造津蘆鐵路，定武軍接統無人，乃以袁世凱繼其任。翁文恭公日記記其事曰：「午到督辦處，李（鴻藻）、長（信）兩君先來，恭邸亦至，所定者三事：一胡燏棻造鐵造，一袁世凱練洋隊，一蔭昌挑定旗兵入武備學堂。」❹於是恭親王奕訢乃上奏曰：

查歐洲各國專以兵事爲重，遂年整頓精益求精，水師固其所長，陸軍亦稱饒勇。中國自粵捻削平以後，相沿舊法，習氣漸深，百弊叢生，多難得力。現欲講求自强之道，固必首重練兵，而欲迅期兵力之强，尤必更改舊制。……

今胡燏棻派造津蘆鐵路，而定武一軍接統乏人，臣等公同商酌，查有軍務處差委浙江溫處道袁世凱，樸實勇敢，曉暢戎機，前駐朝鮮甚有聲望，其所擬改練洋隊辦法及聘請洋員合同，暨新建陸軍營制餉章，均屬周妥，相應請旨飭派袁世凱督練新建陸軍，

❸ 新建陸軍兵略錄存，卷一，頁一至二。
❹ 翁文恭公日記，乙未年，頁一〇〇。

假以事權，俾專責任。先就定武軍十營，步隊三千人，礮隊一千人，馬隊二百五十人，工程隊五百人爲根本，再加募步馬各隊足七千人之數，即照該道所擬營制餉章編伍辦理，每月約支正餉銀七萬餘兩。至應用洋教習洋員，由臣等咨會德駐使選商聘定。果能著有成效，尚擬逐漸擴充。❺

十月二十二日旨諭軍機大臣等曰：「據督辦軍務王大臣奏，天津新建陸軍請派員督練一摺，中國試練洋隊大抵參用西法，此次所練係專仿德國章程，需款浩繁，若無實際，將成虛擲，溫處道袁世凱既經王大臣等奏派，即著派令督率創辦，一切饟章著照擬支發。該道當思籌饟甚難，變法匪易，其嚴加訓練，事事覈實；儻仍踏勇營習氣，惟該道是問。」❻足見清廷對新建陸軍之全力支持。世凱乃部署一切，即日出京。遣副將吳長純等分赴淮、徐、魯、豫各地，開具格式，選募丁壯。派都司魏德清、千總王開福，會同新民廳紳員王駿臣等，分赴錦州、新民、昌圖，沿邊選購馬匹。又以定武軍舊有槍械劣雜，請准軍務處撥發前由漢納根經手購到之新式曼利夏步槍六千四百餘桿，馬槍七百桿，六響手槍一千枝，五十七密里格魯森快礮四十尊，步官掛刀及馬兵掛刀各五百柄❼，軍用器械始歸一律。

❺ 新建陸軍兵略錄存，卷一，頁十九至二十。
❻ 清德宗實錄，卷三百七十八，頁九。
❼ 養壽園電稿，頁二七二至二七三，民國五十五年五月文海出版社影印版。

是時旗籍道員蔭昌任職天津武備學堂總辦，世凱請其推薦新軍幹部，蔭昌乃介紹武備學堂出身馮國璋、段祺瑞、王士珍、梁華殿等應徵。世凱復加意提拔淮軍老兵，若姜桂題、張懷芝、陳光遠、段芝貴、王懷慶、雷震春、陸建章、曹錕、田中玉、孟恩遠、盧永祥、何宗蓮、馬龍標、王英楷、吳鳳嶺、趙國賢、張勳等；而以徐世昌參謀營務，唐紹儀等任文案。

十一月初六日，世凱奏報成軍，分步兵爲左右兩翼，左翼二營，右翼三營。礮隊共三營，分右翼快礮隊，左翼重礮隊，及接應馬礮隊。馬隊共四隊❽。光緒二十二年（一八九六）四月，世凱創辦各種隨營軍事學校，計分德文、步兵、礮兵、馬隊、工程各科，全年經費六百兩。按季考賞，每二年彙請保獎一次。其原奏略曰：

設立學堂爲練兵第一要義，現必須趕爲作養，多多益善。近在正兵内，考選粗通文字者三百三十餘人，分擇年幼伶俐較優者，限五十人作爲德文官弁學生，派管帶工程營洋員魏貝爾爲總教習督操，營務處德文學生縣丞景啓充當監督，考選北洋武備優等學生，分充内堂外場幫教習，並派文理素優各員，分教漢文。令各生先習德國語言文字，次學武備各學，兼習漢文；迨數年有成，資送外洋，游歷肄學，務期能解德國文字，始能領略德人兵法之妙。又擇其年力强壯文字稍次者，限八十人，作爲礮隊官弁學生，派統帶礮隊營出洋武備學生段祺瑞充當監督，兼代理總教習。選派優等學生及漢文教

---

❽容庵弟子記，頁七。

習分教以測算、輿圖、壘臺、礮法、漢文各學。復擇限八十人作爲步隊官弁學生，派幫統右翼步隊第三營武備優等學生梁華殿充當監督，兼代理總教習。其幫教習及漢文教習亦分別選派，令諸生專習行軍兵法，並測算、繪圖、槍隊攻守各法。該兩堂姑無洋員教習，俟新聘德員到營，當再考查派充，以期逐漸精進。其馬隊學生，亦擬選考二十四人，令馬隊教習洋員曼德加，教以測繪、武備各學。以上四項學生，惟德文學生造就較難，然業成後實較他項學生爲得用。至礮步馬各學生，擬令其先將武備應用實學切實講習，計兩年後即可選充官弁。❾

其後馮國璋任步兵學堂總辦兼步兵統帶，段祺瑞任礮兵學堂總辦兼礮兵統帶，王士珍任工程學堂總辦兼工兵統帶；於是合統率訓練而爲一。關於新建陸軍之編制訓練以及操法，分別蒐集在袁世凱所著「新建陸軍兵略錄存」，及「訓練操法詳晰圖說」中，各於光緒二十四年（一八九八）九月及光緒二十五年七月印行進呈。茲依「新建陸軍兵略錄存」，表列袁世凱所擬新建陸軍步、礮、騎、工各隊，營制餉章如下：

一、新建陸軍步隊營制餉章

---

❾ 新建陸軍兵略錄存，卷一，頁二十至二十三。

組織	官階名	額	月支待遇	備註
營	統帶	一	薪水銀一百兩 公費銀三百兩	
	幫統	一	薪公銀一百兩	
	管帶領官	四	薪水銀五十兩 公費銀一百兩	
	哨官	十二	薪水銀二十兩 公費銀十兩	
	哨長	二四	薪水銀十五兩	
	督排哨長	四	薪水銀十五兩	
	正副頭目	一四四	正頭目工食銀五兩五錢 副頭目工食銀五兩	各七十二名
	正兵	八六四	工食銀四兩五錢	
統帶幫統所	文案	二	薪水銀二十二兩	
	管查軍械糧餉委員	二	薪水銀二十二兩	光緒廿二年七月奉旨裁委員一員
	正醫生	一	薪水銀四十兩	

轄雜役人員	副醫生	一	薪水銀二十兩	
	護勇	十六	工食銀五兩五錢	
	號兵	八	工食銀五兩五錢	
	長夫	二十	工食銀三兩	
管帶領官所轄雜役人員	文案	一	薪水銀二十二兩	四隊共四名
	委員	一	薪水銀二十二兩	四隊共四名
	護勇	八	工食銀五兩五錢	四隊共三十二名
	號兵	四	工食銀五兩五錢	四隊共十六名
	長夫	十	工食銀三兩	四隊共四十名
哨官所轄雜役人員	書識	一	薪水銀七兩	十二哨共十二名
	護勇	四	工食銀五兩五錢	十二哨共四十八名
	長夫	四	工食銀三兩	十二哨共四十八名

全營委員醫生所轄雜役人員	長夫	三十	工食銀三兩	搬運子藥米糧
棚轄雜役人員	伙夫 長夫	一 二	工食銀三兩五錢 工食銀三兩	七十二棚共七十二名 七十二棚共一百四十四名

以上全營官弁四十六名，頭目兵丁一千零八名，文案委員各六名，正副醫生各一名，書識十二名，號兵二十四名，護勇九十六名，伙夫七十二名，長夫二百八十二名，共計一千五百四十八名。

全營月支餉銀八千六百九十兩整。

二、新建陸軍砲隊營制餉章

組織	官階	名額	月支待遇	備註
	統帶	一	薪水銀一百五十兩 公費銀三百兩	
	幫統兼左翼領官	一	薪水銀一百兩 公費銀一百兩	
	副領官兼哨官	三	薪水銀二十兩 公費銀二十兩	每員管九棚

營

職別	員數	薪餉	備考
哨長	九	薪水銀二十兩	每哨三員
管查礮馬哨長	一	薪水銀二十兩	
幫統兼右翼領官	一	薪水銀一百兩 公費銀一百兩	
副領官兼哨官	三	薪水銀二十兩 公費銀二十兩	
哨長	十二	薪水銀二十兩	每哨四員
管查礮馬哨長	一	薪水銀二十兩	
幫統兼接應馬礮隊領官	一	薪水銀一百兩 公費銀一百兩	
副領官兼哨官	三	薪水銀二十兩 公費馬乾銀二十六兩	
哨長	九	薪水馬乾銀二十六兩	每哨三員
管查礮馬哨長	一	薪水馬乾銀二十六兩	
正兵	二八八	工食銀四兩八錢	一成用礮，一成備補，一成持槍護礮。
文案	二	薪水銀二十二兩	

統帶用雜役人員	管查軍械糧餉委員	二	薪水銀二十二兩	光緒廿二年七月奉旨裁委員一員
	正醫生	一	薪水銀四十兩	
	副醫生	一	薪水銀二十兩	
	馬醫生	一	薪水銀三十兩	
	護勇	十六	工食銀五兩五錢	
	號兵	六	工食銀五兩五錢	
	長夫	二十	工食銀三兩	
領官用雜役人員	文案	一	薪水銀二十二兩	三隊三員
	委員	一	薪水銀二十二兩	三隊三員
	護勇	八	工食銀五兩五錢	三隊二十四員
	號兵	六	工食銀五兩五錢	共十八員
	長夫	十	工食銀三兩	共三十員

組織	官階	名額	月支待遇	備註
哨官哨長所用雜役人員	書識 護勇 長夫	一 六 六	薪水銀七兩 工食銀五兩五錢 工食銀三兩	九哨九員 共五十四員 共五十四員
委員醫生所用雜役人員	長夫	三十	工食銀三兩	
每棚雜役人員	伙夫 長夫	一 二	薪水銀三兩五錢 工食銀三兩	六十九棚共六十九員 六十九棚共一三八員

以上官弁四十六員，頭目兵丁九百六十六員，文案委員各五員，正副醫生馬醫生各一員，書識九員，號兵二十四員，護勇九十四員，伙夫六十九員，長夫二百七十四員，合計一千四百九十五員。

以上全營月支餉銀九千零六十四兩四錢。

另每營用馬四七四匹，每馬三匹用夫一名，連同擦礮油胰洋漆紙布等費，月支二千九百五十四兩四錢。

三、新建陸軍馬隊營制餉章

組織	官階	名額	月支待遇	備註
	統帶	一	薪水銀一百兩 公費銀二百兩	

類別	職別	人數	薪餉	備註
營	幫統	一	薪水銀六十兩 公費馬乾銀六十兩	
	領官兼哨官	四	薪水銀五十兩 公費馬乾銀六十兩	每員管三哨，馬兵一百二十名。
	哨官	八	薪水銀二十兩 公費馬乾銀十兩	每員管四棚，每棚馬兵十名。
	哨長	十二	薪水銀十五兩 馬乾銀五兩	每哨一員
	正副頭目	九六	工食馬乾銀十一兩 工食馬乾銀十兩	
	馬兵	三八四	食乾銀九兩	
	文案	二	薪水銀二十兩	
	管查軍械糧餉草料委員	三	薪水銀二十兩	
統帶幫統共用雜役人員	醫生	一	薪水馬乾銀四十兩	
	馬醫生	一	薪乾銀三十兩	
	護勇	六	食乾銀十一兩	
	號兵	四	食乾銀十一兩	
	長夫	十六	工食銀三兩	

領官用雜役人員	文案 護勇 號兵 長夫	一 二 二 五	薪水銀二十兩 食乾銀十一兩 食乾銀十一兩 工食銀三兩	四隊共四員 四隊共八員 四隊共八員 四隊共二十員
哨官哨長	書識 護勇 長夫	十二 一 四	薪乾銀十二兩 食乾銀十一兩 工食銀三兩	十二哨共十二員 十二哨共十二員 十二哨共四十八員
委員醫生共用雜役人員	長夫	十四	工食銀三兩	
每棚雜役人員	伙夫 長夫	一 二	工食銀三兩五錢 工食銀三兩	四十八棚共四十八員 四十八棚共九十六員

以上官弁二十六員，頭目兵丁四百八十員，文案委員九員，醫生二員，書識十二員，護勇二十六員，號兵十二員，伙夫四十八員，長夫一百九十四員，合計八百零九員，馬五百五十六匹。

每一營月支餉銀七千三百零六兩。

四、新建陸軍工程隊營制餉章

組織	官階	名額	月支待遇	備註
	管帶	一	薪公銀三百兩	

	職別	人數	薪費
營	幫帶	一	薪水銀六十兩 公費銀八十兩
	文案	一	薪水銀二二兩
	委員	一	薪水銀二二兩
	護勇	八	工食銀五兩五錢
	號兵	六	工食銀五兩五錢
	長夫	十	工食銀三兩
管	隊官	一	薪水銀四十兩 公費銀二十兩
	隊長	二	薪水銀二十兩
	書識	一	薪水銀八兩
	護勇	四	工食銀五兩五錢
	長夫	四	工食銀三兩
	木工	四隊	
	以上共二十八員，月支薪食銀五九一兩。		

類別	職名	人數	工食銀	備註
理	正頭目	四	工食銀八兩	每隊八名，共三十二名。
	副頭目	四	工食銀六兩五錢	
	木工兵	三二	工食銀六兩	
	伙夫	四	工食銀三兩三錢	
橋	鐵工	一隊		
	正頭目	一	工食銀八兩	
	鐵工兵	九	工食銀六兩	
	伙夫	一	工食銀三兩三錢	
	繩工	二隊		
樑	正頭目	二	工食銀六兩五錢	
	繩工兵	十八	工食銀六兩五錢	
	伙夫	二	工食銀三兩三錢	

司 管 理			
水工	二隊		每隊八名，共十六名。
正頭目	二	工食銀七兩	
副頭目	二	工食銀六兩	
水工兵	十六	工食銀五兩	
伙夫	二	工食銀三兩三錢	
隊官	一	薪水銀四十兩 公費銀二十兩	以上共一百十一員，月支薪食銀七〇一兩七錢。
隊長	二	薪水銀二十兩	
書識	一	薪水銀八兩	
護勇	四	工食銀五兩五錢	
長夫	四	工食銀三兩	
築工	四隊		每隊八名，共三十二名。
正頭目	四	工食銀八兩	
副頭目	四	工食銀六兩五錢	

地壘

築工名	三二	工食銀六兩	
伙夫	四	工食銀三兩三錢	
石工	一隊		
正頭目	一	工食銀八兩	
石工兵	九	工食銀六兩	
伙夫	一	工食銀三兩三錢	
筐工	二隊		每隊九名，共十八名。
正頭目	二	工食銀六兩五錢	
筐工兵	十八	工食銀六兩五錢	
伙夫	二	工食銀三兩三錢	
土工	二隊		每隊九名，共十八名。
正頭目	二	工食銀五兩五錢	

司	土工兵	十八	工食銀四兩五錢工	以上共一百九十三員，月支薪食銀九百三十三兩七錢。
	伙夫	二	工食銀三兩三錢	
	土夫	八二	工食銀三兩	
管理電雷	隊官	一	薪水銀四十兩 工費銀二十兩	每隊八名，共二十四名。
	隊長	二	薪水銀二十四兩	
	管雷司事	六	薪水銀十六兩	
	學兵	十	工食銀四兩	
	書識	一	薪水銀八兩	
	護勇	二	工食銀五兩五錢	
	長夫	四	工食銀三兩	
	伙夫	一	工食銀三兩三錢	
	雷兵正頭目	三隊三	工食銀九兩	

司	副頭目	三	工食銀七兩	以上共六十員，月支薪食銀四百八十兩二錢。
	雷兵	二四	工食銀六兩	
	伙夫	三	工食銀三兩三錢	
管理	隊官	一	薪水銀四十兩 公費銀二十兩	
	隊長	一	薪水銀三十兩	
	機器司事	四	薪水銀二十六兩	
	學兵	十	工食銀四兩	
	書識	一	薪水銀八兩	
	護勇	二	工食銀五兩五錢	
	長夫	四	工食銀三兩	
	修礮鐵工	一隊	工食銀三兩	

修械			
正頭目	一	工食銀十二兩	
副頭目	一	工食銀十兩	
鐵工	八	工食銀八兩	
伙夫	一	工食銀三兩三錢	
修槍鐵匠	二隊		每隊八名，共十六名。
正頭目	二	工食銀十二兩	
副頭目	二	工食銀十兩	
工兵	十六	工食銀八兩	
伙夫	一	工食銀三兩三錢	
修械木工	一隊		
正頭目	一	工食銀十二兩	
副頭目	一	工食銀十兩	

司	木工兵	八	工食銀八兩	
	伙夫	一	工食銀三兩三錢	以上共六十六員，月支薪食銀六百一十八兩九錢。
管理測	隊官	一	薪水銀三十兩 公費銀二十兩	
	測繪司事	六	薪水銀二十二兩 馬乾銀五兩	給馬六匹
	印化司事	四	薪水銀二十二兩	
	學兵	四	工食銀四兩	
	護勇	二	工食銀五兩五錢	
	長夫	四	工食銀三兩	
	測繪兵	一隊		
	正頭目	一	工食銀七兩	
	副頭目	一	工食銀六兩	

繪司	正兵	八	工食銀五兩	以上共四十三員，馬六匹，月支薪食馬乾銀四百五十一兩六錢。
	伙夫	一	工食銀三兩三錢	
	印化兵	一隊		
	正頭目	一	工食銀七兩	
	副頭目	一	工食銀六兩	
	正兵	八	工食銀五兩	
	伙夫	一	工食銀三兩三錢	
管理	隊官	一	薪水銀三十兩 公費銀二十兩	
	發報司事	四	薪水銀二十二兩	
	護勇	二	工食銀五兩五錢	
	長夫	二	工食銀三兩	

電報司			
工匠	一隊	工食銀三兩	以上共二十員，月支薪食銀二百一十九兩三錢。
正頭目	一	工食銀七兩	
電工兵	九	工食銀六兩	
伙夫	一	工食銀三兩三錢	

以上共計官弁兵夫五百二十一員，馬六四，月支餉銀三千九百九十六兩四錢。

此外每兵一千名，須月支柴價銀三百二十兩，新建陸軍全軍官兵一萬二千名，共須月支銀三千八百四十兩。以上新建陸軍全軍，共月支銀十二萬九兩六錢。

其他新建陸軍附設單位，仍有督練處、教練處、糧餉局、軍械局、軍醫局、轉運局、偵探局等。惟直到光緒二十四年（一八九八）十月，新建陸軍改編爲武衛右軍，其實數僅七千人，故全軍月支僅七萬兩左右。所應特別注意者，袁世凱自始即將新建陸軍培植爲私人武力，欲圖用作政治之資本。如「新建陸軍兵略錄存」卷四「訓條」內「勸諭將士和衷」條載：

全軍之重，並非爲一身一家私計，乃朝廷之所資以禦侮，本督辦之所倚以集事。爾等同食餉糈，即同是朝廷宣猷効力之臣；同受委任，即同是本督辦心膂股肱之佐。務當時時以朝廷爲念，事事以本督辦爲心，決不當執私見而昧公義，挾小嫌而忘大體。……本督辦推誠相待，一秉大公，賞罰分明，決無偏倚。爾若各存意見，不肯和衷共濟，必致猜疑互起，貽誤戎機，何以報朝廷豢養之恩，何以副本督辦期望之意。❿

至其募訂洋員合同，更以世凱爲主體。如第四項：「某人如辦公勤能，忠實任事，由本督辦隨時查核，酌加薪水，至應加多寡，須應本督辦自定，某人不得爭執。倘逾時懶惰，仍將所加薪水扣除。」第七項：「某人如有違犯禮法，不遵約束，或才力不及，不能勝任者，應由本督辦即行辭去，停止薪水。倘嗜酒懶惰，有誤公差，初犯酌罰薪水，再三犯以不遵約束論。」⓫ 世凱御軍，懲舊日營勇侵挪軍餉之弊，每月發餉由兵士直接領取，兵部尚書榮祿以其軍容整齊，深相結納。光緒二十三年（一八九七）六月，世凱以練兵著效，簡放直隸臬司。復因其日常言論贊同變法，維新樞臣亦加青垂。同年八月八日翁文恭公日記記其事曰：「袁慰亭新直臬來見，長談，此人究竟直爽可取。略云滅平後難辦，又米價日貴墊不起。」⓬ 遂奠定下此後世凱事業之基礎。

---

❿ 新建陸軍兵略錄存卷四頁一至三。
⓫ 新建陸軍兵略錄存卷一頁十七至十八。
⓬ 翁文恭公日記，丁酉年，頁六十八。

四、江南之自強軍

光緒二十一年（一八九五）正月，署理兩江總督張之洞建議清廷，調德員漢納根在徐州練兵一萬之議既未實現，（已詳本文第三目）閏五月二十四日，原任兩江總督欽差大臣劉坤一，於籌議變法練兵用人理餉摺中，主張南北洋應分別雇用洋弁，採用西法訓練新軍，以漸推及於各省❶。同月二十七日，張之洞於籌辦江南善後事宜摺中，仍主張急練陸軍一萬人，營制、餉項略仿德國，並爲速收成效起見，不妨即以德國將弁爲營哨官。乃一面電商署理北洋大臣王文韶，調與北洋訂有合同之德弁十六人南來；一面電商駐德大臣許景澄，添募德國陸軍官佐二三十人來華教習。預計前半年先練四五千人，半年後添練至萬人，年需軍費一百餘萬兩，在自借洋款預下撥用❷。

同年七月，北洋原募德弁，及許景澄所聘德國陸軍官佐共計三十五人，陸續至南京。之洞先就衛隊護軍等營內選擇營勇操練，十一月始定額暫成軍二千八百六十人，取名自強軍。之奏稱：「俟成軍半年以後，操練已有規模，即行推廣加練，酌增人數一倍，統以增至萬人爲

---

❶ 劉忠誠公遺集，奏疏卷二十四，頁十四至十五。

❷ 張文襄公全集，奏議三十八，頁一。

止。如居時餉鉅難籌，則至少亦必須增至五千人。」❸於是之洞遣員弁分至蘇北之淮陰、徐州、通州、海州四府州，安徽之鳳陽、泗洲、滁州、和州、太平五府州，及江寧府所屬之六合、江浦兩縣，常州府所屬之宜興、荆溪、江陰、靖江四縣，鎮江府所屬之丹徒、丹陽兩縣，每處各募一營，其限制如下：

一、土著鄉民十六歲以上，二十歲以下。

二、體氣精壯，向不爲非作歹者。

三、取具族鄰團董甘結，聲明情願効力十年。

四、只准開革不准辭退。

五、城市油滑向充營勇一概不收。

六、西醫驗身軀，目光能及遠，壯健無隱疾❹。

乃奏派候補知府沈敦和、差委知府錢恂爲自强軍洋操提調，以德員來春石泰爲全軍統帶，其營官哨官均由德員擔任。別設副營官，選武職中壯健有志向上不染習氣者任之。副哨官選天津、廣東武備學堂出身之學生任之。帶兵操練權歸之德員，約束懲罰權責之華官。依照德國營制，先成步隊八營，馬隊二營，礮隊二營，工程隊一營。其編制步隊一營分五哨，每哨五十人，共計二百五十人。馬隊一營分三哨，每哨六十騎，共計一百八十騎。礮隊一營分四哨，

❸ 張文襄公全集，奏議四十，頁一至五。
❹ 同上。

每哨五十人，共計二百人。工程隊一營一百人。約當德國一軍人數四分之一。

至其薪俸，正勇餉銀每名每月給官鑄銀五元，合庫平銀三兩六錢，（按：每一正勇供給衣食等費，合銀五兩六錢，銀洋八元。）勇目遞加，全年額支華洋兵將餉銀四十四萬餘兩。

自强軍之成軍在新建陸軍之前，其規模較小，而士兵官佐待遇較新建陸軍爲高（按：新建陸軍正勇月餉四兩五錢）。同年十二月三日，上諭如議採行，於是中國新軍遂分爲南北兩大系統。之洞初意一軍練成，改以華將帶之，移德員教第二軍。後因之洞回任湖廣總督；加以洋情日變，其計劃卒未實現❺。

十二月十九日，之洞奏設陸軍學堂於南京儀鳳門內之和會街，內分馬隊、步隊、礮隊、工程隊、臺礮隊各門，三年畢業。由出使德國大臣許景澄延請德國優良軍官五人爲教習，選十三歲以上二十歲以下聰穎子弟文理通順能知大義者一百五十人爲學生。畢業後擇尤保獎，分派各營任用。陸軍學堂內附設鐵路學堂，選學生九十人，延聘教習三人教之。兩學堂年需經費六萬兩，以江海、鎮江兩關加解經費及膏捐充之❻。

光緒二十二年（一八九六）正月初二日，之洞於「統籌洋操新軍的餉」摺中，擬再添練步隊六營、礮隊二營，合計五千人，年共需銀七十萬兩，其來源一爲江蘇、安徽、江西三省

❺ 許同莘「張文襄公年譜」，卷五，頁九二，民國三十五年六月上海商務印書館版。

❻ 張文襄公全集，奏議四十一，頁八至十。

裁兵節餉二十萬兩，一爲蕪湖新增米釐十二萬兩，一爲蘇、滬米釐停撥洋款三十八萬兩❼。同日之洞於「彙陳開鐵路練新軍還洋款三事片」中，痛陳練兵之刻不容緩曰：「改練洋操雖需鉅款，然時至今日，內無一軍之可恃，外有四夷之憑陵，儻非急修武備，壁壘一新，斷不能振起軍心，一洗勇營短扣疲惰之積習。」❽ 同月十七日，之洞交卸兩江總督篆務，回任湖廣總督，兩江總督仍由劉坤一回任，自强軍之擴充計劃乃因之而擱置。之洞回鄂後，同年在武昌創辦武備學堂，學生百餘人，除電請出使德大臣許景澄向德國兵部商派二洋員來鄂教習外，並就江南自强軍調借洋員三人❾。其後各省之編練常備軍，北洋之外，以湖北最爲積極，皆之洞首倡之功。

劉坤一回任兩江總督後，初擬將自强軍調至湖北，仍由張之洞負責訓練；旋因湖北無餉而中止。光緒二十二年（一八九六）六月，坤一移自强軍於吳淞，合馬隊二營爲一營，改委候補道沈敦和總理自强軍營務處。光緒二十四年（一八九八）八月，所有德員雇用期滿，先後遣送回國。坤一派長江水師提督黃少春，皖南鎮總兵李占椿，營務處道員楊慕璿，前往吳淞校閱自强軍。少春等於校閱後覆稟曰：「調閱馬步礮隊各營，軍容壯盛，隊伍整齊，陣法進退有方，槍礮施放靈捷，倘遇有事，可期得力。」❿ 會御史曾宗彥建議清廷精練陸軍，改習

❼ 張文襄公全集，奏議四十二，頁二十七至三十。

❽ 張文襄公全集，奏議四十三，頁四。

❾ 張文襄公全集，奏議四十五，頁十三。

❿ 劉忠誠公遺集，奏疏卷二十八，頁三至四。

洋操，乃命天津新建陸軍教習北方各省勇隊，江南自强軍教習江南各省勇隊。坤一挑選自强軍排長分至吳淞、江陰、鎮江、金陵等地教授八旗、綠營各營旗，依哨數多寡，每哨一人。復以自强軍月餉偏高於各地防軍，今後各營旗請按年略予增加，因擬具辦法數款：（一）操衣酌量製備，（二）薪餉亟宜統籌，（三）軍械務宜一律，（四）圖籍亟宜講求，（五）弊端嚴行禁革，（六）將領亟宜預儲⓫。

光緒二十五年（一八九九）後，自强軍改歸江南提督李占椿統率，減爲馬步礮隊十一營，軍紀大不如前，屢有潛逃之事發生⓬。庚子拳亂期間，自强軍自吳淞移駐江陰，凡步隊八營，每營二百五十人。礮隊二營，每營二百人。馬隊一營，一百四十騎。及親兵一哨。光緒二十七年（一九〇一）六月三日，諭命兩江總督劉坤一將自强軍調往山東，交山東巡撫袁世凱酌量分佈，督飭訓練⓭。坤一乃委該軍步隊第八營管帶記名總兵張騰蛟爲全軍統帶，於八月十七、二十等日自江陰開拔北上⓮。惟自强軍餉項，按期仍由南洋大臣解放。

光緒三十年（一九〇四）六月，兩江總督魏光燾，因江南防務空虛，委派補用參將魏榮斌至湖南，按照湘軍舊日營制，募兵六營，共三千人，取名江南武威新軍，初在南京訓練，

⓫ 劉忠誠公遺集，奏疏卷二十九，頁一至七。
⓬ 劉忠誠公遺集，奏疏三十一，頁二八至二九。
⓭ 沈祖憲輯錄、袁克桓校刊「養壽園奏議輯要」，卷九，頁二四三至二四五，民國五十五年五月文海出版社影印版。
⓮ 劉忠誠公遺集，奏疏卷三十五，頁六九至七〇。

後填紮江陰、吳淞礮臺⑮。

光緒三十一年（一九〇五）十二月，練兵處合編武衛右軍自强軍爲一鎭（按：後爲北洋之第三鎭），統歸北洋大臣袁世凱節制（詳本文第六目），南洋應解自强軍餉項，自光緒三十二年正月，改歸練兵處轉撥⑯。於是歷時十載南洋自强軍之番號乃歸於消滅。

五、武衛全軍之興廢

戊戌政變後，慈禧太后蓄意排外，屢有整頓軍備上諭。同年八月十四日，諭命大學士榮祿管理兵部事務。提督聶士成所部武毅軍賞銀六千兩，侍郎袁世凱所部新建陸軍賞銀四千兩，提督董福祥所部甘軍賞銀三千兩❶。同月二十六日，復藉口時事艱難，練兵爲第一急務，簡派榮祿爲欽差大臣，所有北洋各軍悉歸節制❷。十月二十四日，榮祿爲編組武衛全軍奏稱：

北洋除淮練各軍而外，有毅、甘、武毅、新建四軍，分之各有自主之權，合之實無相維之勢，一遇戰陣，仍形孤立，欲求制勝之方，必使各軍聯爲一氣，然後可期指揮如

---

⑮ 東方雜誌第一年第二期軍事類，頁五十九。
⑯ 光緒朝東華續錄第九册，頁五四四六，民國五十二年九月文海出版社影印版。
❶ 光緒朝東華續錄，第七册，頁四一八七。
❷ 清德宗實錄，卷四二八，頁十一至十二，光緒朝東華續錄，第七册，頁四二〇四。

意。今擬聶士成一軍駐紮蘆臺，距大沽、北塘較近，扼守北洋門户爲前軍。董福祥一軍駐紮薊州，兼顧通州一帶，爲後軍。宋慶一軍駐紮山海關内外，專防東路，爲左軍。袁世凱一軍駐紮小站，以扼津郡要道，爲右軍。奴才另募親兵萬人爲中軍，擬於南苑内擇地安營，督率訓練。如此總爲五軍，聲勢自然聯絡，平日分防各要隘，一經徵調，則大軍雲集，無秦、越漠視之分，自可收指臂相聯之效。❸

上列五大軍，每軍各約一萬人，其中前後左三軍皆燕隴舊軍改編，中軍多係新募旗丁，由馬玉崑、姜桂分任左右參乘。右軍則由新建陸軍改編而成，自此新建陸軍之名告終，而武衛右軍之名代興。至於北洋尚存之淮軍二十四營，練軍四十二營，合計三萬餘人，諭命直隸總督裕祿，體察情形，認真裁併，仍歸榮祿督操訓練，隨時調遣。

武衛全軍之軍制餉章，多沿新建陸軍之舊，惟因力倣德制，故於編制時略有更張。計每一軍共步隊五營，礮隊一營，馬隊一營，工程隊一營，另附學兵一營。當時僅袁世凱所部之右軍係採新式編制，中軍因係新募，亦如制成立；惟均不足定額。其餘前左後三軍，仍爲原來之舊軍制❹。

光緒二十五年（一八九九）三月，武衛右軍奉旨開往山東德州、沂州等處操演行軍陣法。

❸ 清朝續文獻通考，卷二百三，兵二，頁九五一二，光緒朝東華續錄，第七册，頁四二四七至四二四九。
❹ 參照文公直「最近三十年軍事史」，上册，頁三十八，民國五十一年六月文星書店影印版。

五月二日，袁世凱爲置辦官車事，奏稱所部現有兵力爲步隊五營，礮隊馬隊各一營，工程隊半營。會山東教案起，巡撫毓賢罷職。光緒二十六年（一九〇〇）二月，乃補授袁世凱爲山東巡撫。三月七日，世凱奏請裁減山東現有勇隊三十四營爲二十營，共計一萬人，另訂餉章，改稱武衛右軍先鋒隊，由武衛右軍官弁居中訓練，袁世凱之實力乃因之大增。

八國聯軍期間，聶士成戰死天津八里臺，武衛前軍盡覆。董福祥因縱拳被聯軍指認爲禍首，遣戍邊疆，武衛後軍隨義和團而同歸消滅。宋慶所部之左軍及榮祿親統之中軍，京津淪陷後，護鑾西奔，潰散之餘，蛻化而成姜桂題所統之毅軍，幾無作戰能力。獨袁世凱所統之武衛右軍，碩果僅存。拳亂之後，清廷重整武備，光緒二十七年（一九〇一）七月二十九日諭曰：「現在整頓兵備，停止武科，亟應於各直省建立武備學堂，以期培養將才，練成勁旅。查北洋湖北所設武備學堂，及山東所設隨營學堂，均已辦有規模，應即責成李鴻章、劉坤一、張之洞、袁世凱等，酌量擴充，認真訓練，其應如何分門操習，俾精兵學而備干城，一切規制章程，務再悉心核議，斟酌盡善，詳晰具奏，請旨施行。其餘各省即著該督撫設法籌建，一體仿照辦理，以歸劃一，將此通諭知之。」七月三十日復諭曰：

> 前因各省制兵防勇甚爲疲弱，業經通諭各督撫認眞裁汰，另練有用之兵。因念練兵必先選將，而將才端由教育而成，自應廣建武備學堂，挑選練習，用儲腹心干城之選。但學堂成效既非旦夕可期，其各省之設有學堂者，學成之員生現尚不敷分配，惟有仍就原有將弁，擇其樸實勤奮者，遴選擢用。著各省將軍督撫將原有各營嚴行裁汰，精

選若干營，分爲常備續備巡警等軍，一律操習新式鎗礮，認眞訓練，以成勁旅，仍隨時嚴切考校，如有沾染舊習，惰窳廢弛，即行嚴參懲辦。朝廷振興戎政，在此一舉，各該將軍督撫，務當實力整頓，加意修明，以期日有起色，無負諄諄誥誡之至意。所有改練章程及應如何更定餉章，著政務處咨行各省，悉心核議，奏明辦理。❺

光緒二十七年（一九〇一）九月，北洋大臣李鴻章死，袁世凱以地利之便，加以實力在握，清廷命其繼任，經劃聯軍撤退後接防事宜。是時直隸境内僅存淮練各軍四十二營，九哨一百騎。十二月世凱以直隸幅員遼闊，又值兵燹未靖，門户洞開，請准於善後賬款項下撥發一百萬兩，募集精壯，趕速訓練，分佈填紮。光緒二十八（一九〇二）正月，乃擬定募練新軍章程十九條，錄其要點如下：

一、募兵由村長地保公舉，確係土著，均有家屬。

二、募兵由村長地保代爲報名，收足一哨，由委員到境點收編伍，並造册交地方官存案。

三、嚴禁吏胥村長地保藉端需索。

四、募兵未成哨時，每人每日發錢一百文，開差時發一百五十文。

五、募兵到營，頭目每月餉銀五兩，正兵四兩二錢。

六、應募士兵家屬地方官應妥爲照料。

❺ 光緒朝東華續錄，第八册，頁四七〇〇，清德宗實錄，卷四八五，頁十九至二十。

七、募兵入伍三個月後，每名准免差徭三十畝。
八、募兵嗣後請假、斥革、離營者，由該營管帶，發給假單，蓋用關防。
九、募兵潛逃回籍，由地方官嚴密查拏。查緝不力，分別參處。
十、兵丁選升官長，由營務處知會原籍地方官填註原册。

另定募兵格式八端，錄其要點如下：

一、年限二十歲至二十五歲。
二、力大限平舉一百觔以外。
三、身限官裁尺四尺八寸以上。
四、步限每一時行二十里以外。
五、報明三代家口住址箕斗數目。
六、曾吸食洋煙者不收。
七、素不安份，犯有事案者不收。
八、五官不全體質軟弱及有目疾痼疾者不收❻。

於是遣所部武衛右軍營務處候補道王英楷、王士珍等，分赴直隸所屬正定、大名、廣平、順德、趙州、深州、冀州各地，會同地方官勻派精選壯丁六千人，即由王英楷等分領訓練❼。

---

❻ 養壽園奏議輯要，卷十三，頁三二一至三二九。
❼ 光緒朝東華續錄，第九册，頁四八〇九。

同年二月二十八日，世凱奏派武衛右軍隨軍學堂歷屆畢業學員五五名，由監督率領前往日本，入陸軍學堂學習❽。五月，奏設軍政司於保定省城，主持訓練新軍事宜。由袁世凱自兼總辦，下轄三處。兵備處由記名補用道劉永慶充總辦，內分考功、執法、籌備糧餉、醫務等股。參謀處由補用知府段祺瑞充總辦，內分謀略、調派、測繪等股。教練處由補用知府馮國璋充總辦，內分學務、兵務等股。復奏設陸軍武備學堂於保定，選帶兵員弁粗通文字有志上進者爲學員，以十八個月爲畢業之期，由直隸候補道雷震春任總辦。乃奏定營制餉章，新編常備軍左鎮一鎮（按：後爲北洋之第二鎮），計步隊十二營，礮隊三營，馬隊四營，工程輜重各一營，預計半年後再添練一鎮（共兩鎮，號左鎮右鎮），合計一萬九千一百二十人，成爲一軍。年支餉銀一百九十九萬七千六餘兩，雜用三十九萬餘兩❾。其編制較新建陸軍簡化而嚴密，計每軍轄兩鎮，每鎮轄步隊二協，馬隊一標，礮隊一標，工程隊一營，輜重隊一隊。其品秩全軍總統仿提督，兩鎮翼長仿總兵，四協統領仿副將，以次迭減（詳本文第六目），自此中國乃有完全近代化之陸軍。

六、常備軍之建制

❽ 養壽園奏議輯要，卷十四，頁三五九至三六一。

❾ 養壽園奏議輯要，卷十五，頁三六三至三七〇。

光緒二十九年（一九〇三）冬，以日俄戰爭將起，國防可慮，清廷設立練兵處，以慶親王奕劻爲總理，北洋大臣袁世凱爲會辦，主持全國編練新軍事宜，而以試行印花稅爲軍餉來源。十一月九日，授徐世昌内閣學士銜充練兵處提調，直隸即補道劉永慶充軍政司正使，直隸補用道段祺瑞充軍令司正使，候補道王士珍充軍學司正使，均賞給副都統銜，襄贊練兵事務❶。同年十二月十五日，袁世凱奏准首批以日金七十七萬五千四百餘元，向日商三井、大倉兩株式會社訂購六密里半口徑五響新式步快槍一萬二千桿，馬快槍二千桿，皮件一萬四千套，無煙子彈七百萬粒，演習用子彈七萬粒，七生的半陸路礮四十八尊，附裝載車六十輛，鞍具二百三十六副❷，以爲擴充新軍之需。

光緒三十年（一九〇四）春，練兵處首選北京駐防旗丁爲京旗常備兵，旋改稱北洋第一鎭。而袁世凱於光緒二十八年（一九〇二）五月奏設之常備軍左鎭，改稱北洋第二鎭。六月，復合併武衛右軍及江南自强軍爲北洋第三鎭。世凱奏委王英楷、吳長純、段祺瑞爲一、二、三鎭翼長統領。其中以第三鎭久經戎行，兵力最强。

八月初三日，練兵處會同兵部奏定全國兵額就其形勢分爲三十六鎭：計近畿四鎭，直隸二鎭，山東一鎭，江蘇二鎭，江北一鎭，安徽一鎭，江西一鎭，河南一鎭，湖南一鎭，湖北二鎭，浙江一鎭，福建一鎭，廣東二鎭，廣西一鎭，雲南二鎭，貴州一鎭，四川三鎭，山西

❶ 清德宗實錄，卷五二三，頁十。
❷ 養壽園奏議輯要，卷二十七，頁五二三至五二八。

一鎮，陝西一鎮，甘肅二鎮，新疆一鎮，熱河一鎮，奉天一鎮，吉林一鎮，黑龍江一鎮。其練兵處之組織復有變動，茲表列如下❸：

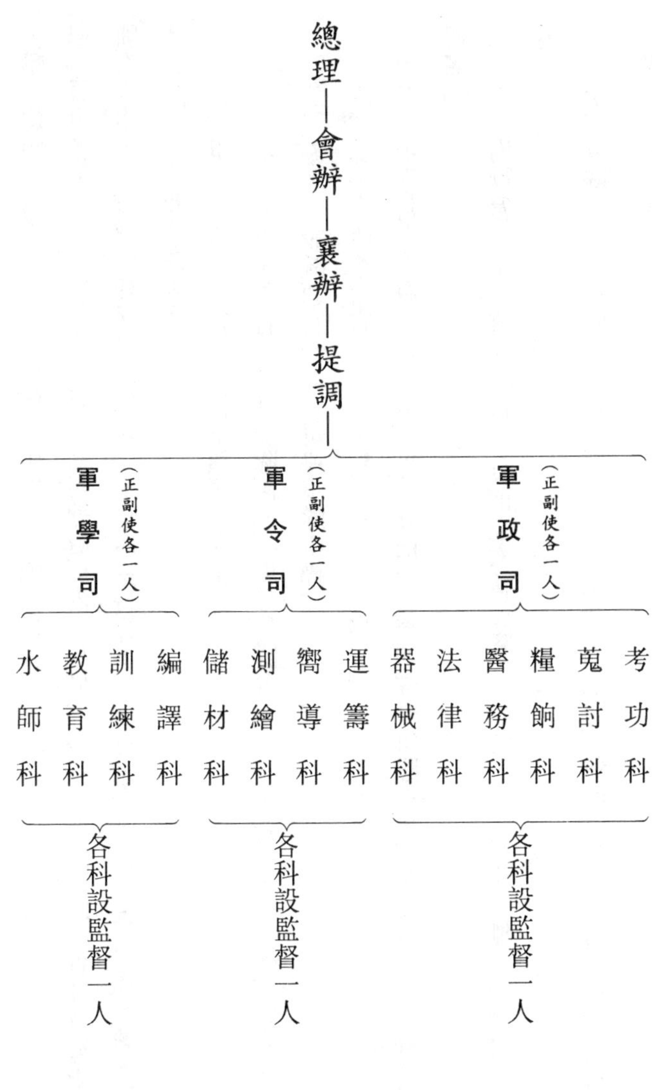

❸ 東方雜誌第一年第一期軍事類，頁四七至四八。

十一月六日，練兵處奏定陸軍營制餉章，暨各種武備學堂辦法，並出洋就學章程，以及立軍、分軍、續備軍、後備軍、督練、設官、補官、募兵、入伍、軍令、訓練、校閱、徵調、獎勵、懲罰、緝逃、卹賞、退休、衛生、薪餉、營舍、選馬、變通、軍服、標旗、軍器、輸運、服役各種規章。於是命各省設立督練處，內分兵備、參謀、教練三處，直隸督練處袁世凱奏准由道員言敦源任兵備處總辦，道員段芝貴任參謀處總辦，遊擊何宗蓮任教練處總辦。依其規定，全軍組織如下：

一、軍——設總統官，下轄兩鎮至三四鎮。

二、鎮——設統制官，下轄步隊兩協，馬隊礮隊各一標，工程輜重各一營，軍樂一隊。

三、協——設統領官一員，每協步隊兩標。

四、標——設統帶官一員，每標三營，馬步礮隊同。

五、步隊營——設管帶一員，每營分前左右後四隊，每隊三排，每排三棚，每棚目兵十四名。

六、馬隊營——設管帶一員，分前左右後四隊，每隊二排，每排二棚，每棚目兵十四名。

七、礮隊營——設管帶一員，每營分中、左、右三隊，每隊三排，每排三棚，每棚目兵十四名。

八、工程隊營——設管帶一員，每營分前、左、右、後四隊，分辦行軍橋樑、溝壘、電器、雷具各事。每隊三排，每排三棚，每棚目兵十四名。

九、輜重隊營——設管帶一員，每營分前、後、左、右四隊，分辦輸運、槍彈、礮彈、糧秣、橋樑工具等項。每隊三排，每排三棚，每棚目兵十四名。

十、軍樂隊——設隊官一員，排長一員，一等樂兵二名，二等樂兵六名，三等樂兵十二名，學習樂兵二十四名❹。

至其餉章雖高於各旗營，而低於新建陸軍自強軍甚多，茲表列全軍官佐士兵餉章如下❺：

一、總統官——薪水銀六百兩，公費銀一千兩，共銀一千六百兩。

二、統制官二員——每員薪水銀四百兩，公費銀六百兩，共銀二千兩。

三、統領官四員——每員薪水銀二百兩，公費銀三百兩，共銀二千兩。

四、統帶官十二員——每員薪水銀二百兩，公費銀二百兩，共銀四千八百兩。

五、步工輜管帶二十八員——每員薪水銀一百兩，公費銀一百四十兩，共銀六千七百二十兩。

六、礮隊管帶六員——每員薪水銀一百兩，公費銀一百六十兩，共銀一千五百六十兩。

七、馬隊管帶六員——每員薪水銀一百兩，公費銀八十兩，共銀一千零八十兩。

八、步工輜隊官一百十二員——每員薪水銀五十兩，公費銀十兩，共銀六千七百二十兩。

---

❹ 東方雜誌第二年第二期軍事類，頁七六至八五。

❺ 同上。

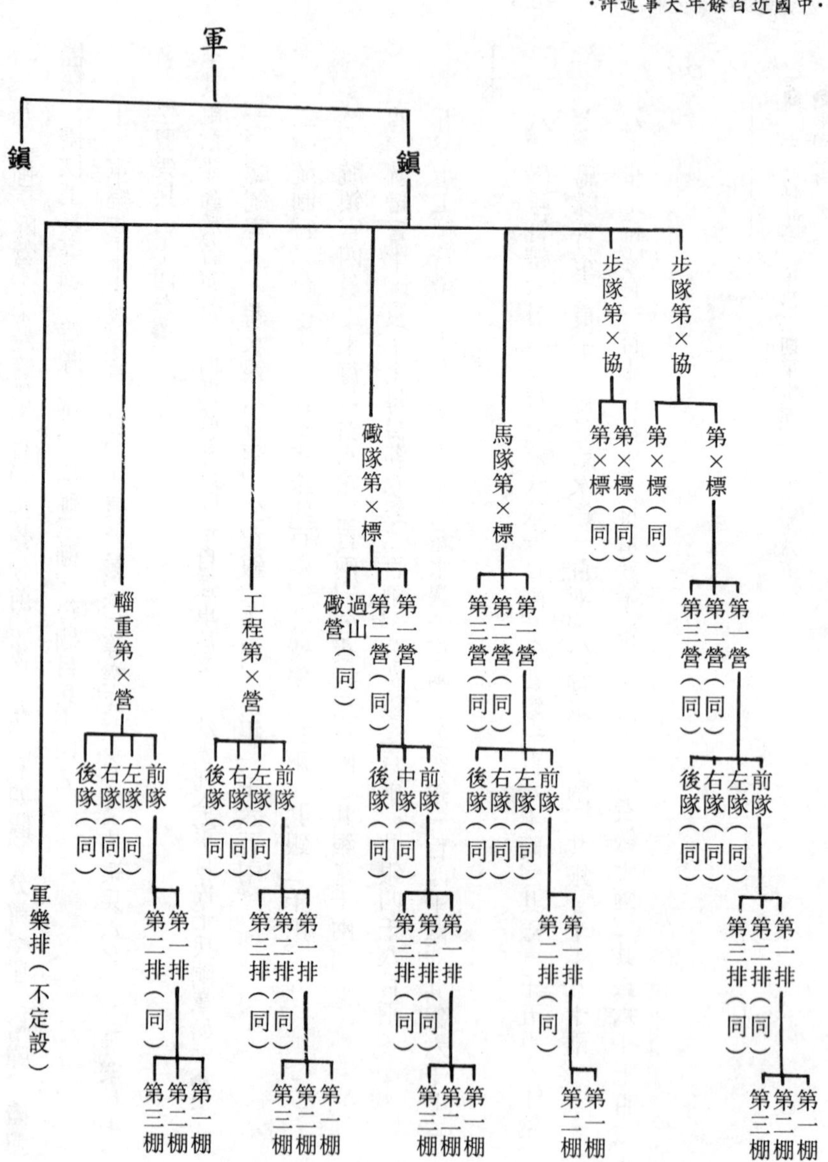
軍
鎮
鎮
軍樂排（不定設）
輜重第×營
前隊
左隊（同）
右隊（同）
後隊（同）
第一排
第二排（同）
第一棚
第二棚
第三棚
工程第×營
前隊
左隊（同）
右隊（同）
後隊（同）
第一排
第二排（同）
第三排（同）
第一棚
第二棚
第三棚
礮隊第×標
第一營
第二營（同）
過山礮營（同）
前隊
中隊（同）
後隊（同）
第一排
第二排（同）
第三排（同）
第一棚
第二棚
第三棚
馬隊第×標
第一營
第二營（同）
第三營（同）
前隊
左隊（同）
右隊（同）
後隊（同）
第一排
第二排（同）
第一棚
第二棚
步隊第×協
第×標（同）
第×標（同）
步隊第×協
第×標
第×標（同）
第一營
第二營（同）
第三營（同）
前隊
左隊（同）
右隊（同）
後隊（同）
第一排
第二排（同）
第三排（同）
第一棚
第二棚
第三棚

九、馬隊隊官二十四員——每員薪水銀五十兩，公費銀八兩，共銀一千三百九十二兩。

十、礮隊隊官十八員——每員薪水銀五十兩，公費銀十四兩，共銀一千一百五十二兩。

十一、軍樂隊隊官二員——每員薪水銀五十兩，共銀一百兩。

十二、排長四百四十員——每員薪水銀二十五兩，共銀一萬一千兩。

十三、正目一千二百六十六名——每名餉銀五兩一錢，共銀六千四百五十六兩六錢。

十四、副目一千二百六十六名——每名餉銀四兩八錢，共銀六千零七十六兩八錢。

十五、正兵五千零六十四名——每名餉銀四兩五錢，共銀二萬二千七百八十八兩。

十六、副兵一萬零一百二十八名——每名餉銀四兩二錢，共銀四萬二千五百三十七兩六錢。

（附註：雜役官佐兵丁不包括在內）

並參照八旗官員之舊章，旁採各國軍營之規制，擬定新軍官階，區爲三等，析爲九級，其辦法如下：

上等軍官有三：第一級曰正都統，秩視提督，階從一品。第二級曰副都統，秩視總兵，階正二品。第三級曰協都統，秩視副將，階從二品。中等軍官有三：第一級曰正參領，秩視參將，階正三品。第二級曰副參領，秩視游擊，階從三品。第三級曰協參領，秩視都司，階正四品。下等軍官有三：第一級曰正軍校，秩視守備，階正五品。第二級曰副軍校，秩視千總，階正六品。第三級曰協軍校，秩視把總，階正七品。嗣後凡學堂出身，或游學畢業，以及諳習武備，帶頭新軍各員，均以此三等九級軍官分別除授❻。

茲表列八旗、綠營與新軍軍職階級比照表如下❼：

等	級	八旗	綠營	新
高等	第一級	正都統	提督	總統
	第二級	副都統	總兵	統制
	第三級	協都統	副將	統領、總參謀官、礮隊協領
中等	第一級	正參領	參將	統領、正參謀官、工隊參領、總軍械官、護軍官、總軍需官、總軍醫官、總執法官
	第二級	副參領	游擊	一等參謀官、正軍械官、中軍官、正軍需官、正軍醫官、正執法官
	第三級	協參領	都司	教練官、管帶、二等參謀官、副軍械官、參軍官、副軍需官、副軍醫官
低等	第一級	正軍校	守備	督隊官、隊官、三等參謀官、軍械長、執事官、查馬長、軍需長、軍醫長、稽查官
	第二級	副軍校	千總	排長、掌旗官、醫生、司號官
	第三級	協軍校	把總	司務長、馬弁目、司號長

❻ 光緒朝東華續錄，第九冊，頁五二三六至五二三八。

❼ 東方雜誌第二年第六期軍事類頁二七一。

軍
總馬醫官 一等書記官
正馬醫官 二等書記官
副馬醫官 三等書記官
馬醫生 書記長
馬醫生 司事生 司書生

十二月，練兵處兵部復奏定陸軍服制，除朝覲公謁大禮服仍遵舊制，軍禮服仍戴翎頂貂緯帽外，新定陸軍禮服、軍常服、操帽各種式樣如下：

(一)禮服袖章——其章以盤花金辮分上中下三等，以橫道金辮分第一、二、三級。上等官盤花辮三道，中下等各遞減一道。各等第一級橫辮三道，第二、三遞減。自中等以下各官，又按步馬礮工輜分綴紅白黃藍紫五色橫道。惟參謀官袖章之上另加金銀紅三色套環，以示特別，此禮服袖章之式也。

(二)禮服肩章——其章以編牌金辮紅絲分上中下三等，以金色團蟒分第一、二、三級。上等官編牌金辮三道，中等金辮二道，紅絲辮一道，下等金辮一道，紅絲辮二道。各等第一級金色團蟒三箇，第二、三各遞減一箇，此禮服肩章之式也。

(三)禮服領章——其章以飛蟒珠色分上中下三等，以橫道金辮分第一、二、三三級。上等蟒珠紅色、中藍色、下白色。各等第一級綴橫金辮三道，第二、三遞減。此禮服領章之式也。

(四)常服袖章——其章以金團蟒分上中下三等，以橫青線分第一、二、三三級。上等官綴金蟒三箇，中下遞減。各等第一級綴青辮三道，第二、三遞減。其中等以下應綴分隊各色者，與禮服同，此常服袖章之式也。

（五）操帽式章——其章以帽正蟒珠分上中下三等，以橫金線分第一、二、三三級。上等雙蟒抱紅珠，中藍珠、下白珠。各等第一級綴金線辮三道，第二、三遞減。帽色用黑，此操帽定章之式也。

至軍褲記號與上服同重，上等綴金辮三道，中等各就本隊顏色綴絲辮二道，下等一道，以期相應。

軍服顏色，禮服四時全用天青，常服寒暑分用深藍土黃；惟不加肩章領章，用歸簡易。

各軍佐官等級與軍官相當者，章式亦與軍官同，惟金色易爲銀色，青辮易爲藍辮，庶幾同中見異，正副分明❽。

光緒三十一年（一九〇五）正月，練兵處兵部復擬定陸軍小學堂、中學堂章程，及行營禮節。分官兵相見，官兵相遇，軍隊相遇，軍隊操演，及注目、立正、舉手、舉刀、舉槍等項❾。二月十九日，袁世凱於武備學堂外，奏設軍醫學堂、馬醫學堂、經理學堂、軍械學堂，以儲備軍醫、馬醫、軍需、軍械人員之選。同月二十四日，練兵處兵部奏設陸軍大學堂於近

---

❽ 東方雜誌第二年第三期軍事類，頁一一〇至一一三。

❾ 光緒朝東華續錄，第九冊，頁五二九〇。

織，以培養高級軍事將領。復奏設貴冑學堂於京師，爲王公大臣子弟肄武之區[10]。光緒三十二年（一九〇六）十二月，袁世凱奏設憲兵學堂於大沽口，復奏設電信學堂於小站[11]。光緒三十三年（一九〇七）正月，袁世凱奏設陸軍速成學堂，以二年爲畢業之期，以造就大量初級軍官[12]。於是常備軍之建制乃大完備。

七、常備軍之發展

光緒三十年（一九〇四）冬，清廷命兵部侍郎鐵良至江南各地抽查常備兵訓練情形，兼校閱營勇砲臺。光緒三十一年（一九〇五）正月，鐵良奏稱：

> 總計所閱多處礮臺，則江南較勝，江西次之，安徽又次之。陸軍則湖北之常備軍爲最優，河南之常備軍步隊六營，江南之常備軍步隊四營，江西之常備軍步隊四營，粗有可觀。蘇州、安徽之續備各軍，江南之護軍四旗，新湘五旗，廢弛最甚。其餘各營，操法亦多平常。水師則湖口差强，餘均較遜。武備學堂之規模宏富，條理精詳，成材

---

[10] 同上書，頁五三〇〇。

[11] 容庵弟子記，卷四，頁十六。

[12] 光緒朝東華續錄，第十冊，頁五七〇四至五七〇五。

多而功用著者，當以湖北爲最。安徽則經理有法，故員生較無習氣，第局面尚欠擴充。江南則興辦有年，故氣象頗具大觀，而教法難言盡善。湖南則程度尚淺，蘇州則規畫未宜，河南甫經開辦，尚無優劣之可言。至各省礮臺軍械，則或新或舊，頗覺參差，而一切營制餉章，軍服操法，微特此省與彼省不同，此軍與彼軍不同，甚至同省同軍而此營與彼營又不同，殊欠整齊劃一。至於缺額之弊，不肖將領平日難保其必無。此次因有查閱之舉，早已預備補齊，故抽查時尚無空額，然其間有操法生疏者，其爲臨時新募無疑。又緣營兵丁，久成虛設，現雖間已改爲巡警，藉以彈壓地方，然亦不甚得力❶。

對當時各省武備之批評，大致尚屬可信，舊式營勇之没落於此可見。同年三月，練兵處兵部遵新章復分第三鎮中部分舊武衛右軍爲第四鎮，以段祺瑞爲統制官❷。另以第二鎮之一部，及山東之武衛右軍先鋒隊，擴充爲第五鎮。更分第三鎮之一部，及武衛右軍、自强軍之餘部，擴充爲第六鎮❸。而北洋六鎮組織完成。練兵處兵部陸續向英德各廠訂購山礮快礮及各類軍火，耗資二百餘萬兩。並以所需戰馬日多，劃定冬夏牧放之所❹。同年六月，練兵處兵部新

❶ 光緒朝東華續錄，第九册，頁五二七一至五二八八，清德宗實錄，卷五四一，頁七至八。
❷ 容庵弟子記，卷四，頁三。
❸ 參照丁文江「民國軍事近紀」上編，頁一至四，民國十五年十月商務印書館出版。
❹ 容庵弟子記，卷四，頁四。

編北洋六鎮餉項如下表：

鎮名	全年餉雜銀	備註
第一鎮	一百五十五萬八千六百三十五兩	六鎮合計八百九十九萬五千二百餘兩❺
第二鎮	一百五十一萬四千一百六十八兩	
第三鎮	一百五十萬一千九百兩	
第四鎮	一百四十八萬九千一百十一兩	
第五鎮	一百四十八萬九千一百十一兩	
第六鎮	一百四十八萬九千一百十一兩	

上列餉雜銀，由户部撥發五百四十萬兩，由各省督撫協濟三百五十九萬五千二百餘兩。同年九月五日至八日，常備軍大會操於河南湯陰東南，以山東駐軍之第五鎮，南苑駐軍之第六鎮，直隸駐軍之第四鎮，及京旗之第一鎮，各抽撥精銳合爲北軍，由段祺瑞充總統官。復調集湖北之第八鎮全鎮，及河南之混成協爲南軍，由張彪充總統官。兩軍將佐弁兵共計三萬三千九百餘員，此外兩軍接濟、架橋、衞生、軍樂、電信等隊，及礮械、車輛、服裝，均配置相等。

---

❺ 東方雜誌第三年第七期財政，頁一二五至一二七。

清廷命兵部尚書鐵良會同袁世凱認真校閱，朝廷大臣新舊軍將領多往參觀。爲清季空前之盛舉，亦爲甲午戰後編練新軍成果之表現，五日兩軍演習衝鋒戰法，六日兩軍馬步礮隊在湯陰東發生演習遭遇戰，七日兩軍全隊在彰德東南演習列陣縱擊，八日舉行閱兵式❻。關於此次演習之不夠逼真及各種弱點，日本朝日新聞之批評最爲露骨，已於前言中述及。即依同月十五日袁世凱之上奏，亦可窺見新軍訓練之有名無實。其言曰：

臣等馳驅戰地，連日縱觀，並飭各審判官依據戰理，秉公詳斷。如初五日南軍馬隊距敵尚遠，遽爾衝鋒，既致紊亂隊形，復易疲敝馬力，未免稍涉張皇。北軍較爲穩固，然過於持重，亦覺有誤時機。至兩軍偵探搜索未能十分得力，則皆坐同此弊。初六日南軍分隊渡河，甚合機宜，但礮隊射擊未足制敵之命；又進軍較緩，至右翼受敵圍困，誠不免於失利。然於礮火互施之際，北軍右側暴露過甚，亦屬近於危險。初七日北軍先據高地預備側擊，另以枝隊誘敵於左翼，厚集兵力以待之，布置甚是；然枝隊未戰先退，是使敵軍易於覺察，未必即墮其術中。南軍先用礮隊斜擊新莊山地，然後攻撲二十里鋪等處，可謂善於搗虛，但各縱隊之距離過遠，形勢轉孤，前鋒各隊亦未能互相聯絡，以致團結無力，運動困難，是均有不甚完密之處。❼

❻ 養壽園奏議輯要，卷四十一，頁七九三至八〇五。
❼ 同上書。

蓋北洋六鎮訓練有年，爲全國之模範。湖北一鎮張之洞全力經營，軍容之盛聞名全國。效果尚且如此，其他各鎮新軍之戰鬥能力不問可知矣。而袁世凱以久典兵戎，實力在握，竟大遭清廷之嫌忌。

先是清廷之設練兵處，與兵部並立，原爲架床疊屋之舉。光緒三十年（一九〇四）七月，東方雜誌之時評曾以「練兵處與兵部並設」爲題論其事曰：

> 兵部之與練兵處固不能並設也，近聞練兵處所辦各事，固不與兵部協商，即升調將弁亦不使兵部知之，兵部堂司頗爲憤妬，然亦無如之何云。按本朝官制，不免疊床架屋之弊，識者早已病之，蓋以兩衙門同任一事，權限不清，非互相推諉，即互爭勢力，其結果必至於此消彼長，一攬全權，一爲虛設而後已。今練兵處與兵部之不相能，實出於勢所必至，現知政府亦洞悉兩者並設之無謂，而亟議裁併矣！❽

其後，清廷見袁世凱之勢日盛，乃培植滿洲親貴以制之。光緒三十二年（一九〇六）六月十日，以鐵良爲兵部尚書。七月二十六日，命鐵良在軍機大臣上學習行走。

九月二十一日，清廷因預備立憲，更改中央官制，設立陸軍部，仍以鐵良爲尚書，併練兵處陸軍部。十月三日，北洋大臣袁世凱被迫請辭會辦練兵事務，將北洋一、三、五、六各

---

❽ 東方雜誌第一年第七期，頁四二。

鎮交歸陸軍直接統轄，留第二、第四兩鎮繼續訓練。世凱之上奏，對當時北洋六鎮之防區曾有詳細之說明：

再查陸軍第一鎮係臣會同尚書臣鐵良督率訓練，第二、第三、第四、第五、第六等鎮，係專由臣督練，現鐵良已補授陸軍部尚書，第一鎮本係京旗兵丁，應歸部臣專管，第三鎮駐紮保定府暨奉天錦州府一帶，第五鎮駐紮山東濟南府暨濰縣一帶，第六鎮宿衛宮門，並駐紮南苑、海淀一帶，現在未設軍統。各該鎮均擬請歸陸軍部直接管轄，無庸由臣督練。第二鎮駐紮永平府暨附近山海關一帶，第四鎮駐紮天津附近之馬廠、小站一帶，值此客軍尚未盡撤，大局尚未全定，直境幅員遼闊，控制彈壓須賴重兵，所有第二第四兩鎮，擬請仍歸臣統轄督練，以資策應。❾

光緒三十三年（一九〇八）七月二十七日，清廷調袁世凱爲軍機大臣兼外務部尚書，世凱遂擺脫督練新軍之責任。北洋六鎮統制王士珍、段祺瑞等先後外放爲提鎮，陸軍部尚書鐵良乃奏定全國三十六鎮各省成立鎮額及年限。茲表列當時編練情形如下：

地區	新軍鎮額	編練年限	備註
近畿	四		全部成軍

❾養壽園奏議輯要，卷四十二，頁八〇七至八一一。

直隸	二		全部成軍
山東	一	三	
江蘇	二	三	江寧已成一鎮，江蘇已編步隊一協，馬礮隊各二隊，工程一隊，並計劃編輜重一隊。
江北	一	四	已編步隊一協，礮隊二營。
安徽	一	四	已編步隊一協，馬隊一營，礮隊二隊，工輜各一隊，軍樂半隊。
江西	一	四	已編步隊一協，馬隊二隊。
河南	一	四	已編步隊一協，馬礮隊各二營，軍樂一隊。
湖南	一	四	已編步隊一協。
湖北	二	三	已編一鎮，混成一協。
浙江	一	二	已編一協。
福建	一	二	已編一協。
廣東	二	五	已編混成一協。

廣西	一	五	已編步隊三營，礮隊一營。
雲南	二	五	已編步隊一協，礮隊二營。
貴州	一	五	已編步隊一標。
四川	三	三	已編步隊一協。
山西	一	三	已編步隊一協。
陝西	一	三	已編步隊一協，礮隊一隊。
甘肅	二	五	已編步隊一協，馬隊二營，礮隊一營。
新疆	一	三	已編步隊一協，馬隊二營，礮隊一營。
熱河	一	四	
奉天	一	二	
吉林	一	二	已編步隊一協。
黑龍江	一	二	⑩

⑩ 參照東方雜誌第四年第十期，頁九二至九六。

光緒三十四年（一九〇八）十月，光緒帝、慈禧太后先後薨。十一月，溥儀繼立，醇親王載灃攝政，銜戊戌舊恨，十二月罷袁世凱職，兵權乃悉歸於中央。

八、禁衛軍與巡防營

咸豐十一年（一八六一），清廷鑑於英法聯軍喪師之恥，命內務府挑選各營旗精壯兵丁一萬人，組織神機營，由僧格林沁節制訓練。同治四年（一八六五），僧格林沁剿捻敗没，改由醇親王奕譞接統，規模漸大，所用新式槍礮均自外洋購入。光緒十六年（一八九〇），奕譞死，始歸慶親王奕劻接管。計馬步二十五隊，每隊約千人。

光緒二十一年（一八九五），清廷既著手訓練新軍，乃編神機營爲馬步兩軍。馬軍分左右兩翼，及礮隊一隊。左右翼各分左右前後中五營，每營設專操一員（或稱管帶），幫操一員，營統二員，除後營官兵二百六十六人外，其餘各營官兵各爲二百七十二人。礮隊設管帶一員，幫操一員，營統二員，官兵二百七十二人。合計馬軍官兵三千零三人。步軍分左右翼各四營，中營五營，親兵一隊，合計官兵一萬一千九百四十七人，分駐南苑、三海、頤和園等地。春秋兩季出屯郊甸，演習戰陣。

戊戌政變後，清廷蓄意排外，改神機營爲神虎營，歸端郡王載漪指揮。拳亂之役殺害德使克林德（Kottler），圍攻東交民巷，即神虎營之所爲。迨八國聯軍入京，神虎營隨之消滅；故兩宮回鑾後，乃以武衛右軍供宿衛。光緒三十一年（一九〇五）三月，練兵處兵部合武衛右軍及自强軍餘部，改編爲第六鎮，而宿衛京師如故。

光緒三十四年（一九〇八）冬，監國攝政王載灃當國，爲妨嫌漢人，另召集八旗子弟組織禁衛軍，由其親自統率，而以貝勒載濤、毓朗，及兵部尚書鐵良，專司訓練大臣，常備軍之擴充計劃乃因之緩遲。諸親貴非驕縱無知，即顢頇糊塗，乃徒擲國家之財力。宣統元年（一九〇九）閏二月二十一日，諭命撥解東三省擴編新軍所購陸路礮十八尊，步槍八千枝，馬槍二千枝，子彈二百萬粒，交京師禁衛軍使用。❶宣統二年（一九一〇）八月二十七日，專司訓練禁衛軍大臣載濤奏准，今後禁衛軍全軍官兵悉著呢衣革履，一切領帽章記均選精良。❷禁衛軍遂成爲清廷之裝飾品。宣統三年（一九一一）夏，禁衛軍已成立兩協❸，奉旨合近畿各鎮常備兵在永平舉行秋操，由軍諮大臣載濤恭代親臨統監兩軍。❹旋以武昌起義，清廷抽調軍隊赴鄂進攻而作罷。

同年九月，袁世凱組織責任內閣，諷令載濤統率禁衛軍出征。載濤懼敵，自請辭職，世凱乃調禁衛軍於北京城外，民國之後改編爲正式陸軍。

至於各省八旗防營，自甲午戰後，清廷屢有整頓裁併上諭，而廢弛如故。光緒三十二年（一九〇六）秋，清廷既更改中央官制，陸軍部尚書鐵良爲統一全國陸軍編制，擬改各省八旗

---

❶宣統政紀卷十頁二〇。
❷宣統政紀卷四十一頁二八至二九。
❸東方雜誌第八卷第八號中國大事記。
❹東方雜誌第八卷第七號中國大事記。

防營爲巡防隊，預爲擴編新軍之基礎。奏稱：

各省舊有之防練各營，以及雜項隊伍，原定規制彼此紛歧，積習相沿，殆非一日，而各該省防務緊要，原設營隊大都分紮已久，一時未便議裁。前經練兵處奏明統改爲巡防隊，使其名實相副，與新軍有所區別。此項營隊果能認眞整飭，則無事之時可以緝捕盜賊，爲地方扞衛；有事之時，可以協力守禦，爲陸軍聲援，於軍事防務兩有裨益。❺

於是制定巡防隊試辦章程，奏准分飭各省照章實行。全文計十一節二十四條，茲錄之如下：

第一節　總　則

一　各省巡防隊應遵照陸軍部此次奏定章程辦理，以昭整齊畫一之制。

第二節　編　制

二　各省舊有各軍除已遵章改編新軍外，其餘防軍練軍並雜項隊伍，均遵照前次練兵處奏案，統改爲巡防隊以歸一律。

---

❺ 清朝續文獻通考，兵考三，頁九五一七。

三　各省巡防隊應分爲步馬二項，步隊全營額設官弁兵夫三百零一員名，馬隊全營額設官弁兵夫一百八十九員名，馬一百三十五匹，其水師章程應另行編列奏明辦理。

四　馬步各營額設兵夫馬匹，該統領以及管帶等官，如有再踏故習，違章減扣者，應由該省督撫查明分別參辦，陸軍部亦當隨時考查。

五　各省編制情形及一切辦法，應按季詳細列表報部備核。

六　挑補兵丁，該長官應嚴行選擇身體强壯，年在二十歲以上三十五歲以下者爲合格。

第三節　分　路

七　各省應將所有巡防隊區分爲若干路，每路設統領一員以資管轄，其區分之名稱以前後中左右等字識別。

八　各省區分辦法應權衡其地勢，察酌其營數以定規則。

九　各省地形如有因限定區分五路不能合宜者，應准酌減，俾有實際；惟區分之最多者不得過五路，以免畸零不整之弊。

第四節　駐　紮

十　駐紮之處，或爲水陸通衢，及形勢險要與各省界犬牙交錯之地，均無不可，總以呼應靈通易於連絡爲宜。

十一　駐紮之處，或有情勢變遷，與原定辦法偶有未合者，亦可由該省督撫體察情形酌量改駐；惟應商由陸軍部核准再行辦理。至各路之營哨調撥遷徙，亦應隨時報部備案。

第五節　官　長

十二　該隊之官長應以曾帶勇營立有戰功者酌量委充，其緣營裁缺各員，資望較深或年富力强者，亦准酌量備充斯職。

十三　各路統領幫統之充補更調，應由各該省督撫分別奏咨辦理。

第六節　責　任

十四　遇陸軍攻守之事，當協力輔助以爲聲援。

十五　遇有巡警緝捕盜賊逃犯，當協同緝拏。

十六　遇有地方人民作奸犯禁，妨害治安，或聚衆械鬬，暨盜賊滋擾，土匪潛伏，當隨時隨地分別彈壓解散捕剿拘拿。

第七節　會　防

十七　尋常會防，如分防處所或偏避遼闊，或四達要衝，素爲盜賊出沒之地，應與附近營哨每月會防一次，以資鎮懾。

十八　軍事會防，例如追捕盜賊，踊緝伏匪，在防營哨兵力或有不足，應稟請上司調撥他處營哨，會同防緝以資協助。

第八節　會　操

十九　各營哨分駐防所，操法易疏，每居一年由該路統領集合所轄各營自行會操一次，每居二年由該省督撫調集各路營隊會操一次。

二十　每年會操情形，應由該統領呈報督撫彙咨陸軍部存案，每居二年之會操，或由該省督撫自閱，或派員代閱，均應先行奏報，並咨明陸軍部以昭愼重。其各路會操，或數路同操，或一路自爲會操，應由閱操之員查看地方情形辦理。

廿一　每居二年閱操事竣，應由閱操之員第其技藝之高下以爲賞罰之差等，俾知勸戒。

第九節　器　械

廿二　鎗械爲軍隊命脈，特以衛身殲敵，不可聽其糅雜致誤事機，應由各隊官長督飭兵丁勤加整拭，細心保存，如有銹壞不堪復用者，即呈明該上官驗明更換，以重軍實。並不得於一營一哨雜有兩式之鎗械，俾昭一律，而免貽誤。

第十節　服　色

廿三　軍服一項最宜明辨，應自統領幫統以至管帶哨官哨長，各以軍服袖章分別等級，什長正兵等均於軍服之上分別記號，以示區別，庶秩序昭明，軍容整肅，所有衣制、章號另詳圖說清單。

第十一節　餉　項

廿四　各省巡防隊多係就原有舊軍改編，其餉章應暫由各該省照原有餉數酌量改訂，報部查核。❻

於是各省巡防隊次第成立，其餉項各不相同，兵額數倍於已成之常備軍，均接受近代化訓練，並採用新式武器。惟其份子來源參差，不脱離舊日旗營之積習。而各省巡防營統領，又多為舊式將領或候補道，思想落伍，用之擾民則有餘，正式作戰則不足。茲以奉天為例：光緒三十四年（一九〇八）十二月十五日，東三省總督徐世昌奏稱：奉天巡防營計分中前左右後五路，每路九營，計步隊二十一營，馬隊二十四營，均按照新軍操法訓練，將來編成一營新軍即減去一營巡防隊，餉不另籌，兵歸實用。其後南方各省多有改編巡防隊為常備兵者，如湖北之第八鎮，係由武建營、凱字營兩部合組而成，以張彪任統制。第二十一混成協係由工防營改編而成，以黎元洪任協統❼。至於北方各省，直至清亡，迄未實行。西北新疆因當局楊

❻　清朝續文獻通考，兵考三，頁九五二五至九五二六。
❼　參照吳紹奎「遜清湖北陸軍第八鎮革命回想錄」，黨史會庫藏稿。

增新之守舊，民國初年仍有巡防營之存在❽。

九、宣統間常備軍之擴建

光緒三十四年（一九〇八）十月，陸軍部擬定三十六鎮常備軍番號，自近畿第一鎮起，以成鎮成協先後排定次序。茲表列當時已成立各鎮及駐兵地區如下：

鎮名	編練地區	已否成軍	備註
第一鎮	近畿	全軍已成	
第二鎮	直隸	全軍已成	
第三鎮	直隸	全軍已成	調駐奉天、吉林
第四鎮	直隸	全軍已成	分駐奉天、馬廠
第五鎮	山東	全軍已成	
第六鎮	近畿、南苑	全軍已成	
第七鎮	兩江、淮安	全軍已成	

❽參照「最近三十年中國軍事史」，頁一四。

第八鎮	湖北	全軍已成
第九鎮	兩江、南京	全軍已成
第十鎮	福建	正編練中
第十一鎮	湖北	正編練中
第十二鎮	兩江、蘇州	正編練中
第十三鎮	湖南	正編練中
第十四鎮	江西	正編練中
第十五鎮	河南	正編練中
第十六鎮	安徽	正編練中
第十七鎮	四川	正編練中
第十八鎮	新疆	正編練中
第十九鎮	浙江	正編練中
第二十鎮	奉天	正編練中

❶

❶ 東方雜誌第五年第十一期，調查一。

同年十二月，清廷仿日本制度，設立軍諮處（宣統三年四月改稱軍諮府），統籌全國國防，以載濤、毓朗爲軍諮大臣。宣統二年（一九一〇）八月，諭命近畿陸軍各鎮統歸陸軍部直接管轄。直隸總督陳夔龍藉口外兵未撤，要求第二、第四兩鎮仍暫歸就近節制，嚴旨遵諭辦理❷。乃裁撤近畿之督練處，其附設之糧餉局歸陸軍部軍需司直接管理，並有陸續裁撤各省督練處之計劃。於是滿清之中央集權成，而大招漢人之不平。同年九月二十九日，星加坡「星洲晨報」曾論其事曰：

少數滿人，所以能制服多數漢人者，以其全族據我政治權也。而政治權中足以制全國死命者，一爲兵權，一爲財權。財政集權久已實行，惟兵權則各省督撫尚有操之者。今則並此區區亦去之，軍政集權，可謂完滿之極。當日鐵良執政，即首削袁世凱之兵權，亦此意也。廕昌今亦本此政策以行之，滿人排漢之手段進步有如此者，吾儕勿謂清廷無人也。

此後直至宣統三年（一九一一）夏武昌起義，三年之間，全國僅增編第十、第十九、第二十、第二十一、第二十三等五鎮。茲表列辛亥革命發生時，各鎮駐在地及其統制協統姓名如下：

---

❷ 宣統政紀，卷四十一，頁三十一。

鎮名	駐在地	統制	協統
禁衛軍	北京	載濤	
第一		何宗蓮	第一 李圭元 第二 朱泮藻
第二	保定	馬龍標	第三 王占元 第四 鮑貴卿
第三	原駐保定派往東北	曹錕	第五 盧永祥 第六 陳光運
第四	馬廠	吳鳳嶺	第七 陳光遠 第八 王遇甲
第五	濟南	張永成	第九 馬良 第十 賈賓卿
第六	石家莊	吳祿貞	第十一 李純 第十二 周符麟
第七	清江浦		第十三 魏宗瀚 第十四 孫銘
第八	武昌	張彪	第十五 王得勝 第十六 鄧本拔

南京	第九	徐紹楨	第十八 杜淮川
福州	第十	孫道仁	第十九 王麒 第二十 許崇智
湖北	第十一		第廿一 黎元洪
蘇州	第十二		第廿三 艾忠琦
長沙	第十三		第廿五 蕭良臣
南昌	第十四		第廿七 吳介璋
開封	第十五		第廿九 應龍翔
安慶	第十六		第卅一 趙理泰
成都	第十七		第卅三 施承先
迪化	第十八		第卅五 馬盛富
雲南	第十九	鍾麟同	第卅七 蔡鍔 第卅八 王振箴
奉天	第二十	張紹曾	第卅九 伍祥禎 第四十 潘炬楹

杭州	第廿一	雷星垣	第四十一蔡承勳 第四十二劉　詢
太原	第廿二		第四十三覃振德
吉林	第廿三	孟恩遠	第四十五高鳳城 第四十六裴其勳

❸

清季常備兵編練之有名無實，時人早憂其隱患。宣統二年（一九一〇）二月二日，山西巡撫丁寶銓奏稱：「强國要政首重練兵，自綠營窳敗，防軍練勇亦漸廢弛，國家爲安內攘外之計，勢不得不更定章制，改練新軍，然未及數年，流弊漸滋，變故疊出。論者遂痛詆新軍，以爲軍官俸薪極豐，兵士饟項亦厚，居處服裝無一不優於舊軍，乃强國衛民其效未覩，而犯上作亂之事且相尋而起，幾謂新軍萬不可用矣！」❹茲以北洋最精銳之第六鎮爲例，統制吳祿貞於同年夏接任後，鑒於暮氣太深，又疏於操練，曾致書內務大臣肅親王善耆曰：

> 受事三月，鎭中情況已知梗概，軍備之窳陋，教育之不完全，名爲陸軍，實與舊營相差無幾。祿貞遍歷東西各國，所見各國之軍隊，比之今日之情況，深爲焦灼。祿貞薄

❸ 錄自佚名「漢族光復史」，辛亥年十月版。

❹ 宣統政紀卷，三十一，頁四。

負時名，不負責任爲暫時計則可，爲永久計則不可；爲一身計則可，爲國家計則不可。倘蒙垂念，使其爲暫時不負責任之人，而拯之于進退維谷之地，實所默禱。❺

是時第六鎮全鎮軍官四百人，曾受軍事教育者不足五十人，有年逾六十仍充排長者，「官長如此，兵士可知，是曰新軍，實爲烏合。」❻宣統三年（一九一一）正月，陸軍大臣廕昌，常備軍將領壽勳、吳祿貞等之條陳軍事摺復曰：「溯自光緒二十九年奉旨設立練兵處，創練新軍已將十年，而限於財力，掣於群議，以致籌備計劃未盡實行，學堂不能多立，將校無所取材，槍礮不能劃一，子彈無法補充，糧饟一無存儲，馬匹無從徵發，加以交通不便，運輸維艱。凡此支絀情形，外人皆深悉底蘊，故一遇事會，即施其恫喝慣技。」❼可爲清季新軍之寫照。

十、常備軍與辛亥革命

自光緒二十八年（一九〇二）直隸總督袁世凱派遣武衛右軍隨營學堂學生赴日本學習陸軍起，清廷及各省疆吏，派遣學生赴日學習陸軍，一年有數起之多。初入士官學校，因培養

---

❺ 引自朱災佳「吳祿貞與中國革命」一文，載中國現代史叢刊第六册頁一八七，民國五十三年十一月文星書店版。

❻ 同上書，頁一八八。

❼ 宣統政紀卷四十八，頁二十一至二十三。

聽講能力及基本軍事常識，光緒三十年（一九〇四）清廷商准日政府別設振武學校於東京牛込區爲預備，以三年爲畢業之期。當是時留日學習陸軍學生已增至五百餘人，因革命黨人之鼓吹，革命軍並迭次在南方起義，革命思想深入人心，國內學生紛紛以赴日學習陸軍用作獻身革命之憑藉。如毛思誠所編「民國十五年前之蔣介石先生」，記載　蔣總統留學之動機曰：

> 正月（按：光緒三十一，　蔣總統十九歲）入邑城龍津中學，因受內外潮流之激盪，痛感國族之陵夷。……在校未三月，即決計出洋立志革命。……四月間東渡日本，志在學習陸軍，以例需由本國陸軍部保送，乃改入清華學校。是年在東京識陳其美，並廣交中國在東京志士，是爲公參加革命運動之始。❶

復據蔣作賓回憶錄，謂其：「在武昌讀書，每聞新軍號音，如聞塞上悲笳，即動投筆從戎之想。在校與宋教仁、江浴岷同號舍，日謀革命之進行。及負笈東瀛，學習陸軍，糾合同志，先從事文字之宣傳。」❷因之在校學生無不以連絡同志，鼓吹革命爲職志，其秘密組織爲鐵血丈夫團，參加份子如浙江黃郛、江西李烈鈞、陝西張鳳翽、山西閻錫山、雲南羅佩金、湖北

---

❶ 毛思誠「民國十五年前之蔣介石先生」，第三編頁一至二，一九六五年十一月香港龍門書店影印版。

❷ 蔣作賓回憶錄頁二九，民國五十六年九月「傳記文學」社出版。

孔庚等，均爲辛亥革命前後革命黨之中堅人物。❸閻錫山記其事曰：

> 斯時正值中山先生在海外倡導革命，我聞其所，奮然興起，即由結識而參加其所領導之革命運動。翌年（清光緒三十一年、公曆一九〇五）中國革命同盟會在東京成立，我們參加革命運動之同志，均爲同盟會員。我開始參加革命運動距我到日之初僅僅三個月，而我個人對革命事業之背向，則自覺判若兩人。我由此深深感到爲政不可落後了時代，如落後了時代，則所培植之人才，皆爲崩潰自己之力量。清政府選送日本士官學校第六批之留學生二百六十餘人，超過前五批的總和，不能說不注重留學生了，但參加推翻清政府的革命運動的，也多是我們這六批留學生，這完全是清政府領導失敗所致。❹

清廷有鑒於此，於光緒三十年（一九〇四）與日本政府交涉，禁止中國私費學生學習陸軍❺。光緒三十一年，復頒佈取締留學生規則，限制中國留學生從事政治活動，留學界益憤慨，排滿愈力❻。光緒三十四年（一九〇八）夏，清廷陸軍部頒佈就學日本陸軍學生章程三十六條，其總則如下：「前練兵處奏定，自光緒三十年起考選，陸軍學生送赴日本就學，專派監督一

---

❸ 閻錫山早年回憶錄頁八，民國五十七年十月「傳記文學」社出版。

❹ 同上書，頁五。

❺ 胡漢民自傳，引自革命文獻第三輯（總三八〇至三八一）。

❻ 馮自由「中華民國開國前革命史」，第一冊頁一九八，民國四十三年四月世界書局影印版。

員，常駐日本，管理全國陸軍學生留學日本事務。」另訓諭十則：

（一）牢記尊君親上，毋得誤聽邪說。（二）恪遵監督約束，毋得陽奉陰違。（三）居心樸誠爲主，毋得稍涉浮夸。（四）謹遵堂隊規則，毋得違犯禮法。（五）程功必須循序，毋得喜新躐等。（六）爲學務求心得，毋得徒襲皮毛。（七）勤學尤貴好向，毋得私心自用。（八）起居務宜節儉，毋得沾染浮華。（九）待人須極謙和，毋得稍形傲慢。（十）同班務相敬愛，毋得自相齟齬。❼

惟此種措施，一無效果之可言。閻錫山復記其事曰：

> 清政府選送日本學習陸軍，山西那一次共去了二十個人，其中我和姚以价、張維清三人是北京清廷給以公費，其餘十七人是省給以公費。當出國之前，山西之巡撫（俗稱撫臺）張曾敭等所謂五大憲（撫臺、藩臺、臬臺、學臺、道臺），對留日學生諄諄告誡：到日本後千萬不可接近革命黨人，以免誤入歧途，提到孫中山先生，尤其極盡詆譭之能事。
>
> ……
>
> 但逐漸由所聽到的話與所看到的書中，感到清政府誤國太甚。……益認清廷之腐敗無

---

❼ 東方雜誌第五年第八期法令類，頁三八至四二。

能，清官吏所吩咐千萬不可接近革命黨人的話，至是在我腦中全部消失，遂決心加入推翻滿清政府的革命。❽

留日士官學生回國後，或服務於滿清陸軍部及軍諮處，或被各省督撫延攬督練常備兵，無不以排滿爲活動目標，常備兵之精神乃爲一之變。據黨人蔣作賓記載，其返國之初，任職保定軍官速成學校教官，灌輸學生革命思想，秘密組織革命團體。以後任職陸軍部軍制司，連合部中革命同志，極力主張整編軍隊。分赴南北各地校閱，設法汰盡舊式軍閥，更替爲有革命思想之學生。至辛亥革命前，所有袁世凱之爪牙，舊督撫之鷹犬，已汰除泰半。如北洋將領雷震春、倪嗣沖、段芝貴等，皆已前後參革。曹錕要求保一頭品頂戴而休致，張彪、何宗蓮亦正設法撤換，段祺瑞調充江北提督，新軍中革命思想蔓延日廣。蔭昌、壽勳等爲翦除袁世凱羽翼，頗以蔣氏之言爲信。故蔣氏認爲倘無辛亥革命，一二三年後由新軍中主持，發動革命，則一切稍有準備，數年袁世凱之亂，十餘年軍閥之禍，或可減免也❾。

至於各省陸軍學堂出身學生，及下級官兵，因受革命思想激蕩，亦無不以獻身革命爲志趣。安徽合肥籍革命黨員吳暘谷（春陽），早年留學日本，爲同盟會之主要份子。光緒三十一年（一九〇五）冬返國，在江、淮各地運動新軍，據黨史會所編「吳烈士暘谷革命事略」記

❽ 閻錫山早年回憶錄，頁四至五。
❾ 蔣作賓回憶錄，頁三〇。

載：

（光緒三十二年）丙午春，烈士至金陵，聯合南洋第九鎮軍人倪先烈映典，趙先烈伯先，柏君文蔚，龔君鎮鵬等，暨陸師將校，兩江師範各學堂同志，密會於雞鳴寺，得加入黨者數十人，是爲烈士組織南洋革命黨員第一步。是年冬，安徽創辦新軍，烈士復來皖投身三十一混成協，以砲營及馬步工輜各弁目養成所，爲運動基礎，而漸及各營將士。砲營管帶吳君介璋首先入黨，由是測繪陸軍各學員相繼加入。時省中志士有熊先烈承基、范先烈傳甲，袁君子常，常君恆芳，管君鵬等。而倪先烈映典，與烈士之兄性元，亦先後來皖。烈士遂得潛通聲氣，密爲組織，加入本黨者百數十人，而安徽之潛勢力以固。⑩

湖北爲辛亥革命發源地，宣統初年常備兵第八鎮中之秘密革命團體以文學社、共進會爲最著，其領導份子有孫武、蔣翊武、鄧玉麟、蔡濟民、李鵬昇、方維等。黨人胡祖舜亦爲武昌起義重要份子，時在第八鎮步兵第十六協第三十一標第三營當兵，胡氏記其事曰：

---

⑩ 國父百年誕辰籌備委員會編「革命先烈先進傳」內「吳暘谷（春陽）傳」，頁二一一至二一五，民國五十四年十一月版。

> 當其時也，鄂省新軍初建，軍容改觀，募兵制雖仍沿舊，而新兵入伍類多考試，文盲已居少數。張之洞猶創設陸軍特別小學堂，由營隊士兵考選入校。……一時文人學子，爭相投効，每一營隊，濟濟多士，革命思想，潛移默化，革命小組，秘密滋生。其最著者，除共進會自東京輸入外，厥爲文學社之前身——群治學社，純爲軍中士兵所秘密組織。時有漢川蓮子湖畔人趙士龍者，有志士也，與余同伍中沔陽人除邦俊友善，時相過從，或研究學術，或縱談國事，久之暱如昆季。一日談及群治之組織及宗旨，余甚韙之，相與密議從事革命小組之組織。士龍極表同情，遂即介紹其同鄉之四十一標兵士張振翮，由邦俊介紹新入伍之同鄉劉國禎，由余介紹塘角混成協輜重隊士兵羅一安。一安爲余居鄉時與鄰村同學之程鏡清三人，曾結爲異姓兄弟者，遂以此六人爲基幹，組織蘭友社，是爲余從事革命運動之始，時紀元前三年事也。⓫

辛亥革命期間，獨立各省多以新軍將領爲骨幹，除第六鎮統制吳祿貞、第二十鎮統制張紹曾，以及協統藍天蔚等分別在石家莊、灤州、奉天密謀革命外，任光復各省都督者有湖南之焦達峰，陝西之張鳳翽，九江之馬毓寶，山西之閻錫山，雲南之蔡鍔，南昌之吳介璋，貴州之楊盡誠，福建之孫道仁，重慶之張培爵，南京之徐紹禎等。是以清季之編練新軍，未能鞏固其政權，反有助於辛亥革命之成功。演變所及，形成民國初年軍閥之禍國，其利弊得失，

⓫ 胡祖舜「六十談往」第一輯，引自中華民國開國五十年文獻第二編第一冊，頁一三六至一三七。

誠難言耶！

（臺北，中國歷史學會史學集刊第二期，民國五十九年四月，頁八一——一三八。）